TEMPORAL
AND
SPATIAL DISTRIBUTION OF
THE
CULTURAL
INDUSTRY

THE CASE OF XI'AN

文化产业的
时空集散

西安的案例

薛东前　马蓓蓓 等 / 著

社会科学文献出版社
SOCIAL SCIENCES ACADEMIC PRESS (CHINA)

资助项目信息

国家社会科学基金项目资助（10XJL0015）

陕西师范大学出版基金资助

摘　要

本书在对国内外产业经济学、经济地理学和文化地理学等学科领域关于产业集聚与扩散、文化产业等相关理论和实证研究进行综述的基础上，以国家统计局颁布的《文化及相关产业分类》（2014年和2012年）为主要依据，综合遥感数据、电子地图和调研数据，采用ArcGIS、GeoDA等数学模型，对西安市的文化产业20世纪90年代以来，至2012年的产业发展、时空特征及相关性、影响因素、发展机制和效应等方面展开系统研究。研究结论将有利于丰富经济地理学和文化地理学的关于产业集聚与扩散的相关研究，并为指导城市文化产业合理布局和科学发展提供参考依据。

本书分为上、下两篇。上篇主要以文化产业整体为研究对象，首先在第一、二章中，对国内外产业集聚与扩散、文化产业等相关文献进行综述；第三章，着重分析了西安市文化产业的发展历程和概况，并运用生命周期理论，通过拟合曲线法识别出西安市文化产业所处的发展阶段；第四章，在空间分类的基础上，从分行业和分区域两个视角对西安市文化产业的集聚类型和特征展开系统研究；第五章，从市级、区县级和街区级三个尺度探讨西安市文化产业的空间特征，结果表明西安市文化产业整体上呈现出以内城为中心，南密北疏的格局；第六章，分别从空间集聚程度、空间扩散能力、空间扩散方向和圈层分异的角度来探讨西安市文化产业的时空相关性，结果表明西安市的文化产业处于高速发展的上升期，空间集聚的态势逐年加强，但是空间扩散现象也同步发生，集聚区显著偏好于城南布局；第七章，着重分析了西安市文化产业集聚与扩散的影响因素和发生机制，认为文化产业空间集聚与扩散是一个从地理集聚到网络构建的过程，产业关联、人才资源、市场需求、交通条件、产业政策制度、交易成本、信息技术和创新环境等是促成其空间分异的主要原因，政府、企业等不同主体在文化产业集聚与扩散的过程中起着不同的作用，在其时空演进过程中呈现出三种不同的效应，即外部溢出效应、规模收益效应和产业关联效应；第八章，从经济效应、社会文化效应、生态环境效应和空间效应等方面分析了文化产业集聚与扩散带来的多重效应。本书的下篇分别以文化产业中的核心产业部门，即新闻出版业、文化娱乐业、文化艺术业和广告业为研究对象，对其发展现状、时空集聚与扩散特征、影响因素及未来发展对策等展开具体分析。最后，综合上述研究，针对西安市文化产业的未来发展提出了对策与建议。

序　言

近年来，作为一种特殊的文化形态和经济形态的文化产业孕育而生，并以其强大的生命力展示了自身的无穷魅力。当前，文化产业已成为衡量一个国家或区域综合竞争力的重要标志。因此，不少国家和地区开始把文化产业作为战略产业和支柱产业，并采取相应的政策措施推动和扶持其发展。

20 世纪 70 年代以来，世界各国对文化产业的发展日益重视，纷纷采取各种措施促进文化产业的发展。英、法、日等发达国家均根据本国国情提出了相应的文化产业发展政策。中国文化产业的发展相对于发达国家起步较晚，2009年 7 月，国务院通过了《文化产业振兴规划》，这意味着文化产业正式进入国家产业调整与振兴规划序列。2011 年，"十二五"规划纲要提出繁荣发展文化事业和文化产业的要求，十七届六中全会后，中央明确指出文化产业要在2020 年前成为国民经济的支柱性产业。

文化产业的研究不仅是产业研究的重要内容，也是提高国家和区域软实力的重要方面。对于这样一个庞大的系统工程，文化产业必须研究先行、找准关键、充分实践，才能做到科学决策，使文化产业健康发展。西安是世界著名古都，也是中华文明的发祥地之一。悠久的历史和灿烂的文化，赋予了本区丰富的文化资源。文化资源的开发和文化产业的发展，在西安具有重要的示范意义。文化产业作为西安市五大主导产业之一，同时文化产业的发展对区域的品牌宣传、产业结构调整、提高区域软实力等方面也具有重要作用。因此文化产业的研究是当前形势下经济、政治、社会和文化领域综合发展的迫切需要。

由薛东前、马蓓蓓等撰写的《文化产业的时空集散：西安的案例》是文化产业领域一部具有代表性的著作。作者从文化产业总体和部门出发，运用经济地理学、区域经济学等原理和方法，采用 GIS 技术和数学模型，研究文化产业空间集聚与扩散问题，侧重于研究其时空规律和时空相关性，得出一些有新意的结论。该研究成果对于文化资源开发、文化产业发展、产业转型升级、空间规划布局，具有一定的指导和借鉴意义。我十分高兴地将此书推荐给读者，希望对产业集聚和扩散的研究，特别是西部地区文化产业的发展和布局产生积极作用。

中国工程院院士

2014 年 11 月于北京

前　言

2009 年开始，我们研究团队感兴趣于文化产业的研究，这得益于多年来对城市地理和城市产业的积累，也受惠于近年来在境外的学习研究经历，及由此产生的对产业发展的新认识。2011 年我们成功申请到了国家社会科学基金项目：产业集聚与扩散的时空相关性研究——以西安市文化产业为例（10XJL0015），基于此，使我们能够站在一个新的视角、学科交叉融合的层面，系统地对相关问题进行研究。

关于文化产业的研究，其视角、尺度、内容具有大量的研究空间，但我们仍然试图将侧重点聚焦于传统的领域，即集聚与扩散问题。因为我们力图在传统的研究领域进一步提炼出新的特点和规律。虽然如此，由于文化产业的本质属性、发展阶段、数量门类的纷繁复杂，其集聚与扩散的模式、规模、类型、时空特点等势必不同于传统产业。因此本书采用总篇和分篇的体例系统研究文化产业的类型与特征、集聚与扩散、时间与空间、机制与效应等方面，与此同时，对典型文化产业（新闻出版、文化娱乐、文化艺术、广告传媒等）进行了分门别类的探讨。

需要指出的是，在集聚与扩散研究领域，本身存在诸多彼此联系又相互区别的重大问题，是理论界和实践领域需要厘清的重要概念、理论和方法。但是，我们认为，集聚与扩散除了规模与效益、类型与区域、模式与方向等领域需要深入研究外，集聚与扩散的时间演化、空间演替，特别是时空相关性研究，应该引起研究者的关注，这也是本书书名命名的意义所在。

本书由薛东前、马蓓蓓总体设计、撰写和统稿，段志勇、康亚丽、郭晶、李玲、刘红、石宁、张毛毛、才超等参与了部分内容的撰写，庄元、张志杰、李淼、范晨辉等参与了校对和修订工作。社会科学文献出版社的邓泳红女士、周映希女士及其团队为本书的出版付出了辛勤的劳动，在此向他们表示深深的谢意。

文化产业的时空特征研究是一个较为庞大的系统工程，本书也只是这一领域的一项探索。由于文化产业，特别是在城市尺度下文化产业的研究尚处于起步阶段，在经济全球化、区域一体化和经济结构转型的背景下，集聚与扩散的时空研究也处于新的转折时期，特别是由于作者知识面和视野的限制，书中尚有许多缺点甚至错误，敬请各位读者不吝赐教。

薛东前　马蓓蓓

2014 年 11 月于西安

目 录

上 篇

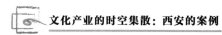

上　　篇

第一章
产业集聚与扩散的相关研究综述

第一节　产业集聚与扩散的理论和实践研究

一　产业集聚与扩散相关理论

1. 产业集聚相关理论

产业集聚是经济发展过程中所表现出的一种空间组织现象[1]。早在19世纪英国新古典经济学家马歇尔率先提出了"产业集聚"的概念，他认为区域内产业集聚是各企业在相互合作、依赖以及信任的基础上建立的相互关系，产业集聚利于提高专业化水平，并从外部经济与规模经济的角度分析了产业集聚的经济学原因，即产业集聚通过企业间信息、技术、思想的传播与共享，能够使企业从技术溢出中收益。但是，当外部经济消失后，企业集群必然逐步解体[2]。此后，区域经济学、经济地理学的众多学者提出了关于产业集聚的理论。区域经济学中的产业集聚理论主要有韦伯的区位集聚论、约瑟夫·A.熊彼特的创新产业集聚论、胡佛的产业集聚最佳规模理论、廖什的产业集聚理论。经济地理学的产业集聚理论有增长极理论、地域生产综合体理论。20世纪70~80年代以后，产业集聚理论有了新的发展，特别是"集群"理论提出以后，产业集聚理论研究达到新的高度。这个时期主要的理论有新产业区理论、波特的产业集群理论。

（1）经济学中的产业布局比较优势理论

产业布局比较优势理论认为在商品生产过程中，生产要素禀赋差异起着重要作用。对于文化产业而言，各地区文化资源禀赋各具特色，所以产业发展也各有侧重。总体而言，各地区的侧重产业均是通过对具有优势的生产要素的投入得以选择。有些国家是根据历史文化传统的不同得以体现，如美国好莱坞的影视制作产业，而有些则是基于区域要素优势，如技术优势、创新方面等发展侧重行业，如日本的动漫产业、韩国的游戏产业等，都是在文化资源的基础上加以创意而形成本地区具有优势的文化产业[3]。同样，西安市新闻出版业的迅速发展也与本区的文化资源优势密不可分。

①亚当·斯密的绝对优势理论

绝对优势理论由英国古典经济学家亚当·斯密提出。他提出地域间的分工基于两个条件——先天的资源禀赋和后天的有利生产条件，即每个国家和地区都有绝对有利于发展某种产业或者生产某类产品的资源优势和生产条件，如果地区间按照这种有利的条件发展产业或者生产产品，然后彼此买卖交换，不仅使地区内的资源、劳动力、资本等生产条件得以最有效发挥，同时生产成本得以降到最低，从而实现利润最大化。亚当·斯密在该理论中还论证了地域分工促使劳动生产率提高和社会总体财富增加[4]。

②大卫·李嘉图的比较优势理论

李嘉图的比较优势理论是指导国家和地区产业布局的重要理论[4]。比较优势理论源于1817年大卫·李嘉图出版的《政治经济学及赋税原理》一书。他认为在国家和地区间的贸易分工中，占主导地位的不是绝对利益而是相对利益。即国家和地区之间，只要其中一方的生产成本低于另一方，就说明其具有相对利益，两国间的贸易仍会进行。所以他指出如果各国都集中劳动力、资本生产相对有利的产品进行出口，针对相对不利的产品进行进口的话，即"择优避劣"，则各国各地区将实现资源的有效利用，从而在贸易中实现利益最大化。

③赫克歇尔－俄林的生产要素禀赋理论

1919年，瑞典经济学家埃利·赫克歇尔针对绝对优势理论和比较优势理论中的问题，即只强调国家和地区间贸易的基础是绝对生产率，并没有解释两区间产生贸易的原因，提出了生产要素禀赋理论。他指出两国或是地区间产生贸易的条件是比较成本差异，需具备两个条件，即生产要素禀赋不同和产品生产过程中投入要素的比重不同。贝蒂尔·俄林认为生产要素禀赋的差异包括：矿产资源的差异、土地的差异、资本的差异、劳动力数量及质量的差异、技术和管理水平的差异等，并在此基础上将区域分工、贸易与生产要素等紧密联系，认为资源要素禀赋的差异是产生区域分工和区域贸易的主要原因[5]。

（2）区域经济学中的产业集聚理论

韦伯区位论是从生产成本出发，考虑原料、燃料费、劳动成本、运费对工业企业区位选择的影响，利用综合等费用线对工业区位选择进行形象的说明，并对企业区位选择时的集聚指向进行了深入研究。他提出集聚有两种情况，一种是由于企业规模扩大而产生的生产集聚，这种集聚是由大规模生产或经营利益所产生的；一种是由多种企业在空间上集中产生的集聚，由通过企业间的协作、分工和基础设施的共同利用所带来的集聚效益所产生[6]。廖什从企业区位理论出发，从最低级货物的门槛需求开始，向上建立中心地体系，将市场需求作为产业区位的决定性因素[7]。以霍特林为代表的相互依存区位论研究在不完全竞争条件下均衡状态的形成，发现寡头企业为了占有最大市场，实现利润最大化，将集中在一个区位[8]。

熊彼特（J. A. Schumpeter）1934 年提出经济创新的思想，随后又分为技术创新论和制度创新论两条路线。属于制度创新范畴的区域创新理论，主要由"区域创新环境"、"区域创新网络"、"区域创新系统"组成[9]。胡佛（1948）在《经济活动的区位》中将运费作为企业区位选择的重要影响因素，提出在市场地域扩大的过程中存在一个最佳规模临界点。企业在某特定地域集聚会减少运费，实现规模经济，带来生产费的降低，从而使市场地域扩大，但生产过度集聚超过最佳规模临界点就会产生规模不经济，生产费将再次上升[10]。他认为产业集聚区域是一种规模经济区，与群体规模有关的外部性经济不仅与购买方面的因素有关，也包括成本与供应问题，这涉及群体经济内专业化经济的外部性及群体内每一产出总平均成本的下降。

（3）经济地理学中的产业集聚理论

法国经济学家佩鲁首先提出增长极的概念，布代维尔在佩鲁的基础上把增长极定义为位于都市内的正在不断扩大的一组产业，通过自身对周边的影响而诱导区域经济活动进一步发展，主要观点是：主导部门和有创新能力的企业，在某些地区或大城市集聚发展形成恰似一个"磁场"的经济活动中心，能够产生较强的极化和扩散作用。"增长极"对周围区域经济发展可以产生正负影响结果。规模经济效应和聚集经济效应使增长极的极化作用不断加强，促使周围区域的生产要素不断向增长极集聚，剥夺了周围区域的发展机会，形成对周围区域的负效果。与极化作用同时存在的扩散作用又对周围区域产生正效果，扩散作用主要源于极化中心对周围区域的带动和促进作用，极化中心的经济外溢作用和政府的调节。苏联经济学家科洛索夫斯基认为经济地域综合体是在一个工业点或一个完整的地区内，根据地区的自然条件、运输和经济地理位置，恰当或有计划地安置各企业，从而获得特定的经济效果的企业间的经济结合。它是由不同功能的部门组成，包括经营类、关联类、依附类和基础设施，是一种典型的产业集聚。

（4）新产业集聚理论

新产业概念是由意大利学者巴格纳斯科在 1977 年所提出的。新产业区理论的核心，一是强调产业区内部企业通过高度专业化分工或转包合同形成的一种基于相互之间的依赖和信任的长期稳定关系；二是本地结网，区内包括企业、辅助机构、科研机构、政府机构等行为主体，有选择地与其他行为主体进行长期正式的或非正式的合作，从而形成的具有稳固性的关系网络；三是根植性，企业在区域内扎根，为了迎合当地的市场需求，会逐渐融入地方社会文化中，与区域环境融为一体，表现出根植性；四是行为主体的对称关系，产业区内各产业都是独立平等的，没有支配与依附关系。

克鲁格曼首先把产业集聚与国际贸易因素紧密联系起来，以他为代表的新经济地理理论中产业集聚现象的原因在于：自然优势集聚力，自然资源优势可以说明种植业、酿酒业、食品制造加工业、运输业、造船业、采掘业等原材料产业的集聚现象；外溢集聚力，即区位外溢，是指某一企业的建成将降低其他的成本或提高它们的竞争力的现象，包括物理外溢和智力外溢；人文集聚力，人文关系会产生信任和声誉，构成契约交易的补充。

波特的竞争优势理论。迈克尔·波特（1990）的《国家竞争优势》中首次出现产业集群，他围绕产业集群获取竞争优势展开研究，提出"钻石模型"。该模型由要素条件，需求条件，相关及支撑产业，企业的战略、结构与竞争和两个附加要素——机会和政府组成[11]。产业集群通过三种方式影响竞争力：一是通过提高立足该领域公司的生产力来施加影响；二是通过加快创新的步伐，为未来生产力的增长奠定基础；三是通过鼓励新企业的形成，扩大并增强产业群本身来影响竞争。

2. 产业扩散相关理论

产业扩散是产业集聚的反过程，产业的任何空间运动，都同时包含了集聚和扩散两种趋势。然而在经济增长的初始阶段，生产空间集聚的效益表现得比扩散的趋势明显得多，产业扩散现象通常会被忽略掉。比如早期的区位理论难以解释产业扩散现象[12]。集聚与扩散是两个不同的方向，集聚更为一般化，集聚与扩散是并存的，是经济要素流动的不同方向。集聚是绝对的，扩散是相对的，因为要素流动必然导致集聚，扩散则可视为新一轮的集聚。之所以存在集聚与扩散之分，是参照系不同，扩散相对于原要素流出地而言是扩散，但相对于将来新的集聚地而言，本身又是集聚。产业集聚与扩散与否，其内在机制是市场扩张效应与市场拥挤效应的相互作用，或是向心力和离心力的相互作用[13]。

美国发展经济学家阿瑟·刘易斯（1984），较早地对产业扩散或转移现象进行了研究。在其《国际经济秩序的演变》一书中，他从劳动力成本的角度分析了产业转移或扩散的经济动因。认为劳动力成本上升，导致了产业生产成本上升，产品不再具有竞争优势，只有进行产业转移。简言之，当集聚导致的生产力成本的比较优势失去时，产业扩散就会出现[14]。然而刘易斯在考察产业"转移"过程时，并没有联系到"集聚"。受阿瑟·刘易斯的影响，相当一批经济学家提出了各自不同的产业"转移"理论。产业梯度转移学说认为，每个国家与地区都处于一定的经济发展梯度上，世界上每出现一种新行业、新产品、新技术都会随着时间的推移，由高梯度上的地区向低梯度上的地区传递下去。日本经济学家小岛清于1987年提出"边际部门转移理论"，从对外投资的角度解释产业转移[15]。日本学者关满博从产业分工角度论述产业转移，认为技术差异导致了产业分工，产业分工导致了产业转移。另外，埃特维尔和托兰惕诺的技术创新产业升级理论、威尔斯的小规模技术理论、拉奥的技术地方化理论也对产业转移现象进行了解释[12]。然而上述理论没有真正地将"集聚"与"扩散"联系起来。

法国经济学家佩鲁的增长极理论，是将"集聚"与"扩散"真正联系起来的理论。佩鲁指出："增长极"具有吸引作用和扩散作用，表现在"增长极"中具有创新能力的企业不断进行技术创新，推出新技术、新产品、新组织与新生产方法，既能从其他地区或部门吸引来最新技术或人才，又能将自己的新技术推广或扩散出去，对其他地区产生影响[16]。瑞典发展经济学家缪尔达尔受佩鲁的影响，提出了地理上的二元结构理论，明确提出了产业在地理上的空间扩散及其效应。他认为，产业或生产要素在地理上的扩散效应要远小于产业或生产要素在地理上的集聚效应，这种集聚效应大于扩散效应的结果是导致"循环累积"，即外围与中心之间差距越来越大[17]。自缪尔达尔之后，新经济地理学的代表人物克鲁格曼发表了具有影响力的《规模报酬递增与经济地理》一文，通过构建精巧的数学模型，深入地解释了产业集聚的经济学机制。但由于文中有些假设过于简单，导致结论无法更好地说明产业扩散现象。而后在克鲁格曼、藤田、维纳布尔斯等人的共同努力下，对原有的核心模型进行了改进，从而更好地解释了产业扩散现象[12]。

二 产业集聚与扩散的实证研究

1. 国外研究

当前国外关于产业集聚的研究多集中在制造业，例如 Yukichi Mano[18]等以日本制造业为例，探讨了战后聚集经济和地理集中产业的关系；Edward J. Feser[19]选取了美国的两种制造业，采用逆输入需求函数的框架来测试这两种制造业不同经济强度的经济产业和城市的大小，结果表明这个效率和通用性的逆输入需求的方法尤其适合微观层面的研究，聚集经济和之前设想的同质性不合适；Joshua Drucker[20]通过对三种制造业的生产力进行分析，探讨了区域产业结构和集聚经济的关系，发现集聚经济对其的影响只是充当中介；Nakamura[21]探讨了日本城市制造业的集聚经济，发现不同的行业经济体数据相差很大，轻工行业与重工行业也是不一样的；Rosenthal[22]探讨了美国制造业集聚的机制，从区、县、州不同尺度分析了产业集聚的影响因素，发现不同区域尺度的产业集聚机制是不同的。

2. 国内研究

相较于国外的产业集聚与扩散研究，国内相关研究尚处于起步阶段，很多都是在国外理论的基础上进行的实证研究。随着产业集聚越来越成为区域经济增长的重要因素之一，该问题也就成了我国学术界研究的热点。曾忠禄（1997）[23]分析了有关产业集群的普遍性、困惑以及外部经济效益等一系列特征；石培哲（1999）[24]对于产业集聚形成的原因进行了深入的研究；张元智（2001）[25]对高科技产业开发区的集聚效应、区域竞争优势进行了探讨，他认为一个地区的竞争优势，不是取决于集聚区的数量，而是规模；张威（2002）[26]依据相关统计数据，构建衡量指标，对装备制造业的产业集聚进行了探讨，分析了现状、特点等；李国平等（2003）[27]通过问卷调查、企业访谈等搜集的相关资料，对北京高科技产业集聚过程及影响因素进行了分析；梁琦（2004）[28]对集聚与扩散的关系进行了研究，她认为产业在一定区域集聚与扩散具有辩证统一的规律，集聚发展到一定水平，一些要素或产业便产生扩散，同时新的集聚会进一步形成；厉无畏等（2005）[29]通过对中国和欧洲城市创意产业发展的比较，剖析了不同国家和地区对创意产业的内容和范围给予的不同理解和划分，详细论述了中国创意产业的发展路径；王子龙等（2006）[30]利用产业空间集聚指数和 CRn 指标对我国 1994～2003 年制造产业的集聚水平进行了测度；贺灿飞等（2007）[31]对产业集聚的测量和识别方法进行了综述；薛艳（2009）[32]利用产业空间集聚指数和行业集中度，对 2002～2006 年中国部分制造产业集聚水平进行了测度；清华大学黄涛博士根据前人的研究，并结合自身的观点提出集群四段法，分别是：集和、集中、集聚和衰退[33]。

综合上述研究，目前关于产业空间研究主要集中在以下两个方面。

一是基于商业供给的角度。以中心地理论为基础，对西方国家的若干大城市的商业业态区位分布进行验证，通过商业设施功能数目的多寡、设施规模的大小及服务人口数量、地租等方面的差异，提出不同商业空间分类的方式，重点从零售业的区位、零售结构、零售活动与政策等方面进行系统的探讨。在休闲消费空间研究方面，提出 RBD 的定义，即季节性涌入城市游客的需求，认为城市的各种设施与吸引物，应该布局于最能满足游客和当地居民需要的区位上。杨吾杨（1990）系统地从城市地域结构和商业中心地理结构方面对城市商业网点进行了研究，论证了北京市商业服务业的形成机制，并对商业中心做出了预测。宁越敏（2005）用中心性指数和聚类分析方法对上海市商业中心的等级体系进行了划分，指出上海市区的商业中心在空间上呈现集聚与扩散、衰落与兴起并存的状态。吴必虎（2001）等研究了大尺度城市休闲空间的核心边缘结构、点轴结构、同心圆结构、带状结构和网络结构。史萍提出中央娱乐区的概念，认为城市的娱乐不仅服务于旅游者，还应满足本地居民的需要，这也是城市自身功能的完善。

二是基于消费行为角度，贝里（1958）提出第三产业活动的理论后，西方学者开始注重商业业态需求的研究，如消费者偏好、消费行为、出行方式和消费能力等对城市商业空间结构的影响。进入新世纪，国内关于消费者行为对产业空间影响的实证研究日益增多。崔功豪、柴彦威（2004）等通过购物行为与居民属性的相关关系的分析，研究深圳市居民消费空间结构；唐卉（2005）从消费者的角度探讨了以广州酒吧为代表的休闲消费空间的发展及其影响因素等。

三 产业集聚与扩散的研究方法

关于产业集聚与扩散水平的测算方法有很多，借鉴已有学者的研究成果，可将其分为两大类：基于区域的产业集聚水平测度（Herfindahl 指数、区位基尼系数、空间集中度、行业集中度、EG 指数、MS 指数、HK 指数、区位熵、洛伦茨曲线、赫希曼－赫芬达尔指数、信息熵、锡尔系数等）和基于距离的产业集聚测度（K 函数、L 函数等）。

从早期的赫芬达尔指数到后来的 K 函数、L 函数，产业集聚与扩散水平的测度方法都有了很大的进步，但其实每一种方法都不是完美无缺的，都存在一定的不足之处。例如空间集中度、空间基尼系数、赫芬达尔指数这几种方法，它们的数据相对而言比较容易获得，但是缺乏对产业集聚度的全面分析；而EG、MS 指数以及基于距离的多空间尺度方法等，它们的数据很难获得，并且实际可操作性较差。大多数方法都并不能从空间上反映出某一产业的集聚与扩散状况，而只是通过数据，从数量的级别上判断的。为了能比较全面地对产业集聚与扩散进行研究，既能从数理分析的角度，又能从地理学空间分布的角度展开研究，在实际研究中应按照研究目的需要和数据采集的情况运用多种不同的方法，将几种方法有效结合起来进行综合分析。

第二节　产业集聚与扩散的时空相关性研究

时空相关性作为一种新的研究视角和新的研究理论，目前还没有形成完善的理论体系，国内外的相关研究还处在探索阶段。现有的研究多重视对事物空间相关性的研究，从时空相关性视角对地理问题的研究相对较少。

一　国外研究

Tobler（1970）提出的地理学第一定律说明了地理空间中任何事物之间是相关的，距离越远，相关程度就越弱，距离越近，相关程度就越强[34]。Clifford（1973）对空间自相关的概念进行了阐释，地理空间的相关性主要表现在地理空间的自相关性，以及特征之间在区域或时间上的相关性[35]。还有一些研究者从统计学上评估数据的空间依赖程度，根据研究角度的不同，提出了全局空间自相关和局部空间自相关的自回归统计量，从而描述空间自相关性。然而，从时间和空间相结合的角度探讨时空相关性的研究相对不够成熟，并且学科差异明显。从现有文献来看，关于时空相关性的研究，无论是国外还是国内，在自然科学领域的研究成果相对较多，而在人文、社会科学领域的研究成果相对较少。Ulli Finke（1999）对雷电分布的时空相关性进行研究，引入雷电事件的距离和时间间隔，从而对其时空相关性进行分析，这种方法的目的在于为分析气候灾害提供有力工具[36]。Bryan K. Epperson（2000）将时空相关性用于生态系统模型的研究上，通过种群遗传案例分析发现，时空相关性能够连接数据的理论过程，并用于估计迁移率、模型拟合进行未来的预测，同时时空相关性也能反映在不同空间距离上空间相关性的关系[37]。L. De Cesarea（2001）从地统计学角度对时空相关结构模型进行估计，建立了不同的时空结构关联模型，并进行了对比研究[38]。Ali Osman Oncel 等（2002）对地震构造变量参数的时空相关性进行分析，从而对地震危险性进行分析和评价[39]。Patrizia Tosi 等（2008）对地震的时空相关性进行了分析，研究中发现地震活动是一个复杂的过程，将中强地震活动作为一个点过程进行分析，发现地震活动具有时空相关性，大中型规模的地震时间集中在特定的时空区域内，并且在短距离内具有相对较高的空间相关性[40]。Sandra De Iaco（2010）对时空相关分析进行了比较研究，认为时空相关模型较传统的结构分析有一定的进步，主要在于时空模型可以实现预测的目的，并进一步通过实证分析进行了比较研究[41]。Edgardo Bucciarelli 等（2011）对美国人力资本累积过程进行研究，通过对人力资本的时空特征的实证分析发现，不同的州呈现出不同的发展情况，反映了在国家背景和在特定的区域背景下的人力资本的转移过程[42]。

二　国内研究

国内基于时空相关性视角的相关研究成果也相对较少。周国法等（1998）对生物种群的时空变化进行研究，认为从形式上讲，时空相关和空间相关没有大的区别，时空相关好像只是在空间相关的基础上加入了时间分量。但由于时间是单方向的，因此时间分量和空间分量是不同的，可以说时间和空间分量存在质的区别。时空相关可以考虑方向性问题，不同方向的时空相关性可以是不同的[43]。裴韬等（2002）借助时空距离概念，对华北地区公元 1500 年以来的强震进行了时空相关性分析，为华北地区强震迁移规律的总结以及趋势预测提供了重要参考[44]。李波等（2002）通过对洪泽湖水质的时空相关性分析发现，洪泽湖水质存在着时空相关性，这种时空相关性已受到人类活动的强烈干扰，建议洪泽湖湿地自然保护区应该选择在时空间相关性小、具有一定离群性的岛屿区域[45]。薛东前等（2003）采用时空相关性方法揭示了无锡城市用地扩展的城市、开发区、土地扩展参数的时空变化规律性[46]。李一平等（2005）对太湖水质时空相关性进行分析，将地统计学方法与传统方法相结合，以相关性代替变异函数，分析了不同方向上水质的空间异质性，结果表明太湖水质存在很强的时空相关性[47]。王劲峰等（2006）在《空间分析》一书中谈到，时空相关性统计量跟空间相关性类似，也可以分为全局时空相关性统计量和局部时空相关性统计量[48]。宋马林等（2010）从时间和空间多维的视角，通过分析全局 Moran's I 相关系数与局部 Moran's I 相关系数的特点，提出一种新的考虑时空的相关系数分析方法，并通过实证分析验证，为社会经济时空变化的空间计量分析提供了新的工具[49]。

综上所述，从时空相关性视角研究问题的成果相对较少，且集中在自然科学领域，但这些研究成果为本书的研究奠定了一定的基础。本书将在以上研究成果的基础上，对西安市文化产业发展的时空相关性规律进行研究，既是从时空相关性视角对人文、社会科学研究成果的补充，也是对文化产业实证研究视角的开拓。时空数据具有尺度特征，时空数据在不同的时间尺度和不同的空间尺度上所遵循的规律及体现出的特征不尽相同，利用该性质可以研究时空信息在概化和细化过程中所反映出的特征渐变规律[50]。基于上述理论，本书认为对具有时空属性的数据变量求取相关系数能够反映其是否具有时空相关性，本书对文化产业的研究采用的数据实际上也是一种时空属性数据，在时间序列上包含了 1997 年、1999 年、2002 年、2005 年、2007 年、2009 年、2012 年等七个年份的西安市文化产业的空间点属性数据，并且随时间变化，文化产业的空间点属性在空间上发生一定程度的变化，这些都能够反映时空数据的特征，即文化产业空间点属性数据的变化反映了其具有时空属性。在讨论西安市文化产业发展的时空相关性时，可采用变量间的相关系数作为衡量时空相关性的标准。在时间尺度上，以每两个年份之间不同区域的文化产业企业数量作为相关性分析的变量，这种变量既包含时间属性又包含空间属性，实际上相当于把各个年份当成了变量，计算每两个年份变量之间的相关系数可以称之为时间尺度上的时空相关性，能够正确反映在时间尺度上文化产业发展的时空相关性变化；同样道理，在空间尺度上，以每两个区域之间不同年份的文化产业企业数量作为变量，这种变量同样也包含时间和空间属性，实际上将各个区域当成了变量，计算每两个区域之间的相关系数可以称之为空间尺度上的时空相关性，能够正确反映在空间尺度上文化产业发展的时空相关性变化。根据以上分析得到的不同时间、空间尺度上的变量间的相关系数可以进一步采用平均值的方法探讨时空相关性随时间尺度和空间尺度的变化所呈现出的规律性。

第三节　产业集聚与扩散效应研究

一　国内外产业集聚效应研究

1. 国外研究

产业集聚经济效应表现为集聚经济，洛希（Loesch，1954）最早提出将集聚经济细分为地方化经济和城市化经济。地方化经济对企业来讲是一种外部经济，不过对某一地区的产业来讲是内部的。城市化经济是与城市规模密度联系在一起的规模经济效应。集聚经济的每一表现形式的实证研究都是通过它们对知识溢出和创新的不同影响而表现出来的。关于地方化经济的实证性证据并不充分[51]。亨特森（Henderson，1986）发现美国和巴西的产业地方化都提升了要素生产率[52]，但格莱泽等人与费尔德曼和奥德隆（Feldman and Audretsch，1996）均认为产业地方化集聚既没有提高产业增长率也没有增加创新性活动[53]。黑德等人（Head et al.，1995）按照国际贸易的研究传统提出了一个要素驱动地方化的研究假设，在这一假设下，产业的地方集聚是地方不同要素禀赋条件所决定的。通过对日本在美国投资区位选择的研究，日本在美国的投资是后来者依据先行者的区位选择来布局，企业的相互接近布局是为了利用信息的外部性而不是取决于要素禀赋，这说明在解释日本在美国的投资选址方面采用知识溢出理论才合适。城市化经济根源于规模效应，这种规模效应对产业来讲是一种外部效应，而对一定的地理单元比如城市来讲又是内部的[54]。卢卡斯（Lucas，1993）确认城市存在的有力原因在于规模收益递增，是规模递增效应才使城市更具生产力[55]。亨特森（Henderson，1986）发现是城市不经济性或拥挤性对城市生产率增长产生了负面影响。纳卡穆拉（Nakamura，1985）、穆茂（Moomaw，1988）发现城市化经济对于一些特殊产业如服装、食品和印刷等的发展显得十分重要，但对重工业和耐用产品工业的影响就不那么重要[56,57]。杰克布斯（Jacobs，1969）指出城市化经济是在一定地理区域范围内的不同企业和中介组织之间互补性知识的交流中完成的[58]。Beaudry 和 Swann 研究了产业集聚的强度影响产业集聚区域内企业绩效的途径，结果表明在不同的产业存在着产业集聚正效应和负效应，在计算机、汽车、航空和通信设备制造业存在非常强的集聚正效应。

2. 国内研究

贺灿飞（2001）和魏后凯（2002）采用中国地级以上的 207 个城市的外商投资资料，探讨了信息成本和集聚经济对中国外商投资区位选择的影响，认为外商在华直接投资的区位选择取决于信息成本和集聚经济变量[59,60]。朱英明（2002）分析了产业集聚的区域效应，以长江三角洲为例，定量分析了发达地区外商投资企业空间集聚与地区增长的关系[61]；张华（2007）对产业空间集聚及其效应的研究进展进行了综述分析，总结了产业集聚效应的研究包括产业集聚与产业区位、产业集聚与产业增长、产业集聚与区域经济增长[62]；陈迅（2006）对西部地区集聚效应进行了计量研究，分别测度了区域集聚效应和城域集聚效应[63]；何静（2010）以浙江省为例对产业集聚对城市空间结构的影响进行了实证研究[64]。

二　文化产业集聚效应研究

1. 国外研究

Comedia（2004）认为文化是使全社会居民共享社会和人类资源，提高生活水平的方式[65]；Connor（2006）指出文化产业发展已经逐渐成为从福特经济到后福特经济转变时期就业和经济增长的重要来源[66]；除了有对城市文化和创意产业集聚产生的经济效应进行研究外，还有学者对文化产业产生的提升城市形象、居民生活水平等社会文化效应进行研究。世界银行的一份报告列出文化产业的功能有增加就业和收入、树立城市品牌形象、增强竞争力、增强个人和区域的社会凝聚力等。文化和创意产业集群通过提供传导性的文化环境创造更大的经济效益（Evans，2001）[67]，Mommaas（2004）解释文化集聚战略给文化生产提供了文化环境或创意氛围，还指出文化和创意产业集聚促进文化多样性、民主性，刺激创意、创新和多样开放的生活方式[68]；Flew（2002）利用波特的钻石模型提出文化创意产业集聚的三个竞争优势：通过吸引劳动力、知识、技能增加生产力，通过信息交流提升创新能力，提供新的商业结构；城市规划和发展政策促进文化产业集聚，而文化产业集群促进文化生产和消费（Roodhouse，2006）[69]；文化产业集聚为城市重构提供了一种方式，文化涉及从古建筑遗存、文化景区到可视的表演艺术、节庆、文化活动、娱乐休闲活动，同时也是一种生活方式，文化可以作为复兴或美化城市衰落空间的工具（Smith，2007）[70]。

2. 国内研究

郑洁构建了企业家群落，重新整合城市资源，成为房地产业的一种新形式，试图提供有吸引力的工作环境来吸引投资和资本。创意产业集聚区为白领阶层提供了一种新的、舒适的生活方式。重新利用旧工业区或建筑，促使一种新的设计风格出现，文化成为历史空间再造的策略[71]；Zhou Sibei 以深圳大芬村为例研究了文化产业对城市重构的影响，首先对文化产业作为经济发展的工具、社会策略手段以及中国文化产业发展现状进行了文献综述，然后重点分析了文化产业对城市重构的影响，具体从历史空间重构、经济重构、社会重构几方面中研究深圳文化产业集聚区对城市发展的作用。总结出文化策略对城市发展的作用表现在：城市文化是当地制定经济政策的一个标准；文化政策促进市场吸收全球资本，促进经济增长；文化产业集聚有助于社会和谐。Zheng jie（2009）提出上海创意产业集面进行分析[72]，相当于是对城市文化产业集聚的历史文化效应、经济效应、社会效应的分析；黄斌认为北京文化创意产业集聚区对城市空间的影响体现在呼应城市总体规划空间结构，强化高端产业功能地位，支撑旧城改造、新城建设和南城开发等方面[73]；褚劲风在对上海创意产业集聚空间组织研究中提出上海创意产业集聚的示范效应、旁侧效应、溢出效应[74]；汪毅等人对南京创意产业集聚区分布特征及空间效应研究中，认为南京创意产业集聚区的空间效应有城市空间结构优化、城市空间景观塑造、城市历史环境重生、传统产业空间置换等[75]；还有大量学者对文化和创意产业集聚经济效应进行了计量研究[76,77]。

参考文献

[1] 赵志成、曲延芬：《产业集聚理论研究综述》，《现代经济信息》2008 年第 6 期。

[2] Marshall A., *Principles of Economics：An Introductory* (*9th Ed*). London：Macmillan, 1890.

[3] 安虎森：《区域经济学通论》，经济科学出版社，2004。

[4] 王世军：《综合比较优势理论与实证研究》，中国社会科学出版社，2007。

[5] 冯梅：《中国文化创意产业发展问题研究》，经济科学出版社，2009。

[6] 王缉慈：《创新的空间——企业集群与区域发展》，北京大学出版社，2001。

[7] 〔德〕约翰·冯·杜能著《孤立国同农业和国民经济的关系》，吴亨康译，商务印书馆，1997。

[8] 〔德〕阿尔弗雷德·韦伯著《工业区位论》，李刚剑译，商务印书馆，1997。

[9] 蒋三庚：《文化创意产业研究》，首都经济贸易大学出版社，2006。

[10] 〔德〕沃尔特·克里斯塔勒著《德国南部中心地原理》，常正文、王兴中等译，

商务印书馆，1998。

［11］〔美〕迈克尔·波特著《国家竞争优势》，李明轩等译，华夏出版社，2002。

［12］吕力：《产业集聚、扩散与城市化发展——理论探讨与中国的实践》，武汉大学博士学位论文，2005。

［13］周文良：《制造业的集聚、扩散及其政策选择——基于广东省的分析》，暨南大学博士学位论文，2006。

［14］〔美〕阿瑟·刘易斯著《国际经济秩序的演变》，乔依德译，商务印书馆，1984。

［15］〔日〕小岛清著《对外贸易论》，周宝廉译，南开大学出版社，1987。

［16］周国梁：《美国文化产业集群发展研究》，吉林大学博士学位论文，2010。

［17］胡代光、高鸿业：《西方经济学大辞典》，经济科学出版社，2000。

［18］Yukichi Mano and Keijiro Otsuka, Agglomeration Economies and Geographical Concentration of Industries：A Case Study of Manufacturing Sectors in Postwar Japan. *Journal of the Japanese and International Economies* 14, 2000.

［19］Edward and J. Fese, Aflexible test for agglomeration economies in two US manufacturing industries. *Regional Science and Urban Economics* 2001（31）.

［20］Joshua Drucker and Edward Feser, Regional industrial structure and agglomeration economies：An analysis of productivity in three manufacturing industries. *Regional Science and Urban Economics*, 2012.

［21］Nakamura R., Agglomeration economies in urban manufacturing industries：A case of Japanese cities. *Journal of Urban Economics*, 1985, 17.

［22］Rosenthal S. S. and Stange W C., The Determinants of Agglomeration. *Journal of Urban Economics*, 2001.

［23］曾忠禄：《产业群集与区域经济发展》，《南开经济研究》1997年第1期。

［24］石培哲：《产业集聚的形成原因探析》，《机械管理开发》1999年第4期。

［25］张元智：《高科技产业开发区集聚效应与区域竞争优势》，《中国科技论坛》2001年第3期。

［26］张威：《中国装备制造业的产业集聚》，《中国工业经济》2002年第3期。

［27］李国平、孙铁山、卢明华：《北京高科技产业集聚过程及其影响因素》，《地理学报》2003年第58（6）期。

［28］梁琦：《产业集聚论》，商务印书馆，2004。

［29］厉无畏、于雪梅：《中国和欧洲城市创意产业发展的比较研究》，《世界经济研究》2007年第2期。

［30］王子龙、谭清美、许箫迪：《产业集聚水平测度的实证研究》，《中国软科学》2006年第3期。

［31］贺灿飞、潘峰华：《产业地理集中、产业集聚与产业集群：测量与辨识》，《地理科学进展》2007年第26（2）期。

［32］薛艳：《产业集聚水平测度方法的实证研究》，《统计教育》2009年第2期。

［33］齐虹：《产业集聚及其不同阶段的实证分析》，西南交通大学硕士学位论文，2008。

［34］Tobler W. R., A computer movie simulating urban growth in the Detroit region.

Economic Geography, 1970, 46（2）.

[35] Cliff A D. And Ord J K., *Spatial Autocorrelation*. Pion Press, 1973.

[36] Ulli Finke, Space-Time Correlations of Lightning Distributions. *Monthly Weather Review*, 1999, 127.

[37] Bryan K. And Epperso, Spatial and space-time correlations in ecological models. *Ecological Modelling*, 2000, 132.

[38] L. De Cesare, D. E. Myers, D. Posa, Estimating and modeling space-time correlation structures . *Statistics & Probability Letters*, 2001, 51.

[39] Ali Osman Oncel and Thomas H. Wilson, Space-Time Correlations of Seismotectonic Parameters：Examples from Japan and from Turkey Preceding the İzmit Earthquake. *Bulletin of the Seismological Society of America*, 2002, 92.

[40] Patrizia Tosi, Valerio De Rubeis, Vittorio Loreto, et al, Space－time correlation of earthquakes. *Geophysical Journal International*, 2008, 173.

[41] Sandra De Iaco, Space－time correlation analysis：a comparative study. *Journal of Applied Statistics*, 2010, 37（6）.

[42] Edgardo Bucciarellia, Fabrizio Muratoreb, Iacopo Odoardi, et al. , Spatial and space-time correlations in the U. S. human capital accumulation processes. *Procedia Social and Behavioral Sciences*, 2011, 15.

[43] 周国法、徐汝梅：《生物地理统计学——生物种群时空分析的方法及其应用》，科学出版社，1998。

[44] Tao Pei, Cheng-hu Zhou, Quan-lin Li, et al. , Statistical analysis on temporal-spatial correlativity within temporal doublets of strong earthquakes in North China and its vicinity. *Acta Seismol Ogica Sinaca*, 2002, 15（1）.

[45] 李波、濮培民、韩爱民：《洪泽湖水质的时空相关性分析》，《湖泊科学》2002年第14（3）期。

[46] 薛东前、王传胜：《无锡城市用地扩展的时空特征与趋势分析》，《资源科学》2003年第25（1）期。

[47] 李一平、严莹、韩广毅：《太湖水质时空相关性分析》，《河海大学学报》（自然科学版）2005年第33（5）期。

[48] 王劲峰等：《空间分析》，科学出版社，2006。

[49] 宋马林、王舒鸿、汝慧萍：《一种新的考虑时间和空间的相关系数及其算例》，《数量经济技术经济研究》2010年第7期。

[50] 裴韬、周成虎、骆剑承等：《空间数据知识发现研究进展评述》，《中国图像图形学报》2001年第6（9）期。

[51] Loesch A. , *The economics of Location*. Yale University Press, 1954.

[52] Henderson J. V. , Efficiency of resource usage and city size. *Journal of Urban Economics*. 1986, 19.

[53] Feldman and Audretsch D. B. , *Science-based diversity, specialization, localized competition and innovation*. Mimeo, 1996.

[54] Head C. K. , RIES J. C. , Swenson D. , Agglomeration benefits and location choice：

evidence from Japanese manufacturing investment in the United States. *Journal of international economics*, 1995, 38 (3 - 4).

[55] Lucas R., On the mechanics of economic development. *Journal of Monetary Economics*, 1988, 22.

[56] Nakamura R., Agglomeration economies in urban manufactural industries: a case of Japanese cities. *Journal of urban economics*, 1995, 17.

[57] Moomaw R., Agglomeration economies: location or urbanization. *Urban Studies*, 1988, 25.

[58] Jacobs J., *The Economy of Cities*. Random House, 1969.

[59] 贺灿飞、魏后凯:《信息成本、集聚经济与中国外商投资区位》,《中国工业经济》2001 年第 9 期。

[60] 魏后凯、贺灿飞、王新:《中国外商投资区位决策与公共政策》,商务印书馆,2002。

[61] 朱英明:《长江三角洲地区外商投资企业空间集群与地区增长》,《中国工业经济》2002 年第 1 期。

[62] 张华、梁进社:《产业空间集聚及其效应研究进展》,《地理科学进展》2007 年第 26 (2) 期。

[63] 陈迅、童华健:《西部地区集聚效应计量研究》,《财经科学》2006 年第 11 期。

[64] 何静:《产业集聚对城市空间结构的影响研究——以浙江省为例》,浙江理工大学硕士学位论文,2010。

[65] Comedia, *Cultural and Regeneration*: *An evaluation of the evidence*. Comedia, 2004.

[66] O'Connor J., A new modernity? the arrival of 'creative industries' in China. *International Journal of Cultural Studies*, 2006, 9 (3).

[67] Evans G., Cultural planning: an urban renaissance? Routledge, 2001.

[68] Monnaas and Hans, Cultural Clusters and the Post - Industries City: towards the remapping of urban cultural policy. *Urban Studies*, 2004, 41 (3).

[69] Flew, Terry, Beyond ad hocery: defining creative industrie, Paper presented to cultural sites, cultural policy, the second international conference on cultural policy research, 2002.

[70] Roodhouse, Simon, *Cultural Quarters*: *Principles and Practice*. Intellect, 2006.

[71] Smith N., New globalism, new urbanism: Gentrification as global urban strategy. *Antipode*, 2002, 34 (3).

[72] Zheng jie. Urban governance and "creative industry clusters" in Shanghai's urban development [D]. The University of Hong Kong, 2009.

[73] Zhou Sibei, The impact of cultural industries on urban redevelopment in Shenzhen: a case study of Dafen Village. The University of Hong Kong, 2009.

[74] 褚劲风:《上海创意产业集聚空间组织研究》,华东师范大学博士学位论文,2008。

[75] 汪毅、徐旳、朱喜刚:《南京创意产业集聚区分布特征及空间效应研究》,《热带地理》2010 年第 30 (1) 期。

[76] 陈建军:《文化创意产业的集聚效应及影响因素分析》,《当代经济管理》2008 年第 30 期。

[77] 顾江:《文化软实力与产业竞争力》,东南大学出版社,2009。

第二章
国内外文化产业研究

第一节 文化产业的概念、内涵及分类

近些年来，文化产业一直是学者们深入研究的热点话题之一。国外对于文化产业的研究十分深入，涉及的领域也比较广，而国内对文化产业的研究尚处于探索阶段，且主要是借鉴国外的相关研究成果。

一 文化产业的概念、内涵

1. 国外或国际组织研究综述

（1）德国学者

文化产业起初被译为文化工业，由法兰克福学派提出。但后来由于种种原因，比如主观意识、历史局限等，对文化产业的内涵存在较大的分歧，因此形成了不同的理论体系。法兰克福学派的批判理论，主要代表人物有霍克海默和阿多诺，在二人合著的《启蒙辩证法》（1947）一书中，他们批判文化产业理论，从而构筑了自己学派的理论。他们主要从哲学价值和艺术两个角度对文化产业进行否定性批判[1]，认为文化的产业化、资本化将文化个体的差异性减弱，破坏了文化产品的个性，失去其原有的艺术价值，使文化变得平庸。法兰克福学派的重要人物本杰明、马尔库塞等也对文化产业进行过深入研究，但在理论上对文化产业持否定态度。

（2）英国学者

英国特别重视文化产业的"原创性"特点，将文化产业界定为"那些出自个人的创造、技能及智慧和通过对知识产权的开发和生产，为社会创造财富和就业机会的文化性活动"，并最早提出"创意产业"一词。英国文化学派的文

化研究，主要代表人物有雷蒙德·威廉姆斯、斯图亚特·霍尔、特里·伊格尔顿等，他们在法兰克福学派理论成果的基础上，进行了一些创新。贾斯廷·奥康纳在《欧洲的文化产业和文化政策》一文中给出了文化产业的定义，认为文化产业就是指以经营符号性商品为主的那些活动，这些商品的基本经济价值源于它们的文化价值[2]。著名媒体理论家尼古拉斯·加纳姆也对文化产业的内涵进行了研究。普拉特（2000）认为，文化产业与以文化形式出现的生产中所涉及的各种活动有联系，构成一个由内容的创意、生产输入、再生产和交易四个环节组成的巨大的产业链，这四个环节相互交融构成庞大的文化产业生产体系[3]。大卫·赫斯蒙德哈尔什（2007）认为，文化产业的本质在于创造、生产和流通文本，分为核心的文化产业和边缘的文化产业[4]。创意产业（creative industries）最早被英国纳入国家发展战略。英国经济学家霍金斯在《创意经济》一书中把创意产业界定为其产品都在知识产权法的保护范围内的经济部门，把创意产品称为"知识财产"，即由专利、版权、商标和设计产业四个部门共同构建而成。文化经济理论家凯夫斯（Caves 2004）[5]从文化经济学角度定义，即创意产业是提供我们宽泛地与文化的、艺术的或仅仅是娱乐的价值相联系的产品和服务。

（3）美国学者

美国的一些学者结合自身国情，对之前两派的文化产业理论也进行了一些创新，约翰·费斯克是其奠基人，他的代表作有《理解大众文化》、《解读大众文化》等。美国学者斯科特（Allen J. Scott，2004）将文化产业定义为，基于娱乐、教育和信息等目的的服务产出，和基于消费者特殊嗜好、自我肯定和社会展示等目的的人造产品的集合[6]。美国凭借其在娱乐、影视和新闻出版方面的世界领先水平，对文化产业的概念倾向于"版权产业"；美国文化产品的工业化程度很高，将文化产业定义为以工业化方式生产文化符号以满足人们精神消费需求的产业，主要局限于涉及版权的行业，故称为版权产业；学者大卫·赫斯蒙德夫（2007）认为，文化产业一般指的是与社会意义的生产最直接相关的机构，应该包括电视、电影、音乐的录音与出版产业、广告、无线电广播、书报刊出版以及表演艺术等[7]。

（4）日本学者

日本将文化产业称为"内容产业"，更强调内容的精神属性。2004 年将文

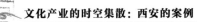

化产业统称为娱乐观光业，直接反映了日本文化产业发展的特征。

（5）澳大利亚学者

澳大利亚学者索斯比（Throsby，2002）认为，文化产业是在生产过程中包含创造性，凝结一定程度的知识产权并传递象征性意义的文化产品和服务[8]。文化产业是指为市场进行创造、生产、传播、销售具有文化含量的产品和服务的活动，以及与之有联系的各种支撑、参与等活动的集合。文化产业是文化的经济化形态，是文化经济的存在形式，是文化生产分工细化、文化生产方式增加、文化流通销售载体变迁、文化消费需求日益增加的产物，是具有研究开发、生产经营、分配流通和消费性的产业。

（6）芬兰学者

芬兰学者芮佳莉娜·罗马认为，不管从何种角度来界定文化产业都要以"艺术 + 经济 + 技术"为支点，文化产业的大厦正是建立在这三者的基础上，其中的任何一个都根据情况在文化产业中或多或少地发挥着缺一不可的作用[9]。

（7）联合国

联合国对文化产业下的定义，"文化产业是按照工业标准生产、再生产、储存以及分配文化产品和服务的一系列活动"，包括报纸杂志业、影视音像业、出版发行业、旅游观光业、演出娱乐业、工艺美术业、会议展览业、竞技体育业和教育培训业等诸多方面[10]。这种观点与西方经济学界的"文化工业"（culture industry）概念相当，突出了文化产业的经济属性，即工业化和标准化。

2. 国内研究综述

（1）学界

从20世纪90年代开始，我国学界对文化产业的内涵与范围进行了广泛的讨论。张晓明（2006）等主编的《中国文化产业蓝皮书》一书，认为在最抽象意义上文化产业可以定义为生产文化意义内容的产业，并将文化产业分为文化创作业、文化制作与传播业和一切以文化意义为基础的产业等三个层次[11]。胡惠林（2000）注重文化产业的内在精神价值，将文化产业看作以精神产品的生产、交换和消费为主要特征的产业系统[12]。花建（2002）认为文化产业的范围比较宽泛，是以文化内容的创造为核心，通过市场化和产业化的组织，大规模提供文化产品和文化服务的经济形态，并认为从分析中国文化产业统计指标出发，将文化产业分为文化制造业、文化销售业和文化服务业更为合适。文化产业是指文化产品的制造、销售和服务，以文化内容的创造为核心，通过市场化和产业化的组织，大规模提供文化产品和文化服务的经济形态[13]。江蓝生（2002）等认为，文化产业指的是按照工业标准进行生产和再生产、存储和分配文化产品和服务的活动[14]。谢名家（2002）等认为，文化产业的本质是以人类劳动力为基础的精神生产力发展的形态，强调文化产业在精神层面的重要体现[15]。

（2）全国政协和文化部

2001 年，全国政协和文化部组成文化产业联合调查组对国内部分省市进行了实地考察，在总结各省市情况的基础上，认为："文化产业是指从事文化产品生产和提供文化服务的经营性行业。"

文化部制定下发的《关于支持和促进文化产业发展的若干意见》，将文化产业界定为：从事文化产品生产和提供文化服务的经营性行业。文化产业是与文化事业相对应的概念，两者都是社会主义文化建设的重要组成部分。文化产业是社会生产力发展的必然产物，是随着中国社会主义市场经济的逐步完善和现代生产方式的不断进步而发展起来的新兴产业。所以，中国对文化产业的界定是文化娱乐的集合，区别于国家具有意识形态性的文化事业。

（3）国家统计局

2004 年国家统计局正式出台了《文化及相关产业分类》，从统计学意义上首次对中国文化产业的概念和范围进行了界定。将文化产业的概念定义为：为社会公众提供文化、娱乐产品和服务的活动，以及与这些活动有关联的活动的集合。从我国各省市发展文化产业的实际来看，由于文化发展的侧重点不同，造成称谓有所不同，北京称为"文化创意产业"，上海称为"创意产业"，其他城市多用文化产业。中国文化产业的范畴具有广泛的包容性，与创意产业的范畴是相互包容的。

二 文化产业的分类

1. 国际文化产业的分类

（1）联合国

1986年，联合国教科文组织正式公布了文化统计框架（FCS）。框架将文化统计分为十类，分别是：文化遗产、出版印刷业和著作文献、音乐、表演艺术、视觉艺术、音频媒体、视听媒体、社会文化活动、体育和游戏、环境和自然[6]。同时，十大类各自包括数量不等的小类。

（2）英国

英国曼彻斯特大学大众文化研究所执行主任贾斯廷·奥康纳（Justin Oconnor）认为："它首先包括了我们称之为'传统的'文化产业——广播、电视、出版、唱片、设计、建筑、新媒体和'传统艺术'——视觉艺术、手工艺、剧院、音乐厅、音乐会、演出、博物馆和画廊。"

（3）芬兰

芬兰文化产业委员会把文化产业确定为一个伞状概念，从广义到狭义做了四个层面的定义，包含不同的文化内涵和范围，服务于不同政策目标的需求。在第二层定义中渗透了文化艺术的概念：文化产业是指艺术创作、传统的和现代的艺术作品、艺术展览和文化传播活动。根据这一定义，文化产业具体包括文学作品、造型艺术、音乐、建筑艺术、戏剧、舞蹈、摄影、电影、设计、媒体艺术和其他形式的艺术创作，以及书籍、报纸和杂志、录制或印刷形式音乐的出版发行、节目制作、画廊、艺术交流、图书馆、博物馆、广播电视等艺术和文化系统的生产、销售和传播活动。

（4）其他学者

澳大利亚、加拿大从北美标准产业分类中划分出的文化产业范围，将艺术、娱乐和消遣表演的艺术、体育比赛和相关的行业、表演艺术公司统一归属到文化艺术这一范畴中。

通过整理文化产业的相关资料得到了一些国家和地区的文化产业分类体系如下，具体参见表2-1。

表 2 - 1　各国或国际组织对文化产业的分类

国家或国际组织	名　称	分　类
联合国	文化产业	文化遗产、出版印刷业的著作文献、视听媒体、音频媒体、音乐、体育和游戏、表演艺术、社会文化活动、视觉艺术、环境和自然等10类
欧盟	内容产业	各种媒介上所传播的印刷品内容(报纸、杂志、书籍等)、音像电子出版物内容(联机数据库、音像制品服务、电子游戏等)、音像传播内容(电视、录像、广播和影视)、用做消费的各种数字化软件等4类
美国	版权产业	核心版权产业、交叉版权产业、部分版权产业、边缘支撑产业等4类
英国	创意产业	广告、出版、广播电视、电影和录像、建筑、时装设计、艺术品和古董交易市场、音乐、手工艺品、(工业)设计、互动性娱乐软件、表演艺术、电脑软件及电脑游戏等13类
韩国	文化产业	影视、音像、广播、游戏、卡通形象、动画、文物市场、演出、美术、广告、创意性设计、出版印刷、传统复制、传统工艺品、多媒体影像软件、网络、传统食品等17类
澳大利亚	创意产业	制造(出版、印刷等)、财务资产与商务(建筑、广告及其商务)、批发与销售(音乐或书籍销售)、公共管理与国防、休闲服务、社区服务、其他产业等7类
加拿大	文化产业	出版业、电影和录音业、电视广播、因特网、电信业、信息服务业、演艺、体育、古迹遗产机构、游乐、赌博和娱乐业等12类

资料来源:蒋三庚《文化创意产业研究》,首都经济贸易大学出版社,2006。
安宇、田广增、沈山:《国外文化产业:概念界定与产业政策》,《世界经济与政治论坛》2004年第6期。

2. 国内文化产业分类

(1)学界

国内学者对于文化产业的分类存在多种观点。

刘开云根据国家统计局制订的标准,将文化产业分为以下9类:新闻服务;出版发行和版权服务;广播、电视、电影服务;文化艺术服务;网络文化服务;文化休闲娱乐服务;其他文化服务;文化用品、设备及相关文化产品的生产;文化用品、设备及相关文化产品的销售[16]。

方宝璋(2006)在总结分析了前人研究的基础上,将文化产业分为5大类,将艺术与娱乐划分为一类,统一叫做艺术娱乐业[17]。

褚劲风在《地理学视野中的上海创意产业空间集聚》一文中指出:上海市将创意产业划分为研发设计、建筑设计、文化传媒(艺术)、咨询策划和时尚消费等五类，并涉及诸多行业[18]。

（2）文化部及其他

在 2002 年第四届中国艺术产业论坛上，文化部文化产业司司长王永章提出文化产业包括七个部分：文艺演出业、影视业、音像业、文化娱乐业、文化旅游业、艺术培训和艺术品业，这一划分已写进了"十五"期间文化部文化产业发展规划。中国文化产业网将文化产业分为书画艺术、工艺美术、创意设计、传媒出版、影视音像、动漫游戏、演艺娱乐、文化旅游、教育培训九个行业类别。

（3）国家统计局

2012 年国家统计局修订《文化及相关产业分类（2012）》，并首次添加了"文化创意和设计服务"这一类别，考虑到数据的可获取性，本书分类标准主要依照 2004 年分类标准。2004 年，国家统计局在《国民经济行业分类》发布的《文化及相关产业分类》和《文化及相关产业指标体系框架》两个文件中对文化产业及其行业进行了分类。国家统计局将文化及相关产业分为三类：其一是核心层，包括新闻服务、出版发行和版权服务、广播、电视、电影服务和文化艺术服务。其二是外围层，包括网络文化服务、文化休闲娱乐服务、其他文化服务。其三是相关文化服务层，包括文化用品、文化设备、文化产品的生产和销售。并进一步细分为 9 个大类、24 个中类、80 个小类（参见表 2-2），由于小类较多，表 2-2 中只列举了文化产业分类中的大类和中类。

表 2-2　文化及相关产业分类

层次	大类	中类
核心层	新闻服务	新闻服务
	出版发行和版权服务	书、报、刊出版发行
		音像及电子出版物出版发行
		版权服务
	广播、电视、电影服务	广播、电视服务
		广播、电视传输
		电影服务

层次	大类	中类
核心层	文化艺术服务	文艺创作、表演及演出场所
		文化保护和文化设施服务
		群众文化服务
		文化研究与文化社团服务
		其他文化艺术服务
外围层	网络文化服务	互联网信息服务
	文化休闲娱乐服务	旅游文化服务
		娱乐文化服务
	其他文化服务	文化艺术商务代理服务
		文化产品出租与拍卖服务
		广告和会展文化服务
相关层	文化用品、设备及相关文化产品的生产	文化用品生产
		文化设备生产
		相关文化产品生产
	文化用品、设备及相关文化产品的销售	文化用品销售
		文化设备销售
		相关文化产品销售

资料来源：国家统计局《文化及相关产业分类》，2004。

第二节　文化产业的空间属性及发生机制

一　文化产业的空间属性

1. 国外研究综述

很多学者注意到了文化产业和地理位置的相关关系，都强调了地理层面对分析文化产业的重要性。Scott（1997）认为特定地理位置具有提高文化产业集群内创意行为的功能，并指出现代文化产业的主要部分集中在像洛杉矶、纽约、巴黎、米兰或者东京这样的国际化城市。Justin O'connor 也认为在围绕文化产业的讨论中，地方层面是十分重要的。

在具体的文化产业集聚研究方面，Scott 是对文化产业集群进行研究较早，也较为深入的学者。Scott（1996，1997，2000，2004）[19]认为文化产业的生产具有以下五个特点：第一，技术和劳动分工过程使得文化产业需要大量的能灵活操作计算机的技术工人。第二，文化产品的生产网络主要由相互依赖的中小企业组成。第三，这样密集的网络组成的多面的产业综合体对本地劳动力市场产生了巨大的需求，并对劳动技术具有多样化的需求。第四，这样的产业综合体产生了巨大的外部效应。第五，这样的综合体也依赖于网络间的信息交流、技术交流和生产商之间的信任和合作。作为强大的相互合作和外部经济的结果，集聚的趋势十分强烈，所以文化产品的生产往往被发现在地理空间上是集聚的，而且往往集聚在城市中心。此外，他测算了影视业、多媒体等在洛杉矶的集聚度，认为洛杉矶和纽约是美国文化产业的集聚区，并对洛杉矶和巴黎的影视业进行了对比。而对于文化产品的发行，Scott认为当地的中小企业网络往往是根植于全球发行网络的，而全球发行网络又由几个大的文化和媒体巨头所主导，所以，文化产业横跨全球和地方。文化产品的生产越来越具有集聚的倾向，而发行和消费则是面向全球市场。Lilaeh Naehum 和 David Keeble（2000）利用调查和访谈得到的问卷数据分析了伦敦的文化产业集群以及跨国公司子公司与本土公司在伦敦文化产业集群中的异同表现，包括跨国公司子公司与本土公司进入集群的原因的异同和对集群的根植性等[20]。Galina Gornostaeva，Paul Cheshire 通过计算欧洲各国大都市文化产业的区位熵来判定欧洲各国文化产业的集聚趋势，此外，他们还测算了文化产业子产业的集聚程度和集群在伦敦的地理分布，并认为文化产业公司间的地理接近是受外部经济的驱动[21]。Nachum 和 Keeble（1999，2000）深入研究了伦敦中心区的媒体集群，他们发现了地方化集群学习过程作为媒体集群创新和活力主要源泉的有力证据[22]。Harald Bathelt（2002）建立了一个五维分析框架（水平关系、垂直关系、制度维度、外部集群维度和权力关系），在对莱比锡发展历史的描述和经验数据的基础上，认为莱比锡文化集群是文化公司自发形成的。同时这一集群表现出和洛杉矶、旧金山和多伦多等其他多媒体和文化产业集群类似的趋势和特征[23]。Harald，Bathelt（2003）认为对文化产业集群的分析不能仅仅集中在对内部关系的考察，还要分析文化产业集群与外界的关系。通过分析，他认为莱比锡的文化产业由几个较大的当地公司所控制，虽然还是与外界保持着松散的联系，但还是存在过度根植的缺陷，这对集群的发展是不利的[24]。Keith. Bassett，Ron Griffiths，Ian Smith（2002）详细描述了布里斯托尔的文化产业的发展现状和集群形成和发展的过程，分析了集群内公司的交互关系和外部环境对集群发展的影响，并判断了布里斯托尔文化产业集群的类型[25]。Lisa Mills 和 Shauna G. Brail 分析了多伦多多媒体集群在全球化时代的转变，指出了集群发展的优势和劣势，并提供了应对全球化的政策建议[26]。Pim den Hertog，Erik Brouwer，Sven Maltha（2000）对荷兰的多媒体集群基本特征、集群动力机制和创新体系以及绩效进行了分析[27]。Pedro Costa 在分析经验数据的基础上分析了葡萄牙文化产业集群的发展趋势和前景，指出了文化产业集群对葡萄牙文化经济发展的重要性[28]。Chris Gibson，Peter Murphy 和 Chung-Tong Wu（2001）测算了澳大利亚各省市文化产业的区位熵，指出文化产业在澳大利亚都倾向于集聚在大都市，特别是省会城市，而在悉尼的集聚度最大[29]。Ivo Mossig（2004）以科隆文化产业集群中的电视节目制作的生产网络为例子，深入分析地方化的网络如何出现以及它们是如何运行的，并着重分析了地方网络中的决策结构，得出了网络中各企业拥有不平衡的决策能力的结论。此外还有很多文献对各种不同的文化产业区进行了详细的经验描述[30]，如 Bassett，Griffiths and smith（2002）对电影和电视节目制作的研究。Brown，O'Connor，and Cohen（2000）对音乐产业的研究。Leslie（1995）[31]，Grabher（1993）对广告的研究。Zukin（1995）对城市娱乐区的研究[32]。

产业集聚的话题由来已久，但对于文化产业集聚方面的研究起步相对较晚，研究成果也相对较少，对文化产业扩散的研究则很少涉及。国外关于文化产业集聚方面的研究，Henderson J. V.（1996）从地理分布上分析了文化产业具有聚合的倾向[33]。Scott（1997）通过对美国文化产业就业的研究发现美国文化产业的就业主要集中在较大的都市区范围内[19]。进一步研究发现，特定地理位置具有提高文化产业集聚内创意行为的功能。Scott（2004）认为，文化产业全球化不会导致生产区位的分散，反而促进最终产品的空间流动，加强集聚的形成[19]。同时，随着全球化联系的外部交流成本的降低，一些集聚也会因此而被破坏，使得生产部门进行区位转移。Drake（2003）认为，文化产业集聚是提高创新速度的催化剂，在分工与专业化越细致的地方，文化产业分布越容易出现集聚现象，因而集群出现在大城市的概率比乡村和小城市高[34]。Caves（2004）认为，文化产业集聚能够节约经销商和顾客的成本，进而增强文化产业集群的凝聚力[35]。Pratt（2004）认为，大城市具有较高的文化产业聚集度[36]。Hutton（2006）从地理学视角对文化产业进行研究，认为以设计和创意为主的文化产业园区，有向大城市的内城和中央商务区的边缘地区集中的趋势，且多集中在历史建筑中[37]。Scott（2002）补充特定区域的重要性在于"存在于任何一个特定城市中的独特的传统、习俗和技巧将独有的韵味注入当地产品中，这使得其他地区的公司可以模仿但绝不可能完全复制"。

2. 国内研究综述

国内对产业集聚的研究相对较晚，对于文化产业集聚的关注也是近些年的事，研究成果也相对较少，对于文化产业扩散的研究则更为少见。一些学者从不同视角对文化产业的集聚与扩散进行了初步的探讨。林拓（2003）指出产业空间集聚与城市环境引力作用使文化产业的空间集聚特征日益明显[38]。张景秋（2004）对不同阶段的北京市文化设施空间分布进行了总结，发现在一定区域上存在着集聚[39]。周尚意等（2006）利用罗伦兹曲线、集中化程度指数、文化企业年产值的等值线图刻画了北京城区范围内文化产业的空间分布状况，对文化产业集聚进行了定量化研究[40]。钱紫华等（2006）对大芬油画产业集聚体的现状、产业集聚模式和存在的问题进行研究，并提出了发展对策[41]。王洁（2007）采用区位基尼系数和行业集中率指标，对我国文化产业的空间分布进行研究，得出文化产业的集聚程度高于一般工业产业的结论[42]。沈露莹（2008）对上海文化产业发展状况的前景进行研究，认为文化产业的集聚将对上海文化大都市战略起到关键性的推动作用[43]。雷宏振等（2011）从区域视角和行业视角对中国文化产业空间集聚特征进行研究，得出了一定的结论[44]。

褚劲风（2008）等对上海创意产业空间集聚进行了大量研究，她对上海创意产业集聚的外生空间、空间分异、内生空间进行了深入分析[45]。莫健伟在对北京文化创意空间规划及其类型的研究中，分析了北京文化创意产业的空间布局和形态[46]。薛东前（2011）对西安市文化产业空间布局特征进行了研究[47]。汪毅（2010）等人对南京创意产业集聚区分布特征及空间效应进行研究，认为南京创意产业集聚区的空间效应有城市空间结构优化、城市空间景观塑造、城市历史环境重生和传统产业空间置换[48]。

肖劲奔（2011）从文化资源本身的属性出发，探讨了文化资源的产业化和可持续发展等两个基本方面。他指出文化资源产业开发的主体为文化企业，在开发的过程中不仅要继承传统文化资源，而且要融会贯通世界各国文化资源，并且实施必要的政府管制。同时注重文化资源的可持续性、发展性和修补性[49]。应必诚（1997）对文艺创作的效益进行了研究。考察了马克思主义关于艺术生产理论的意义以及艺术生产的历史形态，进而指出在商品经济条件下艺术产品的双重属性即审美属性和价值属性及其相互关系，最后，研究了艺术生产把社会放在首位，达到社会效益和经济效益相统一的几个理论问题和实践问题[50]。

文化产业行业的空间属性，以新闻出版业和广告业为例。作为文化产业的支柱产业之一，研究新闻出版业的空间发展模式则是一个较新颖的角度。现有的研究多集中在出版业的空间分布方面。王琴琴（2006）对中国城市内部的出版业空间布局进行研究，并对出版产品与城市特性进行了探讨，指出出版业的布局不仅越来越向中心城市集中，而且在城市内部也形成集聚的布局形态，并将城市内部出版业布局划分为历史发展形成的出版业集聚区和新兴的出版产业园区。吴明华以国家为研究区域，根据出版社数量、图书定价总额等指标比较了中外出版业产业集中度和空间集中度。还有一类关于新闻出版业空间发展的研究多是掺杂在文化产业的相关研究中，即通过对某区域文化产业空间格局的分析，进而对文化产业各亚类行业的分布特征进行了阐述。如王洁（2007）以省域为尺度，通过对创意产业的产值等数据运用区位熵得出音像出版业的集聚程度较高。

广告产业的空间布局。运用 GIS 分析工具，识别了广告业在城市空间的分布和集群形态，提出广告业集群的形成和关联机制具有广告主主导型、媒体依赖型、产业关联型、成本导向型、环境氛围导向型和社会关系型等几种模式。广告产业是由广告公司、广告主、广告媒介（组成的三角博弈关系以及三方各自可能到达的地理空间范围）共同作用，构成了广告公司生存、发展、区位选择、空间流动和地域拓展的核心动力机制，任何一方的实力和地理空间变化都可能影响一个城市和地域整体广告业的生态格局。邓敏以产业集群为理论基础，认为我国广告业表现出产业集群的发展趋势，对我国广告产业集群现状进行了初步考察，着重从广告代理公司、广告主与媒体的三者关系中寻找我国广告产业集群的现存问题，并提出广告产业价值链的水平合作与垂直整合将成为解决我国广告产业现存问题的关键所在。牛玖荣以实证角度从河南广告业现状入手，进而对河南广告业发展的有利条件和因素分析、探讨并提出了对河南广告业发展的建议，预测了河南广告业发展的趋势。卢山冰从经济学角度对广告、广告市场基本规律以及中国广告产业 25 年发展过程中广告产业市场、媒介广告市场和广告专业公司发展进行了基本分析，对广告产业政策、广告制度变迁和广告发展战略等问题进行了系统研究。提出了广告产业的二元性和非均衡性特征，认为中国媒介的自然垄断地位决定了媒介广告对于市场的主导性。在广告产业市场发展研究上，对中国广告产业中广告市场差异化、不平衡性、集中度等问题都进行了深入研究。

二 文化产业的发生机制

1. 国外研究综述

Yusuf and Nabeshima（2005）从行业构成角度对文化产业集群进行研究，分析了文化产业及其内部行业之间的联系程度及网络关系，认为不同文化产业区域之间能够形成网络组织[51]。Charles Landry 指出，不同的文化产业集聚于一个城市的不同位置，房产的价格推动地点的选择，价格攀升的地区作为大本营仍然是最为举足轻重的地区，但是行业可以采取在城市近郊或城外进行远距离办公[52]的方式。

英国学者 Allen Scott（2000）从文化产业的布局与城市经济发展的相互关系角度出发，对伦敦的文化创意产业空间分布及影响因素进行了研究，结果表明文化环境、科技水平、人力资源、知识产权等要素相互组合、交互影响着伦敦市文化创意产业的空间集聚[53]。

Neil M. Coe（2000）以温哥华为例，对本土的电影电视产业进行了相应的研究，他认为在文化创意产业的发展过程中，人际关系和社会网络在国际、国家、地方等几个尺度上均发生作用[54]；巴塞尔特（2004）以莱比锡媒体产业为例，对文化产业集群进行了研究，他认为集群不仅与内部关系有关[55]，还与外界关系有关。Galina 和 Gornostaeva（2004）等学者通过区位熵的计算，了解了欧洲各国文化产业的地理分布，并分析不同产业地理空间上的接近，最后从产业集聚角度为伦敦相关企业的布局提出了建议[56]。Evans（2003）的研究中指出创意集群常被用来指"空间上集中而且有巨大发展潜力的创意产业、公司或文化活动所形成的一种相互关联"。由于创意和文化企业与其他企业部门的组织方式不同，需要采用不同的方法论才能在互动和依赖的基础上把握这类集群。另外，还有Doreen Massey（1994）等学者在其研究中运用了城市空间设计方法分析了文化产业的空间布局，并且将时空中有着文脉意义的空间进行连接[57]。

国外将新闻出版业的集团化发展作为自由竞争形成的过程，因此从产业经济学角度对其研究较少，关于新闻出版业的研究多是从产业特性角度进行论述，如从编辑出版和新闻服务等方面展开。日本学者和田洋一（1985）在《新闻学概论》中注重对新闻出版的理论与实践研究，从多个角度诸如新闻史学、出版史学、社会学、广告学和社会心理学等对新闻出版业的基本理论与原理进行了系统的研究[58]。约翰·帕夫林克（1987）等探讨了现代计算机对传统新闻出版业的影响和关系[59]。凯瑟琳·霍尔·贾米森（1989）从新闻出版业的专业的角度分析了电视、广播、出版物和消费者、团体以及管理部门间的相互关系[60]。

2. 国内研究综述

王伟年（2007）对城市文化产业的区位因素和地域组织理论进行了研究，运用区位论原理，对影响城市文化产业区位的因素进行了深入的分析[61]。蒋长宝（2009）研究发现，文化产业集聚的动因包括，区域竞争推动力、文化传承责任力、共生优势吸引力、政府政策激励力、自身发展内需力和市场拉动力[62]。刘展展（2009）对深圳市文化产业空间布局进行研究，发现深圳市文化产业空间分布区际差异显著，沿城市主要道路分布的趋势明显，与文化设施分布密切相关，向商业中心集聚，影响文化产业空间布局的因素主要有交通、市场需求、人才、多样性、集聚、文化设施和技术因素等[63]。袁海（2010）通过对中国省域文化产业实证分析发现，政府的财政支持促进了文化产业集聚，而金融服务对文化产业集聚的影响不显著，文化消费需求、文化企业数量、人力资本水平与城市化对文化产业集聚有正面影响，沿海区位与文化资源禀赋有利于文化产业集聚，而经济地理因素对文化产业集聚的影响不再显著[64]。黄永兴、徐鹏（2011）对中国文化产业集聚影响因素及其溢出效应进行了实证分析[65]。

周尚意（2006）分别以北京市第二次全国基本单位普查数据和八个城区单元为属性数据和空间数据，研究结果表明：文化艺术产业在文化产业诸多行业中集聚程度最低，它在北京市的集聚中心有多个，且在空间上比较分散。张景秋对北京市博物馆、展览馆的时空分布分别进行了研究，分析总结了中华人民共和国成立以来至2007年北京市博物馆、展览馆的空间分布及变化特征。

江莉莉对文化和创意空间集群的理论文献进行了批判性分析，认为文化集群与城市精英的公共利益推动议程相关，主要城市中文化生产的集聚加剧了经济发展的不均衡。吴伟平（2005）指出创意产业往往会因为有特色的知识库和各个社区的特色而繁荣。创意集群尤其是涉及高科技的创意集群的成功发展通常是本土化的过程，是建立在一个城市有特色的知识和产业基础上。

陈倩倩、王缉慈（2005）以音乐产业为例讨论了创意产业及其集群的发展环境[66]；刘丽、张焕波（2006）对北京文化创意产业集群发展问题进行了初步研究[67]；张斯龙、沈惠云、何小军、邵菊芳（2006）描述了长三角报刊产业集群的现状[68]；厉无畏、于雪梅（2005）对上海文化创意产业基地发展进行了思考[69]；王晖（2010）对北京市与纽约市的文化创意产业集聚区类型进行了比较分析[70]；梁君、陈显军（2012）利用动态集聚指数和静态集聚指数对广西文化产业集聚度进行了实证研究[71]。

王秋林（2008）以上海市为例，总结了中国出版业集聚于上海的过程和影响因素，得出上海出版业集聚成因包括独特的资源禀赋、行业的外部规模经济、知识或技术外溢和企业家精神等[72]。周尚意（2006）通过对北京市文化产业空间分布进行考察分析，得出书报刊出版、发行业的企业在空间上呈现分散分布，且主要在朝阳区、海淀区、东城区和西城区，并指出由于行业服务的对象就是市民，而且行业不完全属于创新性行业，所以行业本身也不要求一定要在空间上集聚。我国关于新闻出版业的研究，起源于20世纪90年代末。现有对新闻出版业产业方面的研究多是从宏观角度展开，涉及的领域较广泛，多数是从政府管制、出版物的印制与发行、出版单位的管理等层面展开，研究方面多是探讨新闻出版单位的发展战略、管理安排、核心竞争力等方面。如陈金川、李旭（2001）研究了我国新闻出版业在新世纪面临的机遇与挑战，主要从出版体制、经营策略、科技进步、人才培养四个方面展开[73]；冯志杰（2010）从不同视角，包括出版产业化经营、出版经济增长、出版创新等，对我国出版产业的发展问题进行了分析和探讨[74]；李明杰（2002）则是从产业竞争者、潜在竞争者、替代品、供应者和购买者五个方面探讨了中国传统新闻出版业的发展方向[75]；另有一些研究强调在经济知识化和全球化的背景之下，各新闻出版业的竞争体现在核心竞争力上，企业的核心竞争力既是企业在市场中竞争的主要驱动力，也是企业在竞争中创造优势的主要力量。除此以外，近年来关于出版业集团化发展的研究方兴未艾，王关义（2010）指出了中国出版业战略转型包括以下几方面：媒体形态由单一向多媒体演进，产业趋于集团化和集约化经营，并不断出现跨地区、跨形态和跨所有制的兼并重组[76]。朱静雯（2001）则分析了21世纪中国出版业集团化过程中的问题与障碍，将现今出版业产业结构和布局不合理也列入问题之一[77]。在研究中国出版业集团化的发展中，有的学者致力于测算中国出版业市场集中度和规模效益来阐述出版业实施集团化的必要性，周蔚华（2003）通过对比我国和美国的图书出版业的市场集中度，指出与西方发达国家相比，我国出版业市场集中度较低，走出版产业集团化道路是实行多元化战略的一条捷径[78]。封延阳（2002）根据有关数据分析了我国图书出版产业市场集中程度低的因素包括：规模经济性不明显，专业分工体制和产业布局政策，政府行为等[79]。

何阿珠（2008）在艺术产业化发展的背景下，从艺术本身角度对艺术产业进行定义，她认为艺术产业是文化产业的一个重要的核心组成部分，隶属于第三产业中的文化娱乐业。艺术产业是艺术资源与市场经济相结合的结果，是以艺术作为资源和素材，以市场经济的产业运行机制即以市场为目标、以营利为目的从事生产、流通、消费和传播等活动的经营性行业的集合。程丹以文化艺术中的文学艺术为对象，就文学艺术产业化的必然性、意义以及文学艺术产业化应具备的技术条件进行了剖析[80]。张炜、姚海棠（2011）选取相关指标，利用灰色关联分析定量研究了包括文化艺术在内的北京市文化创意产业空间布局及发展的影响因素[81]。袁海利用空间计量模型，从省域角度对影响中国文化产业集聚的因素进行了分析。张景秋在分别分析了北京市博物馆、展览馆空间分布及变化特征的基础上，对其空间分布的影响因素加以总结。认为前者影响因素主要为历史惯性经济拉动和交通便捷程度，后者的影响因素主要为城市建设的区位选择惯性、重大历史盛事的后续影响、经济实力与文化继承。

广告产业空间分布机制研究，在广告产业面临转变、挑战、冲击与亟待提升转型的关键时刻，主要针对广告产业的未来进行思考，通过相关的文献探讨与分析，具体呈现广告产业现今所面临的挑战与困境，同时，尝试以 SWOT分析方法探究可能影响广告产业发展的因素，并且以情境分析的观点，探讨广告产业未来可能发展的路径与相关的对策。发现广告产业在新营销环境、新科技与新媒体的冲击下，正处于关键的转折点，广告产业的竞合关系与产业价值链，正在解构与重组当中。有鉴于此，广告产业必须在消费者、商业模式、商业设计与基础结构上寻求创新，才能够在巨变的未来竞争中生存与发展。

参考文献

[1]〔德〕马克斯·霍克海默、西奥多·阿道尔诺著《启蒙的辩证法》，渠敬东、曹卫东译，重庆出版社，1990。

[2] 林拓、李惠斌、薛晓源：《世界文化产业发展前沿报告》，社会科学文献出版社，2004。

[3] Pratt A. C., New Media, the New Economy and New Spaces. *Geoforum*, 2000, 31 (4).

[4] 杨永生：《中国文化产业作用问题研究》，首都师范大学博士学位论文，2007。

[5]〔美〕凯夫斯著《创意产业：艺术与商业之间的合同》，孙绯等译，新华出版社，2004。

[6] Scott A. J., Cultural-products Industries and Urban Economic Development: prospects for Growth and Market Contestation in Global Context. *Urban Affairs Review*, 2004, 39 (4).

[7]〔美〕大卫·赫斯蒙德夫著《文化产业》，张菲娜译，中国人民大学出版社，2007。

[8] David Throsby, *Economics and Culture*. Cambridge University Press, 2001.

[9] 苑洁：《文化产业行业界定的比较研究》，《理论建设》2005 年第 1 期。

[10] United Nations Educational, Scientific and Cultural Organization, What do we understand by cultural industries? http//www. unesco. org.

[11] 刘玉珠、金一伟：《WTO 与中国文化产业》，文化艺术出版社，2001。

[12] 胡惠林：《文化产业发展与国家文化安全》，广东人民出版社，2005。

[13] 花建：《产业界面上的文化之舞》，上海人民出版社，2002。

［14］ 江蓝生等：《中国文化产业蓝皮书》，社会科学文献出版社，2002。

［15］ 谢名家等：《文化产业的时代审视》，人民出版社，2002。

［16］ 刘开云：《关于文化产业统计分类的几点思考》，《统计与决策》2011 年第 12 期。

［17］ 方宝璋：《略论中国文化产业的内涵与分类》，《当代财经》2006 年第 7 期。

［18］ 褚劲风、周灵雁：《地理学视野中的上海创意产业空间集聚》，《上海师范大学学报》（自然科学版）2008 年第 37（2）期。

［19］ Scott A. J., Cultural-products industries and urban economic development prospects for growth and market contestation in global context. *Urban Affairs Review*, 2004, 39（4）.

［20］ Nachum L. and Keeble D., MNE linkages and localiscd clusters：foreign and indigenous firms in the media cluster of Central London. *Journal of International Management*, 2003, 9（2）.

［21］ Gornostaeva G. and Cheshire P., Media cluster in London. *Les cahiers de l'institut d'amenagement et d'urbanisme de la region d'Ile de France*, 2003, 135（4）.

［22］ Nachum L. and Keeble D., MNE linkages and localised clusters：foreign and indigenous firms in the media cluster of Central London. *Journal of International Management*, 2003, 9（2）.

［23］ Bathelt H., The re-emergence of a media industry cluster in Leipzig. *European Planning Studies*, 2002, 10（5）.

［24］ Bathelt H., In good faith? the "distanced neighbor" paradox："overembedded" and "under-socialized" economic relations in leipzig's media industry. *DRUID Summer Conference*, 2003.

［25］ Bassett K., Griffiths R., Smith I., Cultural industries, cultural clusters and the city：the example of natural history film-making in Bristol. *Geoforum*, 2002, 33（2）.

［26］ Mills L. and Brail S G., New Media in the new millennium：the Toronto cluster in transition. University of Toronto, 2000.

［27］ Hertog P., Brouwer E., Maltha S., Innovation in an Adolescent Cluster：the case of the Dutch Multimedia Cluster. Workshop Do clusters matter in innovation policy, 2000.

［28］ Gibson C., Murphy P., Wu C. T., Towards an Understanding of the Urban Cultural Economy：an Australian Perspective. *The Culture and Economy of Cities in Pacific Asia*, 2001, 141.

［29］ Brown A., O'Connor J., Cohen S., Local music policies within a global music industry：cultural quarters in Manchester and Sheffield. *Geoforum*, 2000, 31（4）.

［30］ Leslie D. A., Global scan：The globalization of advertising agencies, concepts, and campaigns. *Economic Geography*, 1995.

［31］ Cynthia A. Williams, *The embedded firm*. Routledge, 1993.

［32］ Neff G., Wissinger E., Zukin S., Entrepreneurial labor among cultural producers："Cool" jobs in "hot" industries. *Social Semiotics*, 2005, 15（3）.

［33］ Henderson J. V., Ways to Think about Urban Concentration：Neoclassical Urban Systems Versus the New Economic Geography. *International Regional Science Review*, 1996（19）.

［34］Drake G., This Place Gives me Space：Place and Creativity in the Creative Industries. *Geoforum*, 2003, 34（4）.

［35］〔美〕凯夫斯著《创意产业经济学：艺术的商业之道》，孙绯等译，新华出版社，2004。

［36］Pratt A. C., Creative Clusters：Towards the Governance of the Creative Industries Production System？. *Media International Australia*, 2004, 112.

［37］Hutton,Thomas A., Spatiality, built form, and creative industry development in the inner city. *Environment and Planning A*, 2006, 38（10）.

［38］林拓：《世界文化产业与城市竞争力》，《马克思主义与现实》2003年第4期。

［39］张景秋：《北京市文化设施空间分布与文化功能研究》，《北京社会科学》2004年第2期。

［40］周尚意、姜苗苗、吴莉萍：《北京城区文化产业空间分布特征分析》，《北京师范大学学报》（社会科学版）2006年第6期。

［41］钱紫华、闫小培、王爱民：《城市文化产业集聚体：深圳大芬油画》，《热带地理》2006年第26（3）期。

［42］王洁：《我国创意产业空间分布的现状研究》，《财贸研究》2007年第3期。

［43］沈露莹：《上海文化大都市战略与文化产业发展》，《上海经济研究》2008年第9期。

［44］雷宏振、潘龙梅：《中国文化产业空间集聚特征研究》，《东岳论丛》2011年第32（8）期。

［45］褚劲风：《上海创意产业集聚空间组织研究》，华东师范大学博士学位论文，2008。

［46］莫健伟：《文化创意空间——艺术与商业的集聚与融合》，社会科学文献出版社，2002。

［47］薛东前、刘虹、马蓓蓓：《西安市文化产业空间分布特征》，《地理科学》2011年第31（7）期。

［48］汪毅、徐昀、朱喜刚：《南京创意产业集聚区分布特征及空间效应研究》，《热带地理》2010年第30（1）期。

［49］肖劲奔：《文化资源的产业化发展》，《中国矿业》2011年第20期。

［50］应必诚：《论艺术生产的社会效益和经济效益》，《复旦学报》（社会科学版）1997年第3期。

［51］Yusuf S. and Nabeshima K., Creative Industries in East Asia. *Cities*, 2005, 22（2）.

［52］Charles Landry, http：//www. info. gov. hk/ cpu/english/papers /e-landry. Rtf.

［53］Allen and Scott J., *The Cultural Economy of Cities*. Sage, 2000.

［54］Coe N M., The view from out west：Embededness, inter – personal relations and the development of an indigenous film industry in Vancouver. Geoforum, 2000, 31（4）.

［55］Rossiter Ned., Creative Industries, ComparativeMediaTheoryandtheLimitsof Critique from Within. ToPia（University of Toronto Press）, Spring2004Issue11, P21 – 48.

［56］阿伦·斯科特：《文化产业：地理分布与创意领域》，社会文献科学出版社，2004。

［57］Massey D., Space, Place and Gender. Polity Press, 1994.

［58］和田洋一：《新闻学概论》，中国新闻出版社，1985。

［59］John V. Pavlik., Journalism and New Media, 1987.

［60］Datus C. Smith, A Guide to Book Publishing, Revised edition Reprinted by Perission, University of Washington Press, Seattle, 1989.

［61］王伟年：《城市文化产业区位因素与低于组织研究》，东北师范大学，2007。

［62］蒋长宝：《论区域特色文化产业集聚的动因及其培育》，《商业时代》2009 年第 22 期。

［63］刘展展：《深圳市文化产业空间布局及区位因素研究》，《特区经济》2009 年第 3 期。

［64］袁海、曹培慎：《中国文化产业区域集聚的空间计量分析》，《统计与决策》2011 年第 10 期。

［65］黄永兴、徐鹏：《经济地理，新经济地理，产业政策与文化产业集聚：基于省级空间面板模型的分析》，《经济经纬》2011 年第 6 期。

［66］陈倩倩、王缉慈：《论创意产业及其集群的发展环境——以音乐产业为例》，《地域研究与开发》2006 年第 24（5）期。

［67］刘丽、张焕波：《北京文化创意产业集群发展问题研究》，《中国农业大学学报（社会科学版）》2006 年第 3 期。

［68］张斯龙、沈惠云、何小军等：《长三角报刊产业集群的现状及挑战》，《中国出版》2006 年第 2 期。

［69］厉无畏、于雪梅：《关于上海文化创意产业基地发展的思考》，《上海经济研究》2005 年第 8 期。

［70］王晖：《北京市与纽约市文化创意产业集聚区比较研究》，《北京社会科学》2010 年第 6 期。

［71］梁君、陈显军：《广西文化产业集聚度实证研究》，《广西社会科学》2012 年第 5 期。

［72］王秋林：《出版业地理性聚集考察——以上海出版业为例》，《编辑学刊》2008 年第 1 期。

［73］陈金川、李旭：《21 世纪中国出版业战略性前瞻》，《中国出版》2001。

［74］冯志杰、高锡瑞、白德美：《科学发展视域下出版企业竞争力构建》，《出版科学》2010 年第 19（4）期。

［75］李明杰：《从产业竞争结构看中国出版产业发展的方向》，《出版发行研究》2002 年第 3 期。

［76］王关义：《中国出版业战略转型及产业素质升级的思考》，《中国出版》2010 年第 18 期。

［77］朱静雯：《中国出版业集团化过程中的问题与障碍》，《编辑学刊》2001 年第 5 期。

［78］周蔚华：《出版企业核心竞争力分析》，《编辑之友》2003 年第 1 期。

［79］封延阳：《影响我国图书出版产业市场集中度的主要因素》，《中国出版》2002 年第 9 期。

［80］何阿珠：《艺术背景下的艺术定位问题》，厦门大学硕士学位论文，2008。

［81］张炜、姚海棠：《试析北京市文化创意产业的影响因素》，《北京社会科学》2011 年第 3 期。

第三章
西安市文化产业发展概况

第一节　西安市文化产业的现状与分类

一　西安市文化产业发展的资源基础

西安是世界著名古都和历史文化名城，是我国重要的高等教育、科学研究和高新技术产业基地；在全国区域经济布局上，具有承东启西、东联西进的区位优势，在西部大开发战略中具有重要的战略地位；国家、省市大力支持文化产业发展，并出台了多项政策措施推动文化产业发展……这些都为西安市发展文化产业提供了良好的基础。

1. 深厚的文化底蕴

厚重的历史文化、特色鲜明的民俗文化、壮美雄奇的山水自然文化、深受海内外关注的宗教文化、充满激情的红色文化以及创意多元的现代文化，异彩纷呈，独具一格，为西安文化产业发展提供了无与伦比的资源基础。

西安与埃及开罗、希腊雅典、意大利罗马并称世界四大古都，位列中国四大古都之首，拥有长达3100年的城市发展史和1152年的建都史，先后有十三个朝代在西安建都，是中国历史上建都时间最长和影响力最大的都城。在这些朝代中，汉朝和唐朝都是中国历史上最强盛的时代，那时的长安（今西安）也是国际性的大都市，是世界上人口最多和最为繁华的城市，著名的丝绸之路的起点就是长安。

数千年的历史留下了无穷的历史文物资源，西安荟萃了一大批的典籍、碑刻、音乐、戏剧、绘画等多种以实物或其他形式存在的文化遗产，有市县级文物保护单位230处，省级重点文物保护单位68处，国家级重点文物保护单位16处，12万余件出土文物[1]。秦始皇兵马俑已成为西安的文化名片，并于

1987年列入联合国教科文组织《世界历史文化遗产名录》，大雁塔、钟楼也成了西安的象征，碑林博物馆向游客们展出了一批极具吸引力的文物。唐大明宫是唐长安城中最宏伟壮丽的宫殿群，被誉为丝绸之路的"东方圣殿"。西安发现的遗址、墓葬不胜枚举，囊括旧石器时代、新石器时代母系氏族公社、父系氏族公社等人类社会演进各历史阶段的多种类型，构成人类社会进化史上举世罕见的、层次清晰的完整系列。其中，宗教文化资源占绝对优势，集佛教、道教、天主教、基督教、伊斯兰教五大宗教为一体，汇集了慈恩寺（大雁塔）、荐福寺（小雁塔）、大兴善寺、青龙寺、大小清真寺、八仙庵、法门寺等宗教人文景观。始于唐朝宫廷音乐，并在民间传承发展的长安古乐、被世界音乐界称为"音乐界的活化石"的陕西戏剧——秦腔是中国现存最古老的剧种之一。

西安悠久的历史渊源和深厚的文化底蕴，形成了产生创意的肥沃土壤，是其他地区所不具备的特色优势，当之无愧成为西安文化产业发展的根，为西安文化产业发展提供了生命的种子，成为西安发展文化产业的绝对优势。

2. 优越的区位条件

西安地处中国地理中心和中西部两大经济区域的结合部，是中国西北地区的政治、经济、文化和交通中心，是连接东西、贯通南北的枢纽和中心，是陇海兰新铁路沿线经济带上最大的西部中心城市，是国家实施西部大开发战略的桥头堡，具有承东启西、联结南北的区位优势，有利于吸引文化投资、输出文化产品和促进文化交流。

西安交通条件四通八达，已形成了以航空、铁路、公路为主的现代化立体交通网络，是连接西部的重要交通枢纽。具体表现在以下方面。

铁路方面，西安铁路枢纽是西北地区最大的铁路枢纽，西安枢纽现为衔接陇海线、咸铜线、包西线、侯西线、宁西线、西康线和西户支线7条铁路以及货运北环线的大型准环形铁路枢纽；枢纽地处横穿我国大陆东西向的"陆桥通道"，与纵贯我国西部南北向的"包柳通道"以及正在建设中的"宁西通道"的交会处，为全国铁路旅客快速运输网络中的6大客运中心之一，是西北地区最大的铁路枢纽和客、货集散地及中转中心。

公路方面，西安是全国干线公路网中最大的节点城市之一，是108国道（北京至昆明）、310国道、312国道（上海至伊宁）、211国道（西安至银川）

和210国道（包头至南宁）的穿越城市，这5条国道是以西安为中心的"米"字形公路主骨架，与华东、华北、华南和西北相连；在西安现有的高速公路中，有5条放射状地从西安向各个方向发散辐射中国其他省市；一条绕城高速串联起西安市区边缘部分；一条省级高速连接西安市与西安咸阳国际机场，缩短了机场与市区间的距离。西安还是12条省道的交汇地，形成了以西安为中心，与陕南、陕北、关中的县市相连的网络。

航空运输方面，西安咸阳国际机场是中国主要的干线机场、国际定期航班机场、我国十大机场之一，也是民航总局规划的八大枢纽机场之一，西安咸阳国际机场位于中国内陆中心，以其承接东西，联结南北的区位优势成为中国国内干线重要的航空港和国际定期航班机场。目前，咸阳机场已与国内外35家航空公司建立了航空业务往来，开辟的通航点达100个，航线202条，其中国际（地区）通航点11个，航线11条，全面覆盖了国内所有省会城市、重要工业城市、主要旅游城市，连通了首尔、东京、新加坡以及香港、台北等国际和地区城市。已经形成了以西安为中心、沟通全国各地的航空运输网。优越便捷的区位条件使西安成为中国西部的交通中心、会议会展中心、信息化中心和文化旅游中心等，表现出很强的文化聚集效应，为西安与国内外文化产业的交流、互动与融合提供了大量的机会，也为西安文化产品的输出和产业辐射创造了条件。

3. 雄厚的科技人才实力

西安是中国重要的科研、高等教育、国防科技工业和高新技术产业基地，综合科技实力位居中国城市第三位。众多科研院所和高科技公司为西安的传统文化产业与高新科技产业的结合创造了有利条件。西安是我国教育事业高度发达的城市，高等院校和研究机构云集。依托先进的教育优势，西安市人力资源存量优势明显，人才储备雄厚，各个行业杰出人物辈出。

西安发达的科技为文化产业的发展提供了强大的技术支持，信息技术、传媒技术、自动化技术、激光技术等在文化产业领域已得到广泛应用，有力地推动了西安文化产业的发展；近年来，西安平均每万人口中拥有大专及以上学历者，一直保持较快的增长势头。这些为西安发展高科技文化产业提供了人才保证。

4. 优惠的政策措施

党和国家加强对文化建设的战略部署，为西安发展文化产业创造了极好的契机。国家积极实施西部大开发战略，为西安发展文化产业提供了良好的外部环境。国家在财政、金融、税收、对外开放、产业发展、科技开发等方面出台了一整套优惠政策，大大改善了西部的投资环境和发展条件，为西部的发展提供了强大的推动力。

2009 年 6 月，国务院出台《关中－天水经济区发展规划》，正式把以西安为中心的"关中－天水"经济区的发展上升到国家战略层面。西安被明确定位为经济区的核心，为西安的发展设定了新坐标，提供了实现西安城市升级和跨越式发展的良好机遇。规划中，将构建一批文化产业基地，壮大一批名牌文化企业，培育一批现代文化品牌作为"关－天"经济区发展文化产业的重要战略目标，也为西安文化产业的进一步发展壮大提供了政策保障。

陕西省和西安市政府对文化产业的高度重视，为西安发展文化产业提供了重要保证。借助国家把西安作为全国文化体制改革试点城市的机遇，陕西省提出了把西安建设成为全国文化产业重要基地和西部文化产业中心城市的战略部署。西安市委市政府提出了"产业强市"的发展战略，将文化产业作为西安重点发展的五大主导产业之一，成立了文化体制改革试点工作领导小组，制定了《2004～2010 年西安文化产业发展规划》，明确提出了要培育西安六大优势文化产业群，打造一批强势文化产业品牌，要充分挖掘和利用千年古都的文化资源，保护好历史文化名城的独特风貌，促进文化资源转化为现实生产力，彰显西安人文之都、现代化新城的魅力。为保障文化产业快速健康发展，先后出台了《西安市加快文化产业发展的实施方案》、《关于深化文化体制改革和加快发展文化产业的实施意见》、《西安市文化产业发展专项资金管理暂行办法》、《西安文化产业促进条例》等政策措施，为文化产业发展提供了重要的政策依据，有力推动了文化产业发展。国家、省市对文化产业的重视与扶持为西安文化产业的进一步发展提供了重要保障。

5. 持续增长的经济背景

西安国民经济的持续增长、城乡居民消费水平的提高和消费结构的变化是文化产业发展的强劲动力。据统计，2011 年西安市生产总值已达 4884.13 亿元，比上年增长 11.1%；全年城镇居民人均可支配收入 33100 元，比上年增长 10.4%，扣除价格因素，实际增长 7.5%；农村居民人均纯收入 12930 元，比上年增长 13.0%，扣除价格因素，实际增长 10.0%；城镇居民人均消费性支出 23848 元，比上年增长 11.3%；农村居民人均生活消费支出 8780 元，增长 12.9%[3]，文娱消费增长幅度巨大。吃、穿等"生存型"消费比重逐年减少，交通通信、文教旅游等"发展型"和"享受型"消费比重逐年提高，消费领域不断扩大，消费水平全面升级。

国民经济持续增长，文化消费需求旺盛，市场增长潜力不断提升。这些有利因素，为西安加快文化产业发展提供了后发优势、潜在动力和广阔空间。

二 西安市文化产业的发展现状

1. 西安市文化产业的发展历程

随着西安经济社会的快速发展，文化产业初步呈现出门类齐全、优势行业突出、成长态势良好、总体实力不断壮大的新格局。形成了包括广播影视业、文化艺术业、新闻出版业、文化旅游业、健身娱乐业、信息网络业、会展业、文化用品及相关文化产品的生产与销售等各种文化产业行业。

改革开放以来，西安市文化产业的发展大致经历了三个阶段：20 世纪 80 年代为兴起阶段，以民营资本为主体的娱乐企业和广告企业蓬勃兴起；20 世纪 90 年代至 21 世纪初为第二阶段，总体趋势是文化体制改革逐步深入，文化产业逐步发展，文化市场逐步繁荣，许多文化事业单位逐步向文化企业转变；2003 年至今为高速发展阶段，这一阶段的特点是文化产业逐步进入了整合期，文化体制改革有了实质性进展，开始调整政策，完善市场，培育企业，正在努力提高文化产业的整体实力和竞争力。

2. 西安市文化产业的发展现状

近年来，西安市大力实施资本推动、项目带动战略，先后建成了包括曲江、高新、经开等七大各具特色的文化产业园区，培育了广播影视、新闻出版、文化娱乐等多项重点行业，文化产业增加值稳步提高，文化产业呈现出良好的发展势头，成为西安经济增长最快、最具活力的重要组成部分，支柱产业的地位初步显现。2012 年，西安文化产业实现增加值 334.68 亿元，占陕西省文化产业增加值的比重为 66.9%，占全市 GDP 的比重为 7.7%，较上年增长 30.6%，文化产业已经成为西安国民经济支柱性产业。

（1）文化产业初具规模

根据《2009 年西安市文化产业统计概览》提供的数据[4]，西安全市文化产业的从业人员达 18.36 万人，文化产业法人和产业活动单位总资产达 316 亿元，文化产业人均创造增加值达 8.22 万元，高于全社会从业人员人均创造增加值水平。2002～2010 年间西安市文化产业增加值及其同期占 GDP 的比重都呈现明显增长态势。特别是 2005 年以来，西安文化产业占同期 GDP 的比重一直保持在 5% 以上的增长，文化产业发展已初具规模。

（2）文化产业政策逐步完善

自文化体制试点改革开始，西安市文化产业政策纷纷出台，有力地推动了产业的发展。2003 年 6 月，西安市被确定为全国文化体制改革综合试点城市。市委、市政府提出"产业强市"的发展战略，成立了文化体制改革试点工作领导小组。2004 年，出台《2004～2010 年西安市文化产业发展规划》，规划了西安市文化产业发展的基本思路、总体目标和若干对策等。2006 年出台的《西安市加快发展文化产业实施方案》成为指导全市文化产业发展的纲领性文件。2009 年初，制定的《西安市文化体制改革中经营性文化事业单位转制为企业的规定》和《西安市文化体制改革中支持文化企业发展的规定》，为推进经营性文化单位转企改制创造了良好条件。2010 年 6 月《西安市深化文化体制改革总体方案》正式出台，对全市深化文化体制改革的主要任务、政策措施、步骤时限等进行了明确的安排部署。2011 年 4 月《西安市国民经济和社会发展第十二个五年规划纲要》提出以三大核心区为主体的文化产业发展布局，为西安市未来五年文化产业的发展指明了方向。

（3）市场主体进一步扩大

随着文化体制改革的不断推进，传统的文化企业在经过重建和结构调整后涅槃重生。到 2010 年 10 月，西安市完成全部市属经营性文化单位转企改制工作，培育了西安秦腔剧院有限公司、西安歌舞剧院有限责任公司等一批新型文化市场主体。与此同时，西安市各开发区、各区县纷纷结合自身资源，初步形成了以高新区动漫产业、经开区印刷包装产业等一批文化与科技高度融合的文化新业态。这些文化新业态的稳步增长，将成为西安文化产业新的增长点。目前，高新区入区文化企业累计超过 2150 家，其中动漫、游戏、影视制作企业 140 家，文化部认定的国家级动漫企业5家，重点文化产品出口企业两家。园区2009年文化创意产业营业总收入突破100亿元，其中动漫游戏总产值达6亿元，出口额1000万美元，同比增速达到40%。截至2010年底，西安经开区入区企业70余家，项目合同投资额总计35亿元，全面建成投产后预计实现年销售收入40亿元，新增税收2亿元。

（4）产业集群带动效应逐步显现

近年来先后组建的一批具有较强实力的产业集团所形成的集群带动效应日益显现。其中，"陕文投"集团公司以全面整合陕西文化资源，全力打造陕西文化产业"航母"为已任，预计未来3年资产规模突破100亿元、年产值突破30亿元；陕西省演艺集团公司是陕西省第一家大型国有演艺集团，是省文化体制改革取得突破性进展的重点单位；西安曲江新区作为国家级文化产业示范园区；"曲文投"陆续组建了曲江会展集团、曲江出版传媒集团、曲江文化旅游集团、曲江大明宫投资集团、曲江法门寺投资集团等16个大型文化企业集团为核心的文化产业集群[5]。

3. 西安市文化产业的立体布局

西安市文化产业的发展，确立起了一个立体布局，具体包括"一带三区"、"六大行业"、"七大板块"、"八大品牌"以及"十二大项目"（表3-1）[6]。通过这些建设，显著提高西安市文化产业的行业集中度和空间集聚度[7]。

表3-1　西安市文化产业立体布局

西安市文化产业立体布局	
一带三区	秦岭北麓生态—文化旅游产业聚集带；曲江文化产业核心区，老城（唐皇城）区文化、商贸、旅游产业聚集区，临潼文化产业聚集区
六大行业	广播影视业、文化娱乐业、新闻出版业、文化旅游业、文物及文化保护业、广告业
七大板块	曲江新区板块（以唐文化、影视业及会展业为主）；高新区板块（以文化创意产业为核心）；经开区板块（以印刷、出版、包装为龙头）；浐灞板块（以广运潭、丝路国际区等生态、旅游、文化资源为亮点）；临潼区板块（以秦、唐文化及仰韶文化为内涵）；秦岭北麓板块（以宗教文化为主题）；西安城墙区文化产业板块
八大品牌	历史文化品牌、革命文化品牌、民俗文化品牌、宗教文化品牌、文化艺术品牌、休闲文化品牌、自然风光品牌、节庆活动品牌
十二大项目	西安城墙景区工程、秦始皇陵遗址公园项目、大唐不夜城项目、中国西部影视城项目、广运潭生态景区工程、大明宫遗址公园和含元殿御道修复工程、乐游原青龙寺遗址保护工程、西安广电中心、西安歌剧院和西安文化艺术大厦、户县农民画风情园及展览中心、关中民俗艺术博物馆及阎良区航空文化主题公园

在《西安市国民经济和社会发展第十二个五年规划纲要（草案）》支持发展文化产业章节[8]，提出了八大板块（曲江新区板块、高新区板块、经开区板块、浐灞板块、临潼区板块、秦岭北麓板块、沣渭板块以及西安唐皇城历史文化街区板块）和三大街区（文艺路演艺街区、纺织城创意文化街区以及大唐西市文商旅街区），同时还将打造户县农民画、秦腔等西安文化名牌，把西安建成具有强劲竞争力的全国文化产业基地和国家级文化产业示范区，这些都将有力打造西安文化名牌。

三　西安市文化产业的部门结构

1. 核心层、外围层以及相关层

依据文化产业与文化的关联度将文化产业部门划分为三个层次，即核心层（包括新闻服务业、出版发行和版权服务业、广播电视电影服务业、文化艺术服务业）、外围层（包括网络文化服务业、文化休闲娱乐服务业、其他服务业）以及相关层（包括文化用品、设备及相关文化产品的生产及销售）。通过整理《西安市文化产业发展报告》及西安市文化产业发展研究会和西安市统计局提供的文化产业相关资料，得到主要年份文化产业各类型的增加值（表3-2）。从表中可以看出，西安的文化产业产值逐年增加，对国民经济贡献率连续五年超过5%，发展呈现出快速上升趋势。

从表3-2中可以看出，在文化产业内部构成中出版发行及版权服务业、文化休闲娱乐业、设备及相关文化产品销售占主要地位，而且是逐年增长的，除了文化用品、设备及相关文化产品生产出现上下波动外，其他类型均有呈现增长的趋势。

随着西安市文化产业的迅速发展，其内部结构也发生了变化（图3-1所示）。虽然在2004~2011年期间，传统文化产业在文化产业增加值中的比重有所下降，但其发展一直占主导地位；而新兴文化产业（以网络文化服务业、文化休闲娱乐服务业、广告业和会展文化服务业为代表）的发展相当迅速，并且它的发展空间很大，所占比重已由2004年的23.86%提高到了2011年的33.53%，年均提高1.4个百分点。而相关层由于部分涉及第二产业，它的增长和发展受到了历史因素和传统行业发展规律的制约，其发展速度相对核心层

表3-2 西安市文化产业增加值对比

单位：亿元

所在层次	类别	2004年	2005年	2006年	2007年	2008年	2009年	2010年	2011年
核心层	一、新闻服务	—	—	0.09	0.10	0.16	0.16	0.18	—
	二、出版发行及版权服务	14.97	—	16.42	19.95	29.74	33.39	39.37	
	三、广播、电视、电影服务	4.15	—	6.31	8.11	11.79	14.66	17.17	
	四、文化艺术服务	3.14	—	9.08	11.37	12.09	15.36	18.73	
	小计	22.26	—	31.82	39.53	53.78	63.57	75.45	102.71
外围层	五、网络文化服务	0.66	—	1.41	1.90	2.90	3.11	3.86	
	六、文化休闲娱乐服务	6.43	—	8.38	11.73	24.03	31.36	40.02	
	七、其他文化服务	3.89	—	3.95	5.94	10.03	11.83	14.72	
	小计	10.98	—	13.74	19.57	36.96	46.30	58.70	84.07
相关层	八、文化用品、设备及相关文化产品生产	6.97	—	17.41	20.52	16.69	17.73	21.67	—
	九、文化用品、设备及相关文化产品销售	5.80	—	11.82	13.94	20.01	23.42	28.21	
	小计	12.77	—	29.24	34.46	36.70	41.15	49.88	63.92
全市文化产业增加值		46.01	60.46	74.8	93.56	127.44	151.02	184.03	250.7
文化产业增加值所占GDP比重(%)		4.17	4.6	5.06	5.39	5.50	5.54	5.68	6.49

资料来源：①2008、2011西安文化产业发展报告；②《西安2011年文化产业实现增加值达250亿元》，新华网，2012，http://www.chinadaily.com.cn/hqpl/zggc/2012-01-19/content_4998810.html。

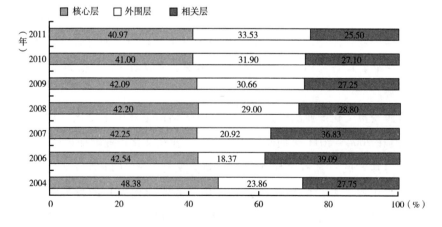

图3-1 西安市文化产业增加值分层构成

注：未收集到2005年资料，故未统计。

和外围层来说比较缓慢，在文化产业增加值中的比重也有所下降，但目前仍然是西安文化产业和经济发展的重要支撑。

2. 西安市六大重点行业

根据表 3 - 2 数据计算，《西安市加快发展文化产业实施方案》确定的六大重点行业 2004 ~ 2010 年行业增加值及增速如表 3 - 3 所示。

从表 3 - 3 中可以看出，西安市六大重点行业的总增加值逐年增加，从2004 年的 32.58 亿元增加到 2010 年的 130.19 亿元，而六大重点行业各自的增加值也在逐年增加，一直保持较高的增长势头。其中文化休闲娱乐服务中的文化娱乐业与其他文化服务中的广告业增长较多，增速较快，增长势头强劲。

表 3 - 3　西安市文化产业六大重点行业增加值及增速对比（2004 ~ 2010 年）

单位：亿元，%

类别	2004	2005	2006	2007	2008	2009	2010
一、新闻服务	—	—	0.09	0.10 (11.11)	0.16 (60.00)	0.16 (—)	0.18 (12.50)
二、出版发行及版权服务	14.97	—	16.42	19.95 (21.50)	29.74 (49.07)	33.39 (12.27)	39.37 (17.91)
三、广播、电视、电影服务	4.15	—	6.31	8.11 (28.53)	11.79 (45.38)	14.66 (24.34)	17.17 (17.12)
四、文化艺术服务	3.14	—	9.08	11.37 (25.22)	12.09 (6.33)	15.36 (27.05)	18.73 (21.94)
六、文化休闲娱乐服务	6.43	—	8.38	11.73 (39.98)	24.03 (104.86)	31.36 (30.50)	40.02 (27.61)
七、其他文化服务	3.89	—	3.95	5.94 (50.38)	10.03 (68.86)	11.83 (17.95)	14.72 (24.43)
六大重点行业	32.58	—	44.23	57.2 (29.32)	87.84 (53.57)	106.76 (21.54)	130.19 (21.95)

注：由于六大行业的划分与文化产业统计体系的划分角度存在差异，该数据根据西安市文化产业发展的实际情况，结合六大重点行业在文化产业分类中涉及的内容，选择文化产业核心层的一、二、三、四大类及外围层的六、七类数据进行加总和分析。需说明的是第七类数据中除广告业，西安会展业的增加值也占据了较大的份额。

西安市文化产业六大重点行业总体处在迅速发展中，其内部结构发生了变化（图 3 - 2 所示）。在 2004 ~ 2011 年期间，文化休闲娱乐服务在六大重点行业增加值中所占的比重一直在增加，从 2004 年的 19.74% 增大到 2010 年的

30.74%；出版发行及版权服务在六大重点行业增加值中所占的比重一直在减小，从 2004 年的 45.95% 减小到 2010 年的 30.24%；其余四大行业在六大重点行业增加值中所占的比重都处于一个波动的状况。但出版发行及版权服务业和文化休闲娱乐服务业的发展一直占主导地位，而新闻服务业所占的比重是极其微小的，其他三大行业所占的比重相当。

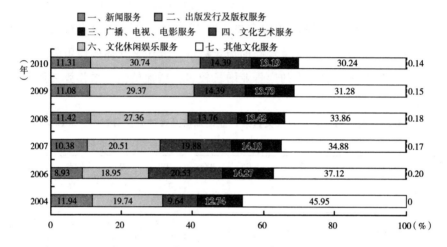

图 3-2 西安市文化产业六大重点行业增加值构成（2004～2010 年）

注：未收集到 2005 年资料，故未统计。

四 本书对西安市文化产业的分类

对于文化产业的概念，国家统计局、中宣部及国务院有关部门于 2004 年共同研究，认为我国的文化产业是一个集合，该集合包括为社会公众提供文化娱乐产品和服务的活动，以及与这些活动有关联的活动。随后发布了《文化及相关产业分类》的标准，将文化产业划分为 9 大类，分别是新闻出版业、广播影视业、文化艺术业、网络服务业、休闲娱乐业、经纪代理、广告会展业、文化用品、设备及生产销售等。该标准发布后，结束了文化统计模糊的历史，文化从此有了 GDP。但是目前在实际统计过程中，对文化产业所含行业尚无统一的界定。

本书的文化产业是以国家统计局于 2004 年发布的《文化及相关产业分类》为准则（考虑统计口径的一致性和研究数据的可得性），通过对国标中各类文化产业的分析与整理，选择核心层和外围层的七大类文化服务主体行业，剔除相关层的两类文化相关服务行业，兼顾各类文化产业的特征与产业发展趋势，以研究区域——西安为对象（考虑该区域发展优势与特征），根据《西安市加快发展文化产业实施方案》中重点发展行业，将西安市文化产业划分为以下九大重点行业：新闻出版业（将新闻业与出版业合并），广播电视电影服务业（简称广播影视业），将文化艺术服务业分为文化演示业与文物及文化保护业两类，网络及计算机文化业（将网络文化服务与计算机服务合并），文化休闲娱乐服务业包含文化娱乐业与文化旅游业，还有其他文化服务，其中主要是广告业和会展业，主要内容与亚类见表3-4。

表3-4　西安市文化产业分类明细

文化产业分类（国标）	西安市文化产业重点行业	内容	亚类及相关行业	经营性场所
一、新闻服务 二、出版发行和版权服务	1 新闻出版业	图书、报刊等纸介质传统出版业、数字出版等非纸介质战略性新兴出版业，动漫、游戏出版产业，印刷复印产业，新闻出版流通、物流产业。	新闻采访、编辑、发布；书、报、刊、音像及电子出版物的出版、制作与发行；版权服务。	记者站、通讯社、新闻机构、中心、办事处、联络站；出版社、编辑部、报社、杂志社；书、报、刊、音像及电子出版物的批发、零售点；版权服务机构。
三、广播电视电影服务	2 广播影视业	包括广播、电影、电视以及相关的辅助产业在内的整体，按价值链可分为创作、生产、集成与流通、消费等环节。	广播电视节目的制作与播放；广播电视传输；电影制作发行与放映。	广播电视及传输单位、广播电台、电视台、影视制作发行单位、电影院、录像厅。
四、文化艺术服务	3 文化演示业	指文学、美术创造和表演艺术（如戏剧、戏曲、歌舞、音乐、舞蹈、曲艺、杂技、马戏、木偶、皮影等表演艺术）等活动以及群众参与的表演与展出活动。	文艺、美术和表演的创作与评论及相关组织和辅助服务；表演场馆（音乐厅、歌舞剧院、戏剧院）管理服务；开展群众文化活动的场所的组织和管理活动。	音乐厅、歌剧院、舞剧院、戏剧场（院）、剧场（院）；群众文化活动场所；文艺团体；文化宫（馆）；文化服务单位。
	4 文物文化保护业	对具有历史、文化、艺术、科学价值，并经有关部门鉴定，列入文物保护范围的不可移动文物以及非物质文化遗产的保护和管理活动。	文物保护服务、民族民俗文化遗产保护服务、博物馆；烈士陵园；纪念馆；图书馆；档案馆；文化和艺术团体。	遗址类建筑物；寺庙、教堂、名人故居、博物馆（包括美术馆、艺术馆、科技馆等）烈士陵园、纪念馆、图书馆、档案馆；文物保护管理机构、文物商店。

续表

文化产业分类（国标）	西安市文化产业重点行业	内容	亚类及相关行业	经营性场所
五、网络文化服务	5 网络及计算机文化业	指网络公司通过互联网为客户提供信息的服务。	互联网的运营和数据库管理以及互联网信息服务。	—
六、文化休闲娱乐服务	6 文化娱乐业	向消费者提供精神娱乐产品或者有关服务的行业。	室内娱乐活动、游乐园；休闲健身娱乐活动。	室内（夜总会、舞厅、KTV、演艺吧、电子游艺厅，室内手工制作娱乐活动）；室外（游乐园、健身馆、运动场）。
	7 文化旅游业	以旅游经营者创造的观赏对象和休闲娱乐方式为消费内容，使旅游者获得富有文化内涵和深度参与旅游体验的旅游活动的集合。	旅行社服务；风景名胜区管理；动植物观赏服务；其他游览景区管理；文化公园管理；旅游用品；旅游品和旅游纪念品。	旅行社、风景名胜区、文化公园、动植物园、海洋馆以及采摘园。
七、其他文化服务	8 广告业	在报纸、期刊、户外路牌、灯箱、橱窗、互联网、通信设备及广播电视电影媒介上为客户策划制作的有偿宣传活动，承担广告的策划、制作、发布与宣传的组织。	广告策划、公关、市场调研；广告设计、制作；广告发布、宣传、展示；广告代理；流动广告；广告宣传品的发送活动。	广告的品牌代理、媒体代理，策划、设计、制作服务，广告装饰装潢，材料器材销售点。
	9 会展业	指为商品流通、促销、展示、经贸洽谈、民间交流、企业沟通、国际往来等举办的展览和会议，以及承办各类商业性、专业性、技术性的展览、博览会、交易会、洽谈会、订货会、演示会、展示会、交流会、研讨会的专业机构的活动，包括展览馆和会议中心的管理服务。	展览服务、会展服务、展览展示。	展览馆、展览中心、会展服务单位、展览展示机构。

注：网络及计算机文化由于在西安市处于初级发展阶段，比重较低且主要以无形的网络空间为发展重心，故不予研究。

资料来源：《文化及相关产业分类》，国家统计局，2004 http：//www. stats. gov. cn/tjbz/t20040518_402369832. htm。

第二节 西安市文化产业生命周期分析

一 生命周期研究概述

1. 生命周期相关概念

生命周期源于生物学概念，是指具有生命特征的有机体从出生、成长、成熟、衰老直至死亡的整个过程。生命周期概念后被引入经济、管理理论的产品方面，以后逐渐被借用并扩展到技术、企业、产业及社会等方面。产业生命周期理论是产业演进理论中有关整个产业从出生到成熟过程中，产业内厂商数目、市场结构、产品新动态变化的理论[9]。在产品生命周期研究的基础上，Gort，Kepper（1982）将重心转向市场中厂商数目的变化[10]。他们在对 46 个产品最多长达 73 年的时间序列数据进行分析的基础上，按产业中的厂商数目对产品生命周期进行划分，得到引入、大量进入、稳定、大量退出（淘汰）和成熟等五个阶段，从而建立了产业经济学意义上第一个产业生命周期模型，称为（G-K）模型。在实证分析的方向上，Klepper 和 Graddy（1990）对 G-K 模型进行了技术内生化的发展。他们按厂商数目改变将产业生命周期重新划分为成长、淘汰和稳定三个阶段[11]。

目前国内外比较成型的生命周期理论包括：产品生命周期理论、企业生命周期、产业生命周期理论以及技术生命周期理论（表 3-5）。其中，产品生命周期是指产品从投放市场起到退出市场的全过程。企业生命周期是指企业从进入市场到退出市场的全过程。产业集群的生命周期是特定区域中，具有竞争与合作关系，并且在地理上集中，由交互关联性的企业、专业化供应商、服务供应商、金融机构、相关产业的厂商以及其他相关机构等组成的产业集群所表现出的周期性发展现象。

2. 国内外研究进展

对目前国内外关于产业生命周期研究的论文进行整理，总结相关成果，认为现有研究主要集中在以下几方面（见表 3-6）。

表 3 – 5　不同生命周期类型的研究对象

	企业生命周期	产品生命周期	产业生命周期	集群生命周期	区位生命周期
研究对象	企业自身的成长过程	产品投入市场的过程	产业发展的整个过程	产业集群	区域内厂商进入的过程

表 3 – 6　生命周期理论研究成果汇总

阶段	阶段划分	作者	研究方法	研究对象
二阶段	少年阶段(早期阶段);成熟阶段(晚期阶段)	Eisingerich A.，Falck O.，Heblich S.，Kretschmer T.[12]		产业集群
三阶段	流动、过渡、确定三阶段	Abernath, Utter-back[13]	A-U 模型	产品周期
	集中、分散、再集中三阶段	梁琦,刘厚俊[14]	定性分析	产业区位生命周期
	导入期、成熟期、标准化期三阶段	Vernon[15]		产品生命周期
	发生期、成长期、成熟期三阶段	魏守华,石碧华[16]		产业集群
四阶段	产生、成长、成熟、衰退	Tichy G.[17]		
	诞生、扩张、收缩、关闭	Dumains, Ellison, Glaeser[18]		工厂生命周期
	导入期、成长期、成熟期、衰退期	付晗,易旭明[19]	定性分析	音乐文化产业
	导入期、成长期、成熟期、衰退期	陈国宏,李丽妮,蔡彬清[20]	CA 模型	产业集群
	导入期、成长期、成熟期、衰退期	林荣鑫[21]	拟合曲线法(龚伯兹曲线)	广告预算
	导入期、成长期、成熟期、衰退期	孙春梅,褚淑贞[22]	拟合曲线法(皮尔曲线拟合)	医药产业
	初创期、成长期、成熟期、衰退期	李雪梅,阎玮[23]	趋势判断法(主成分分析法)	铁路产业
	形成期、发展期、成熟期、衰退期	程佳俊,郑亚莉[24]	拟合曲线法(龚伯兹曲线,皮尔曲线)	服装产业
	形成期、发展期、成熟期、衰退期	钱宇晶[25]	拟合曲线法(龚伯兹曲线,皮尔曲线)	银行卡产业
	形成期、发展期、成熟期、衰退期	李全光[26]	经验判断法拟合曲线法(龚伯兹曲线)	我国物流产业
	形成期、发展期、成熟期、衰退期	孙湘,朱静[27]	定性分析	产业集群

续表

阶段	阶段划分	作者	研究方法	研究对象
	形成期、发展期、成熟期、衰退期	王宏起,王雪原[28]	定性分析	高新技术产业
	形成期、发展期、成熟期、衰退期	王德鲁,宋学锋[29]	粗糙集－RBF神经网络	大连城市产业
	成长期、成熟期、发展期、衰退期、	谢立仁,陈俊美,张明亲[30]	增长率产业分类法	陕西省装备制造业
	发生期、发展期、成熟期、衰落或复兴	税伟,陈烈[31]	定性分析	产业集群
	形成期、成长期、成熟期、衰退期	毛磊[32]	Kolmogoro种群相互作用模型	文化创意产业
	形成期、发展期、起飞期、成熟期	龚建立,金荣炜,王飞绒[33]	产业集中度法、指标图示法	台州船舶制造集群
	投入期、成长期、成熟期、衰退期	窦培林,李根[34]	曲线拟合法(龚伯兹曲线)	中国造船产业
	初创期、成长期、成熟期、衰退期	马骋,方维萱,王京[35]	曲线拟合法(皮尔曲线)	中国铜产业
	形成期、发展期、起飞期、成熟期	幸小梅[36]	定性分析	中国体育产业
四阶段	萌芽期或形成期、成长期、成熟期及衰退期	郝晓燕,长青,肇先[37]	经验判断法;曲线拟合法(龚伯兹曲线)	中国乳品业
	导入期、成长期、成熟期、衰退期	刘家国[38]	曲线拟合法(龚伯兹曲线)	我国船舶工业产业
	形成期、成长期、成熟期、衰退期	金丽娟[39]	曲线拟合法(皮尔曲线)	中国信息资源产业
	投入期、成长期、成熟期、衰退期	代丽华[40]	曲线拟合法(龚伯兹曲线、皮尔曲线)	中国钢铁产业
	形成期、成长期、成熟期、衰退期	张堰华,程刚[41]	经验判断法	中国节能服务产业
	初始期、成长期、成熟期、衰退期	牟丽[42]	定性分析	资源型城市产业(大庆石油产业)
	萌芽期、再萌芽期、成长期、转型期	阎玮[43]	经验判断法	中国铁路产业
	形成期、成长期、成熟期、衰退期	常征[44]	拟合曲线法(龚伯兹曲线)	中国数字内容产业
	形成期、成长期、成熟期、衰退期	宋国宇[45]	拟合曲线法(龚伯兹曲线、皮尔曲线)	中国绿色食品产业

续表

阶段	阶段划分	作者	研究方法	研究对象
五阶段	引入、大量引入、持续、大量退出、稳定	Gort, Klepper[10]	G-K 模型	
	孕育、诞生、成长、成熟和衰退	曾咏梅[46]	模糊贴近度的TOPSIS 综合评判方法	产业集群（湖南工程机械产业集群）
六阶段	探查阶段、参与阶段、发展阶段、巩固阶段、停滞阶段、衰落阶段或复苏阶段	R. W. Butler[47]		旅游地生命周期
七阶段	萌芽期、导入期、快速成长期、缓慢成长期、衰退期、恢复期、稳定期	金晨赫,高举红[48]	经验判断法	中国物流产业
十阶段	孕育期—婴儿期—学步期—青春期—盛年期—稳定期—贵族期—官僚化早期—官僚期—死亡期	伊查克·爱迪思[49]	定性分析	企业文化

3. 生命周期研究

（1）生命周期阶段划分

随着研究领域的不断扩大，对生命周期的阶段进行划分，形成了二分法、三分法、四分法、五分法、七分法、十分法等理论，在产业生命周期研究中采用最多的是四分法，企业生命周期和产品生命周期研究中除了一般的四分法还形成了针对产品和企业特征的七分法、十分法等理论，它们都是对研究对象从无到有再到无这一过程的描述，区别在于详细程度和研究角度。

（2）生命周期研究方法

产业生命周期的研究分为定性分析和定量分析两种，定量研究的方法有厂商"净进入率"法、以产业内厂商数与产业的就业数为划分指标的二维识别法、以产业集中度为指标的产业演进阶段识别法、以产业年平均产出增长率为指标进行阶段判断的产出增长率法、以产品普及率为指标的普及率法以及以产业产出或销售为指标的生长曲线法。其中，生长曲线法主要利用逻辑曲线或龚伯兹（Comperz）曲线进行拟合方法建立生命周期的数学模型，拟合产业的 S 型成长。

a. 逻辑（Logistic）曲线

也被称为皮尔（Raynlond Pearl）曲线，该曲线较好地描述了生物生长的过程和新产品的销售过程，可以用来预测耐用消费品的拥有量。逻辑（Logistic）曲线（图 3-3）首先要考虑社会的需求量，该曲线模型为：

$$y_t = \frac{k}{1 + ae - bx}(K > 0) \tag{①}$$

式中：y_t 为某一产业第 t 时期的产出量或销售量，a，m 为未定系数，k 为预测者给定的饱和值。运用时间序列求出 a，m 后，假定误差为 d，即，$y/k = 1 + mx\exp(-at) = 1 - d$，解此方程求出：

$$t = \frac{\ln(m)}{a} - \frac{\ln(d/1 - d)}{a}$$

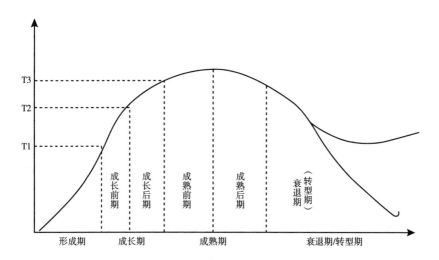

图 3-3　皮尔曲线生命周期阶段示意

则 t 为达到饱和值时的时间，称为 t 饱和。根据方程①可以计算当 $t = \ln(a)/b$，$y = k/2$ 时，二阶倒数为 0，即为成长期与成熟期的分界点，称之为 t 拐点。拐点之前，产出增长率不断上升，拐点之后，产出增长率开始下降，拐点时，产出增长率达到最大（表 3-7）。

表3-7　皮尔曲线生命周期阶段判断标准

阶段	形成期（0—T_1）	成长前期（T_1—T_2）
t	$(0, \dfrac{\ln a - \ln(2 + \sqrt{3})}{b})$	$(\dfrac{\ln a - \ln(2 + \sqrt{3})}{b}, \dfrac{\ln a}{b})$
阶段	成长后期（T_2—T_3）	成熟期（T_3—T_4）
t	$(\dfrac{\ln a}{b}, \dfrac{\ln a + \ln(2 + \sqrt{3})}{b})$	$(\dfrac{\ln a + \ln(2 + \sqrt{3})}{b}, t_4)$

b. 龚伯兹曲线

龚伯兹曲线是由英国科学家龚伯兹对57种产品的产出和价格的时间序列进行分析的基础上提出的。龚伯兹曲线模型为：

$$y_t = ka^{b^t}(k > 0) \qquad ②$$

式中：y_t为某一产业第t时期的产出量或销售量，a，b为未定系数，k为预测者给定的饱和值。运用确定性时间序列，估计出参数a，b，假定误差为d，用同样的方法即可求出饱和时间：

$$t = \frac{\ln[\ln(1 - d)/\ln(a)]}{\ln(b)}$$

令龚伯兹曲线方程的二阶导数为0，求出拐点坐标为。龚伯兹曲线没有对称点，并不位于曲线的中心位置，大概位于前1/3处，因此，相对于逻辑曲线，在龚伯兹模型下，产业会被认为更早进入成熟期（表3-8）。

表3-8　龚伯兹曲线生命周期阶段判断标准

	形成期	成长期	成熟期	衰退期
Ina	>0	<0	<0	>0
b	>1	<1	>1	<1

（3）生命周期研究对象

如表3-9所示，现有的国内研究从数量上来看集中在产业集群的生命周期领域，其他涉及的领域为制造业、运输业、金融业等，文化产业相关的有音乐、创意产业、高新技术业和数字产业等，总体来看研究成果较少，除了产业集群有 7 篇外，其余多为 1 篇，且相关的定量分析与实证研究较少；从研究区域上看，多为宏观研究，具体区域主要为国家级，涉及省市的研究较少，且多研究单一区域，也有从国家层面进行对比研究的，但成果较少；从数据选择上来看，现有研究基本采用产值进行定量分析，对于其他可定量化指标研究例如企业数量、就业人数等应用较少。以上研究问题产生的原因主要是数据获取多来源于统计数据，由于统计口径的不一致性和统计数据的缺失导致连续的时间或者空间上数据难以获取，无法进行生命周期的计算。

表 3 - 9　生命周期研究领域（2003 ~ 2012 年）

研究对象	研究方法	研究文献数
铁路产业	定量研究	2
城市产业（大连、大庆）	定量研究	2
船舶制造业（中国、台州）	定量研究	2
中国数字内容产业	定量研究	1
中国信息资源产业	定量研究	1
广告产业	定量研究	1
医药产业	定量研究	1
服装产业	定量研究	1
银行卡产业	定量研究	1
物流产业	定量研究	1
中国铜产业	定量研究	1
陕西省装备制造业	定量研究	1
中国乳品业	定量研究	1
中国钢铁产业	定量研究	1
中国造船业	定性研究	1
中国体育产业	定性研究	1
文化创意产业	定性研究	1
中国节能服务业	定性研究	1
中国物流业	定性研究	1
中国绿色食品产业	定性研究	1
产业集群	定性研究	7
产业区位	定性研究	1
音乐文化产业	定性研究	1
高新技术产业	定性研究	1

根据上述分析，为了克服数据指标获取上的困难并统一数据，本章数据采用西安市 1997～2012 年黄页，根据企业登记信息的地理位置进行行业与区域的个数统计。

二　生命周期研究过程与数据选择

1. 生命周期研究过程

（1）确定拟合曲线

本章选择龚伯兹曲线和皮尔曲线两种拟合曲线同时计算，然后根据计算结果选择拟合度较高的模型为主要研究曲线。

a. 龚伯兹曲线的数学模型为：

$$y_t = ka^{b^t}(k > 0)$$

b. 皮尔曲线的数学模型为：

$$y_t = k/(1 + ae^{-bx})(k > 0)$$

两个公式中各参数表示的意义相同，其中，y_t 为第 t 期的指标值，t 为时间变量，k 为设定的饱和值，a、b 为参数。

（2）设定饱和值

由于逻辑曲线不可化为简单的线性表达式，所以求解分为两步：首先取得参数的初始值，然后再得到优化后的参数估计。从数学意义讲，k 是曲线的上限，即当 t→∞ 时，N＝k，k 在不同领域、不同场合有其特定的意义。k 必须受不同领域、不同场合的科学定律和技术方面的约束和限制，应在详细占有资料的基础上认真地予以确定。而不能只将注意力放在曲线和数据的拟合上，忽略这种约束和限制，否则，曲线和数据的拟合再好，用这种曲线去描述或预测，都不会有好的效果[50]。初始值的估计有几种不同方法，常用的有拐点法、三点法、四点法等，本章使用拐点法设定饱和值。

拐点法就是找出曲线的拐点坐标（t_n, Y_n），进而估计 K＝2Yn。由于拐点处逻辑曲线由凸变凹，所以具有最大的斜率。根据实际数据点的形式就可以基本确定其拐点位置。

$$max\{(Y_2 - Y_1)/(t_2 - t_1), (Y_3 - Y_2)/(t_3 - t_2)\cdots(Y_m - Y_{m-1})/(t_m - t_{m-1})\}\mapsto(t_n, Y_n)$$

（3）选择拟合工具

关于拟合曲线的方程确定一般采用三和法求出各个参数的初始值，再利用初始值带入 SPSS、Eviews 或者 Matlab 中进行方程的拟合检验，确定最优参数，从而得到生命周期曲线的拟合方程。但由于初始值检验的程序复杂，目前的研究仅应用于少数时间序列的产业数值的计算当中，在处理多种时间序列类型的数据过程中计算量较大，不适合实际操作，因此，在研究各类拟合工具优缺点的基础上选择操作简单准确率较高的拟合软件 1stOpt。

1stOpt 是一个在非线性回归、曲线拟合、非线性复杂模型参数估算求解、线性/非线性规划等领域居世界领先地位的数学优化分析综合工具软件包。其计算核心基于"通用全局优化算法"（Universal Global Optimization-UGO），该算法克服了当今世界上在优化计算领域中使用迭代法必须给出合适初始值的难题，以非线性回归为例，相关的排名世界前列的软件工具包，诸如 Matlab，OriginPro，SAS，SPSS，DataFit，GraphPad 等，均需用户提供适当的参数初始值以便计算能够收敛并找到最优解。如设定的参数初始值不当则计算难以收敛，其结果是无法求得正确结果。在实际应用当中，对大多数用户来说，给出恰当的初始值是件相当困难的事，特别是在参数量较多的情况下难度更大，而 1stOpt 具有超强的寻优、容错能力，在大多数情况下（大于90%），从任一随机初始值开始，都能求得正确结果。

2. 生命周期识别的数据选择

为了全面分析西安市文化产业的生命周期，选择产业增加值数据计算产业生命周期，企业点个数计算区位生命周期，一是对比两者计算的结果差异，二是从产值与企业数量两方面说明文化产业生命周期的发展特征。

（1）基于产业增加值的产业生命周期识别的数据选择

产业增加值数据由 2005～2010 年的《西安市文化产业发展报告》、《西安市文化产业统计年鉴》等整理得到。参照国家统计局标准，主要分为文化产业增加值、新闻出版服务增加值、广播电视电影服务增加值、文化艺术服务增加值、文化休闲娱乐服务增加值及其他文化服务增加值。

（2）基于企业点个数的区位生命周期识别的数据选择

区位生命周期需选择区域内相关企业数量进行研究，因此，根据前述的分类结果，选择与行业相关的企业类型进行数量收集。

由于西安市文化产业发展较晚，企业数量变化较小，为了保证数据的有效性和避免重复的人工劳动，研究数据来源于 1999、2002、2005、2007、2009、2012 年共 6 年的《西安市黄页》，生命周期计算需要连续的时间数列，因此将这些数据视为连续的 6 个时间序列，即视 1999 年数据为 1999～2000 年的总和记为时间 1，2002 年数据为 2001～2002 年的总和记为时间 2，2005 年数据视为 2004～2005 年的总和记为时间 3，2007 年数据视为 2006～2007 年的总和记为时间 4，2009 年数据视为 2008～2009 年的总和记为时间 5，2012 年数据视为 2011～2012 年的总和记为时间 6。

3. 文化产业生命周期各阶段发展特征的一般理论

产业从形成到衰退的过程实质上是产业在产业体系中地位的变迁，产业兴衰就是产业从幼小产业→先导产业→主导产业→支柱产业→夕阳产业的过程、是资本在某一产业领域形成→集中→大规模聚集→分散的过程、是新技术的产生→推广应用→转移→落后的过程。从外在表现上，产业兴衰过程还表现在规模和市场容量有一个由小→大→小的过程。产业兴衰过程经历萌芽期或形成期、成长期、成熟期及衰退期四个阶段。一般认为萌芽期的产业形成方式有新生、派生、分化和融合四种，Gort[10] 和 Klepper[11] 通过研究发现在产业发展中厂商数目存在"淘汰"（shake‑out）现象，以此为基础，将产业生命周期分为引入、大量进入、稳定、大量退出（淘汰）和成熟等五个阶段，如图 3‑4 所示。他们将创新与产业生命周期阶段建立了联系，认为阶段 2 的大量进入源于来自外部的（产品）创新，阶段 4 的大量退出则是由于价格战、外部创新减少和通过"干中学"方式（过程创新）所建立的效率竞争，阶段 5 为产业成熟期，直至有重大技术变动或重大需求变动产生，开始新一轮生命周期，由此建立了生命周期理论中重要的 G-K 模型。

文化产业作为以文化创意生产和服务为主的产业，其形成方式属于服务业和制造业在文化领域内的产业融合，这个过程中实现了创意、生产、市场和文化资源的融合，同样文化产业的发展也经历了一般产业生命周期的四个阶段，

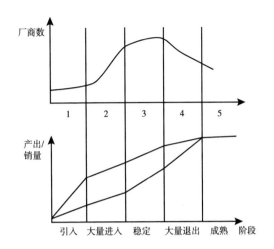

图 3 - 4　G-K 产业生命周期模型

然而不同于一般产业类型，文化产业是一个以创意为核心的产业类型，创意产品快速更新换代的特点决定了文化产业的产品从诞生就具有最高价值，一个新的文化产品投入市场可以迅速被接受，同时前期产生的创意价值大于后期标准化生产价值，且产品生命周期相较其他产品来说很短，例如电影业的首映票房，演艺业的首演以及文化旅游业的旅游项目等，从这个角度来看，文化产业在生命周期计算中有两个不同的发展时期：以产业增加值来看，文化产业的产业增加值大部分集中在前期阶段也就是创意产品从产生到前期投入市场这一阶段，之后的规模化和标准化生产带来的产业增加值会从迅速增长阶段趋向逐步稳定；从区域内企业个数来看，文化产业初期的高效益吸引了大量的企业入驻，但是由于缺乏创意技术导致后期增加的企业进行产品生产大部分处于择优模仿阶段，然而这一时期的文化产品已经过了产业增加值的黄金时期，市场信息的滞后性又不断地吸引企业的增加，生命周期呈现由缓慢增加到迅速增加再到趋于稳定的阶段，后期掌握先进技术和拥有大量创意资源的企业就开始进行产品的更新换代促进产业的升级或转换，在这个过程中企业规模也会不断扩大（表 3 - 10）。文化产业的产业生命周期与区位生命周期曲线就呈现图 3 - 5 所示的发展特点，同时文化产业的产业特殊性使其生命周期时间相较制造业等产业类型来说更短。

表 3 - 10　文化产业生命周期各阶段特征

	主要指标	萌芽期	成长期	成熟期
市场	市场接受	逐步熟悉	热烈欢迎	逐步习惯
	市场需求	缓慢增长	迅速增长	稳定
行业	生产能力	较低	较高	规模生产
	技术水平	较低	较高	高
	产品创新	择优模仿	多样化创新	标准化生产
	投入规模	缓慢增长	迅速增长	缓慢增长
区域	发展环境	基础设施欠缺	逐步完善	完整产业链
	从业人数增长率	缓慢增长	迅速增长	趋于稳定
政府	政策支持	实行计划经济进行政策扶持	扶持与监督	监督与鼓励市场经济
行业产值		迅速增长	缓慢增长	趋于稳定
企业个数		缓慢增加	迅速增加	趋于稳定
发展类型		资源依托型	创意依托型	资本依托型

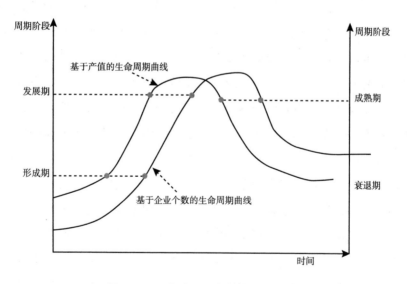

图 3 - 5　文化产业生命周期发展阶段

三　西安市文化产业整体生命周期的发展阶段及区域差异

1. 西安市文化产业整体生命周期发展阶段分析

通过计算得到西安市文化产业生命周期曲线方程，基于产值计算的产业生命周期和基于企业个数计算的区位生命周期在皮尔曲线和龚伯兹曲线下有如下特征：基于皮尔曲线计算下西安市整体的产业生命周期与区位生命周期进入产业发展的成长期，这同龚伯兹曲线计算下得到的生命周期阶段相同，说明两个曲线都能很好地描述产业发展的生命周期（表3－11）。

根据相关系数 R^2 看出皮尔曲线拟合度优于龚伯兹曲线，因此，接下来的研究均使用皮尔曲线进行计算。

表3－11　西安市文化产业整体生命周期计算结果对比

	产业生命周期	区位生命周期
皮尔曲线	$y = 368.06/(1 + 6.801448e^{-0.316348t})$	$y = 7718/(1 + 27.71044e^{-0.521766t})$
R^2	0.997677044769073	0.931365912863121
龚伯兹曲线	$y = 368.06 \times 0.10887^{0.829517}$	$y = 7718 \times 0.018471^{0.772207}$
R^2	0.990726786293388	0.886222893725448

2. 西安市文化产业的行业生命周期发展阶段分析

产业生命周期分类以国标中的统计标准分类为主，区位生命周期分类以本研究的分类为主，为了对比分析，将相关分类的区位生命周期分类合并与产业生命周期相对应。生命周期计算结果的 R^2 检验均在0.9左右，拟合情况良好，参数的可信度高，根据计算值 $T = 6$ 进行判断，发现产业生命周期中除了文化产业整体和文化艺术服务业处于由成长前期向成长后期的过渡阶段外，其他行业均进入了成长后期向成熟前期的过渡阶段。区位生命周期计算结果表明西安市文化产业整体以及各个行业的发展周期均处于成长前期向成长后期的发展阶段。这一结果差异的原因在于产业生命周期的数据选择从2005年开始，而区位生命周期是从1999年开始的，时间跨度较大，因此，产业生命周期相比区位生命周期计算结果产生了超前性，同时也说明了西安市文化产业从2004年开始发展起就已经具备了较高的产业生产能力。2004年西安市文化产业增加值占生产总值的比重为4.17%，到2009年增加到5.54%，优势行业如新闻出版业和文化休闲娱乐业的产业增加值分别占2010年西安市文化产业增加值的21.49%和21.74%。同时，对比文化产业各行业进入生命周期的成长期的时间 T_1，发现区位生命周期的时间整体均晚于产业生命周期的时间，这一发展过程也符合我们对文化产业生命周期曲线特征的理论分析，即在文化产业发展中产业生命周期具有超前性，而区位生命周期具有滞后性（表3－12）。

表3－12　西安市文化产业行业生命周期计算结果

	文化产业分类	R^2	方程	T1	T2	T3	T
产业生命周期	文化产业总值	0.99	$y = 368.06/(1 + 6.801e^{-0.316348t})$	1.90	6.06	10.21	8.32
	新闻与出版服务	0.97	$y = 59.8/(1 + 5.2841e^{-0.3861t})$	0.90	4.31	7.72	6.82
	广播电视电影服务	0.99	$y = 34.34/(1 + 8.7532e^{-0.3666t})$	2.33	5.92	9.51	7.18
	文化艺术服务	0.97	$y = 37.46/(1 + 5.005e^{-0.2733t})$	1.42	6.24	11.06	9.64
	文化休闲娱乐服务	0.98	$y = 80.04/(1 + 21.8281e^{-0.5218t})$	3.38	5.90	8.43	5.05
	其他文化服务	0.98	$y = 29.44/(1 + 13.5339e^{-0.4424t})$	2.92	5.89	8.87	5.95
区位生命周期	文化产业总体	0.93	$y = 7718/(1 + 27.7104e^{-0.5218t})$	3.84	6.37	8.89	5.05
	新闻出版业	0.93	$y = 1546/(1 + 13.3688e^{-0.4044t})$	3.16	6.41	9.67	6.51
	广播影视业	0.72	$y = 386/(1 + 9.728e^{-0.3202t})$	2.99	7.15	11.22	8.23
	文化艺术业	0.93	$y = 886/(1 + 11.9629e^{-0.3824t})$	3.05	6.49	9.93	6.88
	文物文化保护业	0.99	$y = 530/(1 + 15.1329e^{-0.4464t})$	3.14	6.09	9.04	5.9
	文化表演业	0.88	$y = 356/(1 + 7.9942e^{-0.2756t})$	2.76	7.54	12.32	9.56
	文化休闲娱乐业	0.94	$y = 3178/(1 + 195.9156e^{-0.8551t})$	4.63	6.17	7.71	3.08
	文化旅游业	0.87	$y = 1410/(1 + 60.6696e^{-0.6436t})$	4.33	6.38	8.42	4.09
	文化娱乐业	0.98	$y = 1768/(1 + 571.4352e^{-0.0457})$	4.81	6.07	7.33	2.52
	广告业	0.98	$y = 1722/(1 + 18.9844e^{-0.4764t})$	3.41	6.18	8.94	5.53

产业生命周期计算结果中，新闻出版业最早进入生命周期的成长前期，也最早进入成熟期，文化休闲娱乐服务业最晚进入成长期，同时成长期到成熟期的时间最短，文化艺术服务业所经历的生命周期时间最长。

区位生命周期计算结果中，文化表演业最早进入生命周期的成长前期，最晚过渡到成熟期，因此生命周期时间最长，文化娱乐业最晚进入成长前期，最早过渡到成熟期，因此生命周期的时间最短，就目前发展现状来看，以 T = 6 判断，下一个最早进入成长后期的产业类型为文化娱乐业，最晚进入成长后期的产业类型为文化表演业。生命周期上升阶段时间由长到短依次为文化表演业、广播影视业、新闻出版业、文物文化保护业、广告业、文化旅游业和文化娱乐业。这是由企业特征与空间布局特征影响的，文化表演业、广播影视业、新闻出版业、文物文化保护业这四类行业类型主要为新闻基站、出版社、广播电视台、影视制作基地、歌/剧院、博物馆等大型企业，对文化资源环境要求较高，而广告业、文化旅游业和文化娱乐业所研究的广告制作单位、旅行社和娱乐场所这一类中小型企业，布局灵活，规模较小，且新生企业增长迅速，产品更新换代的速度也很快，因此生命周期时间较短。

通过对比发现，在产业生命周期和区位生命周期结果中，文化艺术业的生命周期都比较长，文化休闲娱乐业的生命周期均比较短。

3. 西安市文化产业生命周期的区域差异

西安市各个区域区位生命周期的计算结果如表 3 - 13 所示：七大区的文化产业区位生命周期均处于发展的成长前期向成长后期的过渡阶段。其中城墙区最早进入生命周期的成长期，最晚进入成熟期，因此生命周期时间最长；其次为碑林区、灞桥区、新城区、雁塔区、莲湖区，而未央区最晚进入成长期，但最早进入成熟期，因此生命周期时间最短。

表 3 - 13 西安市区域文化产业生命周期计算结果

	R^2	皮尔曲线拟合方程	T1	T2	T3	T
莲湖区	0.9508	$y = 1414/(1 + 72.5995e^{-0.6881t})$	4.3130	6.2268	8.1407	3.8277
碑林区	0.9617	$y = 1416/(1 + 12.8452e^{-0.4020t})$	3.0745	6.3506	9.6267	6.5522
灞桥区	0.8614	$y = 132/(1 + 20.9540e^{-0.4626t})$	3.7299	6.5771	9.4243	5.6944
未央区	0.9511	$y = 594/(1 + 380.4077e^{-0.9696t})$	4.7691	6.1274	7.4856	2.7165
新城区	0.9019	$y = 668/(1 + 61.3662e^{-0.6501t})$	4.3070	6.3329	8.3589	4.0519
城墙区	0.9405	$y = 1908/(1 + 11.9130e^{-0.3850t})$	3.0148	6.4357	9.8566	6.8418
雁塔区	0.9325	$y = 1568/(1 + 68.5867e^{-0.6744t})$	4.3165	6.2694	8.2222	3.9057

四 西安市文化产业各行业生命周期阶段及区域差异

表 3 - 14 为西安市文化产业各个行业在区域的不同发展周期，利用 T = 6 进行判断，就目前发展阶段来看，灞桥区的新闻出版业、新城区的文物文化保护业和碑林区的广告业已经进入了文化产业发展的成长后期，向成熟前期过渡，其余均处于成长前期阶段。

表 3 - 14　分行业的区域文化产业生命周期计算结果

		k	T_1	T_2	T_3	$T_3 - T_1$
新闻出版服务业	（版）莲湖区	296	3.910651	6.308031	8.705411	4.79476
	（版）碑林区	284	2.8883	6.62402	10.35974	7.47144
	（版）灞桥区	24	3.28718	5.839718	8.392257	5.105077
	（版）未央区	102	3.79747	6.052824	8.308178	4.510708
	（版）新城区	142	3.599957	6.262187	8.924418	5.324461
	（版）城墙区	420	1.543193	6.536719	11.53025	9.987057
	（版）雁塔区	278	3.727412	6.37494	9.022468	5.295056
广播影视服务业	（影）莲湖区	54	3.815726	6.510693	9.20566	5.389934
	（影）碑林区	62	1.991327	6.816603	11.64188	9.650553
	（影）灞桥区	12	- 1.16893	7.954207	17.07734	18.24627
	（影）未央区	12	4.039627	6.831127	9.622626	5.582999
	（影）新城区	14	4.871741	6.158969	7.446198	2.574457
	（影）城墙区	112	1.527402	8.305756	15.08411	13.55671
	（影）雁塔区	120	3.706469	6.801596	9.896722	6.190253
文化演示服务业	（演）莲湖区	54	3.789875	7.027315	10.26476	6.474885
	（演）碑林区	40	0.861386	8.030487	15.19959	14.3382
	（演）灞桥区	10	4.249588	6.40482	8.560051	4.310463
	（演）未央区	28	5.437662	6.004974	6.572285	1.134623
	（演）新城区	40	3.469458	7.324041	11.17862	7.709162
	（演）城墙区	150	0.767048	8.060864	15.35468	14.58763
	（演）雁塔区	34	4.217063	6.83802	9.458978	5.241915
文物文化保护业	（保）莲湖区	60	5.318126	6.013943	6.709759	1.391633
	（保）碑林区	74	2.01623	6.169112	10.32199	8.30576
	（保）灞桥区	30	4.830587	6.310048	7.789509	2.958922
	（保）未央区	74	3.549543	6.254953	8.960363	5.41082
	（保）新城区	58	4.642099	6.179054	7.71601	3.073911
	（保）城墙区	140	1.791622	5.136485	8.481347	6.689725
	（保）雁塔区	110	3.38064	6.327172	9.273704	5.893064
文化旅游服务业	（旅）莲湖区	194	4.560204	6.252509	7.944814	3.38461
	（旅）碑林区	396	4.020889	6.436068	8.851246	4.830357
	（旅）灞桥区	18	1.782304	7.254203	12.7261	10.9438
	（旅）未央区	86	5.571729	6.0016	6.431471	0.859742
	（旅）新城区	68	3.513869	7.002489	10.49111	6.977241
	（旅）城墙区	384	4.048771	6.362238	8.675706	4.626935
	（旅）雁塔区	264	4.886968	6.152456	7.417944	2.530976

续表

		k	T_1	T_2	T_3	$T_3 - T_1$
文化娱乐服务业	（娱）莲湖区	376	4.778	6.068143	7.358285	2.580285
	（娱）碑林区	268	4.178169	6.049025	7.919881	3.741712
	（娱）灞桥区	50	5.41699	6.005011	6.593033	1.176043
	（娱）未央区	164	5.40601	6.002334	6.598658	1.192648
	（娱）新城区	204	5.19548	6.02399	6.852501	1.657021
	（娱）城墙区	346	4.321588	6.079763	7.837938	3.51635
	（娱）雁塔区	360	5.1438	6.024717	6.905634	1.761834
广告业	（广）莲湖区	380	3.953716	6.138786	8.323856	4.37014
	（广）碑林区	256	0.735513	4.623878	8.512243	7.77673
	（广）灞桥区	40	5.282853	6.007434	6.732015	1.449162
	（广）未央区	128	4.388991	6.053502	7.718013	3.329022
	（广）新城区	142	3.79878	6.322008	8.845236	5.046456
	（广）城墙区	356	2.880103	6.353731	9.82736	6.947257
	（广）雁塔区	402	3.974699	6.086451	8.198203	4.223504

新闻出版业中，城墙区最早进入成长期，最晚进入成熟期，生命周期时间最长；莲湖区最晚进入成长期；未央区最早进入成熟期，生命周期时间最短；现阶段灞桥区已经进入了成长后期，在加速的发展中，下一个进入成长后期的是未央区，最后进入的是碑林区。

广播影视业中，城墙区最早进入成长期；新城区最晚进入成长期，最早进入成熟期，生命周期时间最短；灞桥区最晚进入成熟期，生命周期时间最长；现阶段最早进入成长后期的是新城区，最晚进入的是灞桥区。

文化表演业中，城墙区最早进入成长期，最晚进入成熟期，生命周期时间最长；灞桥区最晚进入成长期；未央区最早进入成熟期，生命周期时间最短，现阶段下一个最早进入成长后期的是未央区，最后进入的是城墙区。

文物文化保护业中，城墙区最早进入成长期；莲湖区最晚进入成长期，但最早进入成熟期，生命周期时间最短；碑林区最晚进入成熟期，生命周期时间最长，现阶段城墙区已经进入了成长后期向成熟期过渡的阶段，下一个最早进入成长后期的是莲湖区，最晚进入的是雁塔区。

文化旅游业中，灞桥区最早进入成长期，最晚进入成熟期，生命周期时间最长；未央区最晚进入成长期，最早进入成熟期，生命周期时间最短；现阶段下一个最早进入成长后期的是未央区，最晚的是灞桥区。

文化娱乐业中，碑林区最早进入成长期，最晚进入成熟期，生命周期时间最长；灞桥区最晚进入成长期，但最早进入成熟期，生命周期时间最短；现阶段下一个最早进入成长后期的是未央区，最晚进入的是莲湖区。

广告业中，碑林区最早进入成长期，生命周期时间最长；灞桥区最晚进入成长期，但最早进入成熟期，生命周期时间最短；城墙区最晚进入成熟期；现阶段碑林区已经进入生命周期的成长后期向成熟期过渡阶段，下一个最早进入成长后期的是灞桥区，最晚进入的是城墙区。

以上通过计算得到各个行业的区位生命周期时间特征，那么各行业生命周期的长短对区域文化产业的发展有何影响，在不同时间段下区域的文化产业集聚发展有何特点，下面利用区域企业数量和生命周期时间值建立相关指标衡量区域文化产业集聚发展的水平与特征。

五　西安市文化产业市级与区级尺度下的生命周期相关性

通过对西安市文化产业分行业在市级和区级尺度上的生命周期阶段划分，得到了各行业在不同尺度上的生命周期时间值，下面利用皮尔森相关性系数进行检验，探讨市级尺度与区级尺度的研究结果的关联性。

根据西安市文化产业在市级和区级尺度上生命周期从进入成长期到成熟期需要的时间长度 T 值统计，分别将各个区域与西安市整体进行皮尔森相关检验，结果如表 3 –15 所示。

表 3 –15　西安市文化产业市级和区级尺度下上升期时间值

行业	西安市	莲湖区	碑林区	灞桥区	未央区	新城区	城墙区	雁塔区
新闻出版业	6.51	4.79	7.47	5.11	4.51	5.32	9.99	5.30
广播影视业	8.23	5.39	9.65	18.25	5.58	2.57	13.56	6.19
文化演示业	9.56	6.47	14.34	4.31	1.13	7.71	14.59	5.24
文物文化保护业	5.90	1.39	8.31	2.96	5.41	3.07	6.69	5.89
文化旅游业	4.09	3.38	4.83	10.94	0.86	6.98	4.63	2.53
文化娱乐业	2.52	2.58	3.74	1.18	1.19	1.66	3.52	1.76
广告业	5.53	4.37	7.78	1.45	3.33	5.05	6.95	4.22

由表 3-16 看出，文化产业各行业在碑林区、城墙区和雁塔区的生命周期与西安市生命周期结果相关性较大，其中雁塔区在 0.05 水平上与西安市显著相关，相关性系数为 0.828，而城墙区与碑林区在 0.01 水平上与西安市显著相关，其中城墙区与西安市的相关性系数达到了 0.971，表明西安市文化产业各个行业在市级尺度上的生命周期长短主要受到城墙区、碑林区和雁塔区的影响，其次为莲湖区、新城区、灞桥区和未央区。

表 3-16 西安市文化产业分行业的尺度相关性检验

区划	西安市	莲湖区	碑林区	灞桥区	未央区	新城区	城墙区	雁塔区
Peaeson 相关性	1.000	0.749	0.953 **	0.345	0.331	0.387	0.971 **	0.828 *
显著性（双侧）		0.053	0.001	0.448	0.469	0.392	0.000	0.021

注：* 在 0.05 水平（双侧）上显著相关，** 在 0.01 水平（双侧）上显著相关。

本章小结

本章首先从西安市深厚的文化底蕴、优越的区位条件、雄厚的科技人才实力、优惠的政策措施、持续增长的经济背景五个方面阐述了文化产业发展的资源基础，总结了西安市文化产业的发展历程和现状，及西安市文化产业的立体布局。

其次从核心层、外围层和相关层三个层面介绍了西安市文化产业的部门结构和六大重点行业，并界定了本书中所指的文化产业的详细分类。

最后，从市级和区级尺度上定量计算了西安市文化产业各行业的生命周期时间长度，判断其所处的周期阶段。

从市级尺度上看，产业生命周期计算结果表明文化产业整体和文化艺术服务业处于由成长前期向成长后期过渡阶段，其他行业均进入了成长后期向成熟前期的过渡阶段；区位生命周期计算结果表明西安市文化产业整体以及各个行业的发展周期均处于成长前期向成长后期的发展阶段。

从区级尺度上来看，七大区的文化产业区位生命周期均处于发展的成长前期向成长后期的过渡阶段。灞桥区的新闻出版业、新城区的文物文化保护业和碑林区的广告业已经进入了文化产业发展的成长后期，并向成熟前期过渡，其余均处于成长前期阶段。

整体上西安市文化产业的生命周期阶段计算结果符合本研究对文化产业生命周期阶段特征的一般理论的描述，空间上生命周期上升阶段时间由长到短依次为城墙区、碑林区、灞桥区、新城区、雁塔区、莲湖区、未央区；行业上生命周期上升阶段时间由长到短依次为文化表演业、广播影视业、新闻出版业、文物文化保护业、广告业、文化旅游业和文化娱乐业。进一步从微观上对七个研究区域的七类文化行业分别进行了计算和分析，发现新闻出版业、广播影视业、文化表演业、文物文化保护业中最早进入成长前期的区域均为城墙区，新闻出版业、文化表演业、文化旅游业和文化娱乐业中最早进入成长后期阶段的区域为未央区。通过对不同行业在市级和区级尺度上结果的皮尔逊相关性分析显示，城墙区、碑林区和雁塔区与西安市的研究结果显著相关，说明这三个区域的文化产业生命周期自下而上影响着西安市的文化产业生命周期值。

参考文献

［1］ 王尊：《西安文化产业发展研究》，南昌大学硕士学位论文，2007。

［2］ 黎开谊：《西安发展文化产业的比较优势探析》，《新西部》2009 年第 10 期。

［3］ 西安市统计局：《2011 年西安市国民经济和社会发展统计公报》，2012。

［4］ 中共西安市委宣传部、西安市统计局：《西安文化产业统计概览》，2010。

［5］ 《关于西安文化产业发展问题与对策的几点思考》，http：//info. tjkx. com/detail/840425. htm. 2011。

［6］ 王卓：《西安市文化产业的问题与发展出路》，《中国城市研究》（电子期刊）2010 年第 5（1）期。

［7］ 《西安文化产业立体布局确立》，http：//news. sina. com. cn/c/2007 – 05 – 15/105111822935s. shtml. 2007。

［8］ 《西安市国民经济和社会发展第十二个五年规划纲要》，http：//news. cnwest. com/content/2011 –04/16/content_ 4441757_ 10. htm. 2011。

［9］ 郑声安：《基于产业生命周期的企业战略研究》，河海大学博士学位论文，2006。

［10］ Gort M., Klepper S., Time paths in the diffusion of product innovations. *The Economic Journal*, 1982, 92（367）.

［11］Klepper S. , Graddy E. , The evolution of new industries and the determinants of market structure. *The RAND Journal of Economics*, 1990, 21.

［12］Eisingerich A. , Falck O. , Heblich S. , et al. , Cluster innovation along the industry lifecycle. *Jena economic research papers*, 2008.

［13］J. Utterback, N. Abernathy, A Dynamical Model of Process and Product Innovation. *Omega*, 1975, 3（6）.

［14］梁琦、刘厚俊:《产业区位生命周期理论研究》,《南京大学学报》（哲学·人文科学·社会科学版）2004 年第 40（5）期。

［15］夏华龙:《产业演进理论评述》,《江汉论坛》2000 年第 3 期。

［16］魏守华、石碧华:《论企业集群的竞争优势》,《中国工业经济》2002 年第 1 期。

［17］Tichy G. , *Clusters: less dispensable and more risky than ever.* Clusters and regional specialization, 1998.

［18］Dumais G. , Ellison G. , Glaeser E. , *Geographic concentration as a dynamic process.* National Bureau of Economic Research, 1997.

［19］付晗、易旭明:《基于产品生命周期理论的音乐文化产业发展研究》,《江西社会科学》2009 年第 9 期。

［20］陈国宏、李丽妮、蔡彬清:《基于 CA 的产业集群生命周期模拟分析》,《中国管理科学》2008 年第 16（10）期。

［21］林荣鑫:《龚伯兹曲线模型在广告预算中的应用》,《鸡西大学学报》（综合版）2009 年第 9（1）期。

［22］孙春梅、褚淑贞:《基于产业生命周期理论探讨我国医药产业发展》,《上海医药》2011 年第 32（4）期。

［23］李雪梅、阎玮:《基于产业生命周期理论的我国铁路发展趋势分析》,《中国铁道科学》2011 年第 32（1）期。

［24］程佳俊、郑亚莉:《基于产业生命周期的中国服装业发展研究》,《经济论坛》2008 年第 16 期。

［25］钱宇晶:《基于产业生命周期的我国银行卡产业分析》,吉林大学硕士学位论文,2011。

［26］李全光:《基于产业生命周期理论我国物流企业战略研究》,中南大学硕士学位论文,2007。

［27］孙湘、朱静:《基于生命周期理论的产业集群可持续发展研究》,《科技管理研究》2011 年第 24 期。

［28］王宏起、王雪原:《基于高新技术产业集群生命周期的科技计划支持策略》,《科研管理》2008 年第 29（3）期。

［29］王德鲁、宋学锋:《基于粗糙集——神经网络的城市产业生命周期识别》,《系统工程学报》2009 年第 24（6）期。

［30］谢立仁、陈俊美、张明亲:《基于生命周期理论的陕西省装备制造业演化轨迹的研究》,《科技管理研究》2012 年第 32（2）期。

［31］税伟、陈烈:《基于钻石系统的产业集群生命周期研究》,《商业研究》2009 年第 9 期。

［32］毛磊：《基于生命周期理论的文化创意产业集群演化分析》，《科技管理研究》2010 年第 20 期。

［33］龚建立、金荣炜、王飞绒：《区域产业集群的生命周期阶段研究》，《经济论坛》2009 年第 23 期。

［34］窦培林、李根：《我国造船产业生命周期判定及发展对策研究》，《中国造船》2010 年第 51（4）期。

［35］马骋、方维萱、王京：《我国铜产业生命周期增长趋势与需求预测》，《地质与勘探》2012 年第 48（4）期。

［36］幸小梅、周明芳：《我国体育产业生命周期曲线形态分析》，《商业时代》2009 年第 35 期。

［37］郝晓燕、长青、肇先：《我国乳业的产业生命周期的识别与测度》，《内蒙古农业大学学报》（社会科学版）2011 年第 13（3）期。

［38］刘家国：《我国船舶工业产业生命周期识别及其可持续发展研究》，《科技管理研究》2009 年第 6 期。

［39］金丽娟：《信息资源产业生命周期模型与发展趋势研究》，北京邮电大学硕士学位论文，2012。

［40］代丽华：《中国钢铁产业生命周期研究》，东北大学硕士学位论文，2005。

［41］张堰华、程刚：《中国节能服务业的产业成熟度分析》，《中国电力》2012 年第 45（4）期。

［42］牟丽：《资源型城市生命周期的空间经济学分析》，《经济论坛》2010 年第 4 期。

［43］阎玮：《中国铁路产业发展趋势及发展阶段分析》，北京交通大学硕士学位论文，2011。

［44］常征：《中国数字内容产业生命周期模型建立与阶段识别》，《北京邮电大学学报》（社会科学版）2012 年第 14（1）期。

［45］宋国宇：《中国绿色食品产业发展演化阶段的判定与分析》，《中国科技论坛》2012 年第 3 期。

［46］曾咏梅：《产业集群生命周期判定模型研究》，《湖南省经济学学会年会暨科学发展观与湖南经济协调发展研讨会论文集》，2008。

［47］Butler R. W., The concept of a tourist area cycle of evolution：implications for management of resources. *The Canadian Geographer/Le Géographe Canadien*, 2008, 24 (1).

［48］金晨赫、高举红：《中国物流产业生命周期的研究》，《价值工程》2011 年第 30 (25) 期。

［49］〔美〕伊查克·爱迪思著《企业生命周期》，赵睿译，中国社会科学出版社，1997。

［50］司马锡生：《皮尔曲线的参数估计》，《预测》1994 年第 1 期。

第四章
西安市文化产业的区域集聚类型

第一节　区域文化产业集聚类型的划分标准

一　区域文化产业集聚类型划分的指标系构建

运用生命周期研究方法，第三章通过计算得到了不同文化产业类型的相关企业数量在不同区域的生命周期阶段内能达到的最大值，即饱和值 K 和区域达到 K 饱和值所用的时间值 T，本章在对区域集聚类型分类的研究中利用这两个指标构建区域集聚类型的评价模型：

$$Q = (T \times K \times M)/S$$

将该模型进行变形得到下列公式：

$$Q = \frac{K}{S}MT = K_s \times M \times T$$

各个指标所代表的意义如下。

（1）K_s 指单位面积饱和值：生命周期曲线方程中的饱和值 K 代表文化产业相关企业数量发展所能达到的最大值，为了均衡比较各个区域，将各个区域在单位面积内所能达到的 K 饱和值记为 K_s，本研究利用 ArcGIS 进行各区域面积 S 的统计，则 $K_s = K/S$，从产业集聚的角度来说，K_s 表示产业达到高度集聚时的集聚程度，K_s 越大表示区域内所容纳的产业相关企业数量越多，产业集聚程度越高。

（2）T 指产业成长黄金时间段长度：成长期时间长度是指文化产业从 T_1 的成长前期向 T_3 成熟期过渡的时间长短，由于生命周期曲线是一个大致对称的钟形曲线，因此，黄金期 T 就是文化产业生命周期曲线从成长期到成熟期上升阶段的时间，是衡量文化产业发展能力的主要指标。即 $T = T_3 - T_1$，从产业集聚的角度来看，T 表示产业达到高度集聚的集聚速度，T 越大表示产业集聚的速度越慢。

（3）Q 指单位面积经济效益：产业单位面积经济效益是指某区域单位面积内文化产业在生命周期发展的黄金时期所创造的经济效益，为了进一步了解文化产业在各个区内的发展价值，假设所有的企业创造相同的利益，且在黄金期的时间段内企业数量均达到饱和值，那么区域内文化产业在发展的黄金期所能创造的潜在的单位经济效益为 $Q = (T \times K \times M)/S$，其中 M 为企业经济贡献值（此处取值为 1），S 表示区域面积。从产业集聚的角度来说，Q 表示产业集聚的水平，Q 值越大说明区域产业集聚的经济水平越高。

二　文化产业集聚类型区划分

为了对比分析不同区域的文化产业发展水平，取各个区域计算结果的最大值，即 MaxT 和 MaxQ 的值作为区域的理想指标点，利用这两个理想值将坐标轴分为四个部分。

在对比研究中，当行业相同即产值 M 一定时，Q 的值取决于 K_s 和 T 的大小，在对比研究同一行业的不同区域发展中，区域集聚的经济效益由产业在各个区域的发展时间 T 和单位数量饱和值 K_s 决定。

根据计算将文化产业集聚类型区划分为以下四种类型（图 4 - 1，表 4 - 1）。

表 4 - 1　文化产业集聚的类型

集聚类型	发展方向	发展措施
①引领型	燕形发展:保持文化产业发展的领先位置,引导其他区域的发展	增强创新能力
②长寿型	持续发展:保持较长的生命周期,提高企业经济贡献值(M 值),增强单位经济效益(Q 值)	促进规模集聚
③富裕型	追赶战略:通过增加经济贡献值(M 值),单位面积饱和值(Ks 值),延长产业成长黄金时间段长度(T 值),进而增大单位经济效益(Q 值)	促进数量集聚
④问题型	创新发展:产业升级或转型	探索文化产业发展新类型

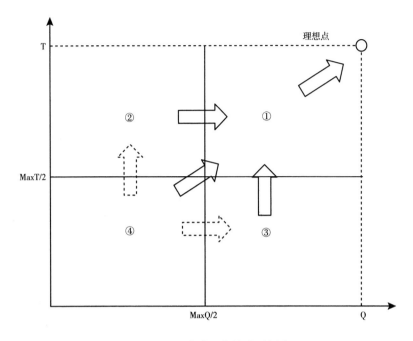

图 4 - 1　文化产业集聚类型划分

1. 引领型区域

这类区域的文化产业发展处于领先位置，在今后的发展中应该继续保持优势，同时增强创新能力，在技术、管理和产品创新方面引导其他区域的发展。

2. 长寿型区域

这类区域在发展文化产业过程中，应该在继续保持较高的生命周期的前提下提高单位经济效益，由于 K_s 与 T 变化保持一致，因此在不减少 T 的前提下提高 Q，则要增加 M 的值，也就是单位企业经济效益，通过引资、扩大企业规模的形式提高单位经济效益。

3. 富裕型区域

这类区域在发展文化产业的过程中，应该在继续保持较高的单位经济效益的前提下延长产业生命周期的上升期时间段，在不减少 Q 的前提下提高 T 值，首先需要增加单位面积饱和值 K_s，可通过政府手段进行产业结构调整和招商等形式进行，其次要扩大单个企业的规模，引进大中型企业进驻区域，带动区域文化产业的发展。

4. 问题型区域

这类区域在现有的文化产业发展环境和发展模式下，发展水平不甚理想，一般来说原因有三点：一是环境因素，包括生产环境和市场环境，生产环境是指对文化资源的挖掘不够充分、文化产业的生产资源（人才、资本、创意等）不足，市场环境是指文化产业消费市场的消费能力不足，这与区域开发程度和经济发展水平密切相关；二是发展模式，现有的文化产业发展模式不适合在该区域发展，例如将咖啡厅开在工厂周围等；三是政策布局因素，文化产业作为一种高消费行业，布局一般选择人流量大、消费水平高、基础设施完善、教育水平高的区域，因此在一些产业布局导向不明晰的区域，文化产业发展水平也较低。

第二节　基于行业划分的西安市文化产业集聚类型

一　文化产业整体区域集聚特征与类型划分

对西安市文化产业总体上进行研究，计算结果如下。

（1）基于单位面积下 K 值的区域差异：从图 4-2 中可以看出 K_s 变化呈由中心向外围的顺时针螺旋状递减。

（2）基于成长期时间长度的区域差异：从图 4-3 中可以看出西安市文化产业成长期时间长度呈现从中心向外围、从西向东逐渐增加的趋势。

（3）基于文化产业单位潜力经济效益的地区差异分析：通过计算我们得到 Q 的分布图 4-4，潜力单位经济效益的分布呈现由中心向外围减少的顺时针螺旋状递减特征，与单位面积饱和值 K_s 的变化一致。

（4）通过图 4-5 坐标系对比分析，结果如下：①类区域为城墙区，属于西安市文化产业发展的引领型区域。作为西安市的文化产业风向标，城墙区由于地处城中心，拥有庞大的消费市场和类型多样的文化企业分布，创新产品投放市场能迅速地被接受且扩散传播，因此城墙区是西安市文化产业发展的引领型区域，在今后的发展中要继续保持自身发展优势，同时加强创新和服务，更好地带动相关产业和周围区域的发展。②类区域为碑林区、灞桥区、新城区、

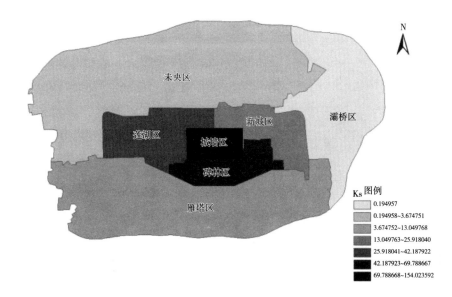

图 4 – 2 基于 Ks 指数的区域文化产业特征对比

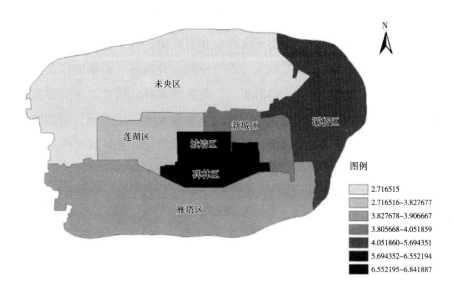

图 4 – 3 基于 T 指数的区域文化产业特征对比

雁塔区和莲湖区，属于长寿型区域，在今后的发展中要加快中小企业向大中型
企业的转换，加大招商引资力度，不断提升区域的单位经济效益，其中雁塔区
和灞桥区由于面积较大且位于城市外围区，人口分布较少，因此单位面积上经

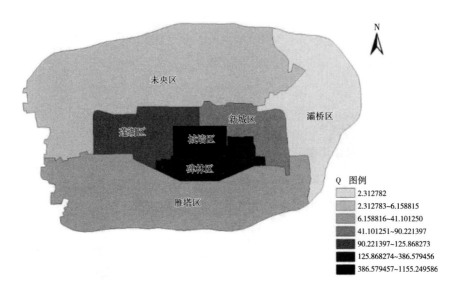

图 4 - 4 基于 Q 指数下的区域文化产业特征对比

济效益较低。随着西安市城市化进程的加快，这两个区域在未来容纳的居住人口将会迅速增加，消费市场的扩大将会有力带动这两个区域的经济效益的增加，因此雁塔区和灞桥区有较大的发展空间。碑林区、新城区和莲湖区作为西安市的核心区域，由于人口众多，产业类型多样，因此在今后的发展中要不断提升现有文化产业的层次和规模，加快企业自身的发展，通过增加单个企业的经济效益来促进整体单位经济效益的增加。③类区域在西安市的发展中目前尚不存在，也就是说在七大区域中目前还没有一个区域能够经历较短的生命周期而达到较高的经济效益。④类区域为未央区，属于问题型区域。未央区产业集聚程度不高、产业生命周期时间较短同时经济效益较低，这是因为未央区在过去的发展中一直处于城市外围区，且区域内分布了面积较大的历史遗址遗迹，居住人口较少，文化产业发展的消费环境优势不明显，由于研究的时间段是从 1999 ~ 2012 年，数据大多为 2010 年之前，因此计算结果相对目前的发展现状来说比较小，随着西安城市发展战略重心的北移和行政中心、铁路北客站等重大项目的建设，未央区的文化产业有望借助良好的政策导向得到更多的发展机会，在今后的发展中要根据区域实际发展相适应的文化产业。

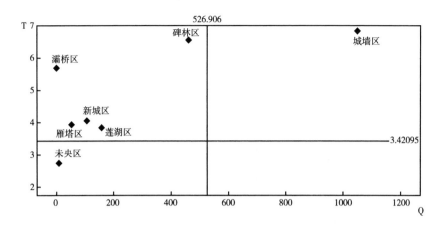

图 4－5　区域文化产业集聚水平坐标系

二　新闻出版业集聚特征与类型划分

西安市新闻出版业作为文化产业的重点行业在核心层的比重达到了 30%，是西安市文化产业增长的龙头产业。2009 年图书发行收入达到 36900 万元，同比增长了 15%，经过多年的发展，逐渐形成了以重要报社、出版社、期刊为龙头，推动联合、协作或重组，形成集团化、规模化发展的新格局。2011年 5 月 18 日、6 月 13 日，国家新闻出版总署先后批准了陕西建设西安国家数字出版基地和西安国家印刷包装产业基地。西安国家数字出版基地是继上海、重庆、杭州、湖南、湖北、广州、天津之后，我国第八个数字出版基地。西安国家印刷包装产业基地是我国第二个国家印刷包装产业基地。这两个基地的建立，对于新闻出版业转变增长方式，实现跨越式发展具有重要意义。

新闻出版业的潜力集聚程度 K_s 的变化为顺时针螺旋状由内向外减少的特征，城墙区为潜力集聚程度最大区域，灞桥区为最小区域（图 4－6）。生命周期长度 T 以城墙区＞碑林区＞新城区＞雁塔区＞灞桥区＞莲湖区＞未央区的变化为特征（图 4－7）。

根据潜力经济效益 Q 来看（图 4－8），变化趋势与 K_s 变化相同，通过坐标系可以看出（图 4－9），城墙区生命周期时间最长且达到的单位经济效益最高，属于①类引领型区域，该区内主要新闻出版类型为编辑部和记者站，由于

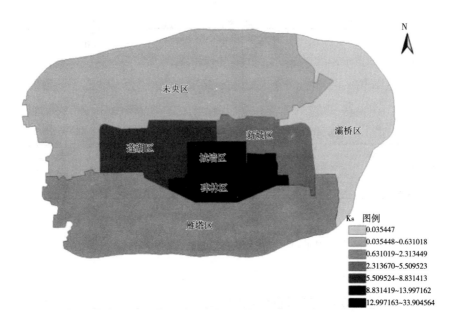

图 4 - 6　新闻出版业 Ks 指数区域差异

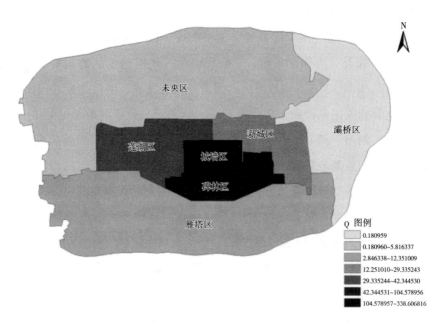

图 4 - 7　新闻出版业 T 指数区域差异

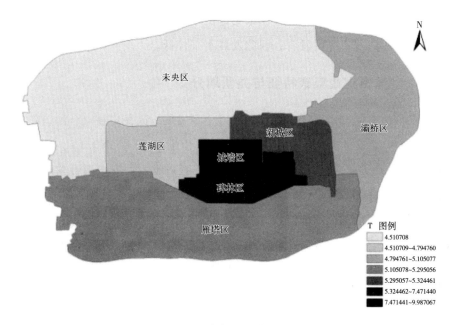

图 4 - 8　新闻出版业 Q 指数区域差异

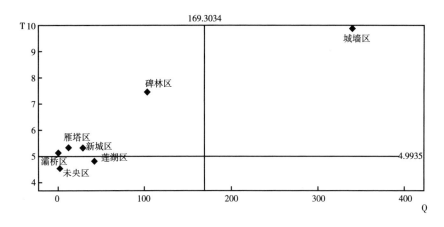

图 4 - 9　新闻出版业集聚水平区域差异

地处西安市中心区，作为主要的商业中心，人流量大，新闻出版业作为具有空间依附性的服务性产业，大多依附于消费市场。②类富裕型区域为碑林区、新城区、雁塔区和灞桥区，这几个区域新闻出版业的生命周期发展相对较好，其中以碑林区最佳，但总体单位经济效益较低，在今后的发展中要强化企业规模结构调整。④类问题型区域为莲湖区和未央区，相对来说莲湖区的生命周期时间较长，单位经济效益也较高，而未央区由于人口密度、经济密度偏小，不利于新闻出版业消费市场的发育，因此发展水平较低。

三 广播影视业集聚特征与类型划分

西安市的广播电影电视业近年来获得全面发展，人民广播电台涵盖新闻广播（FM90.4）、交通旅游广播（FM104.3）、音乐广播（FM93.1）、资讯广播（FM106.1）、综艺广播（FM102.4）等特色广播频道；西安电视台按照频道特色化、栏目品牌化、风格都市化、经营市场化的原则整合发展了六大电视频道：新闻综合频道、白鸽都市频道、商务资讯频道、文化影视频道、健康快乐频道、音乐综艺频道，并采用先进技术发展了移动电视频道，在西安市2180辆公交车上安装了2366块数字移动电视接收设备，范围覆盖了西安市的各大交通要道（表4-2，图4-10）。影视制作方面以重大历史事件、重要历史人物、重要历史线索为主题，深入挖掘西安历史文化内涵。

表4-2 广播影视业发展指标

单位：个

年份	广播台电视台	影视制作与发行	电影院	总计
1996	26	26	10	62
1997	23	27	11	61
1998	20	26	10	56
1999	24	22	7	53
2001	39	20	11	50
2003	12	14	5	31
2004	11	16	7	34
2005	23	28	7	58
2006	17	21	5	43
2007	20	35	7	62
2008	15	24	7	46
2010	14	27	12	53

西安市广播影视业的整体发展水平不高，潜力经济效益较小，生命周期较长（图4-11，图4-12，图4-13，图4-14）。潜力集聚程度 K_s 与潜力经济效益 Q 的变化趋势相同，均为由内向外由西向东减少的特征，城墙区生命周期较长经济效益也最高，综合水平为①类引领型区域，②类长寿型区域为碑林区和灞

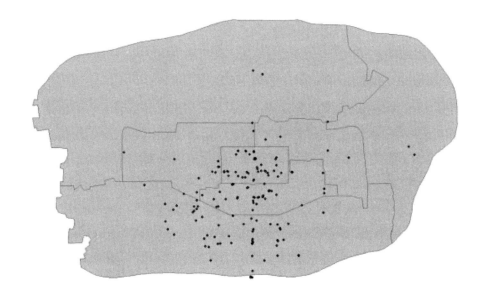

图 4 - 10　广播影视业企业分布（2012 年）

桥区，碑林区发展程度较高，但生命周期较短，灞桥区周期最长但集聚经济效益最小，按照现有的发展速度，这两个区域在今后的发展中要不断扩大文化影视业的企业规模，建立区域示范性影视基地或者广播电视平台，从企业内部增加区域整体经济效益。④类问题型区域为雁塔区、莲湖区、未央区和新城区。

广播影视业主要构成为影视制作与发行、广播站和电视台等，这些企业类型中除电影院和放映厅外均属于大投入大规模的制作单位，因此在西安市的分布数量较少，在不考虑企业点内部属性的情况下，对西安市广播影视业生命周期的计算多以电影院的变化为主，电影院作为广播影视业的终端销售部门，在空间布局中主要考虑文化消费市场和交通条件，大多依靠大型购物中心和人流量较大的商业街区，与购物、休闲、娱乐和餐饮等同类型的服务业关联性强，因此主要分布在城市中心区和主干道的两侧，变化趋势与人口居住密度相关，由南向北减少，但随着西安市北郊居住区的不断扩大，未来布局会逐渐向北扩散，雁塔区内有西安市最大的影视制作基地西影集团、陕西广播电台和陕西电视台，碑林区内有西安市电视台和西安市人民广播电台，其余区域内主要以影视放映为主。

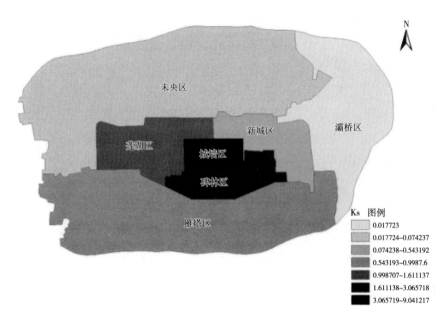

图 4 - 11 广播影视业 Ks 指数区域差异

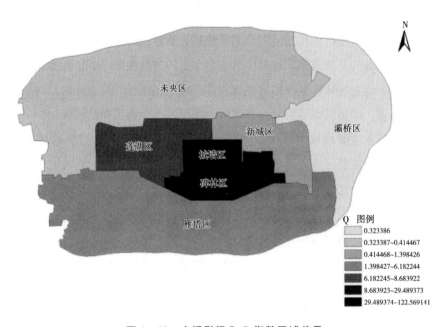

图 4 - 12 广播影视业 Q 指数区域差异

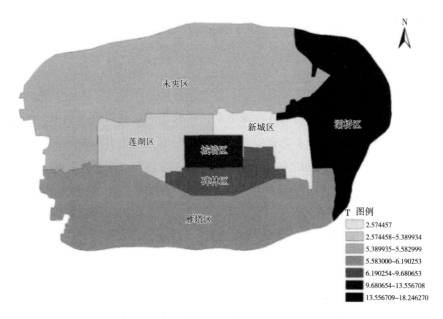

图 4-13 广播影视业 T 指数区域差异

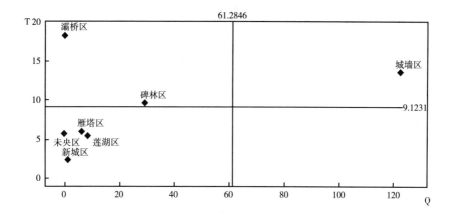

图 4-14 广播影视业集聚水平区域差异

四 文化表演业集聚特征与类型划分

文化艺术表演业主要为文化宫、文化馆等以群众参与的文化艺术活动为主的场所,选址一般在交通便利,便于群众参加活动的地段。文化宫起初是为了满足职工群众对文化生活和娱乐活动的需要而建立的，后来随着都市生活速度的加快和生活习惯的改变，西安市的文化艺术表演业在近年来开始慢慢淡出了文化宫、文化馆等组织形式，走向了社区训练、广场表演等大众形式阶段。通过调查走访西安市各个大型居民小区，统计发现凡是在居民生活区内部或者附近一公里范围内的小型广场均有晚练活动，时间集中在晚饭后8点~9点时间段，因此，选择文化馆、文化宫等组织形式作为衡量文化艺术表演业的生命周期发展阶段，结果是全市均未进入成熟期。进一步解释，这是因为研究选择的时间段处于文化艺术表演业核心形式转变阶段，导致研究结果与实际现状的偏差。实际上，从文化艺术表演业本身的发展来说，西安市已经进入了全民消费阶段，这从急速增长的健身、艺术场馆数量以及普遍大众的参与人群数量上也可以得到证实（图4-3）。

表4-3 西安市文化艺术表演业相关发展指标

单位：个

年份	群众活动中心（文化宫、文化馆、青少年中心）	剧院	艺术团体	总　计
1996	23	44		67
1997	22	22	19	63
1998	32	38		70
1999	24	19	16	59
2001	22	13		35
2003	19	14	10	43
2004	21	13	11	24
2005	22	14	23	59
2006	24	10	17	51
2007	19	22	16	57
2008	19	18	11	48
2010	9	14	12	35

产业集聚程度 K_s 的变化为由内向外顺时针螺旋状减少的特征，城墙区最大，灞桥区最小，潜力经济效益 Q 变化由大到小为城墙区 > 碑林区 > 新城

区 > 莲湖区 > 雁塔区 > 未央区 > 灞桥区，生命周期长短为城墙区 > 碑林区 > 新城区 > 莲湖区 > 雁塔区 > 灞桥区 > 未央区。从潜力水平指标系来看，①类引领型区域为城墙区，生命周期最长且达到的经济效益最高，②类长寿型区域为碑林区和新城区，其中碑林区生命周期较长，④类问题型区域为莲湖区、雁塔区、灞桥区和未央区，这几个区域的文化表演业发展水平均比较低，主要原因是文化表演业这一行业类型依托人口集中区域发展，这几个区域除莲湖区外均处于西安市外围区，人口集中程度较低，且灞桥区和未央区的工业布局也限制了文化艺术活动规模扩大（图 4 - 15，图 4 - 16，图 4 - 17，图4 - 18）。

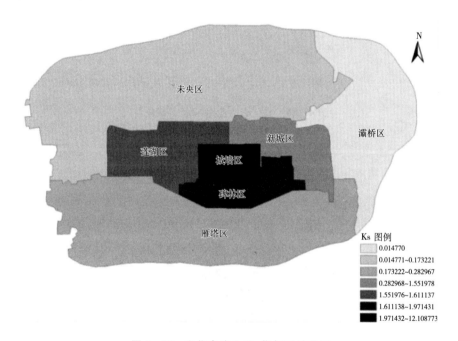

图 4 - 15　文化表演业 Ks 指标区域差异

由于研究类型选择传统的文化演示场馆如剧院和文化宫、文化馆等，这些企业布局一般考虑交通和历史依附性，多以街道办为中心进行布局，未来文化表演业的发展由于产业转型，将更多地集中在居住区和商业区周围，综合历史、市场和交通因素，城墙区仍将是文化表演业的主要发展区域。

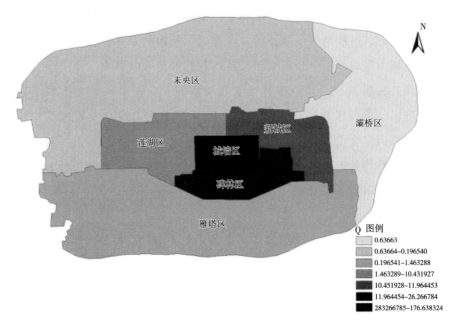

图 4 - 16　文化表演业 Q 指标区域差异

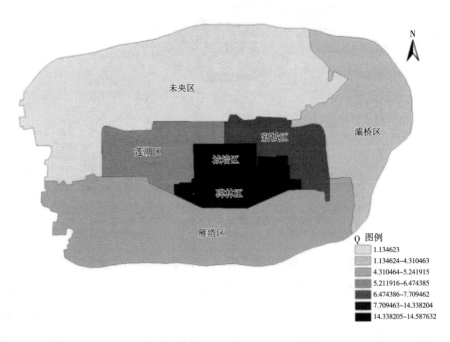

图 4 - 17　文化表演业 T 指标区域差异

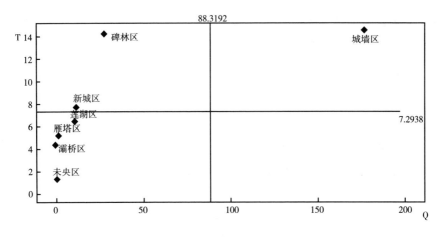

图 4 - 18 文化表演业集聚水平区域差异

五 文物文化保护业集聚特征与类型划分

文物文化保护业是西安市文化产业发展的特色行业。西安市作为历史文化名城，文化遗址遗迹和出土文物的数量在全国城市中居于前列，由此发展起来的文物文化保护业以弘扬西安历史文化名城特色为核心，以建设国际旅游名城为目标，已建立起一个集文物保护、开发、研究、销售为一体的产业链，并依托西安市众多科研机构以及现代科技手段，与旅游业紧密结合，打造国际历史旅游名城，不断拓宽产业发展路径，延长产业链。在产业布局上，文物保管所和文物商店等保护与销售型机构依赖于遗址遗迹的空间分布，博物馆、图书馆、档案馆等展示型机构依赖于区域政策布局。

西安市文物文化保护业的潜力集聚程度 K_s 为城墙区 > 碑林区 > 新城区 > 莲湖区 > 雁塔区 > 未央区 > 灞桥区，整体呈两环一心由内向外减少的特点，潜力经济效益 Q 为城墙区 > 碑林区 > 新城区 > 雁塔区 > 莲湖区 > 未央区 > 灞桥区，生命周期由长到短为碑林区 > 雁塔区 > 未央区 > 新城区 > 灞桥区 > 莲湖区。按照潜力集聚水平坐标系分类。①类引领型区域为城墙区，但城墙区的 T 值低于碑林区，因此应该适度通过调整产业结构增加文化产业的相关企业数量。②类长寿型区域为碑林区、雁塔区和未央区，其中碑林区的 T 值最高，在今后的发展中这三个区域要不断增加企业规模，扩大单个企业的经济效益。

④类问题型区域为新城区、灞桥区、莲湖区，生命周期较短且潜力经济效益均比较低。文物文化保护业的选择类型包括遗址类建筑物，寺庙、教堂、名人故居、博物馆（美术馆、艺术馆、科技馆等）、烈士陵园、纪念馆、图书馆、档案馆，文物保护管理机构、文物商店等，这些类型的文化场所大多依附于历史遗址遗迹和旅游地，因此在今后的发展中要不断地创新产品，提高企业经济效益，同时全方位地开发利用遗址遗迹进行扩大再生产，以提高文物文化保护业的集聚水平（图 4－19，图 4－20，图 4－21，图 4－22）。

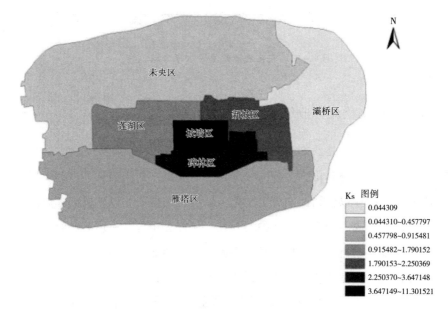

图 4－19 文物文化保护业 Ks 指数区域差异

六 文化娱乐业集聚特征与类型划分

文化娱乐业是向消费者提供精神娱乐产品或者服务的行业，西安市文化娱乐业经过多年的发展形成了具有区域特色的文化休闲娱乐类型区，如小寨及周边地区由于高校集中、文化设施项目较多，发展了文化用品销售、电影超市、图书音像超市、健身娱乐、演艺展示、网络游戏、古玩名人字画市场、文化名人创意工作室、科学与文化艺术报告厅等项目。从表 4－4 中可以看出西安市文化娱乐业的场所数量在不断上升，其中娱乐城和俱乐

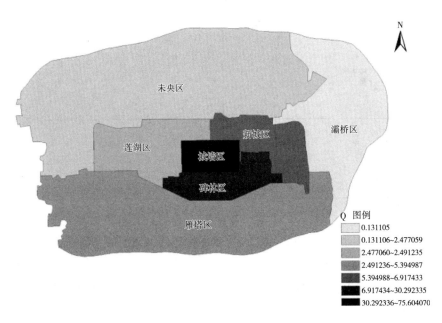

图 4 - 20　文物文化保护业 Q 指数区域差异

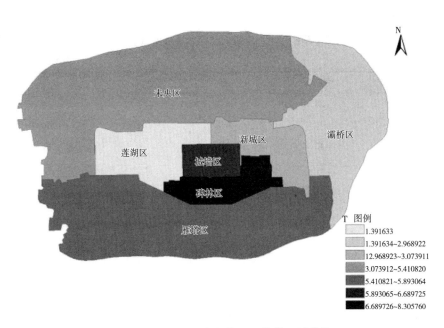

图 4 - 21　文物文化保护业 T 指数区域差异

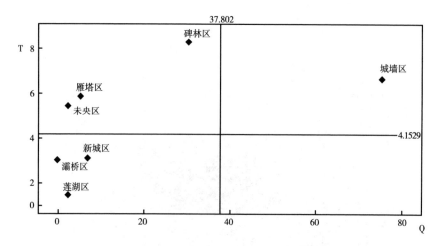

图 4-22　文物文化保护业集聚水平区域差异

部的发展尤其迅猛。为了研究对象的连续性，同时兼顾数据来源的统一性，本研究对文化娱乐业的研究未涉及目前发展较好的咖啡店、茶吧和网吧等娱乐场所。

表 4-4　西安市文化娱乐业场所数量

单位：个

	娱乐城	俱乐部	游乐场	共　计
1996 年	38	5		43
1997 年	40	6		46
1998 年	42	9		51
1999 年	46	10	5	61
2001 年	36	21		57
2003 年	14	17		31
2004 年	18	18	5	41
2005 年	32	29	5	66
2006 年	35	8	6	49
2007 年	65	79	7	151
2008 年	33	28	2	63
2010 年	98	114	4	216

西安市文化娱乐业的潜力集聚程度 K_s 与潜力经济效益 Q 变化趋势相同，均为由内向外顺时针螺旋状减少的特征，产业生命周期长度由西向东逐渐变长。根据产业潜力集聚水平坐标系可以看出，①类引领型区域为城墙区和碑林区，其中碑林区的 T 值最大，城墙区 Q 值最大，在今后的发展中城墙区要通过产业结构调整扩大区域文化娱乐业的企业数量，碑林区要在保持现有企业数量增长的基础上扩大企业规模，增加单一企业的经济效益。②类长寿型区域为莲湖区，应优先扩大企业规模增加单体的经济效益。④类问题型区域为雁塔区、新城区、灞桥区和未央区，雁塔区和新城区是因为文化娱乐业的发展以现代类型的咖啡厅、游艺厅和茶话吧为主要形式；本研究的研究对象中没有涉及，在今后的研究中应充分考虑文化产业的新形式；未央区和灞桥区是由于人口集中程度不高且距离市中心较远，文化娱乐业作为市场指向型服务业，发展布局以市场为导向，因此集聚程度呈现由市中心向外减少的特征（图 4 - 23，图 4 - 24，图 4 - 25，图 4 - 26）。

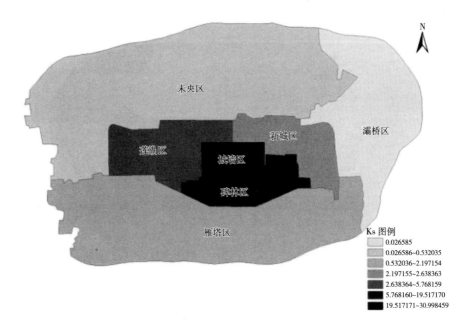

图 4 - 23　文化娱乐业 Ks 指数区域差异

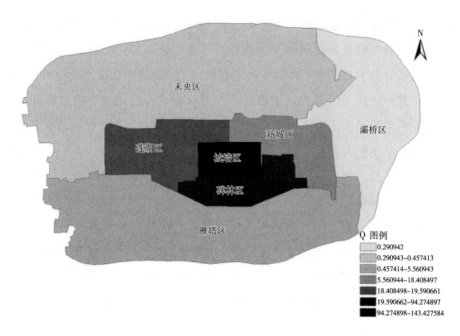

图4－24 文化娱乐业 Q 指数区域差异

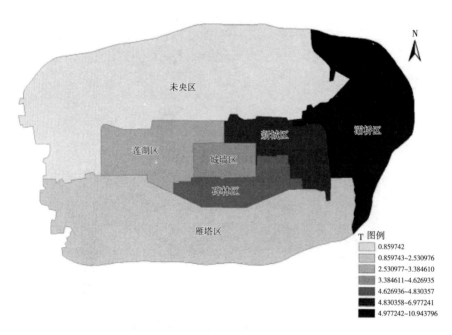

图4－25 文化娱乐业 T 指数区域差异

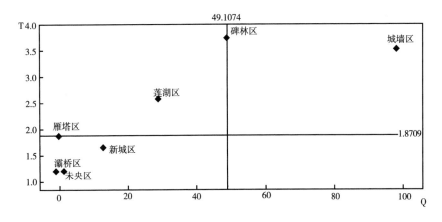

图4－26 文化娱乐业集聚水平区域差异

七 文化旅游业集聚特征与类型划分

文化旅游业是西安市发展的重点行业，在国标的分类中将文化旅游业定义为以旅游经营者创造的观赏对象和休闲娱乐方式为消费内容，使旅游者获得富有文化内涵和深度参与旅游体验的旅游活动的集合。本章的研究对象选择了旅行社和文化公园，由于文化公园个数较少且变化不大，因此旅行社是影响研究结果的主要因素。

西安市文化旅游业潜力集聚程度 K_s 和潜力经济效益 Q 的变化特征相同，均为由内向外顺时针螺旋状减少，生命周期长短也大致遵循上述规律，只是雁塔区在时间上比新城区长。根据产业潜力集聚水平坐标系来看，西安市的文化旅游业还没有出现①类引领型区域，②类长寿型区域为灞桥区和新城区，这两个区域在今后的发展中要不断扩大规模，增加单个企业的经济效益，向①类区域靠近；③类富裕型区域为城墙区和碑林区，这两个区域旅游资源丰富，旅游业发展势头良好，但生命周期较短，说明旅行社等旅游服务业的发展与旅游业自身的速度不协调，这两个区域要在保持现有经济效益的基础上通过产业结构调整增加企业数量，延长产业生命周期；④类问题型区域为莲湖区、雁塔区和未央区。西安市文化旅游业的优势区域位于城中心，逐渐向外扩散，遵循中心—外围布局模式。但西安市经济重心偏南，人流量多集中于南北交通干线，未央区和莲湖区由于位置偏北，旅游资源开发不足，旅游人数较少，因此旅行社发展水平较低，而雁塔区的旅行社多分布在长安南路两边和曲江新区周围，东西区域分布少，单位面积的经济效益也就较低。因此在今后的发展中这几个区域应该调整产业布局，增加文化旅游业企业数量，扩大旅行社规模的（图4－27，图4－28，图4－29，图4－30）。

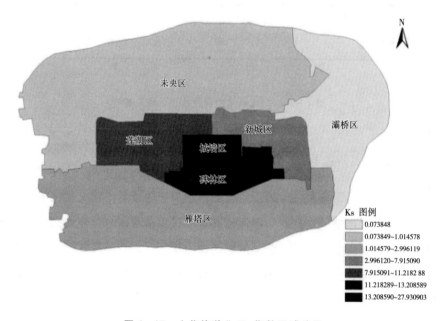

图4－27　文化旅游业 Ks 指数区域差异

八　广告业集聚特征与类型划分

2000～2010年间西安市广告产业持续稳定发展，2004～2006年，利润总额占 GDP 的比重从1.04%上升到1.86%；广告经营单位作为广告产业的主体，2000年共116家，到2005年增加到155家，2010年增加到266家，10年间广告公司的数量增加了1.3倍。1999～2010年，广告公司从业人员数量不断增加。

通过比较发现，西安市广告业潜力集聚程度 K_s 与潜力经济效益 Q 分布均为由内向外顺时针螺旋状减少的特征，生命周期由长到短变化为：碑林区＞城墙区＞新城区＞莲湖区＞雁塔区＞未央区＞灞桥区。潜力集聚水平坐标系中，

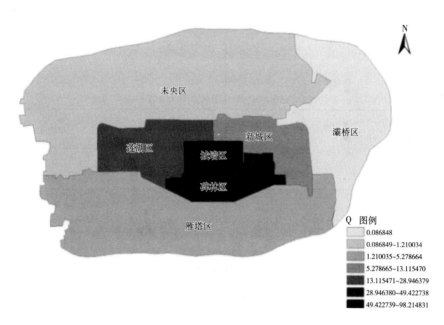

图 4 – 28 文化旅游业 Q 指数区域差异

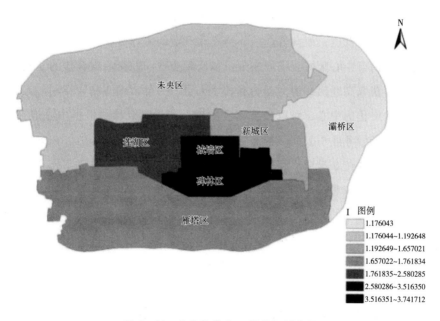

图 4 – 29 文化旅游业 T 指数区域差异

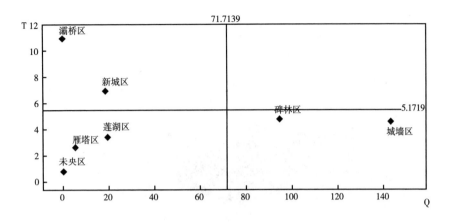

图 4-30　文化旅游业集聚水平区域差异

①类引领型区域为城墙区，潜力经济效益最大，但时间值 T 小于碑林区，在保持现有发展速度的基础上要调整区域产业结构类型，扩大广告业的企业数量。②类长寿型区域为新城区、莲湖区和雁塔区，这三个区域要促进中小型广告公司向大中型企业的转型，扩大企业规模，提高单个企业的经济效益。③类问题型区域为未央区和灞桥区，由于这两个区域位于西安市北部，距离经济重心较远，商业不发达，而广告产业作为文化产业的一部分，大多高度集中在经济发达的大都市中心区域。空间集聚可以实现企业间的交流与合作的便利性和互补性，并获取高度熟练的劳动力和技术人员。另外市中心交通便利，人流量大，是政治文化的中心，可以吸引更多的广告商设立机构。根据中心地理论，广告产业属于服务业中较高级的服务，布局偏向高等级的中心地。在大城市内部，由于不同区位交易成本存在差异，距中心区距离越远交易成本越高，而广告业大部分是知识和技术密集型部门，对土地和劳动力价格等要素成本极不敏感，但对交易成本的高低有着非常明显的反应，因而广告业往往布局在交易成本较高的中心区。因此研究结果同样呈现出两环一心由内向外减少的变化特征（图 4-31，图 4-32，图 4-33，图 4-34）。

第三节　基于区域划分的西安市文化产业集聚类型

通过以上研究，得到了文化产业内部各行业在七大研究区域的集聚发展特

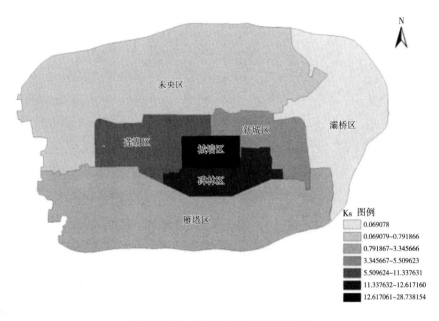

图 4 - 31　广告业 Ks 指数区域差异

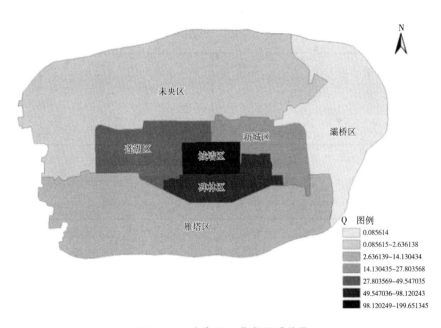

图 4 - 32　广告业 Q 指数区域差异

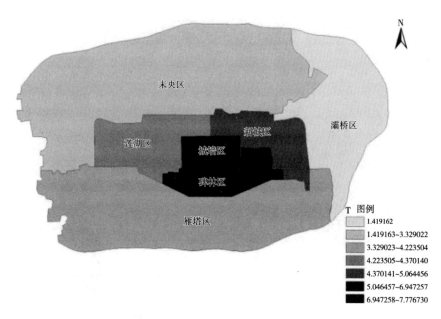

图 4-33 广告业 T 指数区域差异

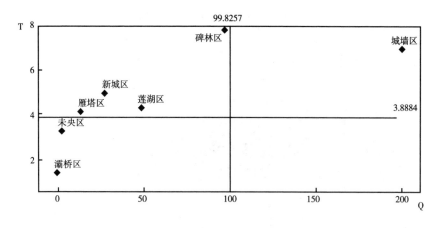

图 4-34 广告业集聚水平区域差异

征，下面根据各区域的优势行业进行区域类型的划分。

根据潜力集聚水平坐标系对西安市各个区域的集聚类型进行综合整理，如表 4-5 所示。

表 4 - 5　西安市文化产业及各行业区域类型一览

	城墙区	碑林区	新城区	莲湖区	雁塔区	灞桥区	未央区
文化产业整体	1	2	2	2	2	2	4
新闻出版业	1	2	2	4	2	2	4
广播影视业	1	2	4	4	4	2	4
文化表演业	1	2	2	4	4	4	4
文物文化保护业	1	2	4	4	2	2	2
文化娱乐业	1	1	4	2	4	4	4
文化旅游业	3	3	2	4	4	2	4
广告业	1	2	2	2	2	2	4

注：1 为引领型（14.29%），2 为长寿型（41.07%），3 为富裕型（3.57%），4 为问题型（41.07%）。

（1）城墙区总体为引领型区域，其中文化旅游业为富裕型区域。在今后的发展中各个行业要继续保持发展优势，加强对外交流与合作，不断创新管理和产品，辐射带动周围区域和相关产业的发展，形成优势产业链，文化旅游业要增加招商力度，调整产业结构，增大区域相关企业数量。城墙区是西安市中心区域，是西安市人流量最大、商贸活动最集中、交通最便利、文化消费市场最成熟而且对新兴产业的市场接受能力最大的区域，文化产业发展以多样化的经营模式、快速更新换代的产品类型和先进的管理理念为特点，在西安市文化产业发展中，城墙区应借助区位优势和市场优势，发挥区域文化产业领导职能，作为新产品、新模式和新方法的试点区，积极开展区域文化产业创新，指导和带动其他区域文化产业的发展。

（2）碑林区总体上处于长寿型区域，其中文化娱乐业发展较好属于引领型区域，文化旅游业为富裕型区域。在今后的发展中应继续保持文化娱乐业的发展地位，加大新闻出版业、广播影视业、文化表演业、文物文化保护业和广告业的企业规模，增加单个企业的经济效益，促进产业整体经济效益的提高，加大文化旅游业的招商力度，调整区域产业结构，增加文化旅游业的相关企业数量。碑林区位于西安市中心东南部，历史悠久，古迹众多，拥有明城墙、小雁塔、卧龙寺、八仙庵等著名文物景点，西安交通大学、西安建筑科技大学等17 所普通高等院校及大专院校，47 个科研院所和 70 余家科研机构，1991 年成立了面积占全区 27.6% 的西安高新技术产业开发区碑林科技产业园，在今后的发展中要适当调整区域产业结构，借助发达的商业和丰富的科研优势发展文化产业。

（3）新城区总体上处于长寿型区域，其中新闻出版业、文化表演业、文化旅游业和广告业的发展要增加相关企业的规模，改革企业规模组织结构，创新产品以增加整体经济效益。广播影视业、文物文化保护业和文化娱乐业属于问题型区域，主要原因是广播影视业行业本身的特殊性，文物文化保护业资源分布较少，开发力度不足，传统文化娱乐业本身的衰落及新兴文化娱乐业对其的冲击。在今后的发展中，新城区要大力发掘文化资源，充分展示区域文化特色。

（4）莲湖区总体上处于长寿型区域，其中文化娱乐业和广告业在今后的发展中首要任务是通过创新产品、转换经营模式和加大企业规模等措施增加单位经济效益，从而增加区域的行业整体单位面积经济效益；新闻出版业、广播影视业、文化表演业、文物文化保护业和文化旅游业均属于问题型区域，主要原因在于莲湖区是西安市重要的装备制造业基地、西北地区最大的物资集散地，土地利用以工业用地为主，文化产业的发展处于初级阶段，文化资源挖掘不充分，文化消费市场发展不成熟，商业活动发展缓慢，导致莲湖区文化产业的整体水平低于碑林区、新城区等城市中心区。近年来，随着文化产业的发展，莲湖区加大了文化产业投入力度，通过政策扶持、招商引资等活动，全面发展区域文化产业，并建设了国内唯一一个在原址上重建的大型商贸与旅游主题区——大唐"西市遗址"恢复改造项目，这一项目的建成将有力促进区域文化旅游业、广告业、文化影视业、文化表演业、文物文化保护业和文化娱乐业的发展。

（5）雁塔区总体上处于长寿型区域，其中新闻出版业、文物文化保护业和广告业的发展要通过增加企业规模、创新文化产品、转变经营模式等方式增加区域的行业经济效益，广播影视业、文化表演业、文化娱乐业和文化旅游业属于问题型区域，主要原因是文化产业沿主干道分布导致的单位面积上经济效益计算结果较低，同时广播影视业的行业特征决定其发展速度的不足，文化娱乐业的业态选择较为传统，未研究新型娱乐形式的企业数据导致结果偏小，但从文化产业发展环境看，雁塔区内有大雁塔、青龙寺、汉宣帝杜陵、曲江池遗址、陕西历史博物馆等已开发的名胜古迹及旅游景点，拥有陕西广播电视塔、陕西广播电视中心、西安国际展览中心等众多大型文体单位，陕西师范大学、西安电子科技大学等普通高等院校 22 所，民办高校 12 所，省级以上科研院所 55 家，各类专业技术人员 13.8 万人，区域内西安高新技术产业开发区和曲江新区形成一区多制的独特格局，是全国著名的科教文化旅游大区。综上，雁塔区文化产业发展的环境优越，在今后的发展中要不断调整产业结构和文化产业发展模式，充分利用文化产业发展资源，打造区域特色的文化产业类型。

（6）灞桥区总体上处于长寿型区域，其中新闻出版业、广播影视业、文化旅游业在今后的发展中要通过加大企业规模、创新文化产品、转变经营模式等方式增加区域的行业经济效益，文化表演业、文物文化保护业、文化娱乐业和广告业属于问题型行业，主要原因是灞桥区文化产业还处于初级阶段，文化产业单位规模小，2010 年相关层比重达到 47.1%，可以看出，灞桥区文化产业主要依托文化制造业和销售业，文化服务业发展滞后。号称西安"798"的纺织城艺术区从 2007 年开始启用，但是由于配套设施跟不上，基础薄弱，艺术区启动 6 年来一直人气不旺，外来人员很少，发展速度缓慢，同时由于管理上没有形成统一机制，企业合作一直较为松散，不能形成合力，发挥集聚优势。从外部环境来看，灞桥区位于西安市东北角，区域内人口主要集中在西南部，大部分土地利用以农用和工用为主，文化产业消费市场相对较小，一定程度上制约了文化产业的发展。

（7）未央区总体上处于问题型区域，其中文物文化保护业相对发展较好，进入长寿型区域，今后发展中要通过加大企业规模、创新文化产品、转变经营模式等方式增加区域经济效益，其余文化产业的行业类型发展水平较低，原因在于未央区开发时间较晚，历史因素导致该区域分布较多的历史遗址，同时由于未央区位于西安市北郊，而西安市经济重心偏南的特点使未央区人口分布较少，人流量较小且相关文化资源挖掘不充分。随着政治中心的北移和交通设施、经济开发区的建立，未央区在未来的发展中将得到更多的机会，文化产业发展潜力巨大。

（8）总体来看，西安市文化产业整体及各分行业的集聚类型基本上属于长寿型（41.07%）和问题型（41.07%）两大类，典型区域如城墙区基本属于引领型区域，富裕型区域在 56 个研究样本中也只有两个，占总数的

3.57%。对于长寿型的区域产业来说，生命周期较长，但经济效益较低，今后的发展重点应落到提高产业经济效益方面。对于问题型的区域产业来说，要充分挖掘区域文化产业发展优势，加大政府投入和扶持力度，制定文化产业发展的长远战略，建设具有区域特色的文化产业类型。

本章小结

本章在生命周期研究结果基础之上，对西安市文化产业集聚类型进行划分，主要考虑产业发展的整个生命周期所产生的经济效益和已经达到最大经济效益所用时间两者之间的关系。

首先建立了区域文化产业集聚特征与类型划分的标准，将区域文化产业的集聚划分为引领型、长寿型、富裕型和问题型四大类。

其次，利用构建的特征评价指标和区域类型划分标准，对西安市文化产业整体及所划分的7类行业采用7大研究区域的数据进行实证研究，分别得到各行业的空间集聚特征以及各行业的区域集聚类型，结果显示：西安市文化产业集聚程度和集聚水平基本遵循由中心向外围螺旋状递减的规律，城墙区最高，灞桥区最低。

最后，根据潜力集聚水平坐标系对西安市各个区域的集聚类型进行了划分。结果显示：城墙区总体为引领型区域，其中文化旅游业为富裕型区域；碑林区总体处于长寿型区域，其中文化娱乐业发展较好属于引领型区域，文化旅游业为富裕型区域；新城区、莲湖区、雁塔区、灞桥区总体处于长寿型区域；未央区总体处于问题型区域；通过综合对比发现，西安市文化产业的区域集聚类型大体处于长寿型和问题型两类，典型的城墙区除文化旅游业属于富裕型外基本上都属于引领型集聚。

参考文献

［1］曾咏梅：《产业集群生命周期判定模型研究》，《湖南省经济学学会年会暨科学发

展观与湖南经济协调发展研讨会论文集》，2008。

［2］Bassett K. , Griffiths R. , Smith I. , Cultural industries, cultural clusters and the city: the example of natural history film-making in Bristol. *Geoforum*, 2002, 33（2）.

［3］〔美〕伊查克（爱迪思著《企业生命周期》，赵睿译，中国社会科学出版社，1997。

［4］Banks M. , Lovatt A. , O'Connor J. , et al. , Risk and trust in the cultural industries. *Geoforum*, 2000, 31（4）.

［5］Bassett K. , Griffiths R. , Smith I. , Cultural industries, cultural clusters and the city: the example of natural history film-making in Bristol. *Geoforum*, 2002, 33（2）.

［6］Brown A. , O'Connor J. , Cohen S. , Local music policies within a global music industry: cultural quarters in Manchester and Sheffield. *Geoforum*, 2000, 31（4）.

［7］Leslie D. A. , Global scan: The globalization of advertising agencies, concepts, and campaigns. *Economic Geography*, 1995.

［8］薛东前、刘虹、马蓓蓓：《西安市文化产业空间分布特征》，《地理科学》2011年第31（7）期。

［9］申海元：《西安文化产业及产业集群研究》，陕西师范大学硕士学位论文，2009。

［10］李晶、林天应：《基于GIS的西安市人口空间分布研究》，《陕西师范大学学报》（自然科学版）2011年第39（3）期。

［11］张毛毛：《西安市广告产业的时空格局与演化机理研究》，陕西师范大学硕士学位论文，2011。

［12］公晓晓、薛东前、裴艳飞：《陕西各市产业结构转换的综合研究》，《江西农业学报》2008年第20（2）期。

［13］宋立森：《西安市文化产业集群化发展研究》，陕西师范大学硕士学位论文，2011。

［14］戴钰：《湖南省文化产业集聚及其影响因素研究》，《经济地理》2013年第33（4）期。

［15］贺灿飞、谢秀珍：《中国制造业空间集聚与省区专业化》，《地理学报》2006年第61（2）期。

第五章
多尺度下的西安市文化产业集聚与扩散

从不同尺度对文化产业的空间分布格局进行分析，可以得到从宏观到微观不同详细程度的信息。从市级尺度分析，可以得到西安市整体文化产业的空间分布特征；从区县级尺度分析，可以得到西安市各区内部的文化产业空间分布特征；从街区级尺度分析，可以得到西安市各街区内部文化产业的空间分布特征。

第一节　基于市级单元的西安市文化产业空间特征

一　研究方法

在地理学研究实际工作中，把客观事物抽象为点，并用点图来刻画其分布规律，比如研究居民点分布、商业网点分布、城市分布以及产业布局等，这就是点模式研究。这种方法的中心问题是用来探寻空间上集中分布的区域，比如人口和经济活动的集聚区等[1]。该方法主要是考虑空间对象的位置特征，并不在意描述个体的特征及属性，注重空间上的分布特征和相互关系，即空间分布格局，比如集聚、随机、离散、均匀分布等[2]，如图 5-1 所示。点模式分析方法最初是在 20 世纪 30 年代由植物学家和生态学家提出的，后来其他领域也开始运用这个方法，比如考古、传染病等等。点模式分析方法有很多，比如样方分析、函数分析、最邻近距离分析、热点分析等等，本章主要采用最邻近距离分析和热点分析。

1. 空间分布中心与方向特征变化

（1）均值中心

仅通过观察看到的结论不一定是准确的，比如在一个地区，事件的发生相

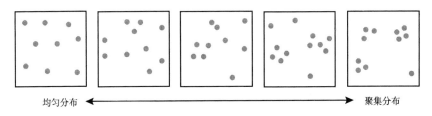

均匀分布 ←——————————————————→ 聚集分布

图5-1 空间点分布格局

对频繁，就常常会出现空间上的重叠，而如果仅用眼睛判断的话，会因为忽略这些而造成判断错误。所以运用均值中心分析工具，计算得出的中心才是真正意义上的均值中心[3]，是可信的结果。均值中心是所有文化产业企业点的平均x，y坐标，通过对不同年份文化产业的均值中心对比，能够识别文化产业空间演化的方向与趋势。

（2）标准差椭圆

标准差椭圆是ArcGIS中的一个方向性分析工具，主要用于进行空间分布特征的方向性因素判定[4]。该工具既可以概括出所有要素的空间分布，还能对所有要素分布方向的趋势进行识别。其中，椭圆的长轴代表的是要素在空间上分布最多的方向，而短轴则代表要素在空间上分布最少的方向。

通常，通过人眼看到的结果会有一定的偏差，那是因为该工具测量的是所有要素x、y坐标与这些坐标平均值之差的平均值，也就是说最后分析的结果是基于统计结果的，而不是目视判断的。

本章利用ArcGIS均值中心与标准差椭圆，计算西安市文化产业空间分布中心与分布的方向特征。

2. 热点分析法

热点区域是点在空间上大量聚集的表现，也就是点密度较大的区域。热点分析可探测事件在空间分布的非随机性，计算出事件发生高频率的热点区域[5]。该方法与聚类分析相似，在研究点分布的空间特征时，一般采用最近邻距离层次聚类方法。它是根据每一个点的最邻近距离，通过定义一个Cluster（聚集单元）、Threshold Distance（极限距离或阈值）和Number of Points to be Included in a Cluster（每一聚集单元的最小数目），然后将聚集单元与每一点对的最邻近距离进行比较，当某一个点的最邻近距离小于该极限距离时，这个点就被计入聚集单元，结果可以得到一阶热点区（原始点数据聚类，需要至少8个点）、二阶热点区（初始聚集的高集中区域，需要至少4个点），依据需要可得到更高阶热点区，认定的区域对于点的地理集聚可能是关键。最近邻距离层次聚类算法如下。

从企业点到其最近距离的平均值及平均值的标准差为

$$\mu(d) = \frac{1}{2}\sqrt{\frac{A}{N}} \qquad s(d) = \frac{0.26136\sqrt{A}}{N}$$

其中，A 为区域面积；N 为空间点的数目。空间邻近有效的阈值为

$$L = \mu - 1.645 \times s$$

在这个距离内的邻近点被认为是邻居，进行聚集。本章首先对文化产业企业空间数据进行了聚类分析，测度区域内企业分布的聚散程度，在聚类分析的基础上，对于呈现集聚分布特征的数据进行热点分析，以判断企业集中的热点区域。

3. 最邻近指数测度方法

最邻近指数法（NNI）是研究点空间分布模式的有效方法之一，在地理学中的应用，是由 Daccy（1960）引入的，核心思想是对比各个点之间的最小距离与理论模式（CSR）中的最邻近点之间的距离，进而得出这些要素在空间分布上所表现出来的某些特征[6]，判断点要素的分布格局是集聚还是扩散分布。NNI 的一般计算过程如下。

（1）平均最邻近距离

$$\overline{d_{min}} = \frac{1}{n}\sum_{i=1}^{n} d_{min}(s_i) \tag{1}$$

式中，d_{min} 表示点到其最邻近点的距离；S_i 为空间点；n 是空间点的数量。

（2）对应的 CSR 模式下的最邻近距离

$$E(\overline{d_{min}}) = \frac{1}{2\sqrt{\frac{n}{A}}} \tag{2}$$

式中，A 为研究区域的面积；n 是空间点的数量。

（3）最邻近指数

$$NNI = \frac{\overline{d_{\min}}}{E(\overline{d_{\min}})} \tag{3}$$

当 $0 < NNI < 1$ 时，样本点呈集聚分布，且越接近于 0，集聚程度越高，$NNI = 0$ 时是完美集聚；当 $NNI > = 1$ 时，样本点为随机分布；$NNI = 2.1491$ 时为完美分散；当 NNI 的值在完美离散 2.1491 和随机 1 之间，可以称其为中等离散。如果需要检验所得出结果的可靠性，通常采用的是 Z 检验[6]，且得到的 Z 值为负而且越小，那么分布越趋向于集聚。通过该方法，我们可以分析文化产业集聚发展演化的过程特征。

通常，我们计算得到的 NNI，仅仅关注的是某一点与其最近邻点间的关系，没有考虑到高阶，但在实际中，我们可以通过高阶最邻近距离系数来反映点模式分布格局。

$$NNI^k = \frac{\dfrac{[\sum_i \min(d_{ij}^k)]}{n}}{\dfrac{k(2k)!}{[2^k k!]^2}\sqrt{\dfrac{n}{A}}} \tag{4}$$

式中 K 表示阶数。

二 基于市级单元的西安市文化产业的分布特征

1. 西安市文化产业的空间分布中心与方向特征变化分析

在 ArcGIS 软件中，通过均值中心和方向性分布分析工具，计算得出西安市文化产业企业的空间分布中心和分布的方向特征，结果如图 5 - 2 所示。

（1）西安市文化产业的空间分布中心明显偏向市中心的南部，且呈现出先向西南移，又向西北移动的态势。

如图 5 - 2 所示，西安市文化产业企业七个年份的空间分布中心，都位于环城南路与长安路的交界附近。宏观上，西安市文化产业企业的空间分布中心偏向于西安市中心的南部，南北城分化现象较为明显，这与西安市的城市发展存在一定的关系。在西安城市的发展初期，由于经济、人口、工业布局、历史布局等方面的原因，城市的南部发展状态远远超越城市的北部，形成了西安市发展南强北弱的格局。由于南郊一直都是西安传统的文化中心、科教中心、旅游中心等，致使文化产业的发展也随着城市的发展，在城市南部形成集聚。微观上，七个时期的分布平均中心在前半期（1997～2002）呈现出南偏西的发展方向，后半期总体（2002～2012）出现北偏西的发展方向。这与西安市政府北迁及西部高新区、北部经开区、东部浐灞区的发展等有一定的关系。

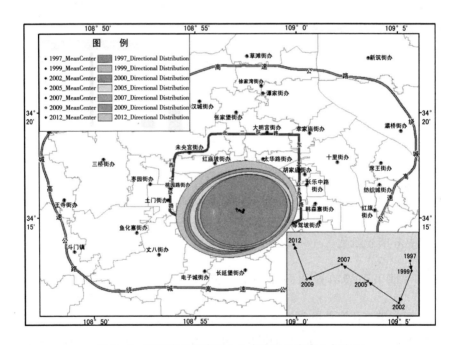

图 5－2　西安市文化产业企业点空间分布中心与方向

（2）从方向椭圆来看，15 年来西安市文化产业空间发展的东北西南方向性延展趋势比西北东南延展趋势更加明显。

从方向椭圆来看，这七个年份，无论是长轴方向还是短轴方向都很相似，文化企业点空间分布都是逐渐向外扩散，而分布最多的方向一直都是东北—西南方向。1997 年，向东覆盖到环城东路、太乙路与兴庆路中间，向西覆盖到劳动路与环城西路、太白路中间，向南覆盖到小寨路附近，向北覆盖到环城北路附近；而 2012 年，向东覆盖到二环路附近，向西覆盖到丰庆公园附近，向南覆盖到东八里、西八里附近，向北覆盖到大明宫遗址附近，相比 1997 年，方向椭圆覆盖的区域有所增大。标准差椭圆反映了从 1997～2012 年，这 15 年间西安市文化产业空间发展的东北西南方向性延展趋势比西北东南延展趋势更加明显。

2. 西安市文化产业空间热点分析

利用最近邻距离层次聚类的方法，对西安市文化产业企业点的空间分布进行热点探测，结果如图 5-3 所示 a.1997 年。

观察图 5-3，西安市文化产业企业点空间分布的热点区域具有以下特点：1997 年（图 5-3a）到 2012 年（图 5-3d），文化产业的空间集聚越来越显著。一阶热点区（深色）的分布表现出空间的随机性，反映了西安市文化产业企业点的分布在微观上呈现集聚性的特点，并且热点区的数量由城市中心区域向西南方向增多。

1997 年（图 5-3a），分布在莲湖路与北大街交叉处附近，省政府附近，雁塔路长乐路交叉处与环城东路长乐路交叉处中间，雁塔路与东大街交叉处附近，东大街与环城南路之间雁塔路附近，南大街、东大街、文艺路以及环城南路中间区域，含光路、西大街、朱雀路以及环城南路中间区域，近小雁塔长安路附近，近小寨长安路附近，环城南路偏南的朱雀与长安路之间还有环城南路偏南的文艺路与雁塔路之间。2012 年（图 5-3d），热点区域明显增多，分布在北二环的未央路附近，自强路到电视塔之间长安路周围，省政府周围，东西大街周围，高新区科技路附近，友谊路周围，环城南路偏南文艺路与雁塔路之间区域，长延堡附近；二阶热点区（较浅色）则明显呈现块状集聚特点，由 1997 年的 1 块（朱雀路、长乐路、环城东路和友谊路中间区域）到 2002 年的 2 块（朱雀路、省政府附近、环城东路和友谊路中间区域，小寨路街办周围），到 2007 年的 4 块（朱雀路，省政府附近，环城东路和友谊路中间区域，小雁塔向南区域、小寨、大雁塔、革命烈士陵园中间区域），再到 2012 年的 9 块（省政府周围区域，钟楼周围区域，环城南路与环城东路交叉处向城内周围，环城西路与西大街交叉处附近，友谊路周围，科技路周围，小寨路到革命烈士陵园周围，二环南路与太白南路交叉处附近，环城南路与环城东路交叉处

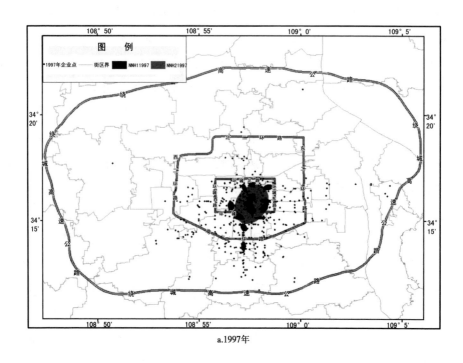

a.1997年

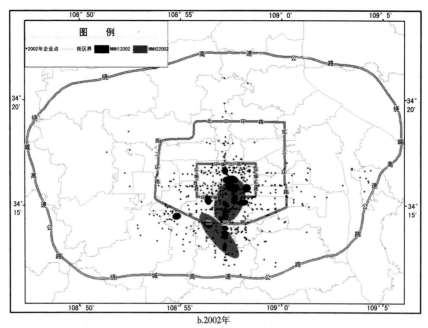

b.2002年

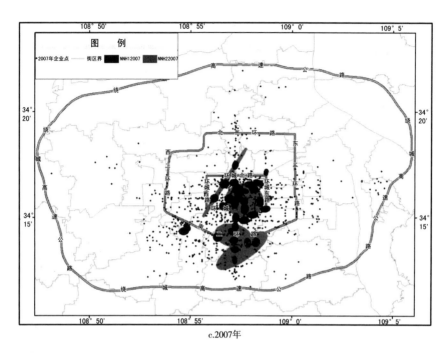

c.2007年

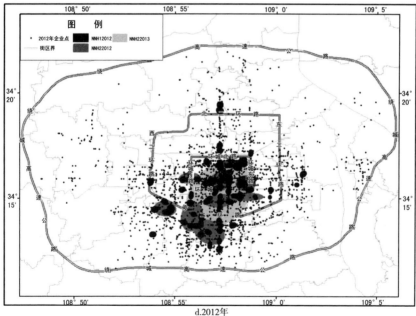

d.2012年

图 5 - 3　西安市文化产业企业点分布的空间热点探测

向城外周围）；而三阶热点区只出现在2012年，并且仅有一个，大体覆盖了城墙区以及碑林区向南区域，还有雁塔区一小部分，反映了企业点的分布在宏观尺度上的整体格局。从空间分布上看，无论是1997年还是2012年，城墙区是一阶热点区分布最多的，碑林区、雁塔区次之，二阶、三阶热点区也分布在这三个区中，这说明城墙区、碑林区以及雁塔区的文化产业企业较多，也就是说这三个区域的文化产业相对集聚。

3. 西安市文化产业的最邻近指数

根据西安市文化产业企事业单位属性数据库以及西安市文化产业企业空间分布图，利用公式（1）—（3）计算出西安市（绕城高速内）文化产业企业点分布的最邻近距离指数，结果如表5-1所示。

表5-1　西安市文化产业企业点分布的最邻近距离分析

年份	样本数（个）	平均最邻近距离（米）	期望平均最近距离（米）	最邻近指数（NNI）	Z检验值
1997	561	164.3038	404.1456	0.40655	-26.8905
1999	702	148.0066	351.9532	0.42053	-29.3718
2002	814	136.4499	324.3840	0.42064	-31.6220
2005	1116	130.1921	314.4460	0.41404	-37.4484
2007	1526	101.1809	279.7725	0.36165	-47.7050
2009	1868	88.7390	244.9901	0.36221	-52.7344
2012	3816	68.5801	178.3185	0.38459	-72.7273

（1）在全局尺度上，无论是1997年还是2012年，西安市文化产业企业点均呈现出集聚分布的特点，但2005年以后，集聚的程度有所增加。

通过计算结果可知，1997~2012年以来西安市文化产业的空间分布一直呈现高集聚特征，而且有较为明显的变化，表现出低集聚—中度集聚—高集聚发展演化特征。无论是1997年还是2012年，全部文化产业企业点的最邻近指数都处在0.45以下，且Z检验值高度显著，呈现出集聚分布的特点。对比各年份，发现NNI的值变小，由1997年的0.40655变为2012年的0.38459，而且Z检验值也是越来越显著，从1997年的 -26.8905变为2012年的 -

72.7273，说明这15年间，西安市文化产业企业点分布的集聚程度有所升高，集聚的水平越来越强。

（2）西安市文化产业企业点空间分布的集聚特征比较明显。

利用公式（4）计算各年份西安市文化产业企业点分布的高阶（100）NNI，结果如图5-4所示。

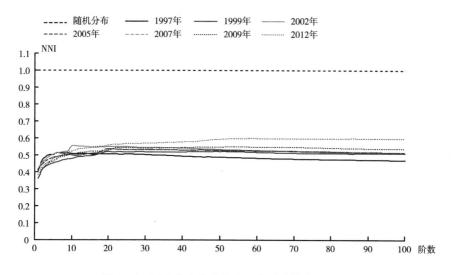

图5-4　西安市文化产业企业点分布的高阶 NNI

结果表明，随着阶数的增加，最近邻距离指数总体呈现出先增加后降低的过程，这说明西安市文化产业企业点空间分布的集聚特征比较明显。但每一年的变化趋势各有其自己的特点。1997年，在第1阶达到最小值，NNI = 0.40655；在1~6阶，NNI逐渐增大，集聚程度有所降低；在6~37阶左右，NNI趋于稳定；在37~100阶，NNI逐渐降低，从37阶的0.497655降低到100阶的0.473060，说明集聚分布更加明显。2002年，也是在第1阶达到最小值，NNI = 0.42064；在1~15阶，NNI逐渐增大，集聚程度有所降低；在15阶以后，稍有一些波动，最后逐渐降低，从15阶的0.554361降低到100阶的0.534439，说明集聚分布更加明显。2007年，还是在第1阶达到最小值，NNI = 0.36165；在1~23阶，NNI逐渐增大，集聚程度有所降低；在23~56阶左右，NNI趋于稳定；在56~100阶，NNI逐渐降低，从56阶的0.519354

降低到 100 阶的 0.510738，说明集聚分布更加明显。2012 年，依旧是第 1 阶达到最小值，NNI = 0.36165；在 1~25 阶，NNI 增加的幅度较大，说明集聚程度降低的幅度也较大；在 25~53 阶左右，NNI 也是增加的，不过幅度相对之前较小；在 53~100 阶，NNI 趋于稳定。

第二节　基于区县级单元的西安市文化产业空间特征

一　区域划分

在区县级单元下，在绕城高速内六个行政区域基础上，结合西安市文化产业发展板块，本章将其划分为新城区、雁塔区、碑林区、莲湖区、未央区、灞桥区、高新技术产业开发区、曲江新区、西安经济技术开发区和城墙区十个区域，见图 5-5。

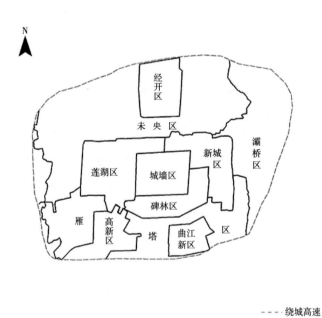

图 5-5　区县尺度下西安市文化产业分区

二　区县级尺度下西安市文化产业的空间分布特征

根据西安市文化产业企事业单位属性数据库以及西安市文化产业企业空间分布图，利用公式（1）—（3）计算出西安市绕城高速内每个区的文化产业企业点分布的最邻近距离指数，结果如表5-2、图5-6所示。

表5-2　基于行政单元（区）的文化产业企业点分布的最邻近距离分析

行政单元	最邻近指数（NNI）Z检验值						
	1997	1999	2002	2005	2007	2009	2012
城墙区	0.737587 -7.2575	0.751549 -7.3787	0.711845 -8.6286	0.715259 -10.0591	0.664194 -13.4588	0.631784 -15.8613	0.556953 -25.3283
曲江新区	0.915837 -0.7888	0.870404 -1.3804	0.831113 -1.9917	0.641895 -4.7464	0.576301 -6.2261	0.545964 -7.5223	0.498830 -13.3197
未央区	1.510325 2.3914	1.476970 2.5809	1.204489 1.1736	0.834487 -1.4510	0.529165 -5.5527	0.520077 -6.1590	0.481685 -11.5636
灞桥区	1.304114 1.4251	0.852829 -0.8903	1.121652 0.8062	0.968148 -0.2725	0.980479 -0.1670	0.763941 -2.3027	0.668887 -4.9473
碑林区	0.592967 -10.0929	0.538338 -12.8897	0.498433 -14.9576	0.482748 -17.1580	0.433093 -21.0578	0.425627 -23.0216	0.374424 -33.5736
经开区	4.622508 9.8007	1.789745 3.0217	1.880072 4.1241	1.281803 1.9438	0.810795 -1.7732	0.718833 -3.1822	0.560204 -9.0226
莲湖区	0.621306 -4.4659	0.666610 -4.7300	0.53195 -6.7006	0.599402 -6.8117	0.498138 -10.6046	0.455532 -13.2575	0.415647 -23.3961
雁塔区	0.480740 -8.1916	0.472075 -9.2564	0.375659 -13.2466	0.312779 -16.7334	0.255634 -20.9288	0.266302 -23.3820	0.286375 -33.2523
高新区	0.835085 -1.4109	0.842102 -1.7088	0.768980 -3.1870	0.760564 -4.1225	0.571886 -9.7597	0.589586 -11.0201	0.500079 -17.5308
新城区	0.754791 -2.0979	0.726532 -2.6158	0.686257 -3.4480	0.590460 -5.3713	0.511162 -8.4684	0.488060 -9.6953	0.549044 -13.9642

1. 西安市各区的文化产业呈现集聚分布的状态

从表5-2和图5-6可以发现，西安市各个区的文化产业企业点的NNI值大多数都远小于1，且Z值也多为负数，两者的值总体呈现出随时间逐渐减小的趋势，这些反映了各区文化产业集聚分布的状态，但是其区域内部集聚的程

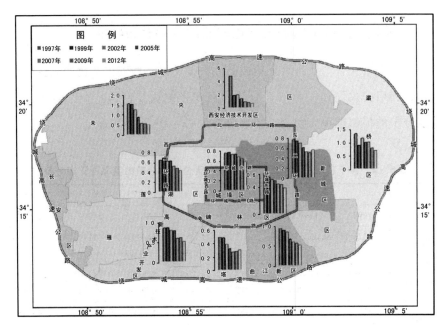

图 5 - 6　西安市各区县文化产业企业点分布的 NNI

度存在分异，其中城墙区、碑林区、雁塔区、莲湖区是高集聚，曲江新区、未央区、经开区、高新区、新城区是中度集聚，灞桥区是低集聚。

2. 在空间上，西安市各区文化产业由城市中心区域城墙区向外按顺时针方向基本形成了明显的集聚分布，而且起初是先向南形成集聚分布状态

图 5 - 7 分别是 1997、2002、2007、2012 年基于西安市各区县的文化产业企业集聚度（NNI）空间分布图，可以得出：现阶段（图 5 - 7d）西安市绕城高速内 10 个区的文化产业企业点都呈现出集聚分布的特点。在 10 个区中，集聚分布的区域从 1997 年（图 5 - 7a）的 4 个变为 2012 年（图 5 - 7d）的 10 个，由城市中心区域城墙区向外按顺时针方向基本形成了明显的集聚分布，而且起初是先向南形成集聚分布状态。

从 1997 年（图 5 - 7a）到 2012 年（图 5 - 7d），城墙区、莲湖区、碑林区、雁塔区这 4 个区的文化产业企业点一直呈现集聚分布，热点区域的总体格局保持相对稳定，可见它们的集聚能力是很强的；而其他的 6 个区的文化产业企业点由 1997 年的离散分布、随机分布变为 2012 年的集聚分布，发生向热点区的跃迁现象，说明它们有很大的集聚潜能。

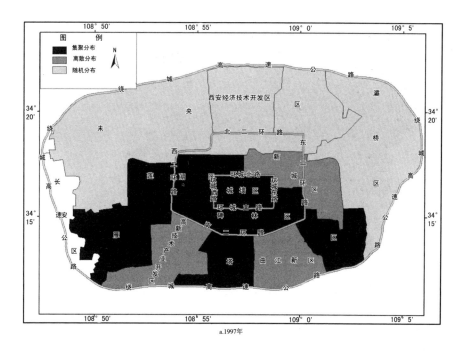

a.1997年

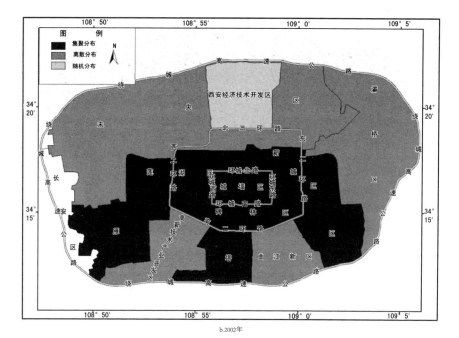

b.2002年

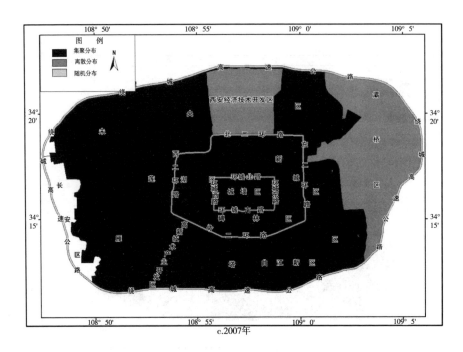

c.2007年

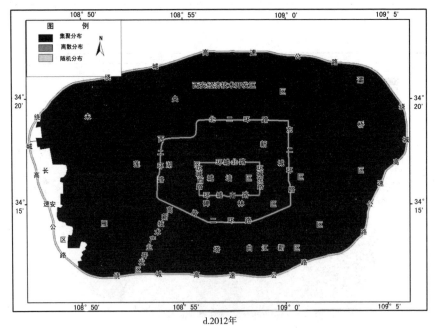

d.2012年

图5-7 各区县文化产业企业集聚度空间分布

第三节　基于街区级单元的西安市文化产业空间特征

一　区域划分

在街区级单元下，结合实际情况，本章选择整个街区或者某街区大部分面积在绕城高速内的街区，共 51 个。

二　街区级尺度下西安市文化产业的空间分布特征

根据西安市文化产业企事业单位属性数据库以及西安市文化产业企业空间分布图，利用公式（1）—（3）计算出西安市绕城高速内每个街区的文化产业企业点分布的最邻近距离指数，结果如图 5 – 8 所示。

图 5 – 8 分别是 1997、2002、2007、2012 年基于西安市各个街区的文化产业企业集聚度（NNI）空间分布图，可以得出以下结论。

1. 现阶段（图 5 – 8d）西安市 60％街区的文化产业呈现集聚分布的状态

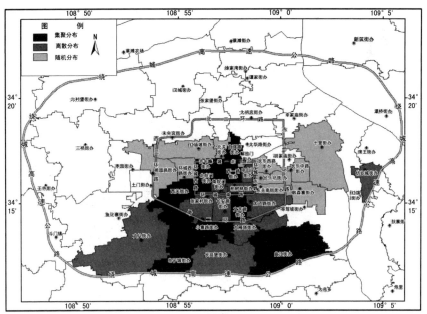

a.1997年

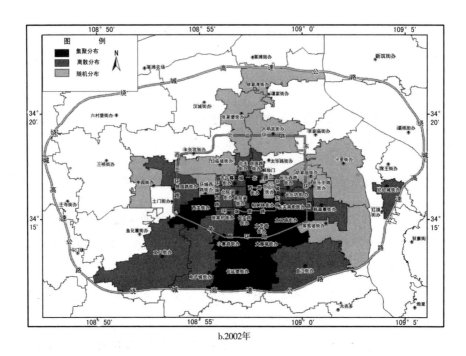

b.2002年

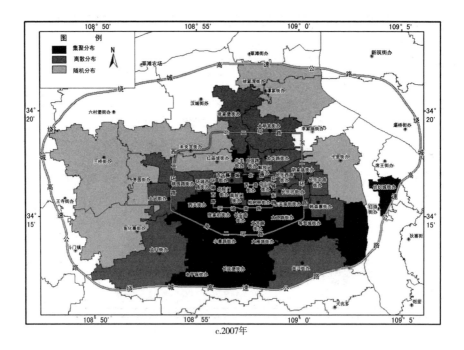

c.2007年

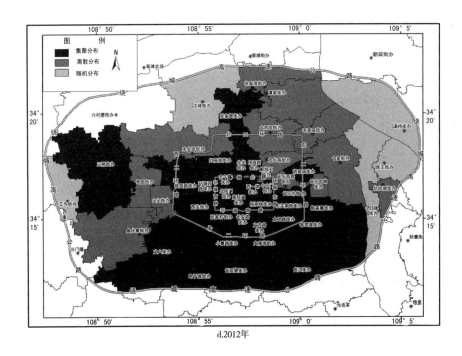

d.2012年

图5-8　西安市各街区文化产业企业集聚度空间分布

现阶段（图5-8d），51个街区中，集聚分布的有29个街道办事处，分别是北关街、东关南街、丈八沟、三桥、北院门、大雁塔、太乙路、小寨、张家堡、张家村、文艺路、曲江、桃园路、南院门、柏树林、电子城、等驾坡、中山门、红庙坡、胡家庙、自强路、环西、西一路、西关、长乐坊、长安路、长延堡、青年路、韩森寨，占到了总街区数的56.9%；随机分布的街区有16个，分别是土门、长乐中路、纺织城、太华路、大明宫、徐家湾、十里铺、解放门、未央宫、鱼化寨、长乐西路、枣园、辛家庙、谭家、席王、汉城；离散分布的街区有3个，分别是灞桥镇、红旗、王寺镇。还有3个街区，即斗门镇、新筑镇、六村堡，因为该区域内只有一个企业点或没有企业分布，所以不做分析。

从1997年（图5-8a）到2012年（图5-8d）这15年间，自强路、青年路街道办事处、西一路、北院门、西关、文艺路、小寨路、电子城、曲江这9个街道办事处的文化产业企业点一直呈现集聚分布，热点区域的总体格局保持相对稳定，可见它们的集聚能力是很强的；而丈八沟、大雁塔、太乙路、长安

125

路、长延堡、张家村、东关南街、南院门、柏树林、中山门、长乐坊这11个街道办的文化产业企业点由1997年的离散分布变为2012年的集聚分布，发生向热点区的跃迁现象，说明它们有很大的集聚潜能。

2. 从空间分布来看，西安市文化产业企业点在街区级尺度上的空间格局存在区域分异

从空间分布来看，西安市文化产业企业点在街区级尺度上的空间格局存在区域分异。1997年（图5-8a）由城市中心向南基本形成了明显的集聚分布—离散和集聚相间分布的构造；2002年（图5-8b）和2007年（图5-8c）由城市中心向外基本形成了明显的"集聚分布"—"离散和集聚相间分布"—"一簇离散"分布，"一簇集聚分布"—"随机分布"的圈层构造，而且集聚分布的区域都处在城市中心或是城市南部；2012年（图5-8d）主要是一大块集聚与一大块离散相间分布，集聚分布的区域多分布在城市中心与南部，个别在西部和北部，而离散分布的区域多分布于北部和东部。这主要是因为有些区域有丰富的文化资源，与文化产业相关的企业有较大的市场需求，而且有一些博物馆以及历史遗迹等（如市中心区域）；有些区域人才资源丰富，可以为文化产业的发展提供智力技术等资源（如雁塔区是西安主要的文教区）；有些区域有政府政策的推动，所以该区域中的文化产业具有竞争优势（如高新区、曲江新区）；有些区域由于发展文化产业的历程相对较短或者离城市中心较远（如未央区、经开区、灞桥区等），消费市场较小等等，导致产业集中的规模相对较小或者产业呈现随机分布、离散分布的状态。

第四节　多尺度下西安市文化产业
分行业的时空格局演化

近年来，作为一种特殊的文化形态和经济形态的文化产业孕育而生，它以强大的生命力展示了自己的无穷魅力，已成为衡量一个国家或区域综合竞争力的重要标志。不少国家和地区开始把文化产业作为战略产业和支柱产业，并采取相应的政策措施推动和扶持其发展。但是，当前文化产业的研究主要集中在传统的文化产业大尺度空间特征方面，且大部分都集中在宏观层面的发达城市或者都市圈内的产业布局，没有结合不同的时间阶段分析文化产业格局的演化，缺乏城市内部微观尺度及场所层面的空间特征研究，缺乏文化产业消费市场的细化研究。

因此，本节通过搜集整理西安市文化产业的相关统计数据和相关报告等，分析西安市文化产业的发展概况，以分类的文化产业为研究样本，在近年来文化产业集聚扩散与空间格局特征等理论及相关技术成果的基础上，突破由于某些主客观原因而只能在离散或单一尺度上进行的已往研究，基于连续的尺度序列，分析文化产业的空间集聚程度，系统地认识和刻画文化产业（某一行业）空间结构及动态演化的异同。

一　研究区域与方法

1. 研究区域的界定

本节将结合前三节的不同尺度的划分方式将研究区域定为西安市绕城高速以内的主城区，结合西安市文化产业发展板块以及西安市行政区划，划分出新城区、雁塔区、碑林区、莲湖区、未央区、灞桥区、高新区、曲江区、经开区和城墙区 10 个区域以及 51 个街区。

2. 数据来源与空间化处理

本研究以 1∶25 万西安市绕城高速内的行政区划图为底图，采用 xian_1980 地理坐标，在 Arc GIS 中将其配准，并结合西安市遥感影像进行矢量化处理，得到西安市绕城高速以内主城区的行政图。然后，根据《西安市加快发展文化产业实施方案》中重点发展行业，采用来源于《企业名录》以及《西安市企业黄页》的企业数据，通过综合调研西安市不同年份地图和统计资料，结合 Google Earth 以及百度电子地图进行查询定位以及对比验证，对每一个企业进行空间化处理，再经查重、剔除重复或不明确的企业等过程，确定有效样本，建立文化产业企事业单位相关的属性数据库，最后与得到的西安市行政矢量图叠加，分别得到 1997 年、2005 年、2012 年的西安市文化产业企业的分布图（图 5 - 9）。

3. 研究方法

通过遥感数据、电子地图和实际调研获得空间位置等数据，在城市尺度上

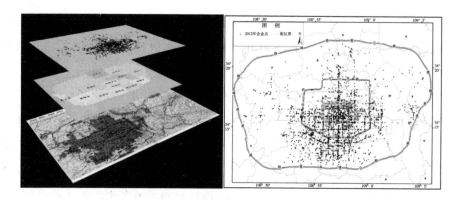

图 5 - 9　西安市文化产业企业空间分布格局（2012 年）

将企业看作是空间上分布的一系列点，运用 GIS 手段将西安市 1997～2012 年文化产业企业数据进行空间化，采用核密度分析等方法实现对西安市文化产业的整体以及各行业的空间分布形态及演化分析。

核密度分析是基于已有的点数据，以每个待计算格网点为中心，进行圆形区域的搜索，进而计算每个格网点的密度值。在计算过程中，越靠近格网搜寻区域中心的点，它的权重就越大。为了更加方便观测各文化产业的地理格局，运用 ArcGIS 软件在各年各文化企业分布图中用核密度法进行分析，得出西安市文化产业市场细分后的分布密度图。

二　多尺度下西安市文化产业分行业的时空格局演化特征

西安市拥有的文化资源基础、市场消费空间、文化区位、文化创造能力、城市文化品位和文化形象等形成了独特的区域比较优势。文化产业作为西安市五大主导产业之一，根据《2010 年西安市文化产业统计概览》[13]数据显示，2004～2011 年间西安市文化产业增加值及其同期占 GDP 的比重都呈现明显增长态势。特别是 2006 年以来，文化产业占同期 GDP 的比重一直保持在 5% 以上的增长。可见，近几年来西安市文化产业的发展势头强劲，对全市经济增长的贡献也逐步加大。在文化产业的迅速发展中，其内部结构也发生了变化。虽然，传统文化产业的发展一直占主导地位，但是以网络文化服务、文化休闲娱乐服务、广告和会展文化服务为代表的新兴文化产业发展迅速，发展空间很大。根据对文化产业的市场细分，西安市六大重点文化行业整体推进，文化休闲娱乐服务中的文化娱乐业与其他文化服务中的广告业增长较快，增长势头强劲。

1. 整体演化特征

本章主要研究 1997~2012 年西安市文化产业格局演化，采用密度分析方法研究 1997 年、2005 和 2012 年三个不同时间点的文化产业分布，通过对比三个时间点上产业空间分布状况，来分析产业格局演化特征。

对西安市文化产业整体的空间分布密度进行分析，对比不同时间点产业空间密度图（图 5-10），可以进一步揭示西安市文化产业格局演化特征及趋势。从整体来看，西安市文化企业点的分布呈现南密北疏的格局；从区域来看，城墙区的分布较为密集；从道路来看，长安路、文艺路、东西大街、科技路—小寨路—西影路一带较为密集；从道路环线看，1997 年西安市文化产业主要集中分布在环城路以内，随着时间的推移，整体向外围扩展，到 2005 年发展到二环线，2012 年逐渐向绕城高速扩展。可见西安市文化产业的空间分布形态整体上由内环向外环扩展，这主要是由于城市交通网和服务设施的不断完善等因素引起。

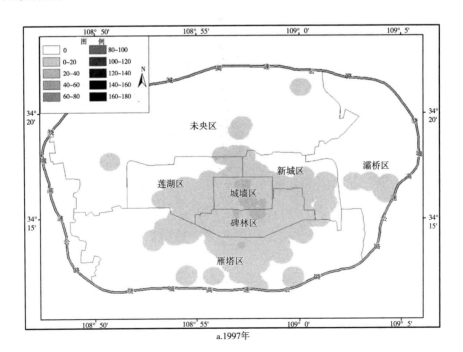

a.1997年

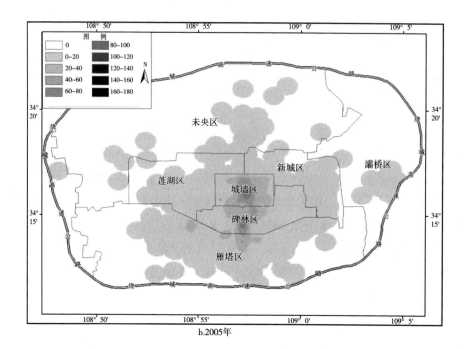

b.2005年

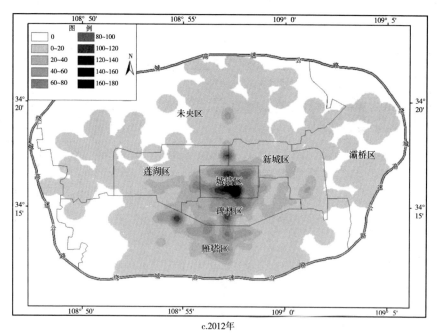

c.2012年

图 5-10　西安市文化产业企业空间分布密度

2. 不同类型文化产业演化特征

不同类型的文化产业企业，可能会因为市场定位、资源环境等的不同，在区位上也有所差异。本节根据文化产业的市场细分，主要考察西安市重点发展的六大行业的空间演化特征，采取上述密度分析法，对比不同时间节点上产业的空间格局演化特征。

（1）新闻出版业

从不同时期西安市新闻出版业空间分布密度图（图 5 - 11）来看，文化产业持续向外扩散，向南扩散的程度较大，但产业集聚现象不是很明显，一直呈现单中心集聚。1997 年主要集中在城墙内（多数都聚集在省政府附近）、碑林区、雁塔区长安路附近；2005 年，企业点空间分布大幅度向外扩展，但依旧多聚集在城墙内、碑林区，其他地区较为分散；2012 年，分布范围逐步扩大，原来的聚集区的集聚度进一步加强，碑林区、雁塔区、高新区有些小区域也出现聚集现象。主要是因为城墙内商业活动密集、市场需求大，加之省政府以及很多记者站、通讯社处在这个区域。而碑林区和雁塔区以商业、文化功能为主，高等院校、科研单位分布较多，各类高校不仅可以提供大量消费者，也是人才的主要集聚区，所以成为新闻出版企业空间布局的主要集聚地。而高新区虽然远离城市中心，但具有较高层次文化水平的人群，同时高新技术为动漫、游戏、数字出版提供了技术支撑，使高新区成为以动漫、游戏、数字出版为主的现代出版业集聚区。

（2）广播影视业

从不同时期西安市广播影视业空间分布密度图（图 5 - 12）来看，该行业的数量总体较少，空间扩散分布明显，但集聚现象不明显，整体空间形态变化不大。1997 年，基本在城墙内以及碑林区均匀分布；2005 年，数量有所增加（主要是影剧院的增加），基本分布在城墙内和碑林区；2012 年，除了在城墙区和碑林区集聚外，部分分布在雁塔区和高新区。主要是城墙区内钟楼附近有相当一部分影院，而高新区主要是以动漫产业为主，曲江新区在西部电影集团的辐射带动下，形成曲江影视产业集聚区，汇聚了影片制作、影片处理、影视传播、影院等一系列影视相关产业，形成一定规模的影视产业网络。集聚区出现在电视塔附近。

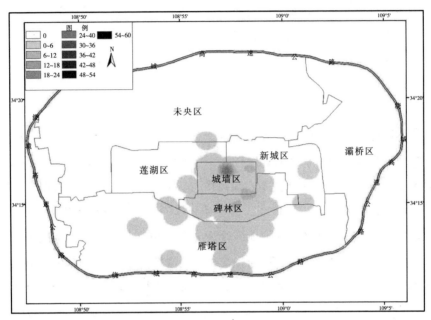

a. 1997年

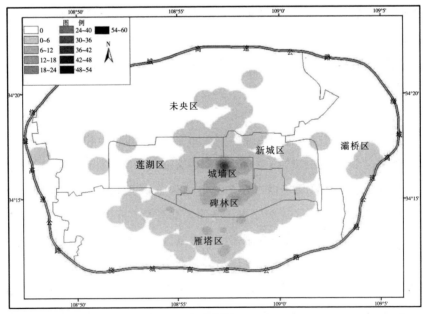

b. 2005年

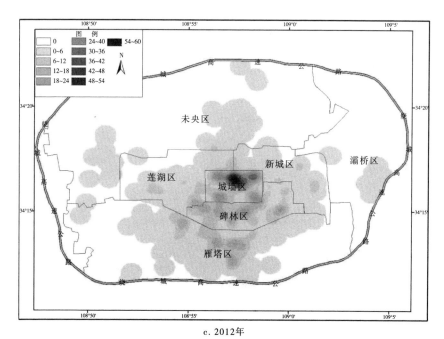

c. 2012年

图 5 – 11　不同时期西安市新闻出版业空间分布密度

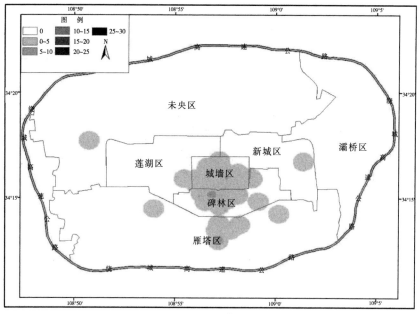

a. 1997年

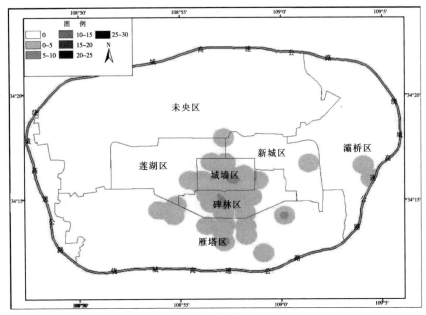

b. 2005年

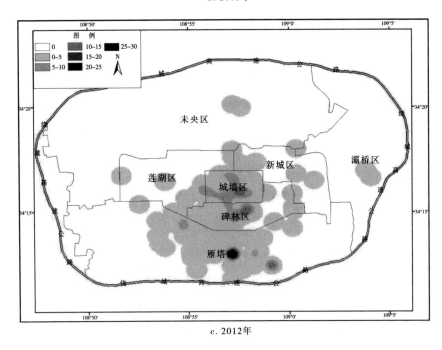

c. 2012年

图 5 – 12　西安市广播影视业空间分布密度

（3）文化艺术服务业

从不同时期西安市文化艺术服务业空间分布密度图（图5－13）来看，

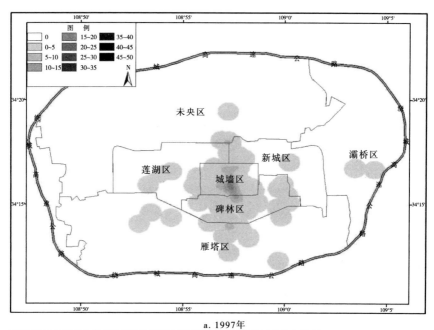

a. 1997年

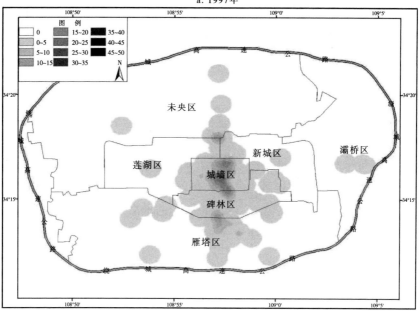

b. 2005年

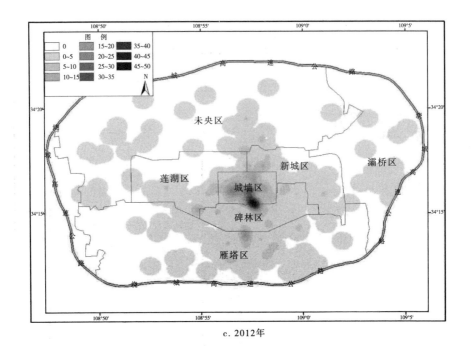

c. 2012年

图 5 – 13　西安市文化艺术业空间分布密度

1997 年，文化艺术单位主要集中在城墙内，在文艺路也有小规模的集聚。2005 年，城墙内文化艺术单位的集聚进一步加强，钟楼、文艺路仍是主要集中地，营造出浓厚的文艺氛围，此外，小寨、大明宫遗址附近也有小规模的集聚。到 2012 年，大的区域范围内，核心集聚区城墙区的集聚进一步加强，同时表现出明显的向外围扩散的特征。小区域范围内形成小规模的集聚区，主要有钟楼附近（以钟楼为中心，以城墙为边界，聚集了如鼓楼、清真寺、回民街、城隍庙等有重要历史价值的文化遗产，使这个区域始终是城市的核心）、书院门湘子庙附近（临近碑林博物馆，积淀了深厚的历史文化，逐渐发展为古玩艺术品交易中心，不仅吸引了大量的古玩艺术品爱好者，也成了游客必去之地）、文艺路附近（主要集聚了以老牌戏剧、歌剧院、艺术团体等为主的艺术表演场馆）、大明宫遗址、小雁塔、丰庆公园、大雁塔大唐芙蓉园（聚集了曲江池遗址公园、曲江秦二世陵遗址公园、曲江寒窑遗址公园、唐大慈恩寺遗址公园、唐城墙遗址公园、杜陵遗址公园等一系列遗址保护公园，属于文物文化保护，同时汇聚了西安音乐厅、曲江美术馆、陕西大剧院、曲江太平洋影城四大文化艺术场馆，营造出浓厚的艺术氛围，成为文化艺术集聚区）、长乐公园附近。

（4）文化娱乐业

从不同时期西安市文化娱乐业空间分布密度图（图5－14）来看，文化娱乐业的企业数量增长较快，空间扩散分布迅速，集聚现象显著，呈现多中心集聚，整体空间形态变化较大。1997年，文化娱乐场所还主要集中在钟楼附近，2005年，二环以内的企业数量明显增多，除在钟楼附近进一步集聚外，还在小寨商圈内形成了明显的集聚区，其他区域只是零散分布。2012年，企业点集聚的特征明显，在各个区域都有较多企业点的分布，尤其是二环以外，随着南郊大学城、曲江新区、高新技术开发区的发展，休闲娱乐场所的分布随着消费人群活动范围的向南扩展也表现出向南扩散的特征。

由于该行业以接近消费者布局为最优，故多沿街分布。从小区域范围来看，城墙内仍是消费人群主要的活动区域，沿着东、西、南、北四条大街，休闲娱乐场所高度集聚，这是由其城市核心商业区的功能地位决定的。城墙以外，小寨已发展为城市的次核心，尤其是吸引大量年轻消费群体集聚的核心商业区和大学城，故形成以小寨为核心的集聚区。高新区是高技术人才主要集聚的地区，而这部分人群也是文化休闲娱乐场所的主要消费群体，故在高新区的中心位置科技路沿线形成高新集聚区。曲江在文化旅游、文化艺术业的发展带动下，营造出浓厚的文化气息和舒适的休闲娱乐环境，以大雁塔广场为核心，形成了曲江大雁塔集聚区。

（5）文化旅游业

从不同时期西安市文化旅游业空间分布密度图（图5－15）来看，文化旅游业整体空间形态变化较大。1997、2005年主要集中在二环以内，到2012年，企业点数量大幅度增加，除继续向二环以内的中心区集聚外，在外围的区域增加显著，空间布局上表现出从中心向外围扩散的特征，尤其是二环以南的雁塔区，企业点数迅速增加。城墙内，借助著名的钟鼓楼、城墙的文化效应，以及围绕清真寺、回民街形成的宗教文化中心，使钟楼附近成为古文化与宗教文化相结合的钟楼文化旅游中心。曲江新区主要在曲江文化旅游集团的支持下，使其迅速成为文化旅游业的核心集散地。大唐芙蓉园、曲江海洋公园、大雁塔景区、唐大慈恩寺遗址公园、曲江池遗址公园、唐城墙遗址公园、寒窑遗

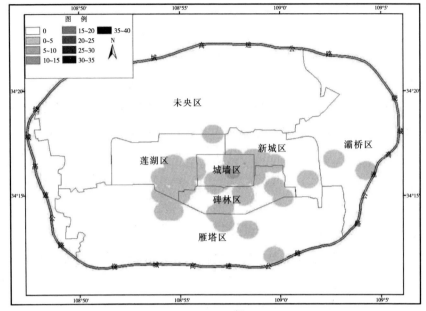

a. 1997年

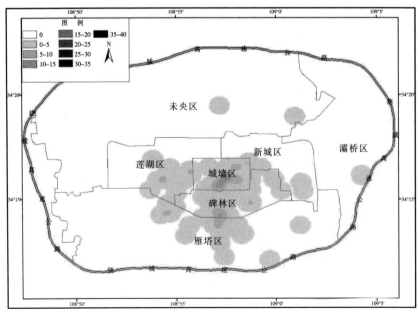

b. 2005年

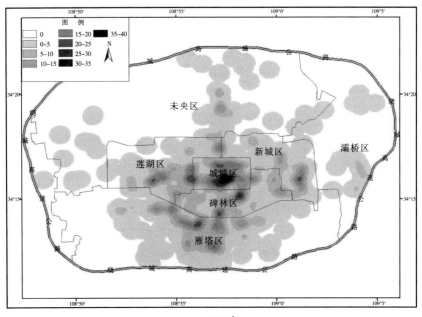

c. 2012年

图 5 – 14　西安市文化娱乐业空间分布密度

址公园、秦二世陵遗址公园共同构筑成曲江文旅庞大的文化旅游景区。灞桥生态文化产业园区依托生态、文化、旅游等资源，发挥 2011 年世界园艺博览会在国内外的影响力，以广运潭生态工程、世博园、浐灞国家湿地公园等建设为龙头，发展生态文化旅游，成为西安市生态文化旅游集聚区。

（6）广告业

从不同时期西安市广告业空间分布密度图（图 5 – 16）来看，空间扩散分布明显。1997 年，广告企业主要集中在南二环以北的中心城区。2005 年，二环以南尤其是高新区和小寨辐射范围内也出现较多广告企业。2012 年，广告业空间布局范围进一步向外扩展，企业数量增加，从城中心开始向二环内的空间扩展。由于广告业需要接近客户，所以广告企业的分布与其他行业具有较强的关联性，空间分布上表现出向产业密集的区域集聚的特征，同时服务对象也可以是个人，故广告业会选择方便与顾客面对面交流的区域分布，一定程度上减弱了广告业的集聚度。根据不同的广告业务和针对不同的需求，广告业形成不同类型的集聚区，但是集聚规模都很小。

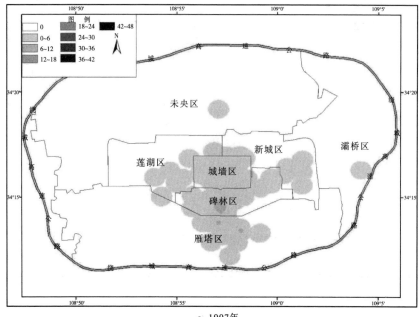

a. 1997年

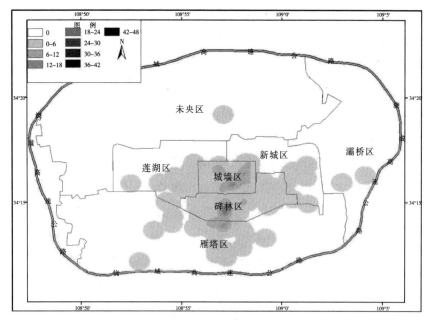

b. 2005年

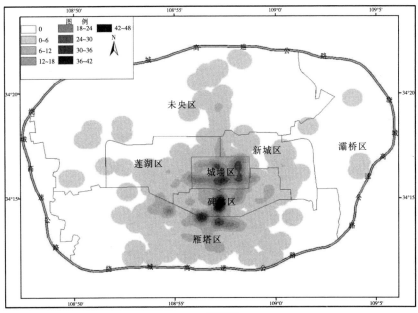

c. 2012年

图 5 - 15　西安市文化旅游业空间分布密度

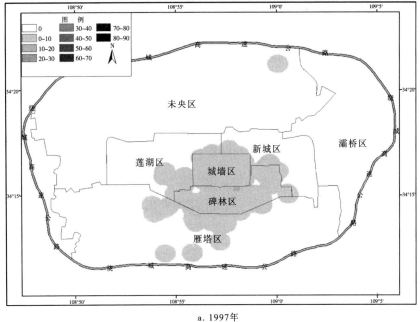

a. 1997年

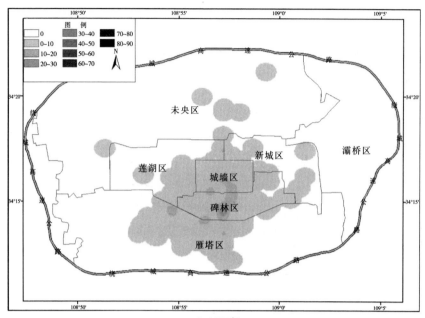

b. 2005年

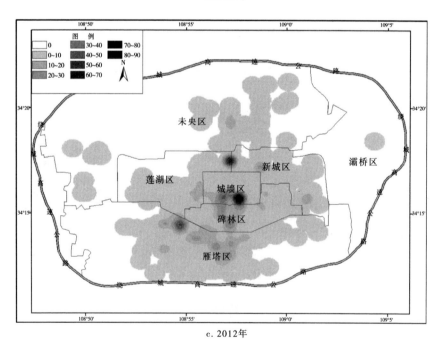

c. 2012年

图 5-16 西安市广告业空间分布密度

三　西安市文化产业分行业空间格局的影响机制

从统计学的角度，地理现象或事件出现在空间的任意位置都是有可能的。如果没有某种力量或者机制来"安排"，那么分布模式可能是随机分布的，否则将以规则或者聚集的模式出现。因此，影响文化产业的内、外部因素对文化产业的格局的形成有重要的作用。

1. 市场需求因素

市场效应是产业集聚过程中向心力的重要来源，大的市场更容易吸引企业进入该区域，这又促进了该地区市场的扩大，进而增强产业的集聚[14]。从西安市文化需求的大环境来看，近年来西安市的经济社会一直保持良好的发展势头。西安市人口规模较大，其中高素质人口比重较大，人口社会结构的多元化以及较高的消费水平、消费意识使得西安市存在巨大的文化消费潜力，主要在市场需求条件下使西安六大重点文化行业在地理空间中形成当前的格局。

2. 区位因子因素

西安市六大重点文化行业表现出的不同的地理格局，主要是因为影响文化产业发展的区位因子不同，特定的文化产业依赖于固定的地区[15]。广告业需要接近消费主体，故广告业会选择方便与顾客面对面交流且交通便利的区域分布；新闻出版业和广播影视业对人力资源、智力资源相对依赖，需要高学历的人才和先进的科学技术，故其主要分布在高新区和教学科研单位周围，并形成相应的文化产业园区；文化艺术服务业、文化娱乐业和文化旅游业依赖于相应的文化消费市场和文化资源，便利的交通，完善的基础、服务设施，故其格局较为相似，主要分布于各大旅游景点、艺术馆、民俗馆、博物馆、公园、剧院等。

3. 政策制度因素

文化产业发展取得较大成绩，这其中制度因素起到了较大的作用。健全的制度对于文化产业筹集资金、组织生产，对于人们的文化产品信用消费，对于生产的各个环节的协调推进都具有其他因素不可替代的功效。当前各种关于西安市文化产业、经济、社会的发展规划和文化体制改革方案以及西安市城市总体规划，为西安市未来文化产业发展指明了方向，为其集聚发展起了很大的作用。

本章小结

本章以分类的文化产业为研究样本，通过遥感数据、电子地图和实际调研获得空间位置等数据，运用 GIS 手段将西安市 1997～2012 年之间 7 个阶段文化产业的企业数据进行空间化，采用点模式分析中的空间分布中心与方向特征变化、热点分析、最邻近指数测度以及核密度分析方法，分析了不同时期不同空间尺度（市级、区县级、街区级）西安市文化产业及各文化产业的时空分布特征，得到以下结论：

（1）西安市文化产业的空间分布有其自身的规律性。现阶段，西安市文化产业的空间分布整体上呈现出南密北疏的格局，并且是以内城为中心的集中态势。呈现出市中心高度集中，其他地区较为分散，各地区的集中程度不同，整体集聚，集聚区内部较为分散的空间格局。并且这一发展态势将延续到未来一段时间内。

（2）从市级尺度分析得出：西安市文化产业分布的平均中心明显偏向市中心的南部，随时间的推移，呈现出先向西南、又向西北移动的态势；从方向椭圆来看，15 年间西安市文化产业空间发展的东北西南方向性延展趋势比西北东南延展趋势更加明显；15 年间西安市文化产业的空间集聚越来越显著，空间分布一直呈现高集聚特征，且集聚程度有所增强。

（3）从区县级尺度分析得出：现阶段各区的文化产业呈现集聚分布的状态，但区域内部集聚的程度存在分异，其中城墙区、碑林区、雁塔区、莲湖区是高集聚，曲江新区、未央区、经开区、高新区、新城区是中度集聚，灞桥区是低集聚。在空间上，西安市各区文化产业由城市中心区域城墙区向外按顺时针方向形成了明显的集聚分布，而且起初是先向南形成集聚分布状态。

（4）从街区级尺度分析得出：现阶段 60% 街区的文化产业呈现集聚分布的状态，从空间分布来看，西安市文化产业企业点存在区域分异，1997 年由城市中心向南基本形成了明显的集聚分布——离散和集聚相间分布的构造；2012 年主要是块状集聚与块状离散相间分布，集聚分布的区域多分布在城市中心与南部，个别在西部和北部，而离散分布的区域多分布于北部和东部。

（5）西安市六大重点行业空间格局中出现整体集聚，集聚区内部较为分散现象的原因，是由于在不同的地区，各行业的文化产业的影响区位因素的选择不尽相同，影响地理空间各文化产业格局的因素主要有：市场需求、区位因子的选择、政府产业和财政政策以及相关产业的支持。未来，人力资本、文化资本以及社会资本将变得尤为重要。

（6）文化产业的时空格局演化的研究对西安市六大重点行业甚至全国的文化产业的发展有重要的借鉴意义，合理产业布局可以增强各文化企业之间的联系，防止不正当的市场竞争，有利于企业之间的协同创新，提高文化产业的生产效率，实现集聚效益和外部经济，有利于未来西安市不同行业的文化企业制定具体的文化政策和发展规划。

（7）文化产业的时空格局是一个动态演化的过程，并且随着企业内部和外部影响因素的变化而变化。不同于以前文化产业主要集中在宏观尺度和静止状态下的研究，这种研究方法进一步阐释了文化产业的发展态势，通过对过去以及现在文化产业发展态势的分析总结，对未来西安市各文化行业发展提供有力借鉴。

参考文献

［1］杨振山、蔡建明：《空间统计学进展及其在经济地理研究中的应用》，《地理科学进展》2010 年第 29（6）期。

［2］孟斌、张景秋、王劲峰等：《空间分析方法在房地产市场研究中的应用——以北京市为例》，《地理研究》2005 年第 24（6）期。

［3］邢超：《ArcGIS 高级分析教程》，ESRI 中国（北京）培训中心，2007。

［4］汤国安、杨昕等：《ArcGIS 地理信息系统空间分析教程》（第二版），科学出版社，2012。

［5］朱瑜馨、申忠伟、张锦宗：《基于 GIS 的聊城市居民点空间分布研究》，《宁夏大学学报》（自然科学版）2009 年第 30（1）期。

［6］毛政元、李霖：《空间模式的测度及其应用》，科学出版社，2004。

［7］薛东前、刘虹、马蓓蓓：《西安市文化产业空间分布特征》，《地理科学》2011 年第 31（7）期。

［8］贺灿飞、谢秀珍：《中国制造业空间集聚与省区专业化》，《地理学报》2006 年第 61（2）期。

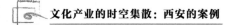

［9］公晓晓、薛东前、裴艳飞：《陕西各市产业结构转换的综合研究》，《江西农业学报》2008 年第 20（2）期。

［10］薛东前、石宁、公晓晓：《西安市生产者服务业空间布局特征与集聚模式研究》，《地理科学》2011 年第 31（10）期。

［11］褚劲风：《上海创意产业集聚空间组织研究》，华东师范大学博士学位论文，2008。

［12］雷宏振、邵鹏、潘龙梅：《我国文化产业集聚度测算及其分布特征研究——基于省际面板数据的分析》，《经济经纬》2012 年第 1 期。

［13］中共西安市委宣传部、西安市统计局：《2010 西安市文化产业统计概览》，2010。

［14］KRUGMANP, Scale economies, product differrentiation and the pattern of trade. *American Economic Review*, 1980, 70（5）.

［15］Amir Borges Ferreira Neto, Fernando Salgueiro Perobelli. , Spatial analysis of cultural activities in the microregions of Minas Gerais. *Economia*, 2013,（14）.

第六章
西安市文化产业集聚与扩散的时空相关性

在国家加快发展文化产业的大背景下，西安市依托其历史文化资源优势，已经初步形成了门类齐全的、具有相当竞争力和影响力的文化产业体系。例如，2006 年 9 月西安曲江新区荣获"中国最具活力文化旅游区"称号；2007 年 8 月文化部授予曲江新区"国家级文化产业示范园区"称号。在文化产业迅速成长的同时，其在城市内部的空间布局也逐渐呈现出集聚与扩散的发展态势。本章从空间的视角，对文化产业的集聚与扩散过程进行定量化研究，探讨其时空演化规律，进而对优化文化产业的空间布局提出对策和建议。

第一节　西安市文化产业空间集聚程度的时空变化

一　研究区域及基本空间单元

近年来，西安城市面貌发生了日新月异的变化，经济社会进入了加速发展和提升的新阶段。2004 年西安市文化产业增加值为 46.01 亿元，2009 年则达到了 151.02 亿元，年均增长率达到 26.83%。2012 年，西安文化产业实现增加值 334.68 亿元，较上年增长 30.6%。在此期间，2006 年 9 月西安曲江新区荣获"中国最具活力文化旅游区"称号，2007 年 8 月文化部授予曲江新区"国家级文化产业示范园区"称号。这些都在一定程度上反映了国家对西安市文化产业发展的关注，那么在文化产业快速发展的同时，文化产业在西安市城市内部空间分布上发生了怎样的变化？呈现出怎样的规律？尤其是在西安市主城区范围内，这些变化又将是怎样的？……本章将展开全面的分析。

基于空间层面，文化产业在西安市城市内部的空间点属性数据反映出，西安市郊区的文化产业企事业单位数量极少，文化产业的各类行业主要分布在绕城高速公路以内的主城区。因此，本章在对西安市文化产业的研究中，将研究区域限定在绕城高速公路以内的主城区，研究的基本空间单元为街道办事处（镇）所辖区域，具体是以 1∶25 万西安市交通地图为底图，采用 xian－1980 地理坐标投影，在 ArcGIS 软件中将其配准，结合西安市遥感影像数据将绕城高速公路以内的所有街道办事处（镇）进行矢量化处理。对于绕城高速公路附近的街道办事处（镇），以绕城高速公路截取的内部区域作为街道办事处（镇）所辖区域，外部区域不做研究，最终确定研究的基本空间单元为 51 个街道办事处（镇），如图 6－1 所示。为下文叙述方便，将街道办事处（镇）简称为街道。

二 文化产业空间集聚程度的测算方法

采用空间点要素分析事件的空间分布特征，在空间分布上不会超出从均匀到集中的模式，一般将空间点要素的分布模式划分为三种：随机分布、均匀分布和聚集分布。最邻近指数法使用最邻近点对之间的距离描述事件分布模式，具体是先计算最邻近的点对之间的平均距离，然后比较观测模式和随机模式之间的相似性。若观测模式与随机模式之间的比值大于 1，则观测模式趋于均匀分布，若观测模式与随机模式之间的比值小于 1，则观测模式趋于集聚分布，将观测模式和随机模式的比值称为最邻近指数，当最邻近指数的数值大小越趋于 0 时，事件的集聚程度越强，反之则弱，最邻近指数能够反映空间点要素在地理上的集聚程度[10]。本章在研究中将西安市文化产业企业空间分布的位置视为点要素，通过 ArcGIS 软件对其空间点属性值进行标记和显示[10]，进而可以测算西安市各街道文化产业分布的最邻近指数，可以采用最邻近指数作为衡量各街道文化产业分布是否集聚的标准。然而，一般对于产业集聚的研究，通常认为产业地理集聚指数越大，产业空间集聚程度越强。为了符合人们的普遍认知规律，本章在研究中将最临近指数值的倒数作为衡量各街道文化产业分布是否集聚的标准，并将

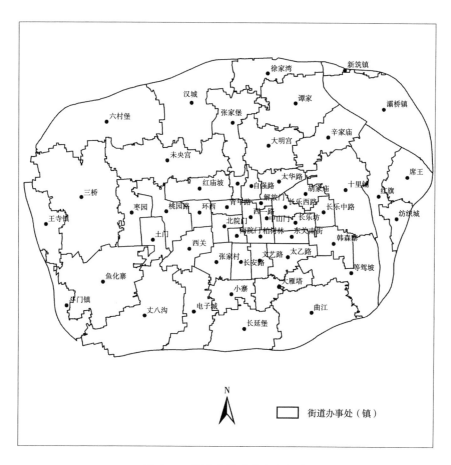

图 6 - 1　西安市街道办事处划分

其定义为文化产业空间集聚指数，则文化产业空间集聚指数越大，其空间集聚程度越强，反之则弱。根据最邻近指数改进的文化产业空间集聚指数的计算公式如下：

$$R = \frac{1}{2\, \bar{d}_{\min} \sqrt{n/A}}$$

式中，R 表示文化产业空间集聚指数；$\bar{d}_{\min}$ 表示最邻近的文化产业企业点对空间距离的平均值；n 表示区域文化产业企业数量，A 表示研究区域的面积。

对于西安市文化产业而言，以划定的 51 个街道为研究的基本空间单元，

149

采用 ArcGIS 软件计算出西安市不同年份各个街道的文化产业空间分布的最邻近指数，然后取其计算结果的倒数值作为每个街道文化产业空间集聚指数，将计算得到的各年份各街道的文化产业空间集聚指数进行聚类分析并结合研究经验将文化产业空间集聚指数进行等级划分，具体见表6-1。

表6-1　西安市文化产业空间集聚指数等级划分

集聚指数	0 < R < 1	R = 1	1 < R < 1.5	1.5 < R < 2	R > 2
集聚等级	均匀分布区	随机分布区	低集聚区	中集聚区	强集聚区

三　文化产业空间集聚程度的时空变化分析

为了更好地反映出西安市各街道文化产业空间分布的集聚程度的时空变化，本章在研究中选取了西安市1997年、2002年、2007年和2012年四个时间断面的文化产业空间点属性数据，相邻年份的时间间隔为五年，能够更好地表现出文化产业发展的时空变化。

1. 文化产业空间集聚程度的时间序列分析

根据文化产业空间集聚指数的计算公式，计算得到1997年、2002年、2007年和2012年四个年份西安市51个街道的文化产业空间集聚指数，并根据表6-1的划分标准，将四个年份各街道的文化产业空间集聚指数进行等级划分，并将没有文化产业企业分布的街道定义为空白区，最终统计得到表6-2如下。

表6-2　西安市文化产业空间集聚等级划分统计（1997～2012年）

集聚等级	1997 年	2002 年	2007 年	2012 年
空白区	14	11	5	2
均匀分布区	24	26	19	13
低集聚区	10	10	17	13
中集聚区	2	3	8	15
强集聚区	1	1	2	8

从表 6 - 2 可以看出，文化产业空间分布不同等级集聚区的数量发生了显著变化，具体来看：文化产业空间分布的强集聚区和中集聚区的数量明显上升，强集聚区由 1997 年的 1 个增加到 2012 年的 8 个，占街道总数的比重由 1.9% 上升为 15.7%；中集聚区从 1997 年的 2 个增加为 2012 年的 15 个，占街道总数的比重由 3.9% 上升为 29.4%；这些都一定程度上说明了西安市文化产业的空间集聚程度正在逐年增强。同时也可以看到，文化产业空间分布的空白区域在逐年减少，由 1997 年的 14 个下降为 2012 年的 2 个，占街道总数的比重由 1997 年的 27.4% 下降为 2012 年的 3.9%，说明西安市文化产业空间集聚发展的过程中，发生了明显的扩散。均匀分布区在波动中呈现出下降趋势，由 1997 年的 24 个下降为 2012 年的 13 个，占街道总数的比重由 47.1% 下降为 25.5%。低集聚区在波动中呈现上升趋势，由 1997 年的 10 个上升为 2012 年的 13 个，但在 2007 年跃升为 17 个，这一数量较 2012 年多 4 个。主要是因为西安市文化产业发展开始向空间集聚转变，低集聚区正处在一个过渡阶段，因此低集聚区的数量伴随着中集聚区和高集聚区的数量的增多，未来还将呈现出下降的态势。

2. 文化产业空间集聚程度的区域变化分析

根据上文计算得到的 1997 年、2002 年、2007 年和 2012 年的各街道文化产业空间集聚指数以及西安市文化产业空间集聚指数等级划分表（表 6 - 1），采用 ArcGIS 软件进行空间可视化表达[11]，得到四个年份的文化产业空间集聚程度的划分图（图 6 - 2、图 6 - 3、图 6 - 4、图 6 - 5）。

由图 6 - 2、图 6 - 3、图 6 - 4、图 6 - 5 可看出，1997～2012 年期间，西安市文化产业空间集聚程度的区域分布上变化比较明显，集聚程度高的街道分布上呈现出城南高于城北，城东略高于城西的现象。具体到各街道文化产业空间集聚程度的变化上，可根据上述四个年份西安市文化产业空间集聚程度划分图，得到西安市四个年份的文化产业空间集聚程度区域变化表如下（表 6 - 3），从而更清晰地反映出文化产业空间集聚程度的区域变化。

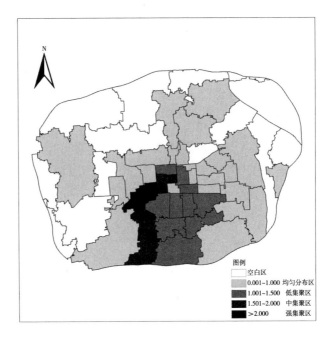

图 6 - 2　西安市文化产业空间集聚程度划分（1997 年）

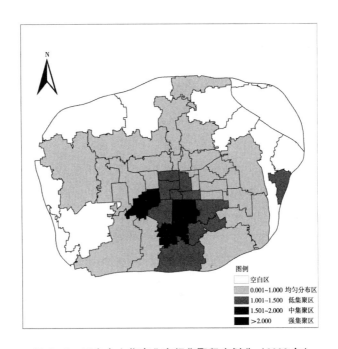

图 6 - 3　西安市文化产业空间集聚程度划分（2002 年）

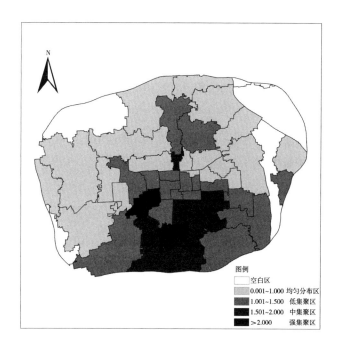

图 6 - 4 西安市文化产业空间集聚程度划分（2007 年）

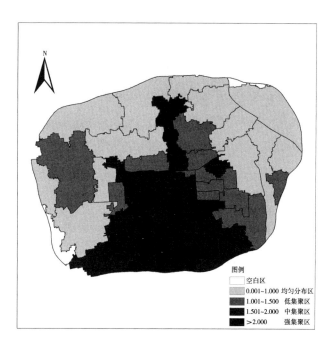

图 6 - 5 西安市文化产业空间集聚程度划分（2012 年）

表 6－3　西安市文化产业空间集聚程度区域变化（1997～2012 年）

等级	1997 年	2002 年	2007 年	2012 年
空白区	新筑镇、徐家湾、汉城、六村堡、灞桥镇、辛家庙、红旗、未央宫、席王、太华路、枣园、王寺镇、鱼化寨、斗门镇、新筑镇、汉城、六村堡、灞桥镇、谭家、辛家庙、红旗、席王、王寺镇、鱼化寨、斗门镇	新筑镇、六村堡、灞桥镇、红旗、斗门镇	新筑镇、斗门镇	
均匀分布区	谭家、张家堡、大明宫、三桥、十里铺、红庙坡、胡家庙、土门、等驾坡、自强路、北关、长乐西路、韩森寨、曲江、解放门、长乐中路、环西、东关南街、桃园路、长乐坊、丈八沟、南院门、纺织城、中山门	徐家湾、未央宫、三桥、十里铺、太华路、红庙坡、胡家庙、枣园、土门、等驾坡、张家堡、大明宫、自强路、北关、长乐西路、环西、解放门、长乐中路、中山门、桃园路、曲江、长乐坊、丈八沟、韩森寨、电子城、东关南街	徐家湾、汉城、谭家、辛家庙、未央宫、席王、王寺镇、鱼化寨、十里铺、红庙坡、枣园、三桥、解放门、胡家庙、自强路、太华路、土门、长乐西路、长乐中路	六村堡、王寺镇、席王、红旗、灞桥镇、辛家庙、徐家湾、汉城、谭家、枣园、鱼化寨、未央宫、十里铺
低集聚区	太乙路、长延堡、小寨、张家村、柏树林、大雁塔、长安路、文艺路、青年路、西一路	北院门、张家村、纺织城、青年路、南院门、长延堡、柏树林、太乙路、大雁塔、西一路	环西、桃园路、长乐坊、大明宫、张家堡、丈八沟、曲江、南院门、等驾坡、中山门、青年路、韩森寨、张家村、纺织城、柏树林、北院门、西一路	长乐西路、太华路、解放门、大明宫、长乐坊、长乐中路、纺织城、土门、等驾坡、东关南街、红庙坡、韩森寨、三桥
中集聚区	北院门、电子城	文艺路、小寨、长安路	长延堡、东关南街、北关、长安路、文艺路、电子城、大雁塔、太乙路	自强路、环西、桃园路、丈八沟、中山门、柏树林、胡家庙、南院门、文艺路、张家村、青年路、北院门、西一路、大雁塔、曲江
强集聚区	西关	西关	小寨、西关	电子城、小寨、长延堡、北关、太乙路、长安路、张家堡、西关

　　由表6-3和图6-2、图6-3、图6-4、图6-5可以清晰地分析出各街道文化产业空间集聚等级的变化过程，具体如下。从文化产业空间分布的强集聚区的变化上看，1997年只有一个西关街道，2007年小寨街道也发展成为强集聚区，2012年强集聚区的增加更为明显，继西关街道和小寨街道之后，电子城、长延堡、北关、太乙路、长安路、张家堡等街道也相继发展成为文化产业强集聚区，强集聚区在空间分布上呈现沿西安市南北中轴线长安路沿线分布或者在长安路两侧附近对称分布，且大多数分布在西安市的城南区域，城北区域分布较少。造成上述分布现象的原因可能是沿主干道所具有的交通区位优势，以及城南作为传统的文教区所具有的发展文化产业的先天优势，其为文化产业发展提供了广阔的消费市场以及资源禀赋条件，当然还有其他一些因素的影响，增强了这些街道的文化产业的空间集聚程度。

　　从文化产业空间分布的中集聚区的变化上看，1997年只有北院门和电子城两个街道，到2002年文艺路、小寨和长安路街道变为了中集聚区，而电子城和北院门褪变成为了低集聚区，说明文化产业空间分布发生了转移或扩散，呈现出由南北向城市中心区集聚的态势。2007年长延堡、东关南街、北关、长安路、文艺路、电子城、大雁塔、太乙路等街道成为文化产业分布的中集聚区，这些街道的分布以小寨街道为中心呈环状态势。2012年自强路、环西、桃园路、丈八沟、中山门、柏树林、胡家庙、南院门、文艺路、张家村、青年路、北院门、西一路、大雁塔、曲江等15个街道发展成为文化产业分布的中集聚区，这些街道的空间位置与强集聚区交叉分布，同时这些街道的外围分布着低集聚区，呈现出了一定的圈层分布特征。

　　从文化产业空间分布低集聚区的变化上看，1997年太乙路、长延堡、小寨、张家村、柏树林、大雁塔、长安路、文艺路、青年路、西一路等街道均为文化产业的低集聚区，其中文艺路、小寨、长安路三个街道在2002年的发展成为文化产业中集聚区。2002年北院门、张家村、纺织城、青年路、南院门、长延堡、柏树林、太乙路、大雁塔、西一路等成为文化产业的低集聚区，在数量上与1997年持平，但空间位置分布上发生了明显的变化。到2007年文化产业的低集聚区进一步增加为17个，分别是环西、桃园路、长乐坊、大明宫、张家堡、丈八沟、曲江、南院门、等驾坡、中山门、青年路、韩森寨、张家村、纺织城、柏树林、北院门、西一路等街道，其中张家堡街道在后来发展成为文化产业空间分布的强集聚区。2012年文化产业的低集聚区较2007年有所下降，变为13个，分别是：长乐西路、太华路、解放门、大明宫、长乐坊、长乐中路、纺织城、土门、等驾坡、东关南街、红庙坡、韩森寨、三桥等街道，这些街道大多集中分布在长安路东侧区域，说明文化产业空间分布的位置正在逐渐发生不同程度的转移。

从文化产业空间分布均匀分布区的变化上看，1997年均匀分布区达到24个，分别是：谭家、张家堡、大明宫、三桥、十里铺、红庙坡、胡家庙、土门、等驾坡、自强路、北关、长乐西路、韩森寨、曲江、解放门、长乐中路、环西、东关南街、桃园路、长乐坊、丈八沟、南院门、纺织城、中山门等街道，这些街道呈现包围集聚区的态势，向外围逐渐减少。2002年均匀分布区进一步增加，达到26个，分别是徐家湾、未央宫、三桥、十里铺、太华路、红庙坡、胡家庙、枣园、土门、等驾坡、张家堡、大明宫、自强路、北关、长乐西路、环西、解放门、长乐中路、中山门、桃园路、曲江、长乐坊、丈八沟、韩森寨、电子城、东关南街，其中张家堡、北关、电子城在2012年发展成为了强集聚区。2007年均匀分布区的数量有所减少，它们分别是：徐家湾、汉城、谭家、辛家庙、未央宫、席王、王寺镇、鱼化寨、十里铺、红庙坡、枣园、三桥、解放门、胡家庙、自强路、太华路、土门、长乐西路、长乐中路等街道。到2012年文化产业均匀分布区进一步减少为13个，分别是六村堡、王寺镇、席王、红旗、灞桥镇、辛家庙、徐家湾、汉城、谭家、枣园、鱼化寨、未央宫、十里铺等街道，这些街道主要分布在距离市中心区较远的近郊区，大部分分布在绕城高速公路附近的地区，文化产业发展相对缓慢。

从文化产业空间分布空白区的变化上看，1997～2012年文化产业分布空白区域呈现出空间分布上都在距离市中心区较远的区域。1997年空白区有新筑镇、徐家湾、汉城、六村堡、灞桥镇、辛家庙、红旗、未央宫、席王、太华路、枣园、王寺镇、鱼化寨、斗门镇等，这些街道大多分布在西安市北郊和东郊。2002年空白区开始减少，说明文化产业在空间上发生了扩散，此时空白区分别是：新筑镇、汉城、六村堡、灞桥镇、谭家、辛家庙、红旗、席王、王寺镇、鱼化寨、斗门镇，空间分布上以北郊和东郊为主。2007年空白区还有五个，分别是新筑镇、六村堡、灞桥镇、红旗和斗门镇，到 2012 年空白区只剩下新筑镇、斗门镇两个街道，它们分别分布在西安市的东北和西南方向，远离市中心，基础设施建设不够完备，文化产业的消费市场狭小。

通过以上分析以及观察各年份文化产业空间集聚程度的空间变化，我们进一步发现，西安市个别街道文化产业集聚程度发生了显著的变化，如张家堡街道在 2007 年还属于文化产业的低集聚区，而到 2012 年快速发展成了强集聚区，这主要依赖于交通通达性的影响，同时西安市政府的北迁也给张家堡的文化产业发展带来了契机；自强路、北关、红庙坡等三个街道以北关街道为中心在东西方向上相连接，其中北关街道文化产业发展迅速，由 2002 年的空间均匀分布区发展成 2012 年的强集聚区。在北关街道的带动下，自强路和红庙坡也分别发展成了强集聚区和中集聚区，一定程度上说明文化产业发展在空间上存在着某种关联性，可以起到协同发展的作用；曲江街道的文化产业在 2007年以来发展较快，目前已经发展成为中集聚区，即将发展成为强集聚区，这跟"曲江国家级文化产业示范园区"的建立有着密切的关系。然而，也有个别街道文化产业发展极为缓慢，如新筑镇和斗门镇目前依然为文化产业分布的空白区，六村堡、王寺镇、席王等街道文化产业企业分布也几乎为空白，这些区域的共同特点是距离西安市中心较远，基本位于近郊区，这些区域不能为文化产业发展提供一个良好的环境，包括没有便利的交通、消费市场以及人才资源缺乏，都不利于文化产业的进一步发展。

第二节　西安市文化产业空间扩散能力的时空变化

从空间上讲，经济活动的扩散方式一般来说有三种，即近邻扩散、等级扩散和跳跃扩散。其中近邻扩散最主要的特征就是距离衰减规律，即扩散的可能性随距离的增加而逐渐递减[12]。扩散的强度（空间相关强度）随着空间距离的增加而衰减，因而空间相互作用量与距离成反比，扩散的范围和强度随着距离的增加和时间的延续而减小[13]。产业发展作为一种经济活动，应该具有一般经济活动的普遍特征，如果产业的空间扩散在一个城市内部发生，从扩散的形式上应该属于近邻扩散，那么产业空间扩散将随距离表现出衰减规律，理想状态下产业扩散与空间距离应该成反比例关系。产业扩散是产业集聚的反过程，产业集聚促使产业扩散的发生与增强，一般而言原有产业集聚区会促使周边区域产生新的产业集聚区，促使产业空间扩散的发生，不考虑外来因素的影响，如果在理想状态下，产业扩散会随着产业集聚的增强而增强，即成正比例关系。文化产业作为众多产业活动之一，研究产业集聚与扩散的一些规律同样适用于对文化产业集聚与扩散的研究。

一　文化产业空间扩散能力模型的构建

通过前文对西安市文化产业空间集聚程度的时空变化研究可知，随着时间推移，西安市文化产业在空间集聚过程中发生了空间扩散。这种产业的空间扩散在城市内部发生，从扩散的形式上属于近邻扩散，因此，遵循产业活动的一般规律，产业空间扩散随距离增加将呈现出衰减规律。文化产业空间集聚指数作为衡量区域内文化产业空间集聚程度的标准，是对单一的区域而言的，没有考虑区域之间的联系，而在实际中文化产业集聚区的空间分布也受到周围区域的影响，原有文化产业集聚区会在一定程度上促进周边地区产生新的集聚区，那么可以认为原有的文化产业集聚区对外存在产业空间扩散能力。根据产业扩散随距离增加表现出的衰减规律和产业集聚与扩散的关系，有理由推断出，在理想状态下，区域文化产业空间扩散能力与区域之间的空间距离成反比例关系，与区域本身的文化产业空间集聚程度成正比例关系，基于此对各区域文化产业空间扩散能力进行量化，构建文化产业空间扩散指数模型。

对于西安市文化产业空间扩散能力的量化分析，主要是对西安市绕城高速公路内分布的 51 个街道而言的，各街道的文化产业空间扩散能力随着产业空间集聚程度的增强而增强，即成正比例关系；各街道的文化产业空间扩散能力与各街道之间空间距离成反比例关系，因为各街道之间存在相互作用和联系，所以距离变量的值选取各个街道文化产业空间分布的几何重心点之间的空间距离的平均值。基于以上理论基础构建西安市文化产业空间扩散指数模型，对西安市各街道的文化产业空间扩散能力进行定量化分析，文化产业空间扩散指数越大表明区域文化产业空间扩散能力越强。具体计算公式如下：

$$SDI_i = R_i / (\frac{1}{n} \sum_{i=1}^{n} d_{ij}) \quad (i = 1,2,3\cdots\cdots n; j = 1,2,3\cdots\cdots n; i \neq j)$$

式中，SDI_i 表示第 i 个街道文化产业空间扩散指数；R_i 为第 i 个街道文化产业空间集聚指数；i,j 为能够计算文化产业空间集聚指数的街道的代码；n 为能够计算文化产业空间集聚指数的街道总数；d_{ij} 为 i 街道和 j 街道文化产业空间分布几何重心点之间的空间距离。

根据文化产业空间扩散指数模型计算得到各街道不同年份的文化产业空间扩散指数，能够正确反映出，在不同年份各街道文化产业发展对外产生的空间扩散能力，当扩散指数增大时，区域内文化产业对外的空间扩散能力增强，反之则减弱。对于西安市城区整体而言，文化产业空间扩散指数应该是所有街道文化产业空间扩散指数的平均值，从而反映出西安市整体的文化产业空间扩散能力。

二　各街道文化产业空间分布重心的获取

西安市各街道文化产业空间扩散指数的计算，需要对各街道文化产业空间分布重心进行寻找，以便获取各街道文化产业空间分布重心点之间的空间距离，在寻找空间重心的过程中采用各年份西安市文化产业空间点属性数据，以及 ArcGIS 软件的支持。具体是在 ArcGIS 软件中利用空间分析工具 Spatial Statistics Tools 中的 Mean Center，标识出文化产业空间分布点要素的几何重心，获取重心点的空间坐标，进而计算重心点之间的空间距离，最终求算各街道文化产业空间分布重心点之间的距离的平均值[14]。

三　文化产业空间扩散能力的时空变化分析

利用文化产业空间扩散指数模型，对西安市各街道文化产业空间扩散能力进行定量化分析，通过计算得到不同年份各街道文化产业空间扩散指数，进一步对不同年份各街道文化产业空间扩散指数进行聚类分析，根据扩散指数的大小和聚类结果将各街道文化产业空间扩散能力进行五种等级划分，具体见西安市文化产业空间扩散能力等级划分表（表 6 - 4）。

表6-4　西安市文化产业空间扩散能力等级划分

扩散指数	$0 < SDI < 90$	$90 < SDI < 180$	$180 < SDI < 270$	$270 < SDI < 360$	$SDI > 360$
扩散等级	极弱	弱	中	强	极强

　　上述对文化产业空间扩散能力的定量划分，主要是为了揭示西安市文化产业发展过程中，各街道文化产业空间扩散能力的演变过程，反映出在不同年份，文化产业空间扩散能力的变化，以及文化产业空间扩散能力的转移过程，从而更准确地分析西安市文化产业空间扩散能力的时空变化。

1. 文化产业空间扩散能力的时间序列分析

　　根据文化产业空间扩散指数模型，选取1997年、2002年、2007年和2012年四个年份西安市文化产业空间点属性数据，计算得到各年份西安市51个街道的文化产业空间扩散指数，并依据西安市文化产业空间扩散能力等级划分表，对计算得到的各街道文化产业空间扩散指数进行等级划分，进而统计出各个扩散能力等级的街道数量，观察其随时间的变化，具体见西安市文化产业空间扩散能力等级划分统计表（表6-5）。

表6-5　西安市文化产业空间扩散能力等级划分统计（1997~2012年）

扩散等级	1997年	2002年	2007年	2012年
极弱	31	27	18	11
弱	8	11	8	13
中	7	9	15	17
强	2	2	6	6
极强	3	2	4	4

　　根据表6-5，将进一步得到西安市不同年份文化产业空间扩散能力等级划分数量柱状图（图6-6）。

　　从西安市不同年份文化产业空间扩散能力等级划分数量柱状图可以明显看出，不同扩散能力等级的街道数量发生了显著变化，文化产业空间扩散能力等级极弱的街道数量呈现出逐年下降的态势，由1997年的31个下降为2012年的11个，占街道总数的比重由60.8%下降为21.6%，说明大多数

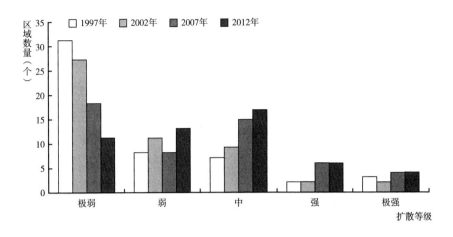

图6-6　西安市文化产业空间扩散能力等级划分

街道文化产业空间扩散能力正在逐年增强；文化产业空间扩散能力等级弱的街道数量变化没有极弱区的数量变化显著，但呈现出一定的上升趋势，由1997年的8个上升为2012年的13个，占街道总数的比重由1997年的15.7%上升为2012年的25.5%，表明这一等级处于极弱与中等扩散能力等级的过渡阶段；文化产业空间扩散能力中等水平的街道数量呈现出逐年递增的态势，由1997年7个增加为2012年的17个，占街道总数的比重由13.7%上升为33.3%，文化产业的中等扩散能力等级处在从弱到强扩散能力等级的过渡阶段，这一等级街道数量的变化能够反映出文化产业扩散能力的平均变化，进一步说明随着时间的演进，文化产业空间扩散正在逐年增强；文化产业空间扩散能力强的街道数量有明显的上升，由1997年的2个上升为2012年的6个，但2007年与2012年的街道数量变化持平，说明一些街道的文化产业空间扩散能力达到一定程度之后，扩散能力变化开始减慢，而这些区域往往是文化产业发展过程中较早形成的文化产业集聚区；文化产业空间扩散极强的街道数量变化不大，且街道的数量较少，说明在有限的空间范围内，文化产业空间扩散能力极强的区域数量应该是趋于稳定的，这些区域文化产业空间扩散能力趋于饱和状态，并且这些区域是最早形成的文化产业集聚区，类似于佩鲁提到的增长极地区，由这些区域带动周边文化产业的快速发展，从而进一步形成次一级的具有带动文化产业发展的集聚区域，区域的联系更加紧密，文化产业的集聚与扩散之间的相互促进作用将越来越显著。

2. 文化产业空间扩散能力的区域变化分析

根据前面计算得到的西安市 1997 年、2002 年、2007 年和 2012 年的各街道的文化产业空间扩散指数，结合西安市文化产业空间扩散能力等级划分表和 ArcGIS 软件，对西安市 1997 年、2002 年、2007 年和 2012 年的各街道文化产业空间扩散能力等级进行空间可视化表达[11]，得到西安市四个年份文化产业空间扩散能力等级划分图（图 6 - 7、图 6 - 8、图 6 - 9、图 6 - 10）如下。

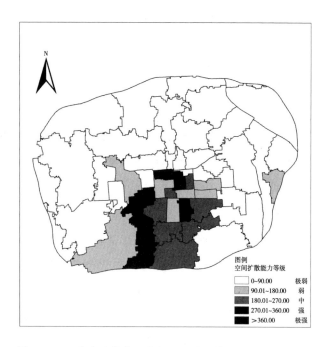

图 6 - 7　西安市文化产业空间扩散能力等级划分（1997 年）

由图 6 - 7、图 6 - 8、图 6 - 9、图 6 - 10 可以明显看出各年份西安市文化产业空间扩散能力等级的区域分布，结合西安市文化产业空间扩散能力等级划分表（表 6 - 5）对四个年份的文化产业空间扩散能力等级的区域变化进行统计，得到西安市文化产业空间扩散能力的区域变化表，如下表 6 - 6。

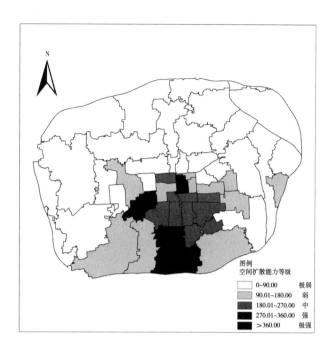

图6-8 西安市文化产业空间扩散能力等级划分（2002年）

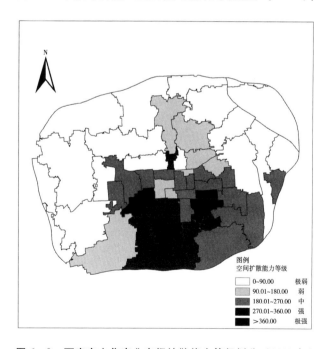

图6-9 西安市文化产业空间扩散能力等级划分（2007年）

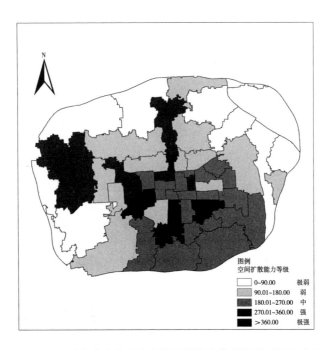

图 6 - 10　西安市文化产业空间扩散能力等级划分（2012 年）

表 6 - 6　西安市文化产业空间扩散能力的区域变化（1997~2012 年）

等级	1997 年	2002 年	2007 年	2012 年
极强等级	西一路、文艺路、西关	西一路、西关	小寨、太乙路、东关南街、西关	太乙路、北关、西关、长安路
强等级	青年路、电子城	长延堡、小寨	电子城、大雁塔、张家村、长安路、长延堡、北关	桃园路、三桥、小寨、中山门、张家堡、青年路
中等级	大雁塔、太乙路、中山门、南院门、张家村、小寨、长延堡	南院门、柏树林、长安路、大雁塔、青年路、东关南街、太乙路、文艺路、张家村	环西、长乐坊、西一路、长乐中路、长乐西路、韩森寨、纺织城、柏树林、土门、桃园路、曲江、等驾坡、文艺路、青年路、中山门	长乐西路、北院门、韩森寨、解放门、长乐中路、文艺路、等驾坡、曲江、柏树林、南院门、西一路、电子城、大雁塔、环西、东关南街、长延堡、胡家庙

等级	1997 年	2002 年	2007 年	2012 年
弱等级	丈八沟、纺织城、东关南街、长乐坊、北院门、长安路、桃园路、柏树林	解放门、北院门、丈八沟、长乐中路、电子城、韩森寨、长乐坊、中山门、曲江、纺织城、桃园路	北院门、丈八沟、解放门、胡家庙、大明宫、太华路、南院门、张家堡	徐家湾、红庙坡、十里铺、土门、自强路、大明宫、太华路、未央宫、枣园、纺织城、长乐坊、张家村、丈八沟
极弱等级	新筑镇、徐家湾、汉城、六村堡、灞桥镇、谭家、张家堡、辛家庙、大明宫、红旗、未央宫、三桥、十里铺、席王、自强路、北关、太华路、红庙坡、胡家庙、枣园、王寺镇、长乐西路、解放门、土门、韩森寨、等驾坡、鱼化寨、斗门镇、曲江、长乐中路、环西	新筑镇、徐家湾、汉城、六村堡、灞桥镇、谭家、张家堡、辛家庙、大明宫、红旗、未央宫、三桥、十里铺、席王、自强路、北关、太华路、红庙坡、胡家庙、枣园、王寺镇、土门、鱼化寨、斗门镇、等驾坡、环西、长乐西路	新筑镇、徐家湾、汉城、六村堡、灞桥镇、谭家、辛家庙、红旗、未央宫、十里铺、席王、红庙坡、枣园、王寺镇、鱼化寨、斗门镇、三桥、自强路	新筑镇、六村堡、席王、王寺镇、斗门镇、红旗、辛家庙、汉城、谭家、灞桥镇、鱼化寨

根据西安市四个年份文化产业空间扩散能力等级划分图（图 6 - 7、图 6 - 8、图 6 - 9、图 6 - 10）和西安市文化产业空间扩散能力的区域变化表（表 6 - 6）可以看出，西安市各街道文化产业空间扩散能力发生了不同程度的变化，部分街道文化产业空间扩散能力发生显著变化，部分街道文化产业空间扩散能力变化不够明显，差异性较大。

从文化产业空间扩散能力等级极弱的街道变化上看：1997 年有多达 31 个街道的文化产业空间扩散能力为极弱等级，这些街道分别是：新筑镇、徐家湾、汉城、六村堡、灞桥镇、谭家、张家堡、辛家庙、大明宫、红旗、未央宫、三桥、十里铺、席王、自强路、北关、太华路、红庙坡、胡家庙、枣园、王寺镇、长乐西路、解放门、土门、韩森寨、等驾坡、鱼化寨、斗门镇、曲江、长乐中路、环西等街道。从空间分布上，这些街道大部分位于距离市中心较远的区域，且分布在市区北面的较多，西面和东面也有少部分分布，南面最少。足见，在这一时期大部分街道的文化产业还处在发展的初期，扩散能力较弱。2002 年文化产业空间扩散能力极弱的街道开始减少为 27 个，其中 1997

年扩散能力处于极弱等级的解放门、韩森寨、曲江、长乐中路等四个街道在2002年发展成为扩散能力等级弱的区域，很明显这些街道的文化产业得到了进一步的发展，扩散能力开始增强。到2007年文化产业空间扩散能力极弱的街道进一步减少为18个，在2002年扩散能力还处于极弱等级的等驾坡、环西、长乐西路、张家堡、大明宫、北关、太华路、胡家庙、土门等9个街道到2007年已经不同程度地发展成为弱、中、强3个扩散能力等级的街道。2012年文化产业扩散能力等级极弱的街道只有11个，说明西安市大部分街道的文化产业都有所发展，扩散能力都有所提升，但仍有新筑镇、六村堡、席王、王寺镇、斗门镇、红旗、辛家庙、汉城、谭家、灞桥镇、鱼化寨等街道文化产业扩散能力居于极弱的等级，这些街道在空间分布上位于西安市的东北、西北和西南方向靠近绕城高速公路的位置，距离市中心较远。

从文化产业空间扩散能力等级弱的街道变化上看：1997～2012年期间扩散能力弱的街道的空间变化相对明显，由市中心向北逐年增多。1997年有丈八沟、纺织城、东关南街、长乐坊、北院门、长安路、桃园路、柏树林等8个街道属于扩散能力弱的区域。到2002年扩散能力弱的街道变为解放门、北院门、丈八沟、长乐中路、电子城、韩森寨、长乐坊、中山门、曲江、纺织城、桃园路，这其中只有丈八沟、桃园路和长乐坊三个街道仍然处在极弱的扩散能力等级。2007年文化产业空间扩散能力弱的街道变为北院门、丈八沟、解放门、胡家庙、大明宫、太华路、南院门、张家堡，值得注意的是丈八沟街道一直处在极弱的扩散能力等级，文化产业发展相对较慢。2012年文化产业空间扩散能力弱的街道数量上较2007年有所增加，区域分布上也有变化，徐家湾、红庙坡、十里铺、土门、自强路、大明宫、太华路、未央宫、枣园、纺织城、长乐坊、张家村、丈八沟等13个街道文化产业扩散能力居于这一等级，其中纺织城、长乐坊、丈八沟在1997年时就处在这一等级，纺织城和长乐坊期间还发展成为文化产业空间扩散能力中等级别的区域，只有丈八沟街道发展最慢。

从文化产业空间扩散能力中等级别的街道变化上看：1997年文化产业空间扩散能力中等级别的街道有7个，分别是大雁塔、太乙路、中山门、南院门、张家村、小寨、长延堡，从空间上看这些街道主要分布在西安市中心和城南。2002 年文化产业空间扩散能力中等级别的街道数量增加到 9 个,分别是南院门、柏树林、长安路、大雁塔、青年路、东关南街、太乙路、文艺路、张家村,这些街道在空间分布上呈现出以文艺路街道为中心的集聚分布状态。2007 年文化产业空间扩散能力中等级别的街道数量迅速增加到 15 个,分别是环西、长乐坊、西一路、长乐中路、长乐西路、韩森寨、纺织城、柏树林、土门、桃园路、曲江、等驾坡、文艺路、青年路、中山门等街道,这些街道在空间分布上以文艺路为中心呈现出分散分布状态,同时与文化产业空间扩散能力等级极强和强的街道相间分布,表明区域联系有明显的增强。到 2012 年文化产业空间扩散能力中等级别的街道数量变为 17 个,分别是长乐西路、北院门、韩森寨、解放门、长乐中路、文艺路、等驾坡、曲江、柏树林、南院门、西一路、电子城、大雁塔、环西、东关南街、长延堡、胡家庙,这些街道与扩散能力等级的弱、中、强以及极强的区域相间分布,呈现分散分布状态,但逐渐表现出环绕极强扩散能力等级的街道分布。

　　从文化产业空间扩散能力强的街道变化上看:1997 年和 2002 年文化产业空间扩散能力强的街道数量没有变化,但分布位置发生了变化,由青年路和电子城变为了长延堡和小寨,空间位置向城南的中轴线集聚,说明文化产业的扩散呈现出一定的方向变化;2007 年扩散能力强的街道数量增加为 6 个,分别是电子城、大雁塔、张家村、长安路、长延堡、北关,这些街道呈现出环绕小寨街道的分布格局,即以扩散能力极强的区域为中心呈现环状分布状态,进一步凸显了小寨街道文化产业发展的核心带动作用;2012 年扩散能力强的街道数量依然为 6 个,但街道的空间位置发生了变化,桃园路、三桥、小寨、中山门、张家堡、青年路等街道此时为扩散能力强的区域,这些街道呈现出分散分布状态,空间分布整体呈现出向西和向北的转移趋势,这些也表明以传统的城南文教区为中心的文化产业发展模式开始转变,文化产业在悄悄向其他区域转移和扩散。

　　从文化产业空间扩散能力极强的街道变化上看:西关街道从 1997 ~ 2012 年四个时间断面上一直都是文化产业空间扩散能力极强的区域,同时西关街道也是文化产业空间集聚程度强的区域之一,从这个角度看集聚对扩散产生的正效应是很明显的,正是由于集聚的产生,其对外的扩散能力才得以增强和实现。1997年扩散能力极强的街道分别是西一路、文艺路、西关，这三个街道的空间重心位置大致呈现出等边三角形的形态，区域中心在钟楼附近，从而带动周边街道的文化产业扩散；2002年扩散能力极强的街道是西一路和西关，文艺路街道的扩散能力减弱变为中等级别的区域；2007年扩散能力极强的街道增加为4个，分别是小寨、太乙路、东关南街、西关，这些街道的空间分布以市中心为原点，成掎角之势，文化产业的扩散中心逐渐在东西南三个方向显现出来；2012年扩散能力极强的街道变为太乙路、北关、西关、长安路，此时在市中心钟楼的东西南北四个方位，都分别存在一个扩散能力极强的街道，这时东西南北四个方向文化产业扩散中心基本形成，这些街道将对西安市文化产业的发展起到一定的带动作用，进一步促进次级扩散中心的形成。

通过上述分析以及观察各年份文化产业空间扩散能力等级的空间变化，我们进一步发现，西安市个别街道文化产业空间扩散能力发生了显著的变化：一些街道文化产业空间扩散能力显著增强，如张家堡、三桥、北关、等驾坡、长安路等街道，其中张家堡和三桥街道由2002年的极弱等级发展成2012年的强等级，等驾坡由1997年的极弱等级发展成2012年的中等级别，北关街道发展最为迅速，由2002年的极弱等级发展成2012年的极强等级，长安路街道由1997年的弱等级发展成2012年极强等级。然而也有个别街道文化产业空间扩散能力增长极为缓慢，如新筑镇、六村堡、席王、王寺镇、斗门镇、红旗、辛家庙、汉城、谭家、灞桥镇、鱼化寨等街道，文化产业空间扩散能力一直处于极弱等级，这些街道空间分布上均位于城郊附近，文化产业发展的市场狭小且基础设施建设滞后，这可能是其扩散能力极弱的主要原因。整体上看，西安市各街道文化产业空间扩散能力的变化呈现出渐进式的梯度变化规律，大多数街道的文化产业空间扩散能力在逐渐增强；但也有一些街道的文化产业空间扩散能力达到一定程度后开始呈现出下降的趋势，如文艺路、电子城、西一路、张家村等街道，应当引起研究者的关注。

四　西安市城区整体文化产业空间扩散能力的变化

由上述的分析可知，西安市各街道的文化产业空间扩散能力发生了不同程度的变化，同时在时间序列上，五个扩散能力等级的街道数量发生了显著变化[6]。那么在整体上，西安市城区文化产业空间扩散能力随着时间的演进呈现出怎样的变化呢？这值得进一步探讨。根据不同年份各个街道的文化产业的空间扩散能力[7]，可以对西安市城区整体的文化产业空间扩散能力进行推算，具体是对各年份各街道的文化产业空间扩散指数进行求和，并进一步求取平均值，进而代表西安市城区整体的文化产业空间扩散能力，根据计算结果生成西安市不同年份文化产业整体空间扩散指数变化图（图6－11）。

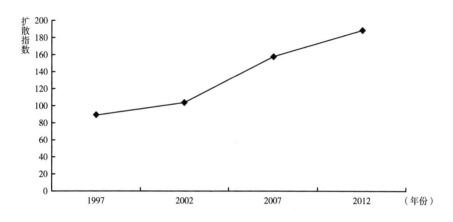

图6－11　西安市不同年份文化产业整体空间扩散指数变化（1997～2012年）

由图6－11可以清楚地看到，自1997年以来，西安市城区整体的文化产业空间扩散指数在不断增大，表明西安市整体文化产业空间扩散能力在逐渐增强。从1997～2012年以五年为一个发展阶段来看：第一阶段，1997～2002年期间，文化产业空间扩散指数增长了13.94，为三个阶段的最低增长值，说明这一阶段西安市文化产业发展刚刚起步，空间扩散能力相对较弱；第二阶段，2002～2007年期间，文化产业空间扩散指数增大了54.01，为三个发展阶段的最高值，说明这一阶段文化产业发展迅速，空间扩散能力增强较快；第三阶段，2007～2012年期间，文化产业空间扩散指数增长了31.53，较上一阶段有所下降，一定程度上说明，文化产业空间扩散能力在增强到某种程度之后，增长速度开始放缓，但依然呈现出增长趋势，说明文化产业仍然在进一步发展，空间扩散能力在进一步增强，未来一段时间内，这种增长态势将继续发展下去。

第三节　西安市文化产业空间扩散方向的时空变化

通过前文分析可知，随着时间的演进，西安市文化产业在发展过程中呈现出集聚与扩散并存的态势，各街道的文化产业空间集聚程度和扩散能力都发生了不同程度的变化；城区整体上文化产业的空间扩散能力也在不断增强，那么对文化产业空间扩散方向而言，随着时间的推移是否在城市的不同方位存在不同程度的变化？扩散的速度又会有怎样的变化？不同阶段文化产业空间扩散方向的演化态势怎样？文化产业空间扩散方向将呈现出怎样的时空变化规律？本章将借助 ArcGIS 软件的空间统计分析模块，采用等扇分析法对以上问题进行定量分析研究，采用的数据为 1997 年、2002 年、2007 年和 2012 年共 4 个年份的西安市文化产业空间点属性数据。

一　文化产业空间扩散方向的指标和方法选取

研究西安市文化产业空间扩散方向的时空变化，首先应该选定一个扩散中心，才能确切把握文化产业空间扩散方向。根据 ArcGIS 软件，对西安市多个年份的文化产业空间分布的重心点进行寻找，得到的结果是不同年份重心点的空间位置发生了一定的变化，但是其分布的空间位置都位于西安市中心的钟楼附近，而且一直以来西安市文化产业的分布都靠近消费市场，钟楼附近地区作为西安市的中心商务区，给文化产业发展提供了广阔的消费市场。因此本章在选取西安市文化产业扩散中心点时，选取了钟楼将其定义为文化产业的扩散中心，进而探讨以钟楼为起始点的不同方位不同时期的文化产业空间扩散问题。

在实际研究中可以通过测算各个方位的文化产业扩散速度来衡量文化产业空间扩散的方向性（向异性），具体计算公式如下：

$$M_{ij} = \triangle U_{ij} / (\triangle T_{ij} \times U_{ij})$$

式中，M_{ij} 为文化产业扩散速度，$\triangle U_{ij}$ 为 j 时段第 i 个研究单元（如方位）文化产业企事业单位数量变化，$\triangle T_{ij}$ 为 j 时段的时间跨度，U_{ij} 为 j 时段初期第 i

个研究单元的文化产业企事业单位数量。

西安市文化产业空间扩散的方向差异，存在横向比较（文化产业扩散在同时期的各向异性）和纵向比较（某方位各时间段的文化产业扩散速度差异）。为了更好地揭示西安市文化产业空间扩散方向和演化趋势，本文在扇形分析法的基础上，采用等扇分析法，即采用16方位分配法[12]（见图6-12），对各个方位的文化产业扩散速度进行计算。具体步骤如下：以西安市钟楼为中心，以15公里为半径（使之能包含西安市绕城高速公路内的所有街道）画圆，以东偏北11.25°为起点，将圆形区域划分为16个夹角（夹角大小为22.5°）相等的扇形区域，并与各个年份的文化产业空间分布图进行空间叠加（见图6-12）分析，利用ArcGIS9.3软件中的"Spatial Analyst/Zonal Statistics"命令，统计得到1997年、2002年、2007年、2012年的各个扇形区的文化产业企事业单位数量，进而得到各个时间段内各个方位的文化产业空间扩散速度，从而把握文化产业空间扩散的方向特征及演化趋势。

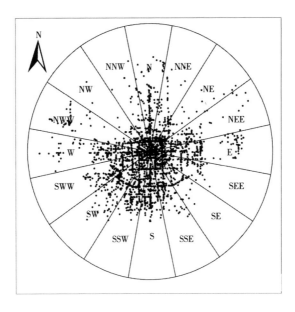

图6-12　等扇形区域划分

二　西安市文化产业空间扩散的方向特征变化

通过 ArcGIS 软件将统计得到的不同时间段内各方位的文化产业企事业单位数量，根据文化产业扩散速度公式进行计算，得到不同时间段内各方位的文化产业扩散速度，具体计算结果见表 6－7，同时对各时段、各方位的文化产业扩散速度表现出的数值差异进行计算得到表 6－8。由表 6－7 我们可以看出：在相同时间段内不同方位上文化产业扩散速度存在着显著差异性，在相同方位上不同时间段内文化产业扩散速度也存在着显著差异性。为了更好地说明各时段各方位的文化产业扩散速度的差异，分清各时段文化产业空间扩散的主导方向，本章将采用雷达图的形式予以表现。

表 6 - 7　各时段、各方位的文化产业扩散速度统计（1997～2012 年）

方位	1997～2002 年	2002～2007 年	2007～2012 年	2007～2012 年
N	0.084	0.241	0.338	0.495
NNE	0.021	0.135	0.296	0.240
NE	0.089	0.241	0.195	0.353
NEE	0.064	0.162	0.316	0.345
E	0.073	0.125	0.352	0.343
SEE	0.095	0.174	0.215	0.316
SE	0.058	0.072	0.311	0.233
SSE	0.056	0.131	0.287	0.277
S	0.157	0.109	0.199	0.301
SSW	0.058	0.229	0.334	0.426
SW	0.222	0.298	0.266	0.751
SWW	0.103	0.250	0.396	0.611
W	0.035	0.190	0.574	0.525
NWW	0.127	0.133	0.627	0.685
NW	0.092	0.084	0.296	0.277
NNW	0.035	0.130	0.339	0.282

表6-8　各时段、各方位的文化产业扩散速度差异统计（1997~2012年）

时间段	极差	最小值	最大值	均值	标准差	变异系数	偏度系数	峰度系数
1997~2002	0.201	0.021	0.222	0.086	0.050	0.588	1.888	0.761
2002~2007	0.226	0.072	0.298	0.169	0.066	0.389	0.580	-0.957
2007~2012	0.432	0.195	0.627	0.334	0.118	0.354	1.971	0.588
1997~2012	0.518	0.233	0.751	0.404	0.163	0.403	1.372	-0.601

根据表6-7中的统计数据，可以得到1997~2012年各时段各方位的文化产业空间扩散速度雷达图（图6-13），直观地反映出各时段各方位的扩散速度差异。

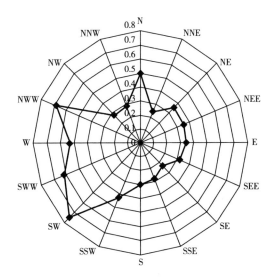

图6-13　各时段、各方位的文化产业扩散
速度雷达图（1997~2012年）

由图6-13和表6-8可以清楚地看到，不同时间段，各个方位上文化产业扩散速度差异明显，空间扩散呈现出一定的方向特征。同时，随着时间的演进，文化产业扩散速度的极差在显著增大，进一步凸显出文化产业空间扩散的方向差异。具体表述如下。

从1997~2002年时间段看，此阶段西安市各方位的文化产业扩散速度的均值为0.086，整体扩散速度较慢，标准差为0.050，数据具有一定的离散度，变异系数为0.588，数据相对波动范围较大，说明这一时段各方位的文化产业扩散速度虽然较小但差异较大。由西安市中心点钟楼向SW方向的扩散最快（0.222），向S方向上扩散速度紧随其后，但只有0.157，除了NNW方向（0.035）、W方向（0.035）、NNE方向（0.021）等的扩散速度小于0.05以外，其他方向上的扩散速度介于0.05—0.15之间，扩散速度较小。这一时段SW和S方向成为文化产业扩散的主导方向。

从2002~2007年时间段看，此阶段西安市各方位的文化产业扩散速度的均值为0.169，标准差为0.066，数据的离散程度较上一时段有所增强，变异系数为0.389，数据相对波动范围较上一阶段有所降低，说明这一时段各方位的文化产业扩散速度差异显著。同时，整体的扩散速度较上一阶段有所提升，扩散的方向性进一步显现出来，如SW方向的扩散速度达到0.298，即将突破0.3，是这一时段文化产业扩散速度最快的方向，SW方向的两侧SWW和SSW方向的扩散速度也较快，分别达到0.250和0.229，形成了SW方向的两个侧翼；在N和NE方向上文化产业扩散速度均达到0.241。至此，在市中心南侧形成了以SW和其两翼SWW、SSW为主导方向的雁行扩散模式；在市中心北侧形成了以N和NE为主导方向的掎角扩散模式。

从2007~2012年时间段看，此阶段西安市各方位的文化产业扩散速度的均值为0.334，较上一阶段有所提升，并且增幅较大，说明扩散速度进一步增强，标准差为0.118，数据的离散程度也有所增强，变异系数为0.354，较上一阶段有所降低，但各方位的扩散速度依然差异显著。整体上文化产业空间扩散速度较快，在NE方向上文化产业扩散速度最慢也达到了0.195，其他方向上均较快，尤其在NWW方向更是达到0.627的强劲扩散势头，同时在W和SW方向上也表现出较快的扩散速度，这一时段文化产业空间扩散的主导方向是NWW、W和SWW。造成这一现象的原因是在文化产业的发展初期，这些方位文化产业发展较慢，文化产业企业数量基数小，而随着西安市文化产业整体的快速发展，这些方位表现出了超强的发展潜力。

从1997~2012年（整个研究期）时间段看，整个研究期西安市各方位的文化产业扩散速度的均值为0.404，标准差为0.163，数据的离散程度相对较大，变异系数为0.403，数据波动范围大，说明文化产业扩散速度差异较大，呈现出显著的主导扩散方向特征。整个研究期文化产业的主导扩散方向为 SW 和 NWW，同时，N 方向也呈现出相对的掎角扩散之势。其中 SW 方向表现出的快速扩散与西安高新技术产业开发区的建设有着密切的关系；NWW 方向的文化产业扩散应该归功于高速公路以及城内几个交通要道的建设，交通通达性强，给文化产业发展带来了便利条件；N 方向的文化产业扩散与长安路纵贯本方位以及西安市政府所在地的北迁有直接关系，当然文化产业的扩散还有许多未知因素的驱动，受数据所限，在以后的研究中会进一步探讨。

三　西安市文化产业空间扩散速度类型的演化

通过上述分析可知，在不同时段，西安市文化产业空间扩散表现出不同的方向特性。而对于文化产业发展过程中在不同时段、不同方位的扩散速度的演化，仍需进一步分析，下文将对西安市文化产业空间扩散速度的演化做具体分析。

根据表 6 – 8 中的统计数据，对各时段、各方位的文化产业空间扩散速度进行聚类分析，最终将各时段、各方位的文化产业空间扩散速度划分为五种类型：高速扩散型、快速扩散型、中速扩散型、低速扩散型、滞后扩散型（表 6 – 9）。

表 6 – 9　各时段文化产业扩散速度类型划分（1997～2012 年）

时间段	高速扩散型	快速扩散型	中速扩散型	低速扩散型	滞后扩散型
1997～2002				SW	NNE、W、NNW、SSE、SE、SSW、NEE、E、N、NE、NW、SEE、SWW、NWW、S
2002～2007			SW	SEE、W、SSW、N、NE、SWW	SE、NW、S、E、NNW、SSE、NWW、NNE、NEE
2007～2012		W、NWW	SSE、NNE、NW、SE、NEE、SSW、N、NNW、E、SWW	NE、S、SEE、SW	
1997～2012	NWW、SW	N、W、SWW	S、SEE、E、NEE、NE、SSW	SE、NNE、NW、SSE、NNW	

尽管在前面的分析中我们发现，不同时段文化产业空间扩散表现出不同的方向特征，但在研究期的不同阶段文化产业的空间扩散速度存在显著的差异。由表6－9可以看出，不同方位上文化产业空间扩散速度类型在不断演化，具体类型如下。

从滞后扩散型上看，主要集中在研究期的起始阶段，1997～2002年时段的NNE、W、NNW、SSE、SE、SSW、NEE、E、N、NE、NW、SEE、SWW、NWW、S等15个方位均为滞后扩散型；2002～2007年时段滞后扩散型方位开始减少，主要有SE、NW、S、E、NNW、SSE、NWW、NNE、NEE等9个方位；然而从2007～2012年时段和整个研究期（1997～2012年）来看不存在滞后扩散型的方位，说明随着时间推移文化产业的发展越来越快，空间扩散越来越显著。

从低速扩散型上看，在各时段的个别方位上都有这种扩散速度类型，其中1997～2002年时段最少，只有一个SW方位；2002～2007年时段低速扩散型由前一个阶段的1个增加为6个，分别是SEE、W、SSW、N、NE、SWW等方位，说明这一时段较上一时段文化产业的空间扩散在逐渐加强；2007～2012年时段，由于中速和高速扩散型的方位有所增加，这一阶段低速扩散型方位只有NE、S、SEE、SW等；整个研究期低速扩散型方位有5个，分别是SE、NNE、NW、SSE、NNW等方位，这些方位文化产业扩散速度相对较慢。

从中速扩散型上看，1997～2002年时段不存在这样的方位；而2007～2012年时段最多，高达10个，这些方位分别是SSE、NNE、NW、SE、NEE、SSW、N、NNW、E、SWW，说明在这一时段西安市文化产业的空间扩散速度相对较快；而从整个研究期来看中速扩散型方位多达6个，主要是因为整个研究期不存在滞后扩散速度类型的方位，中速扩散型属于低速扩散速度类型向快速扩散型的过渡，是实现进一步扩散的基础。

从快速扩散型上看，主要集中在2007～2012年和1997～2012年两个时段，但是分布的方位存在着一定差异，前者只有W和NWW两个方位，后者包含N、W和SWW三个方位。2007～2012年时段，作为西安市文化产业快速发展的时期，文化产业空间扩散速度较前两个阶段有一定的提升，扩散速度类型主要包括快、中、低三个类型；整个研究期N、W和SWW三个方位表现出的快速扩散，与市场和交通条件密不可分。

从高速扩散型上看，只有在整个研究期存在 NWW 和 SW 两个方位，这在一定程度上说明西安市文化产业的发展仍处在上升阶段，还没有形成齐头并进的发展势头，但某些特定方位文化产业的快速扩散将进一步推动文化产业整体的发展。

第四节　西安市文化产业的圈层分异与时空相关性

本章的前三节主要是对西安市文化产业整体发展进行的分析，而没有涉及对其内部主要行业的分析与研究，本节将采用环形系统分析方法对西安市文化产业及其内部主要的七大行业的空间分布进行逐一分析。从整体上对文化产业及其内部主要行业发展的空间圈层分异特征进行研究，并进一步探讨文化产业发展是否存在时空相关性规律。借用环形系统分析方法[14]进行研究的主要步骤如下：以西安市钟楼为中心，以 0.5 公里为间隔，以 15 公里为最大半径（主要考虑到研究对象的规模和分析精度），通过 ArcGIS 软件生成可以覆盖西安市绕城高速公路以内所有文化产业分布区域的环形（见图 6 - 14，共 30 个环），利用 ArcGIS 软件的叠置分析功能和"Spatial Analyst/Zonal Statistics"命令，对各个时间断面上各个环形区域内分布的文化产业企业数量进行统计，得到 1997 年、1999 年、2002 年、2005 年、2007 年、2009 年、2012 年 7 个年份的各环形区域内的文化产业企业的总数量和其内部主要的七大行业的企业数量。从时间和空间结合的角度对西安市文化产业及其内部七大行业空间分布的圈层分异特征进行分析，总结出文化产业及其内部各个行业空间分布的演化规律；同时从时间尺度和空间尺度上探讨文化产业发展的时空相关性规律。

一　文化产业整体的圈层分异特征变化

对于西安市文化产业发展的圈层分异特征的研究，主要采用各个圈层（环形区域）文化产业企业密度作为衡量指标，为了更好地观察其演变规律，以相隔 5 年为一个时间断面，观察文化产业企业圈层密度及其密度变化，从而更好地把握其变化规律。由 1997 年、2002 年、2007 年、2012 年四个年份的

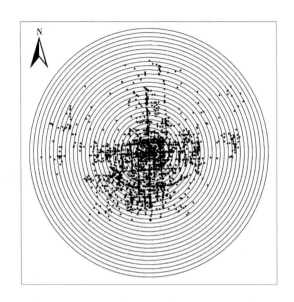

图 6 – 14　圈层分析环形系统示意

各个圈层文化产业企业密度得到 1997 ~ 2012 年间文化产业密度的圈层分布图（图 6 – 15），根据相邻时间段各圈层的文化产业企业密度的变化值得到 1997 ~ 2012 年间文化产业圈层分布的密度变化图（图 6 – 16）。

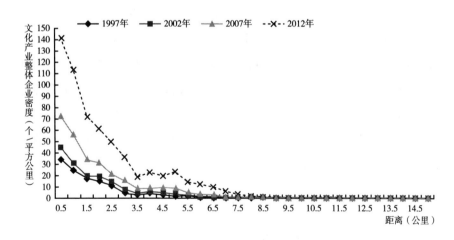

图 6 – 15　文化产业密度的圈层分布（1997 ~ 2012 年）

　　图 6 – 15 反映了西安市文化产业的空间圈层分布状况。可以看出，研究期内各圈层文化产业企业密度呈现出逐年增加的态势，且各年份企业密度最大值

均出现在市中心，距离市中心 3.5 公里内的文化产业企业密度逐年增加显著，距离市中心 1.5 公里的区域文化产业密度的增速极快，距离市中心 3.5~8.5 公里的区域文化产业增速属于中等水平，8.5~15 公里的区域文化产业密度增长缓慢。1997 年文化产业企业主要分布在距离市中心 0~3 公里的范围内，并呈现出文化产业企业数由市中心向外降低的趋势；2002 年文化产业企业主要分布在距离市中心 0~3.5 公里的范围内，同样呈现出由市中心向外降低的趋势，但在距离市中心 4 公里处形成了一个相对的微弱波峰；2007 年文化产业企业主要分布在距离市中心 0~5.5 公里的范围内，同样呈现出由市中心向外围降低的趋势，但在 4.5 公里处形成了一个相对的波峰；2012 年文化产业企业主要分布在距离市中心 0~7.5 公里的范围内，由市中心向外围企业密度降低较为剧烈，在 3.5 公里处形成了一个波谷，但向外围有个别圈层区域企业密度呈现上升，在 5 公里处形成了一个微弱的波峰。整体来看，随着时间推移，文化产业分布的主要区域的边界正在向外围区域拓展，说明产业发展在空间上发生着明显的扩散；同时市中心区与外围区域文化产业企业密度的比值正在逐年增大，文化产业集聚于市中心区的态势更加剧烈，因此西安市文化产业的集聚与扩散趋势正在日益增强，集聚与扩散互相推动文化产业发展。

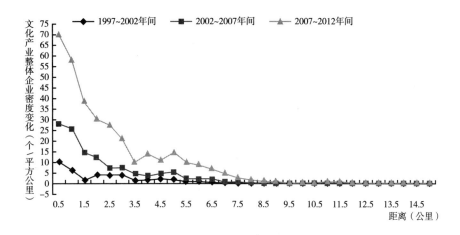

图 6-16　文化产业圈层分布的密度变化（1997~2012 年）

图 6-16 显示，2007~2012 年是西安市文化产业企业增长最快的时期，新增的文化产业企业主要分布在 0~6.5 公里的范围内，这一范围内文化产

企业密度变化最为显著，文化产业企业增长速度呈现出由市中心向外逐渐降低的趋势，在3.5公里和4.5公里处各形成一个波谷，但同时在4公里和5公里处各形成了一个微弱的波峰，说明区域差异明显，企业增长出现波动变化，但这一阶段是文化产业扩散最为显著的阶段；2002~2007年是文化产业发展的过渡时期，新增企业主要分布在0~3公里范围内，但在3~5公里范围内企业数量也有一定程度的增加，市中心附近企业增长较1997~2002年明显，同时企业的空间分布位置较前一阶段有所扩大，呈现出了一定的扩散趋势；1997~2002年是文化产业发展较慢的时期，这期间只有距离市中心0~1公里范围内企业增速较为明显，2~4公里范围内虽然表现出一定的增长态势，但相对较弱，其他区域均表现出缓慢的增长态势，尤其是远离市中心的近郊区发展极为缓慢，企业密度变化极为不明显。

二 文化产业内部主要行业的圈层分异特征变化

以上对文化产业整体的圈层分异特征变化进行了一定的分析，但要进一步了解文化产业的发展变化，仍需对其内部主要的几大行业进行逐一分析，从而得到其在空间分布及其演化上呈现出的规律。下文将对文化产业内部主要行业的圈层分异特征及其变化进行逐一分析，进一步把握其时空变化规律。

1. 新闻出版业的圈层分异特征变化

新闻出版业作为西安市文化产业重点发展的行业之一，其空间分布的圈层分异特征变化值得探讨。对于西安市文化产业发展的圈层分异特征的研究，主要采用各个圈层（环形区域）文化产业企业密度作为衡量指标，同样对于新闻出版业圈层分异特征的研究，类似的采用新闻出版业企业密度作为衡量标准。为了更好地观察其演变规律，以相隔5年为一个时间断面，观察新闻出版业企业圈层密度及其密度变化，从而更好地把握其变化规律。由1997年、2002年、2007年、2012年四个年份的各个圈层新闻出版业企业密度得到1997~2012年间新闻出版业密度的圈层分布图（图6-17），根据相邻时间段各圈层的新闻出版业企业密度的变化值得到1997~2012年间新闻出版业圈层分布的密度变化图（图6-18）。

图6-17反映了西安市新闻出版业的空间圈层分布状况。可以看出，研究

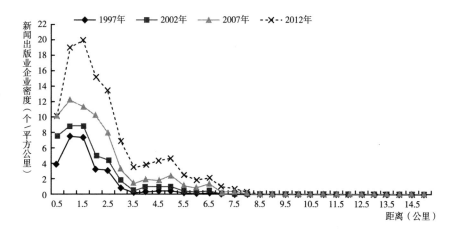

图 6 - 17　新闻出版业密度的圈层分布（1997~2012 年）

期内各圈层新闻出版业企业密度呈现出逐年增长的态势。距离市中心 2.5 公里内的区域新闻出版业企业密度增长较为显著，距离市中心 1~2 公里的范围内新闻出版业企业密度的增速最快，四个年份均在这一区间形成了企业密度的波峰值；距离市中心 3.5~5.5 公里的区域新闻出版业增速属于中等水平，各年份在 5 公里处均形成了一个微弱的波峰；距离市中心 5.5~8.5 公里的区域新闻出版业密度增速缓慢；距离市中心 8.5 公里以外的区域新闻出版业几乎停止增长。1997 年新闻出版业企业主要分布在距离市中心 0~2.5 公里的范围内，新闻出版业企业密度最大值出现在 1 公里处，并呈现出由此向两侧降低的趋势；2002 年新闻出版业企业主要分布在距离市中心 0~3 公里的范围内，新闻出版业企业密度最大值出现在 1.5 公里处，由此向外围降低的趋势比较显著；2007 年新闻出版业企业主要分布在距离市中心 0~5 公里的范围内，新闻出版业密度最大值出现在 1 公里处，由此向外围降低趋势明显，在 3.5 公里处形成了一个波谷，而在 5 公里处却又形成了一个相对的波峰，可以看出新闻出版业表现出了一定的扩散趋势；2012 年新闻出版业企业主要分布在距离市中心 0~6.5 公里的范围内，新闻出版业企业密度最大值出现在 1.5 公里处，由此处向市中心和向外呈现出下降的态势，向外在 3.5 公里和 6 公里处形成两个波谷，在 5 公里和 6.5 公里处形成两个相对的波峰，新闻出版业向外围扩散正在进一步增强。整体来看，随时间变化，新闻出版业在距离市中心 2.5 公里的范围内集聚态势更加剧烈，但同时向外表现出的扩散趋势也越来越明显，集聚与扩散并存的局面逐渐形成。

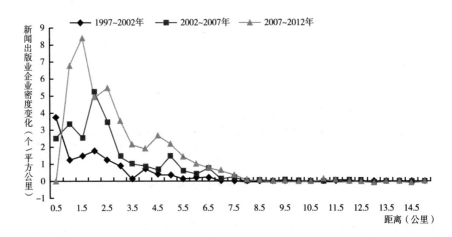

图6-18　新闻出版业圈层分布的密度变化（1997～2012年）

由图6-18显示，2007～2012年是西安市新闻出版业变化较为显著的时期，市中心0.5公里范围内新闻出版业企业基本没有变化，而在1～5公里范围内新闻出版业增长较快，增长速度呈现出由1.5公里处向外围降低的趋势，分别在2公里和4公里处各形成了一个波谷，但同时在1.5公里、2.5公里和4.5公里处各形成了一个波峰，表明企业扩散较为明显；2002～2007年是新闻出版业发展的过渡时期，新增企业主要分布在0～3.5公里范围内，企业密度变化在2公里最明显，形成了一个波峰，在1.5公里处则形成了一个波谷，企业密度变化由2公里处向市中心和外围区域逐渐降低，但在5公里处形成微小的波峰，企业分布呈现出了一定的扩散趋势；1997～2002年是新闻出版业发展较慢的时期，这期间只有距离市中心0～2.5公里范围内企业增速较为明显，其他区域均表现出缓慢的增长态势。

2. 广播影视业的圈层分异特征变化

广播影视业也是西安市文化产业重点发展的行业之一，对其空间分布的圈层分异特征的研究，主要采用各个圈层（环形区域）广播影视业企业密度作为衡量指标，以相隔5年为一个时间断面，观察广播影视业企业圈层密度及其密度变化，从而更好地把握其变化规律。由1997年、2002年、2007年、

2012 年四个年份的各个圈层广播影视业企业密度得到 1997～2012 年间广播影视业密度的圈层分布图（图 6-19），根据相邻时间段各圈层的广播影视业企业密度的变化值得到 1997～2012 年间广播影视业圈层分布的密度变化图（图 6-20）。

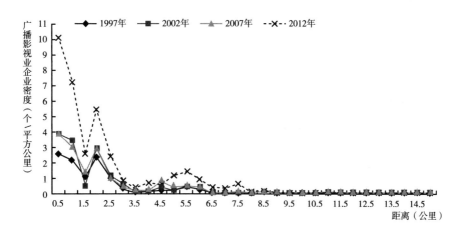

图 6-19　广播影视业密度的圈层分布（1997～2012 年）

图 6-19 反映了西安市广播影视业的空间圈层分布状况。可以看出，研究期内各圈层广播影视业企业密度呈现出逐年增长的趋势。距离市中心 0.5 公里范围内企业密度增长最为迅速，且密度最大，由市中心向外围企业密度有降低的趋势，在 1.5 公里处形成波谷，但各年份都在 2 公里处又形成了一个波峰，整体上距离市中心 0～2 公里的范围广播影视业密度增长较快，距离市中心 2.5～7.5 公里范围内企业增长缓慢，距离市中心 8.5 公里以外的区域几乎停止增长。1997 年广播影视业主要分布在距离市中心 0～1.5 公里的范围内，广播影视业密度最大值出现在距市中心 0.5 公里范围内，并呈现出由此向外围降低的趋势，在 1.5 公里处形成一个波谷，而在 2 公里处却形成了一个波峰；2002 年广播影视业主要分布在距离市中心 0～2.5 公里的范围内，在 1.5 公里处形成波谷，2 公里处形成波峰，并由此向外逐渐降低；2007 年广播影视业分布范围与 2002 年相比较变化不是很大，呈现出的变化趋势基本相同，但扩散的趋势进一步显现出来；2012 年广播影视业的分布有一定的变化，主要分布在距离市中心 0～6 公里的范围内，广播影视业的空间分布出现了三个波峰和

两个波谷，分布范围进一步扩大。整体来看，广播影视业在距离市中心 2 公里的范围内集聚态势更加剧烈，向外的扩散呈现波动式的变化，但扩散不够显著。

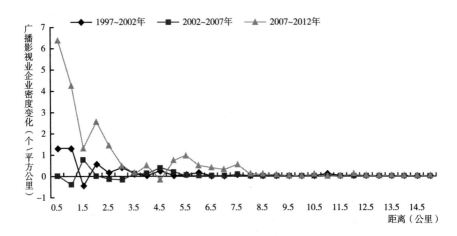

图 6－20　广播影视业圈层分布的密度变化（1997～2012 年）

由图 6－20 显示，2007～2012 年是研究期内西安市广播影视业发展最为快速的时期，市中心 0.5 公里范围内广播影视业企业增长最快，向外围的增长呈现出波动式的变化，在 2 公里和 5.5 公里处分别形成了波峰，但在 1.5 公里和 4.5 公里处形成了波谷；2002～2007 年是广播影视业发展相对缓慢时期，部分区域出现了负增长，并且各圈层整体增长幅度较小；1997～2002 年是广播影视业发展的萌芽期，这期间只有距离市中心 0～1 公里范围内企业增速较为明显，其他区域均表现出缓慢的增长态势，并且增幅不大，个别圈层出现负增长。

3. 文化表演业的圈层分异特征变化

文化表演业近年来在西安市文化产业发展中地位越来越重要，因此把握其空间分布的圈层分异特征，对于优化文化表演业的空间布局尤为重要。采用各个圈层（环形区域）文化表演业企业密度作为衡量指标，以相隔 5 年为一个时间断面，由 1997 年、2002 年、2007 年、2012 年四个年份的各个圈层文化表演业企业密度得到 1997～2012 年间文化表演业密度的圈层分布图（图 6－21），根据相邻时间段各圈层的文化表演业企业密度的变化值得到 1997～2012 年间文化表演业圈层分布的密度变化图（图 6－22）。

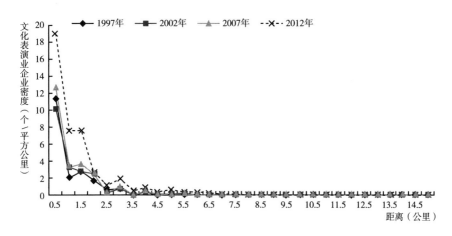

图6-21　文化表演业密度的圈层分布（1997～2012年）

图 6-21 反映了西安市文化表演业的空间圈层分布状况。可以看出，研究期内各圈层文化表演业企业密度呈现出逐年增长的趋势。距离市中心 0.5 公里范围内企业密度增长最为迅速，由市中心向外围区域企业密度明显降低，并且在 1 公里和 2 公里处呈现出梯度下降的形式。1997 年文化表演业主要分布在距离市中心 0～2 公里的范围内，文化表演业密度最大值出现在距离市中心 0.5 公里范围内，并呈现出由此向外围降低的趋势；2002 年文化表演业企业仍然主要分布在距离市中心 0～2 公里的范围内，且由市中心向外围下降极快；2007 年文化表演业在市中心区的密度进一步增大，由市中心向外下降较快；2012 年文化表演业的分布有一定的变化，主要分布在距离市中心 0～3 公里的范围内，且企业分布呈现明显的梯形下降态势，但足以表明文化表演业企业向外围区域发生了一定程度的扩散。整体来看，文化表演业在市中心 1.5 公里的范围内集聚态势明显，向外围的扩散不显著。

由图 6-22 显示，2007～2012 年是研究期内西安市文化表演业发展最为快速的时期，各圈层企业密度变化较其他时期大，市中心 0.5 公里范围内文化表演业企业增长最快，向外围增长速度逐渐降低，在 2 公里处企业密度变化下降较为迅速，在 2 公里以外的圈层企业密度变化不显著；2002～2007 年是文化表演业发展相对缓慢时期，部分圈层区域出现了负增长，并且各圈层整体增长幅度较小；1997～2002 年是研究期内文化表演业发展最缓慢的时期，市中

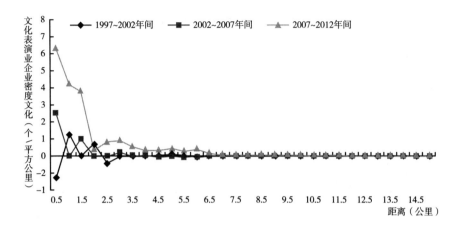

图 6 - 22　文化表演业圈层分布的密度变化（1997～2012 年）

心出现负增长，由距离市中心 1 公里处向外围企业增长速度逐渐降低，且变幅较小。整体上看，整个研究期文化表演业变化显著的区域依然在市中心附近，向外围的扩散不显著。

4. 文物及文化保护业的圈层分异特征变化

文物及文化保护业是西安市文化产业重点发展的行业之一，作为 13 朝古都的西安市，对文物及文化保护业极为重视，因此，对其空间分布的圈层分异特征的分析，有重要的意义。采用各个圈层（环形区域）文物及文化保护业企业密度作为衡量指标，以相隔 5 年为一个时间断面，能更好地把握其变化规律。由 1997 年、2002 年、2007 年、2012 年四个年份的各个圈层文物及文化保护业企业密度得到 1997～2012 年间文物及文化保护业密度的圈层分布图（图 6 - 23），根据相邻时间段各圈层的文物及文化保护业企业密度的变化值得到 1997～2012 年间文物及文化保护业圈层分布的密度变化图（图 6 - 24）。

图 6 - 23 反映了西安市文物及文化保护业的空间圈层分布状况。可以看出，研究期内文物及文化保护业主要分布在距离市中心 4 公里范围内，企业密度呈现出由市中心向外围区域明显降低的态势，在 4.5 公里以外的区域几乎没有相关企业分布。1997 年文物及文化保护业企业在全市范围内分布较少，各圈层分异不显著，企业密度最大值出现在市中心；2002 年文物及文化保护业企业有了一定的增长态势，企业集中分布在市中心附近，由市中心向外围呈

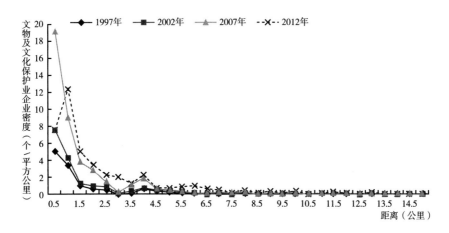

图 6 - 23　文物及文化保护业的圈层分布（1997～2012 年）

现明显下降态势；2007 年文物及文化保护业企业距市中心 0.5 公里的范围内增速极快，为研究期最高值，并由此处开始向外围下降，在 3 公里处形成了一个较明显的波谷，在 4 公里处形成了一个微弱的波峰，表现出了一定的扩散趋势；2012 年文物及文化保护业企业密度的最高值虽然较 2007 年小，但整体呈现出向外围扩散的趋势较之前的年份都强，企业密度的最高值出现在 1 公里处，由此处向外围的下降态势较为明显，在 3.5 公里处形成了一个波谷。

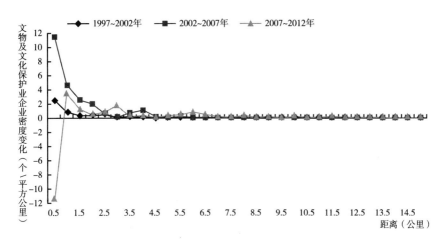

图 6 - 24　文物及文化保护业圈层分布的密度变化（1997～2012 年）

由图 6-24 显示，2007～2012 年是研究期内西安市文物及文化保护业变化较为剧烈的时期，市中心的企业向外围附近区域迁移较多，此时 0.5 公里处出现了负增长，外围圈层企业密度变化也较其他时段显著，在 1 公里、3 公里和 6 公里处分别形成这一阶段的波峰，在 7.5 公里～15 公里范围内的区域变化不明显；2002～2007 年是文物及文化保护业在市中心快速增长的时期，此时在 0～1.5 公里范围企业增长显著，但在这以外的区域变化不明显；1997～2002 年是研究期内文物及文化保护业发展最缓慢的时期，各圈层企业密度变化十分平稳。整体上看，整个研究期文物及文化保护业在市中心附近的圈层变化较为显著，外围圈层增长幅度较小，变化平稳，产业空间扩散不显著。

5. 文化娱乐业的圈层分异特征变化

文化娱乐业是西安市文化产业重点发展的行业之一，对其空间分布的圈层分异特征的分析，有一定的实践意义。采用各个圈层（环形区域）文化娱乐业企业密度作为衡量指标，以相隔 5 年为一个时间断面，能更好地把握其演变规律。由 1997 年、2002 年、2007 年、2012 年四个年份的各个圈层文化娱乐业企业密度得到 1997～2012 年间文化娱乐业密度的圈层分布图（图 6-25），根据相邻时间段各圈层的文化娱乐业企业密度的变化值得到 1997～2012 年间文化娱乐业圈层分布的密度变化图（图 6-26）。

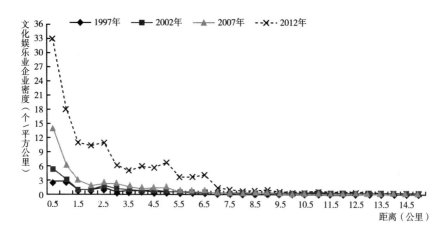

图 6-25 文化娱乐业的圈层分布（1997～2012 年）

　　图 6 – 25 反映了西安市文化娱乐业的空间圈层分布状况。可以看出，研究期内各圈层文化娱乐业企业密度呈现出逐年增长的态势，显著增长的区域集中在 0～6.5 公里范围内，在 7.5～15 公里范围内几乎停止增长，企业密度的最大值均出现在市中心，且由市中心向外围区域呈现出波动式的降低趋势。1997年文化娱乐业企业主要分布在距离市中心 0～1 公里的范围内，几乎所有企业都集中在市中心；2002 年文化娱乐业企业主要分布在距离市中心 0～1.5 公里的范围内，企业空间分布呈现出了一定的扩散趋势；2007 年文化娱乐业企业主要分布在距离市中心 0～3 公里的范围内，较 2002 年又有一定的外围扩散态势，企业密度由市中心向外围降低，在 2 公里处形成了一个波谷；2012 年文化娱乐业企业主要分布在距离市中心 0～6.5 公里的范围内，同时企业密度由市中心向外围呈现出剧烈的下降的趋势，在 2 公里、3.5 公里和 5.5 公里处分别形成一个波谷，说明文化娱乐业集聚与扩散的互动关系较显著，市中心集聚的加强促使企业外围扩散强度增大。整体来看，文化娱乐业在距离市中心 3 公里的范围内发展极为迅速，集聚态势更加明显，同时文化娱乐业向外围区域的扩散趋势较强，产业集聚对产业扩散的推动作用较为明显。

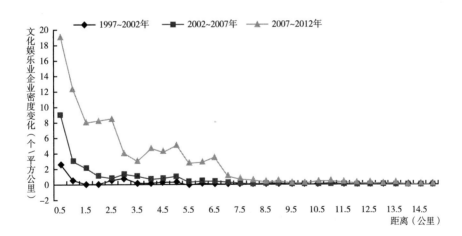

图 6 – 26　文化娱乐业圈层分布的密度变化（1997～2012 年）

　　由图 6 – 26 显示，2007～2012 年是研究期内西安市文化娱乐业变化较为剧烈的时期，企业增长最为迅速，在 0～2.5 公里范围内企业增长最显著，市中心的企业密度变化最大，同时 2.5～6.5 公里的范围内企业增长也相对较快，说明这一时期产业扩散较为明显；2002~2007年是文化娱乐业发展较缓慢的时期，此时在0~1公里范围企业增长显著，但在这以外的其他圈层区域变化不明显，产业发展较慢；1997~2002年是研究期内文化娱乐业发展最缓慢的时期，各圈层企业密度变化十分平稳。整体上看，整个研究期文化娱乐业的空间分布在近年来的圈层变化最为显著，表现出市中心区企业增长最快，外围区域增长幅度相对较小，在远离市中心的近郊区发展极为缓慢，但产业发展在空间上呈现出明显的扩散趋势。

6. 文化旅游业的圈层分异特征变化

文化旅游业是西安市文化产业重点发展的行业之一，作为全国重要的旅游城市，文化旅游业的发展对西安市旅游业的发展将起到一定的促进作用，对其空间分布的圈层分异特征的分析，具有一定的研究意义。采用各个圈层（环形区域）文化旅游业企业密度作为衡量指标，以相隔5年为一个时间断面，能更好地把握文化旅游业的圈层变化规律。由1997年、2002年、2007年、2012年四个年份的各个圈层文化旅游业企业密度得到1997~2012年间文化旅游业密度的圈层分布图（图6-27），根据相邻时间段各圈层的文化旅游业企业密度的变化值得到1997~2012年间文化旅游业圈层分布的密度变化图（图6-28）。

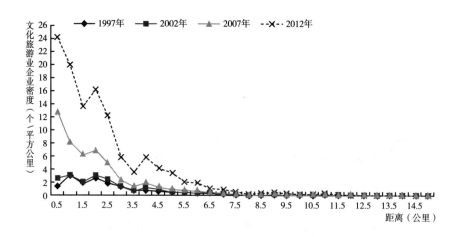

图6-27　文化旅游业的圈层分布（1997~2012年）

图6-27反映了西安市文化旅游业的空间圈层分布状况。可以看出，研究期内各圈层文化旅游业企业密度呈现出逐年增长的态势，且各年份企业的圈层

密度呈现出波浪式的变化，企业密度在整体上表现出由市中心向外围下降的趋势，企业分布的区域集中在 0～6 公里范围内，在 8～15 公里范围内企业数量几乎停止增长。1997 年文化旅游业企业主要分布在 0～3 公里的范围内，企业密度最大值出现在 1 公里处；2002 年文化旅游业企业仍然主要分布在 0～3 公里的范围内，但企业密度最大值出现在 2 公里处，较 1997 年的空间分布有外迁倾向，5.5～15 公里范围内的区域企业密度较小；2007 文化旅游业企业主要分布在距离市中心 0～4.5 公里的范围内，企业密度最大值出现在 0.5 公里处，由此向外围下降较为显著，在 1.5 公里和 3.5 公里处分别形成一个波谷；2012 年文化旅游业企业主要分布在距离市中心 0～6 公里的范围内，企业分布集中区域的范围有所扩大，企业密度最大值仍然出现在 0.5 公里处，由此处向外围呈现出剧烈的下降趋势，在 1.5 公里和 3.5 公里处分别形成一个波谷，波浪式变化较为显著。整体来看，文化旅游业在距离市中心 3 公里的范围内发展最为迅速，集聚态势更加明显，同时文化旅游业向外围区域的扩散趋势逐年增强。

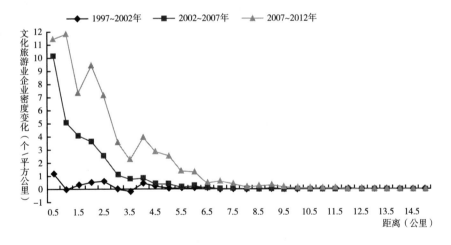

图 6－28　文化旅游业圈层分布的密度变化（1997～2012 年）

由图 6－28 显示，2007～2012 年是研究期内西安市文化旅游业企业密度变化最为剧烈的时期，企业增长最为迅速，在 0～5 公里范围内企业增长最显著，在 1 公里处企业密度变化最大，在 5～6 公里的范围内企业增长也相对较快，但 9.5～15 公里的区域文化旅游业变化极不明显；2002～2007 年是文化旅游业发展的过渡时期，各圈层企业密度较前一阶段都有一定的提升，企业密度变化由市中心呈现出逐级递减态势，此时在0～2.5公里范围内企业增长最显著，密度最大值出现在0.5公里处，但在5.5公里以外的其他圈层密度变化不明显；1997～2002年是研究期内文化旅游业发展较缓慢的时期，各圈层企业密度变化十分平稳。整体上看，近年来文化旅游业圈层变化越来越显著，表现出市中心附近的企业增长态势最快，外围圈层增长幅度相对较小，在远离市中心的近郊区发展极为缓慢，但产业发展在空间上呈现出明显的扩散趋势。

7. 广告业的圈层分异特征变化

广告业也是西安市文化产业重点发展的行业之一，广告业的发展对于文化产业发展的经济贡献率较高，其空间分布也引起了许多学者的关注[12]。下文对其空间分布的圈层分异特征的分析，对城市内广告业的空间布局有一定的参考价值。采用各个圈层（环形区域）广告业企业密度作为衡量指标，以相隔5年为一个时间断面，能更好地把握广告业的圈层变化规律。由1997年、2002年、2007年、2012年四个年份的各个圈层广告业企业密度得到1997～2012年间广告业密度的圈层分布图（图6-29），根据相邻时间段各圈层的广告业企业密度的变化值得到1997～2012年间广告业圈层分布的密度变化图（图6-30）。

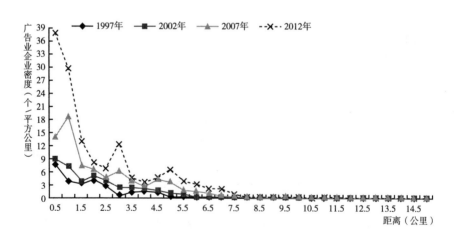

图6-29 广告业的圈层分布（1997～2012年）

图6-29反映了西安市广告业的空间圈层分布状况。可以看出，研究期内各圈层广告业企业密度呈现出逐年增长的趋势，并且个别年份广告业圈层分异

特征比较明显。1997 年广告业主要分布在 0～2.5 公里的范围内，企业密度最大值出现在 0.5 公里处；2002 年广告业主要分布在 0～4 公里的范围内，企业集中分布的位置较 1997 年向外围迁移，企业密度最大值同样出现在 0.5 公里处；2007 广告业主要分布在距离市中心 0～5.5 公里的范围内，企业密度最大值出现在 1 公里处，企业密度的最大值和集中分布区域都向外围发生了迁移；2012 年广告业主要分布在距离市中心 0～7 公里的范围内，企业分布集中区域的范围进一步扩大，企业密度最大值出现在 0.5 公里处，由此处向外围呈现出剧烈的下降趋势，在 2.5 公里和 4 公里处分别形成一个波谷，但在 3 公里和 5 公里处却形成了波峰，企业密度较两侧区域稍高一些，呈现出明显的波浪式变化。整体来看，广告业在距离市中心 3.5 公里的范围内发展最为迅速，在市中心的集聚态势更加明显，同时广告业向外围区域的扩散与迁移将进一步增强。

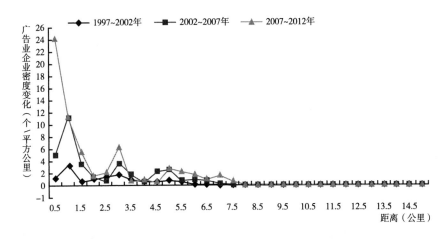

图 6 - 30　广告业圈层分布的密度变化（1997～2012 年）

由图 6 - 30 显示，2007～2012 年是研究期内西安市广告业企业密度变化最为剧烈的时期，呈现明显的波浪式变化，企业密度变化在 0.5 公里处最大，在 2 公里和 4.5 公里处各形成一个波谷，在 3 公里和 5 公里处各形成一个波峰，但在 8～15 公里范围内广告业变化不明显，企业增长缓慢；2002～2007 年是广告业发展的过渡时期，各圈层企业密度变化也处在一个过渡阶段，企业密度变化由市中心呈现出逐级递减态势，在 2.5 公里和 4 公里处各形成了一个波谷，在 1 公里、3 公里和 5 公里处各形成了一个波峰，但峰值较 2007～2012

年时段的值小；1997～2002 年是研究期内广告业发展较缓慢的时期，各圈层企业密度变化不显著，峰值出现在 1 公里处，其他区域变化较平稳。整体上看，广告业圈层变化越来越显著，表现出市中心和 3 公里的企业增长态势最快，其他圈层增长幅度相对较小，在远离市中心的近郊区发展极为缓慢，但产业发展在空间上呈现出了明显的扩散趋势。

三 文化产业发展的时空相关性分析

通过上述分析可知，西安市文化产业整体及其内部主要行业，在空间分布上存在着明显的圈层分异特征，并且各个年份呈现出不同的分异特征，那么文化产业的发展是否存在时空相关性呢？这是一个迫切需要解决的理论问题，实际上文化产业发展的时空相关性在时间尺度和空间尺度上都应该存在，但在时间尺度和空间尺度上具体呈现出怎样的变化特征，值得研究和思考。本章将采用相关系数作为衡量文化产业发展的时空相关性的指标，在时间尺度上本章采用由钟楼向外 30 个圈层（环形区域）的 1997 年、1999 年、2002 年、2005 年、2007 年、2009 年和 2012 年的七年的文化产业企业数量作为指标，这些区域的文化产业企业数量既含有时间属性又包含空间属性，那么我们认为这些数据具有时空属性，如果以各年份为变量，以各圈层的文化产业企业数量为年份变量的属性值，对七个年份两两之间求取相关系数，则能够反映文化产业发展在时间尺度上的时空相关性。在空间尺度上将由钟楼向外的 30 个圈层（环形区域）变成以 1 公里为相邻圈层（环形区域）距离的 15 个圈层（环形区域），通过 ArcGIS 软件对每个圈层七年的文化产业企业数量进行统计，这些统计得到的文化产业企业数量也既带有时间属性又带有空间属性，那么我们认为这些数据也具有时空属性，如果以 15 个圈层为变量，以各年份的文化产业企业数量为圈层变量的属性值，对 15 个圈层两两之间求取相关系数，则能够反映文化产业发展在空间尺度上的时空相关性。

1. 时间尺度上时空相关性分析

以 1997 年、1999 年、2002 年、2005 年、2007 年、2009 年和 2012 年的各年份的各个圈层的文化产业企业数量为变量，求取每两个年份之间的相关系数，得到时间尺度上文化产业的时空相关性变化（表 6 - 10）。

表 6 – 10　时间尺度上文化产业的时空相关性变化（1997～2012 年）

相关系数	1997 年	1999 年	2002 年	2005 年	2007 年	2009 年	2012 年
1997 年	1.000	0.994	0.978	0.968	0.934	0.904	0.872
1999 年	0.994	1.000	0.985	0.974	0.950	0.921	0.892
2002 年	0.978	0.985	1.000	0.990	0.980	0.960	0.941
2005 年	0.968	0.974	0.990	1.000	0.985	0.970	0.953
2007 年	0.934	0.950	0.980	0.985	1.000	0.995	0.979
2009 年	0.904	0.921	0.960	0.970	0.995	1.000	0.987
2012 年	0.872	0.892	0.941	0.953	0.979	0.987	1.000

　　由表 6 – 10 可以直观地看到，在时间尺度上各个年份之间相关系数的数值都较大，尤其是 2007 年和 2009 年文化产业的相关系数高达 0.995，表明这两个年份文化产业发展的时空相关性极强；相关系数高于 0.950 的年份对高达15 个，说明在时间尺度上文化产业发展的时空相关性较为明显；1997 年和2012 年之间的相关系数最小也达到了 0.872，说明文化产业发展过程中其空间分布在时间尺度上存在着很强的相关性，时空相关性的存在有可能是促使文化产业集聚与扩散出现的原因之一。

　　如果把表 6 – 10 中求取的年份对之间的相关系数进一步分析，将相隔年份相同的两个年份之间的相关系数进行求和，进而求取他们的平均值，反映出西安市文化产业发展在不同时间尺度上的时空相关性变化（图 6 – 31）。

　　由图 6 – 31 可以进一步观察文化产业发展在时间尺度上的时空相关性变化，随着时间间隔的增加，相关系数表现出下降的态势，在时间间隔 2～5 年的区间内，这种下降态势不是很明显，时间间隔在 8～15 年的区间内相关系数表现出了明显的下降。整体上看，文化产业发展在时间尺度上表现出明显的时空相关性特征，时空相关性随着时间间隔的增加呈现出下降的态势，时间间隔越小，时空相关性越强，反之则弱。

2. 空间尺度上时空相关性分析

　　通过 ArcGIS 软件统计得到 1997 年、1999 年、2002 年、2005 年、2007年、2009 年和 2012 年的各年份的以钟楼为起始点，以 1 公里为环形间距的各圈层的文化产业企业数量，将各个环形进行命名，距市中心 1 公里范围内为环

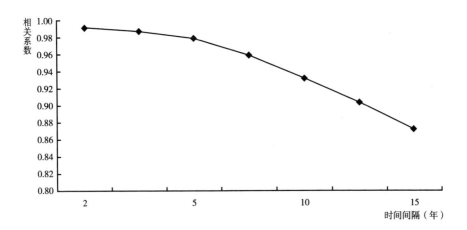

图 6 - 31　不同时间尺度上文化产业的时空相关性变化

1，距市中心 1~2 公里为环 2，依次递推，最外围的圈层为环 15。以各个环形区域内七个年份企业数量为变量，求取每两个环形区域企业数量之间的相关系数，进而得到空间尺度上文化产业的时空相关性变化（表 6 - 11）。

由表 6 - 11 可以看出，只有环 15 与各个环之间的相关系数值为负值，说明在和市中心的距离增大到一定程度之后，文化产业的分布存在着与其他区域极不同步的变化趋势，文化产业发展的空间关联性减弱甚至可能丧失，文化产业发展滞后。对于西安市文化产业整体的发展而言，距离市中心 14~15 公里范围的环 15 可能达到了文化产业发展在有限空间内的临界值，而空间距离就成为其进一步发展的屏障，故在下文的研究中不探讨环 15 与其他所有环形之间在空间尺度上表现出的规律性。

除环 15 以外，其他各个环形之间的相关系数存在着一定的差异，环形之间的相关系数最大值为 0.9995 出现在环 6 与环 7 之间，最小值为 0.8764 出现在环 1 和环 14 之间，然而环 6 和环 7 的相邻距离只有 1 公里，环 1 和环 14 之间的相邻距离则达到 13 公里，说明环形之间的相邻距离对文化产业发展的时空相关性产生了影响。根据表 6~2 中的数据，对相邻距离相等的环形之间的相关系数进行求和，并进而计算得到他们之间的平均值，得到不同空间尺度上文化产业的时空相关性变化图（图 6 - 32），以此来反映随着环形之间相邻距离的增加对时空相关性的变化产生的影响。

表6－11　空间尺度上文化产业时空相关性变化

Tab6－11　The cultural industry of space-lime correlation changes in the spatial scale

相关系数	环15	环14	环13	环12	环11	环10	环9	环8	环7	环6	环5	环4	环3	环2	环1
环15	1.0000														
环14	−0.2582	1.0000													
环13	−0.2874	0.9950	1.0000												
环12	−0.1451	0.9657	0.9796	1.0000											
环11	−0.1698	0.9791	0.9871	0.9951	1.0000										
环10	−0.0905	0.9342	0.9532	0.9908	0.9848	1.0000									
环9	−0.1749	0.9649	0.9805	0.9984	0.9940	0.9912	1.0000								
环8	−0.1537	0.9509	0.9701	0.9962	0.9915	0.9972	0.9969	1.0000							
环7	−0.1397	0.9429	0.9669	0.9949	0.9879	0.9980	0.9963	0.9994	1.0000						
环6	−0.1531	0.9444	0.9648	0.9935	0.9883	0.9974	0.3369	0.9989	0.9995	1.0000					
环5	−0.0982	0.8680	0.9019	0.9597	0.9443	0.9839	0.3656	0.9770	0.9825	0.9827	1.0000				
环4	−0.0877	0.9037	0.9300	0.9798	0.9692	0.9955	0.9823	0.9907	0.9941	0.9938	0.9953	1.0000			
环3	−0.0713	0.9138	0.9364	0.9832	0.9752	0.9984	0.9842	0.9930	0.9952	0.9947	0.9909	0.9988	1.0000		
环2	−0.0618	0.9006	0.9264	0.9803	0.9671	0.9947	0.9816	0.9891	0.9931	0.9919	0.9937	0.9992	0.9979	1.0000	
环1	−0.0592	0.8764	0.9070	0.9684	0.9531	0.9879	0.9706	0.9809	0.9860	0.9850	0.9965	0.9977	0.9943	0.9982	1.0000

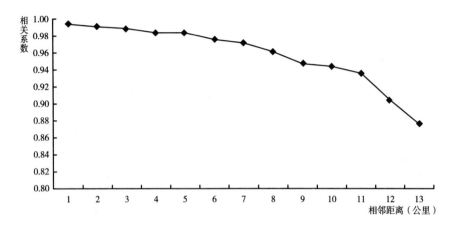

图 6 - 32　不同空间尺度上文化产业的时空相关性变化

由图 6 - 32 可以明显看出，随着环形之间相邻距离的增加，文化产业发展在空间尺度上的时空相关性发生了一定程度的下降。相邻距离在 1 ~ 5 公里的区间内时空相关性下降不明显，在 5 ~ 11 公里的区间内下降速度呈现出加快的趋势，在 11 ~ 13 公里的区间下降的态势十分明显，当环形之间的相邻距离达到 13 公里时，文化产业发展的时空相关性出现了最低值，但相关系数也达到了 0.8764，说明空间尺度对文化产业发展的时空相关性产生了影响，并且随着相邻距离的增加时空相关性开始降低，但表现出在一定的空间尺度范围内，这种文化产业发展的时空相关性确实明显存在，并且随着空间尺度的变化，时空相关性也随之变化，空间尺度特征显著。

通过上述分析发现，西安市文化产业发展存在着明显的时空相关性特征，这种时空相关性在时间尺度和空间尺度上呈现出不同的规律性。在时间尺度上，文化产业发展的时空相关性随时间间隔的增加而降低，但相关系数一直较大，说明短时间的时间尺度对时空相关性影响并不明显；在空间尺度上，在距离市中心一定空间范围内，文化产业发展的时空相关性随着区域间相邻距离的增加呈现下降趋势，但时空相关性明显存在。但当距离市中心达到一定空间距离之后，该区域与所有区域之间的时空相关性开始出现负值并有可能丧失，如环 15 与所有环形之间的相关系数均为负值，进一步说明了时空相关性的空间尺度特征。

本章小结

本章以西安市文化产业企业为基本统计单位，通过《西安市黄页》、电子地图以及实际调研获得 1997 年、1999 年、2002 年、2005 年、2007 年、2009 年和 2012 年的西安市文化产业企业空间分布点属性数据，以主城区绕城高速公路以内的 51 个街道办事处（镇）为研究的基本空间单元。对文化产业的集聚与扩散过程进行定量化研究，探讨其时空演化规律，进而优化文化产业的空间布局，实现西安市文化产业的跨越式发展。通过研究得到以下结论：

第一，通过对西安市文化产业空间集聚程度的时空变化分析得出：①在时间序列上，文化产业空间分布的不同集聚等级的街道数量发生显著变化，强集聚区和中集聚区的数量逐年上升，表明文化产业空间集聚在逐年增强；同时文化产业空间分布的空白区逐年减少，表明文化产业的空间扩散也在同步发生。②在区域变化上，集聚区的分布始终表现出城南高于城北的态势，集聚程度显著增强的区域主要是由长安路所穿越的街道或其两侧附近的街道组成，如张家堡、北关、自强路等；曲江街道在政策优势下文化产业发展也较快；新筑镇和斗门镇的文化产业发展十分缓慢，始终是空白区。

第二，通过对西安市文化产业空间扩散能力的时空变化分析得出：①对于各街道的文化产业空间扩散能力而言，在时间序列上，不同扩散能力等级的街道数量发生显著变化，极弱等级街道数量下降明显，中等级街道数量逐年递增，强等级街道数量也有明显上升但数量较少，极强等级街道数量变化不大且数量少。在区域变化上，部分街道的文化产业空间扩散能力显著增强，如张家堡、三桥、北关、等驾坡、长安路等；部分街道文化产业空间扩散能力增长极为缓慢，一直处于极弱等级，如新筑镇、六村堡、席王、王寺镇、斗门镇、红旗、辛家庙、汉城、谭家、灞桥镇、鱼化寨等。②对西安市城区整体文化产业空间扩散能力的变化而言，1997 年以来文化产业空间扩散指数逐渐增大，且增长的幅度呈现出阶段性的变化，说明西安市城区整体的文化产业空间扩散能力在逐渐增强。

第三，采用等扇分析法，通过对西安市文化产业空间扩散方向的时空变化

分析得出：①以钟楼为起始点，不同时段文化产业空间扩散方向存在显著差异：1997～2002 年时段，主导扩散方向为 SW 和 S；2002～2007 年时段，在市中心南侧形成了以 SW 和 SWW、SSW 为主导方向的雁行扩散，在市中心北侧形成了以 N 和 NE 为主导方向的掎角扩散；2007～2012 年时段，主导扩散方向变为 NWW、W 和 SWW；整个研究期，文化产业主导扩散方向为 SW 和 NWW，同时 N 方向也呈现出相对的掎角扩散之势。②不同时段各方位的文化产业空间扩散速度类型发生显著变化：滞后扩散型，集中在 1997～2002 年和 2002～2007 年时段；低速扩散型，各时段均有分布，唯独 1997～2002 年时段最少；中速扩散型，集中在 2007～2012 年时段，高达 10 个；快速扩散型，集中在 2007～2012 年时段；高速扩散型，在整个研究期存在 N、W 和 SWW 三个方位，说明西安市文化产业的发展仍处在上升阶段。

第四，采用环形系统分析法，通过对西安市文化产业及其内部主要行业空间分布的圈层分异特征变化分析得出：①文化产业整体的圈层分异特征变化：在研究期内各圈层文化产业企业密度呈现出逐年增加的态势，距离市中心 3.5 公里内的文化产业企业密度增加显著，各年份企业密度最大值和企业密度变化最大值均在市中心，文化产业向市中心的集聚逐年增强，同时也表现出了明显的外围扩散趋势。②文化产业内部主要行业的圈层分异特征变化：新闻出版业、广播影视业、文化表演业、文物及文化保护业、文化娱乐业、文化旅游业、广告业都不同程度表现出向市中心或市中心附近区域集聚的态势，且随着时间的变化这种趋势越来越明显；但在空间扩散上几大行业间的差异明显，其中文化娱乐业、文化旅游业、广告业的空间扩散最为显著，新闻出版业的空间扩散也比较明显，广播影视业、文化表演业、文物及文化保护业的空间扩散不明显。

第五，西安市文化产业发展存在时空相关性特征，在时间尺度和空间尺度上呈现出不同的变化规律。在时间尺度上，时空相关性随时间间隔的增加而降低，但相关系数一直较大，说明短时间尺度变化对时空相关性的影响并不显著。在空间尺度上，距离市中心一定的空间范围内，时空相关性十分显著，同时表现出随着区域间相邻距离的增加，时空相关性开始降低，区域间的相邻距离越大时空相关性变化越明显，说明文化产业发展的时空相关性存在明显的空间尺度特征。

参考文献

［1］张华、梁进社：《产业空间集聚及其效应的研究进展》，《地理科学进展》2007 年第 26（2）期。

［2］Tobler W. R. , A computer movie simulating urban growth in the Detroit region. *Economic Geography*, 1970, 46（2）.

［3］Patrizia Tosi, Valerio De Rubeis, Vittorio Loreto, et al. , Space-time correlation of Earthquakes. *Geophysical Journal International*, 2008, 173.

［4］李波、濮培民、韩爱民：《洪泽湖水质的时空相关性分析》，《湖泊科学》2002 年第 14（3）期。

［5］薛东前、王传胜：《无锡城市用地扩展的时空特征与趋势分析》，《资源科学》2003 年第 25（1）期。

［6］赵峰：《产业空间扩散的动力机理与长三角区域经济一体化》，《学术月刊》2011 年第 43（1）期。

［7］Bassett Keith, Ron Giriffiths, Ian Smith. , Cultural Industries, Cultural Clusters and The City：The Example of Natural History Film-Making In Bristol. *Geoforum*, 2002, 33.

［8］钱紫华、闫小培、王爱民：《城市文化产业集聚体：深圳大芬油画》，《热带地理》2006 年第 26（3）期。

［9］薛东前、刘虹、马蓓蓓：《西安市文化产业空间分布特征》，《地理科学》2011 年第 31（7）期。

［10］王远飞、何洪林：《空间数据分析方法》，科学出版社，2007。

［11］吴秀芹、张洪岩、李瑞改等：《ArcGIS9 地理信息系统应用与实践》，清华大学出版社，2007。

［12］储金龙：《城市空间形态定量分析研究》，东南大学出版社，2007。

［13］李小建：《经济地理学》，高等教育出版社，2006。

［14］吴兵、王铮、邓悦：《基于 GIS 的上海城市中心区工业用地空间解构》，《东北测绘》2002 年第 25（1）期。

［15］Pratt A. C. , New Media, the New Economy and New Spaces. *Geoforum*, 2000, 31（4）.

第七章
西安市文化产业时空集散的
影响因素和发生机制

第一节　西安市文化产业时空集散的影响因素

从统计学的角度来说，地理现象或事件出现在空间上的任意位置都是有可能的。如果没有某种力量或者机制来"安排"时间的出现，那么分布模式可能是随机分布的，否则将以规则或者聚集的模式出现。本节依据上述规律，并结合文化产业自身的产业特性，将影响文化产业空间格局的因素概括为六个方面。

一　产业关联因素

随着社会分工的发展，大多数经济活动都会受到其相关产业的关联影响。而作为朝阳产业的文化产业，它对国民经济的推动作用正是通过与其他产业之间的关联作用实现的，且这种作用是相当大的。不管前向还是后向，文化产业与其他相关产业之间都存在着或强或弱的关联性。文化产业最终转化为文化产品和服务，其中就需要产业的参与；由于文化产业自身的特性，它需要有高素质的人才，唯有教育产业可以为其提供人才资源；而文化产业园区的建设需要场所场地，这就需要建筑业的参与等等。

例如旅游业，它就需要从信息技术服务业、交通运输业、金融保险业、邮电通信业等众多行业中得到产品、技术以及服务的支持，而这些产业相关部门的发展直接影响着旅游业的发展。众所周知，旅游是由食、住、行、游、购、娱六大要素组成的，而每一个要素所形成的产业之间都存在着关联。对于影视业来说，要想制作一部成功的影视作品，前期就需要信息、教育、文艺创作等为其提供材料以及信息、人才、文化等的支持。而后期，作品制作完成以后，又会催生出一系列产品，如图书、游戏等，而它们又将会带动出版业、玩具业等的发展。西安市曲江文化产业示范区，虽然其集群化发展规划还不完善，但是目前已初步形成以曲江文化产业集团为核心，重大文化旅游项目为龙头，涵盖旅游、商贸、会展、影视、演艺、出版、传媒、餐饮等多门类的产业链，它们之间相互合作、多元互补，产生了较大的集聚效应。

由此可见，某个区域文化企业越多，产业类型越多，产业链越长，该地区对文化产品的市场需求也越大，企业间的前向与后向联系程度越高，也就越能吸引文化产业的集聚。

二　人才资源因素

由于文化产业本身的性质——以创造性为主体的知识密集产业，它是一个文化和经济高层次、高难度合作的行业，它所涉及的领域需要大量知识、智能、信息资源，因此，在文化产业的产业链中，需要储备一些富有高科技、高文化、高知识的智力资源作为支撑，人才资源对其的集聚发展尤为重要。而人才的结构、规模、质量等在空间上都存在一定的差异，这些差异也必将会导致文化产业在空间上出现差异。

西安市的教育资源极为丰富，市内高等院校和科研机构集中，而且它是全国高校密度和受高等教育人数最多的城市。依托众多的高等院校和科研院所，西安市吸引了众多的文化、文艺人才。现如今的高新技术产业开发区，可谓是人才济济，尤其是从事软件开发、网络动漫设计等的创意人才，他们已成为该区文化建设的中坚力量。近年来，为了满足文化产业的快速发展，培养兼具文化艺术修养和文化产业经营管理能力的复合型高素质人才，一些院校相继开设了文化产业相关专业，比如西安理工大学、西安建筑科技大学、咸阳师范学院，都开设了文化产业管理专业。西安外事学院文化产业学院，是陕西省首家文化产业学院，同时也是西北地区首家文化产业学院。此外，西安交大文化创意产业研究中心、西安市文化产业发展研究会、西安曲江新区文化产业发展研究中心等研究机构也直接参与到西安市文化产业的开发和建设中，为西安市的文化产业提供了动力支持和智力保障。

西安市文化产业主要是集聚在城市中心以及偏南的区域，众多高等院校以及科研院所也相对集中在这些区域，这里有很多高素质的人才集聚，因此高素质人才的空间分布也是影响文化产业集聚的重要因素。

三　市场需求因素

市场效应是产业集聚过程中向心力的重要来源，大的市场更容易吸引企业进入该区域，这又促进了该地区市场的扩大，进而增强产业的集聚[1]。美国著名心理学家马斯洛的五层次需求理论在文化产业领域用来说明人们总在追求更大的效用和满足。收入水平越高，需求层次也就越高，消费者对于高层次消费品的需求越来越强烈，也就为其提供了市场。文化产业是一个高收入弹性的产业，同时文化需求又是高层次需求，当人们的基本物质层次满足之后，才会更多关注文化、精神、心理上的需求，当一个地区消费者的购买能力越强的时候，他对于文化产品和服务的需求就会越多，会吸引新的企业进入该市场。因此经济发展快、收入水平高、居民生活较富裕的地区对文化产品的需求量大，也就是说更有利于文化产业的集聚。据资料统计，当人均收入水平达到1000美元以上时，人们的文化消费需求将有明显的上升。

从文化需求的大环境来看，近年来西安市的经济社会一直保持良好的发展势头。整体收入水平不断提高，生活水平的提高使人们对于文化的需求日益增加，城市居民家庭人均用于教育文化娱乐服务的支出仅次于食品支出。这些都对西安市文化产业的集聚产生了一定的影响。表7-1是2004~2011年西安市城镇居民和农村居民的收入、消费情况。

2011年全市GDP达到3864.21亿元，人均GDP于2010年就突破5000美元，达到中等收入国家（地区）水平；而近年来西安城乡发展日趋协调，从2009年的3.02∶1回落到2011年的2.65∶1，同时区域之间的经济发展差距逐渐缩小。另外，西安市城乡居民收入大幅增加，2011年城镇居民可支配收入达到25981元，是2006年的2.4倍；农村居民人均纯收入达到9788元，是2006年的2.6倍。它的增加逐渐改变了以吃、穿等生存资料为主的消费模式，住、用、行、娱等高级消费支出明显提高，恩格尔系数由2006年的35.3%下降到2011年的31.2%。监测显示：2010年西安全面建设小康社会综合实现程度达到90.6%，比2006年提高了10.7个百分点。

表 7 - 1　西安市城镇、农村居民收入及消费情况

指　标	2004 年	2005 年	2006 年	2007 年	2008 年	2009 年	2010 年	2011 年
人均 GDP(元/人)	15294	16406	18890	22463	27794	32411	38343	45475
城镇居民人均可支配收入(元/人)	8544	9628	10905	12662	15207	18963	22244	25981
城镇居民消费支出(亿元)	320.89	352.50	422.29	478.48	729.71	881.52	1033.01	1211.17
城镇居民文教娱乐用品及服务类支出(亿元)	101.77	51.98	67.63	61.10	96.08	117.15	141.36	162.68
城镇居民消费结构(%)	16.86	17.18	18.55	14.52	14.35	14.34	14.66	14.26
农民人均纯收入(元/人)	3143	3460	3809	4399	5212	6275	7750	9788
农村居民消费支出(亿元)	97.12	106.74	115.42	132.51	116.78	135.95	152.93	176.88
农村居民文教娱乐用品及服务类支出(亿元)	33.95	16.66	15.85	14.47	13.56	14.2	16.59	18.08
农村居民消费结构(%)	14.97	16.15	14.31	10.44	12.43	11.13	11.20	10.43

资料来源:《西安统计年鉴》。

此外，西安市人口众多，其中有企业白领、高校教授、社会名人、科研人员、学生等等，人口的多元化使得西安市存在巨大的文化消费潜力，这对西安市文化产业的发展也产生了一定的影响。

四　交通区位因素

由于交通运输手段技术的进步，运费对产品成本的影响不断减小，但对文化产品而言，由于其时效性较强，需要快捷的运输方式，因而交通仍然是影响文化产业空间布局的因素之一。

通过以上几章的分析，不难发现，文化产业的企业多是沿着道路分布的，而且是向着道路的方向聚集，因此交通因素对西安市文化事业的发展具有一定影响的。以下分别对 1997 年、2005 年和 2012 年西安市文化产业单位空间分布状况进行以 200 米为半径的缓冲区分析，分析结果如图 7 - 1 所示。

1997 年（图 7 - 1a）西安市的文化产业单位全部分布在道路两侧的以 200 米为半径的缓冲区内，2005 年（图 7 - 1b）、2012 年（图 7 - 1c）随着扩散发展和一些其他因素的制约，交通因素的影响逐渐减弱，但仍然是重要因素之一。

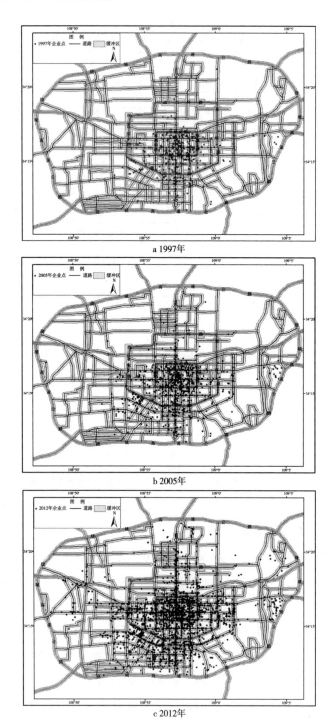

a 1997年

b 2005年

c 2012年

图7－1　不同时期西安市文化产业空间分布缓冲区分析

五　产业政策制度因素

文化产业的发展离不开自身的历史积淀和文化潜质，离不开人才资源、市场需求、交通等因素，除此之外还有制度因素的制约。纵观古今中外，国家间、区域间的自然条件差异性很大，制度的健全对于文化产业筹集资金、组织生产，对于人们的文化产品信用消费，对于生产的各个环节的协调推进都具有其他因素不可替代的功效。

西安市从文化产业发展初期，就提出了很多规划、实施方案、规定等。例如2006年，成立了西安市加快发展文化产业领导小组，确定了文化产业发展的方向、思路和重点突破领域，并出台了《西安市加快发展文化产业实施方案》，成为指导全市文化产业发展的纲领性文件。2011年，以三大核心区为主体的文化产业发展布局，为未来五年文化产业发展指明了方向。这些都为西安市文化产业的集聚发展起了很大的作用。

六　其他

除了以上的因素外，西安市的历史积淀和文化潜质对文化企业的进入和集聚也有一定的影响。

产业区位集聚理论表明，靠近资源是一个产业在特定区域聚集的一个有力的区位条件[2]；还有重大事件建设，它能够促进基础设施与发展环境的提升，与之相配套的产业政策、巨大的投资、庞大的客流等因素吸引文化产业在该区域的集聚。例如2011年，世园会在西安浐灞生态区举行，政府加大该区的基础建设力度，努力改善该区的环境，出台了一些优惠政策吸引企业入驻。如今，随着世园会效应的不断放大，很多企业、机构在这里集聚，对西安市文化产业的发展起了很大的作用。

交易成本也会影响文化产业的集聚。因为文化产业具有很强的风险性，为了应对文化消费的不确定性以及商业风险，文化企业可以通过空间上的集聚，建立互动的产业链及网络关系，加强彼此信任，这就能够导致交易成本的降低。西安是全国六大邮政中心，面对激烈的市场竞争，邮政依托网络资源优势，其社会效益和经济效益均取得了新突破，2011年，全年完成邮电业务收入 108.63 亿元，同比增长 13.5%。除此之外，信息技术和创新环境对文化产业的聚集也会有一定的影响。良好的创新制度会吸引更多的研发型企业在一个地区集聚，因为它们寻求的是制度保障和安全，这会降低不确定性带来的风险以及降低交易成本等。

另外，科技创新企业一般需要接近高等院校以及文化机构，充分利用创新区域的良好声誉，集聚在创新企业的周围，使创新机构逐步扩大[3]。如西安曲江文化产业示范区以及高新产业开发区都有良好的信息技术和创新环境，因此这些区域文化产业的集聚越来越明显。

第二节　西安市文化产业时空集散的发生机制

机制原指机器的构造和动作原理，特指机器运转过程中各个部件之间的相互联系。后来，机制一词被广泛运用于自然科学和社会科学的许多领域，主要是指有机体的构造功能及其作用关系。

一般认为，机制包括有三个基本含义：事物各组成要素的相互关系，即结构；事物在有规律的运动中发挥的作用和产生的效应，即功能；事物发挥功能的作用过程和作用原理。

文化产业的集聚需要具备一定的经济和社会条件。Claus S. 和 Holger S. 认为产业集聚需要两个必要条件和四个充分条件。必要条件包括生产可分割性和产品可运输性。生产可分割性指产品生产流程可以按照价值链分割成不同步骤，这样专业化才会出现，进而形成各种形式的合作。产品可运输性指产品可运输才能摆脱对顾客地理位置的依赖，这样才能促使分工与专业化的形成。充分条件则包括长价值链、能力多样性、创新网络和市场多变性。长价值链是指生产过程中各成员之间为了形成最终产品而相互协作。各企业越趋向于专业化，则其越依赖于其他的互补性企业。能力多样性是指多种不同但互补的能力。价值链上所凝聚的能力差异越大，单个企业掌握所有能力的难度就越大，因而，各企业专注于不同的能力，不得不进行合作。创新网络是集群的动力。生产中互补企业的数量越多，则合作相对越容易，由合作带来的成功概率越大。市场多变性指外部环境越不稳定，消费者的需求变动越大，产业就越容易形成集群[4]。

一　文化产业集聚的条件

西安市文化产业集聚形成需要外部条件和内部条件。

第一，外部条件。文化产业集聚是市场因素和政策因素共同作用的结果。开放的有强烈需求的市场则为文化集聚提供了资源整合的空间。西安市经济迅速发展及市场化进程的加快大大促进了文化产业集聚的进程。

第二，内部条件。文化产业集群形成的内部条件之一是产业关联，随着社会分工的发展，大多数经济活动都会受到其相关产业的支撑，而作为朝阳产业的文化产业，对国民经济的推动作用正是通过与其他产业之间的关联作用实现的，而这种作用是相当大的。文化产业最终转化为文化产品和服务，其中就需要制造产业的参与；由于文化产业自身的特性，它需要有高素质的人才，这就需要教育机构的参与；而文化产业园区的建设需要场所用地，这就需要建筑业的参与等等。条件之二是资源禀赋，西安市作为十三朝古都为文化产业的集聚提供了深厚的历史积淀和文化潜质。西安市的教育资源极为丰富，市内高等院校和科研机构集中，而且它是全国高校密度和受高等教育人数最多的城市。依托这众多的高等院校和科研院所，西安市吸引了众多的文化、文艺人才。

二　文化产业集聚过程的参与主体及其联动机制

1. 参与主体

（1）政府

政府在推动文化产业集聚发展过程中起到了至关重要的作用：在政策层面，推出一系列具有可操作性的、针对文化产业集聚的政策，如曲江新区的规划；在发展模式上，形成了特定区域专业发展、历史遗存保护与市场化开发相结合等建设文化产业集聚的发展路径；在推进机制上，形成了以政府引导、市场运作、其他动力单元参与服务的运行机制；通过多种形式的国内外交流，促进文化产业集聚发展。

（2）企业

企业是文化产业最重要的活动主体。一方面，企业为追求自身利益最大化，利用文化产业的高附加值及与其他产业的高度兼容性，使企业预期参与文化产业会有巨大回报；另一方面，文化产业的兴起为面临结构转型和产业升级的企业提供了机遇，如纺织城艺术区的改造。

目前，西安市参与和推动文化产业发展的方式主要有：企业的主要产品即文化产品的创造及再创造；企业将文化附加值融入制造业；房地产业借助文化产业的聚集效应实现共赢；传媒业用沟通和创意实现增值服务；文化休闲娱乐加入到发展文化产业的热潮中。

（3）通道

通道即人或事物之间的连接途径，包括交通、网络等。通道是人类社会沟通的桥梁，交通、电信、互联网等网络作为文化的主要传播方式无时无刻不在起着连接的作用。文化产品要受到广泛受众的认可和理解，就需要这些网络的传播和推动，它将"小众"的文化产品带到社会网络中的各个领域，进而转化为大众化的产品。

（4）科研机构

科研机构主要指依托高校、科研院所的人才优势组建的专门从事文化及相关产业研究活动的机构。具有深厚文化底蕴的高校为文化产业的发展提供了创新源；另外，高校普遍拥有较为完善的文化设施，如体育馆、图书馆、音乐厅、博物馆等；而且高校充满着青春活力，而这正是靠创意求生存的文化产业所需要的；同时，高校也是文化产品的重要消费者。高校所在区域人口素质高，学生数量众多，对文化产品的消费认同感强。高校具有学科、品牌和产业优势，为文化产业搭建了良好的创新平台。

（5）社会团体

社会团体，是指中国公民自愿组成，为实现会员共同意愿，按照其章程开展活动的非营利性社会组织。社会团体可以为文化企业的发展提供帮助和建议。而文化企业之间或者与消费者之间自行成立的社会团体，可以促进企业与企业间、消费者与消费者间或者企业与消费者之间的沟通，这样双方都可以更好地了解文化产业发展的动向。这增强了参与主体间的联系，为文化产业集聚提供了凝聚力。

（6）消费者

消费者是文化产业的终端受体，文化产品的生产最终面向的是消费者，因此消费者是推动文化产业发展与创新的动力。消费者需求具有多样性和差异性，这为文化产业的发展带来了活力和动力。

2. 联动机制（图7－2）

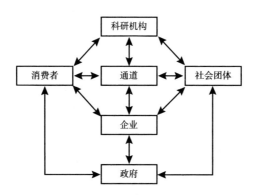

图7－2　文化产业集聚参与者的联动机制

第一，政府是文化产业集聚的基础。随着市场经济体制的发展和文化产业的壮大，政府成为文化产业的公共服务者和方向指引者，政府着力搭建文化产业集聚资源整合的平台，以平台为媒介为文化产业发展创造并维护良好的市场秩序。如文化成果的价值评估、知识产权的保护等，并以财政、税收为手段为文化产业发展提供经济及非经济支持，满足文化产业参与者的需求。政府不仅很好地扮演了服务者的角色，而且积极参与到文化产业发展中去。依照西安的实际情况，政府和规划部门规划各文化产业门类的特定发展区域，为文化产业的集聚发展提供了前提，增强了产业间的联系，降低了产业的生产成本，提高了效益。

第二，企业是文化产业集聚的实践者和受益者。企业是市场经济的主体，文化产业的发展离不开企业这个主体。西安目前的文化产业是以政府为主导推动发展的，但是市场经济发展的客观规律决定了企业必将是文化产业发展的主体。企业可以通过产业集聚，及时了解市场信息，更方便和廉价地找到其产业合作伙伴，降低获得相关创意成果和服务的成本，缩短创意成果和服务转化为文化产品的生产周期。这能使企业快速抢占商机，并在短时间内获得高额回报。

第三，通道是文化产业集聚的渠道和载体。文化产业的各参与者通过通道相连，交换产品和信息，随着交通通达度的增加以及电信覆盖和互联网的发展，通道已经成为网络状，且网络密度不断增加。近年来随着网络的普及，信息之间的传输与交换实现"零成本"，网络是信息化社会的主要载体，通过信息的发布和传播，协调了生产、政策、监管和服务之间的关系，使其连成一体，达到各个环节最优化，并将文化产品销售到更大市场，从而在生产、传播和销售等各个环节促进文化产业的集聚。在文化产业集聚资源整合中，网络成为文化产业参与各方信息交互、成果展示和产品推介的中心；网络的信息中枢功能促使政府、企业、科研机构、社团组织、消费者之间搭建起一个对话平台。

第四，科研机构是文化产业集聚的智慧之源。研究机构为文化产业提供理论支持和人才储备，在文化产业集聚及资源整合过程中，科研机构利用通道推介文化产业理论和创意成果，并为企业提供人才教育服务等，通过展示自身智力和人才优势吸引合作伙伴，促进产、学、研的结合，通过有偿服务和合作经营的形式将研究成果转化为经济价值，并反哺研究，实现产业发展与学术研究的可持续发展。

第五，社会团体是文化产业集聚的服务提供者。随着政府职能的转变，政府更多地体现在宏观管理、政令调控、政策引导。为企业和消费者提供沟通途径及服务的任务更多由社会团体来承担。企业、消费者就是社会团体的主要参与者，这种参与令双方都可以迅速地了解自己需要的信息。社会团体也在文化产业集聚过程中大大增强了其服务文化产业的能力。

第六，消费者是文化产业集聚的积极参与者。消费者是文化产业的需求之源，一方面，文化产业的集聚使得消费者可以更方便地进行文化消费，更好地满足了消费者追求个性的需要，因为文化产业的集聚使得消费可选择面更宽，通过集聚消费者也得到一个宽松、有序的社会文化环境；另一方面，消费者也是重要的文化创意创造者，通过文化产业集聚，消费者更容易将现实需求转化为文化创意，这也使文化产品和服务的提供者获得回报。

三　文化产业集聚的演进过程及机制

1. 演进过程

文化产业空间集聚的形成是一个从地理集聚到网络构建的过程，其中包含三个阶段：地理集中，系统构建，集聚网络。随着三个阶段的推进，文化产业空间集聚的演化程度不断提升。

第一阶段（集聚初期）：地理集中。地理集中是指微观单元（文化企业、文化人才等）在区域上的聚集现象。由于文化产品消费者更多地参与到文化产业的合作创造中来，因此，广义上的单元聚集还包括消费者的集聚与参与。该阶段主要是由于经济资本与身份确认（文化定位、文化价值等）的存在，吸引了微观单元的进入，或者是在特定区域微观单元集中产生。文化产业生产中低成本和外部经济效应产生了经济资本，这个经济资本与其他产业集聚相同，而身份确认跟文化产业的特殊性有关。身份确认对文化产业的微观单元产生较大的吸引力，因为与一般商品相比，社会对文化创意产品的价值判断具有不确定性，所以文化产业工作者为了帮助实现其产品价值，借助各种形象识别符号、信息展现其潜在的文化价值，而身份也是一种可以衡量其价值的信息。对某区域的特殊功能区规划则是先确立起优势，微观单元才产生或集聚，这得益于政府的引导。

文化产业集聚区的文化氛围和定位等因素有利于文化产业的微观单元的身份确认，同时微观单元也借助社会网络搜寻合适区位并进行集聚。在地理集中阶段，由于微观单元合作时间短、交易频率小，技术、知识等信息传播不广泛，因此单元的信息共享程度和合作关系固化程度较低，演化程度不高，主要是一种地理上的简单扎堆。

第二阶段（集聚中期）：系统构建。随着微观单元的关系不断深入，信息共享程度和合作关系稳定程度都得到强化，演化程度普遍提高，文化产业集聚区从简单的地理集聚走向分工与协作，促使文化集聚互动交往的界面形成。系统构建在文化产业中主要表现为微观单元关于彼此身份的认同与确立。即随着微观单元的关系互动增加，微观单元的身份认同逐步清晰，界面间的彼此身份逐步从不稳定走向稳定，从而也相应地建立起稳固的分工与协作关系。身份的构建机制包括正式机制和非正式机制，正式机制是微观单元在其设计、研发、生产、营销等过程中，通过正式协议或契约与其他企业结成长期稳定的身份关系。非正式机制，则是微观单元基于共同的社会文化背景，在长期的交往中形成的非正式或非契约的认同关系。通过正式和非正式机制的作用，文化产业集聚区的单元界面逐步形成，并表现为不同的身份特征。

第三阶段（集聚高级化）：集聚网络。当文化产业集聚区内各单元聚集到一定程度，不仅微观单元间交互频率越来越高，技术、知识等信息的传播越来越广泛，从而吸引更多的单元加入，使得信息共享更加开放，合作关系更加稳定，这时单元身份也从简单的线性关系向复杂的网络关系进行扩张，从而形成一个复杂的社会网络系统。

在文化产业集聚区形成演化过程中，每一阶段都体现了随着时间的演变，微观的单元行为引出群体的共生结果，即微观单元出于自身利益考量的行为引起整个文化产业集聚区的变化。一个阶段向另一阶段的过渡使文化产业集聚程度不断提高，就微观单元而言，在三个阶段的发展中，经历了从资源搜寻、身份认同到多维扩张的演化过程；就群体而言，随着信息交流的深入、合作和相互依赖的加强，共生群体从简单的地理聚集到分工协作出现，再到最后形成信息共享的集聚网络系统。

2. 演进机制

（1）外部溢出效应

文化产业集聚产生的外部性主要来自于整体品牌效应，面对面接触过程中产生的社会资本、社会与文化的互动等。在集聚区内只要有一个知名度较高企业，就会对整个集聚区产生影响力，这就是整体品牌效应。社会资本其实是一种人际关系价值，也是产业集聚带来外部性的重要体现，因为它导致交易成本的降低。通过空间上的接近，面对面接触，建立互动的网络关系，加强彼此的信任，形成特殊的文化氛围[5]。

文化产业属于创新密集型产业，创意是文化产品和服务产生与发展的灵魂。创意引发的技术进步提高要素质量和使用效率，从而提高全要素生产率。产业集聚促进技术创新、文化创意的扩散，提升整个区域的创新水平。文化消费具有共享性或网络正外部性。消费者从产品中所获得效用与共同消费同一产品的数量正相关，随着消费数量的增长，每个消费者获得的效用也将增长。与传统产业不同，文化产品和服务的消费存在很强的溢出效应。文化产品的价值并不是来源于稀缺，而是来源于普及，普及程度越大，其价值也越大。

（2）规模收益效应

根据内生经济增长理论，当知识和技术作为生产要素时，生产中会出现规模报酬递增，创新对于经济增长具有规模收益递增的发展机制。文化产品和服务的生产过程即技术创新的过程，创意的研发固定成本高，而边际成本低，创意一旦被市场所接受，可以持续带来递增收益。

企业空间集聚导致的交易费用和生产成本降低是规模收益的主要来源。同一个集聚区内的企业享受公共的基础设施、服务体系和外部资源，减少专用化资产投入、节约生产成本、共享创意和灵感产生所追求的环境和氛围。

文化产品的正外部性，来源于文化产品具有部分排他性以及非竞争性。非竞争性表现在文化产品的生产成本，很大程度上取决于创意提供的成本，而与消费者数量关系不大，生产者在生产中享受规模收益递增。文化产品的消费人数增加不仅不会带来拥挤成本，反而会带来共享收益，其消费具有收益递增性。非排他性表现在文化创意的提出具有正外部性，使得追随者的模仿成本小于发明者的创新成本，这种创意外溢有利于追随者发挥后发优势[6]。

（3）产业关联效应

文化产业的生产具有范围经济性，产业内部关联紧密。文化产业的理念创新具有较高的固定成本，但同一创意如果能通过若干不同的媒介分别承载，其创意的固定成本将会得到有效分摊，创意的经济价值也会得到最大限度的发挥。如西安世园会期间，世园会吉祥物不仅是世园会的象征，一时间还出现在各种载体上，如旅游产品、动漫产品、广告等。

关联产业的集聚可以通过外部溢出效应和规模收益效应而增加集聚产生的经济效应。文化产业内部关联产业的集聚相比其他产业集聚，还可以促进创意的快速流通，加快创意进入市场并进行产业链延伸的速度。文化产业集聚的产业关联效应不仅表现在文化生产上，还表现在文化消费上。曲江新区以文化旅游为主导，发展文化艺术业、文化休闲娱乐业，以西影集团为龙头，发展影视文化制作与传播业。截止到 2010 年，曲江新区文化企业单位 904 家，其中文化投资类 68 家，旅游类 167 家，影视类 108 家，会展广告设计类 389 家，出版印刷类 45 家，网络服务类 67 家，产业内部关联紧密，2010 年实现文化产业综合增加值 75.9 亿元，占西安市文化产业增加值的 41.2%。曲江二期规划中，在一期规划的基础上，规划建设出版传媒产业园区、国际会展产业园区、国际文化创意园区、动漫游戏产业园区、文化娱乐产业园区、国际文化体育休闲区、影视产业园区、艺术家村落九大文化产业园区，构建文化产业生态链，进一步加强产业内部关联效应，使整体获得更大的经济效应。

四　不同类型文化产业的集聚动力机制

文化产业是在对文化内容的产业化运作过程中产生的文化产品与文化服务。这个过程包括两个阶段：前一阶段重点是对文化内容的再加工过程，而后一阶段重点是对文化产品和文化服务的销售过程，因此文化产业的相关企业布局会形成以文化产业内容为主导和以文化产品销售为主导的空间布局选择，也就是说文化产业分为资源导向型产业集聚和市场导向型产业集聚两种方式（见表 7 - 2、图 7 - 3）。根据文化产业的分类，将这两种不同的空间移动类型进行具体产业形态的划分，以明确其发展机制。

1. 市场导向型文化产业集聚动力机制

市场导向型文化产业是指将文化内容再加工为文化产品和文化服务后，以产品和服务的形式寻找消费者，在空间上的集聚表现出典型的"消费者集聚型"特征，是产品寻找市场的产业类型，空间选择与布局是以市场的变动和需求为导向的。企业布局倾向于选择消费市场环境良好的区域，逐市场而居，在此基础上，分析认为影响文化消费市场环境的因子主要包括交通、人口分布、相关产业和购买能力等。

（1）动力因子

a. 交通因素

交通通达性是消费者进行文化产品消费的主要考虑因素之一。西安市文化产业的众多终端销售部门如电影院、书店、科技展览馆、室内外娱乐场所等均选择建立在靠近市中心和南北交通干线的东西两侧，主要原因是交通通达性所带来的大量人口流动。从文化产业区域集聚类型划分结果来看，城墙区整体上处于发展的优势类型区，主要原因除了位于市中心的优越地理位置外，星罗棋布的交通干线带来的庞大的人流量也是发展文化产业的主要优势条件，同时碑林区因为紧靠城墙区，在文化产业的发展中，集聚优势也很明显。

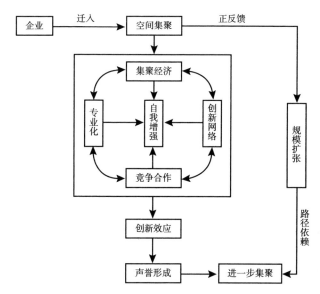

图7-3 文化产业集聚的动力机制

表7-2 文化产业资源导向型和市场导向型分类

	市场导向型产业类型	资源导向型产业类型
新闻出版业	书、报、刊、音像及电子出版物的批发、零售点；版权服务机构	记者站、通讯社、新闻机构、办事处、联络站、出版社、编辑部、报社、杂志社
广播影视业	电影院、录像厅	广播电视及传输单位、广播电台、电视台、影视制作发行单位
文化表演业	音乐厅、歌剧院、舞剧院、戏剧场（院）、剧场（院）；群众文化活动场所；文艺团体；文化宫（馆）；文化服务单位	
文物文化保护业		遗址类建筑物；寺庙、教堂、名人故居、博物馆（包括美术馆、艺术馆、科技馆等）、烈士陵园、纪念馆、图书馆、档案馆；文物保护管理机构、文物商店
文化娱乐业	室内（夜总会、舞厅、KTV、演艺吧、电子游艺厅，室内手工制作娱乐活动）；室外（游乐园、健身场、运动场）	
文化旅游业	旅行社、海洋馆	风景名胜区、文化公园、动植物园、体验式采摘园
广告业	广告的品牌代理、媒体代理、策划、设计、制作服务、广告装饰装潢、材料器材销售点	

b. 人口分布

快节奏的现代生活，使时间因素在大众娱乐行为的选择中占据了重要位置。出于节约时间的考虑，一般的文化消费会选择靠近工作或者居住区附近的地方，因此，人口分布特点在空间上影响着文化产业的空间集聚特点。西安市人口分布呈现由中心向外围逐渐递减的特征[7]，因此西安市文化产业布局也呈现由中心向外围逐级递减的分布规律。同时根据计算结果来看，西安市文化产业及各行业的单位面积饱和值 Ks 和单位面积经济效益 Q 的变化基本上呈现以城墙区为中心，接碑林区的顺时针螺旋状递减规律，未央区和灞桥区由于地处西安市主城区的外围区域，人口分布较少，未开发利用土地面积较大，因此文化产业集聚化水平较低。

c. 相关产业

"长尾效应"理论认为市场需求是个性化的、零散的、众多小量需求的叠加。在西方经济学中，也有一个"理性人"的经济学假设前提，认为人总是自利的，在进行经济交易时，会选择利益最大成本最小的行为去交易。这一理论应用到文化产业消费行为中，是指消费者在外出进行文化消费的同时也伴随着其他的消费需求，在选择消费区域的时候出于时间和金钱上的考虑会选择一站式的购物场所，能尽量的满足所有的消费需求的地方。这就要求文化产业的集聚发展需要相关产业的同步发展，形成完善的消费综合体。以城墙区为例，该区的主体功能为休闲娱乐，拥有数量众多的购物商城，现代Shopping-mall 的发展是集餐饮、娱乐、购物和休闲等功能为一体的商业形态，文化产业各个业态在城墙区的建立也大大依附于这类场所，因此满足了消费决策中的全面性要求，这也是城墙区文化产业发展优越于其他区域的主要原因之一。

d. 购买能力

世界各国的发展经验表明，当人均 GDP 达到 1000 美元时进入文化消费的快速启动阶段；人均 GDP 超过 3000 美元这个"门槛"，人们对文化消费进入快速增长阶段；人均接近或超过 5000 美元，会出现对文化消费的"井喷"阶段。统计资料显示，至 2003 年底，我国人均 GDP 已超过 1000 美元。与此同时，城乡居民的恩格尔系数分别降至 40% 和 50% 左右。这意味着人们的物质生活水平不断提高，绝大部分人已解决了温饱问题，一部分人已提前进入小康水平。人们的需求逐渐由物质层面上升到精神层面，社会消费将向发展型和享受型升级，国内文化的消费需求越趋增大。事实上我国居民消费结构已正从生存、实用型向享受、发展型消费转型，城市居民家庭人均用于教育文化娱乐服务的支出仅次于食品支出[4]。2011 年西安全市生产总值（GDP）3864.21 亿元，按可比价格计算，比上年增长 13.8%，增幅高于全国 4.6 个百分点。2012 年，西安文化产业实现增加值 334.68 亿元，占陕西省文化产业增加值的比重为 66.9%，占全市 GDP 的比重为 7.7%，较上年增长 30.6%，城镇居民每年的教育和文化娱乐服务支出不断增加，为西安市文化产业的发展创造了良好的市场条件。

需求收入弹性指当消费者的收入水平变化1%时，对某种商品需求量变化的百分数。它测度的是某种商品的需求量对收入水平的变化做出反应的敏感程度。衡量消费者由于收入的变化引起产品需求变化的程度。一般情况下，消费者收入为自变量，商品需求量为因变量，即 Q = f（I）时，消费者对商品的需求量的相对变动对其收入量的相对变动的反应程度。用公式表示为：

$$E_i = \lim_{\triangle Y \to 0} \frac{\triangle Q/Q}{\triangle X/X} \tag{1}$$

E_i 介于 0 和 1 之间为生活必需品，而奢侈品的 E_i 则大于 1。当 $E_i < 0$ 时，表明产品为低档品，只要收入增加，人们会寻找更好的替代品，从而对其需求会大大减少；当 $0 < E_i < 1$ 时，产品为生活必需品，当 $E_i > 1$ 时，产品需求增加超过收入增加，说明这种产品为高档品，从表 7-3 可以看出从 2004 年开始西安市的城镇居民文化消费弹性绝对值已经超过了 1，文化产业消费市场前景广阔。

科教文卫事业的发展有效带动了区域文化消费市场的发展。未央区、灞桥区由于远离城市中心区，居民文化教育水平较低，文化需求不明显，导致文化集聚水平较低，而碑林区、新城区和莲湖区由于紧靠市中心，因此文化产业发展水平较高。

（2）动力机制

以市场导向型为特点的文化产业类型在空间集聚过程中，主要受到人

表7-3　西安市城镇居民文化产业消费弹性

指标＼年份	2001	2002	2003	2004	2005	2006	2007	2008	2009	2010
教育和文化娱乐服务(个)	908	1126	1230	1252	1357	1666	1466	1724	2043	1995
增幅(%)	6	24	9	2	8	23	-12	18	18	-2
可支配收入(元)	6705	7184	7748	8544	9628	10905	12662	15207	18963	22244
增幅(%)	5	7	8	10	13	13	16	20	25	17
弹性	0.8826	0.2967	0.8511	5.7597	1.5141	0.5818	-1.340	1.1421	1.3357	-7.3173

口分布带来的消费需求的增长、购买能力提高带来的消费能力的上升、相关产业发展带来的完善的消费综合体以及交通等基础设施完善带来的巨大人流量和企业运输成本的降低等因素的影响，同时，在核心动力圈外部，交通通达性影响人口居住区，且巨大的人流量也吸引了相关产业的布局，相关产业的集聚发展与人口分布起到了双向的吸引与促进作用，且大量人口的分布提升了区域的购买能力，于是文化产业的动力圈外层不断相互促进，从而自上而下影响动力圈内层，进而不断增强区域的文化产业集聚水平（见图7-4）。

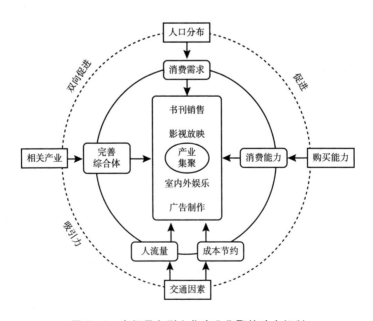

图7-4　市场导向型文化产业集聚的动力机制

2. 资源导向型文化产业集聚的动力机制

资源导向型文化产业主要依托区域的历史文化资源或者人才资源和政策资源等进行资源依赖型布局,例如新闻基站对区域政府的依赖性、出版社对高校资源的依赖以及文物文化保护业和文化旅游业等对历史和自然资源的依赖。因为是对地方特色文化资源的再加工,这些文化产品在空间上具有不可或不宜移动性,文化内容是其核心内容,因此这一类型的文化产业在空间上表现出典型的"资源依附性"特点。这里的资源既包括文化资源,也包括人才资源,意味着所有相关的企业、机构和个人都是根据文化资源的空间格局变化进行空间布局的,相关的动力因子主要包括文化资源、人才资源和政策等。

(1)动力因子

a. 文化资源分布

在最低成本原则影响下,文化产业的生产环节会优先选择具有优势文化资源分布的区域,这样一来可以靠近原料产地,二来减少宣传与运输费用。

文化资源从形式上可以划分为有形文化资源(如历史遗存遗址、特色民居建筑、历史文化名城名镇、特色服饰、民族民间工艺品等)和无形文化资源(如语言文字、文学艺术、绘画美术、音乐舞蹈、神话传说、风俗习惯、民族节庆等);从内容上,可以划分为历史文化资源、民族文化资源、宗教文化资源、地域文化资源(如都市文化、乡村文化)等。现代文化产业的发展就是利用创意和科技等手段进行文化资源的再创造,使有形的文化资源得到开发,无形的文化资源得到展示。因此,文化资源是区域文化产业发展的核心基础,文化资源在区域上的差异是影响区域文化产业和相关企业布局选择的主要制约因素。例如曲江文化产业示范区依托区域内的大雁塔、曲江池遗址、唐遗址等重要资源禀赋开发了大雁塔广场、大唐芙蓉园、曲江海洋世界、曲江池遗址公园、陕西历史博物馆等一批文化产业类型,带动雁塔区文化旅游业的集聚化发展。同时由于文化资源具有的动态性、可再生性和非独占性的特点,对文化资源的发掘和利用的能力也是决定区域文化产业差异的主要因素,卓越的文化创新能力能够促进文化资源寡占区更多地占领同类型文化产品市场。以文化旅游业为例,未央区的文化旅游资源规模庞大,但开发程度较低，时间较晚，区域旅游业发展水平较低，导致文化旅游服务的相关企业布局也较少。

b. 人才资源

从文化产业的内涵可以看出，文化产业是对文化内容进行加工制造再生产的过程。在这个过程中，人才资源是从文化到产业的主要制造主体和创意主体，是指在文化的产业化运作过程中运用专业技能和创意对文化产品进行策划、生产、销售和管理的专门性人才。一方面，文化产业的相关企业在布局过程中会倾向于人才集中的地区，例如高新区和曲江新区对文化产业人才的相关政策吸引大批的相关人才来此工作，人才的集聚又吸引了更多优势企业的入驻。另一方面，不同专业人才在不同区域的分布也决定了区域文化产业类型的空间分布。

c. 政策因素

文化产业政策是各级政府为了实现社会经济目标，弥补修正市场机制缺陷而制定的带有特定导向性的文化生产、流通、消费等规章条款系统，完善的文化产业政策，对于改善义化产业投资环境，加强文化市场管理具有重要作用，一个国家或地区文化产业的发展水平，在很大程度上是由这个国家或地区政府所制定或采取的产业发展政策所决定的，制度因素是影响文化产业形成与发展的重要因素。市场经济是法治经济，最终都是通过制度来规范实施。西安市政府为了保证文化产业的健康发展，从2003年国家提出文化强国战略开始，就陆续制定和颁布了一系列发展政策来保证文化产业的发展（表7-4）。

表7-4　西安市文化产业政策

时间	政策内容
2003 年	市委、市政府提出"产业强市"的发展战略,成立了文化体制改革试点工作领导小组。
2004 年	出台《2004~2010 年西安市文化产业发展规划》,明确了全市文化产业发展的基本思路、总体目标和对策措施等。
2005 年	根据文化产业资源优势及潜力因素,将文化产业作为西安经济发展五大主导产业之一,为文化产业发展提供了重要条件。

续表

时间	政策内容
2006 年	成立了西安市加快发展文化产业领导小组,确定了西安文化产业发展的方向、思路和重点突破领域,出台了《西安市加快发展文化产业实施方案》,成为指导全市文化产业发展的纲领性文件。同年 10 月,设立了西安市文化产业发展专项资金,为全市文化产业快速发展和文化产业重点项目建设起到了重要的引导和扶持作用。
2009 年初	制定了《西安市文化体制改革中经营性文化事业单位转制为企业的规定》和《西安市文化体制改革中支持文化企业发展的规定》,为推进经营性文化单位转企改制创造了良好条件。
2010 年 6 月	《西安市深化文化体制改革总体方案》正式出台,对全市深化文化体制改革的主要任务、政策措施、步骤时限等进行了明确的安排部署。
2011 年 4 月	《西安市国民经济和社会发展第十二个五年规划纲要》提出以三大核心区为主体的文化产业发展布局,为西安市未来五年文化产业发展指明了方向。

政策因素在区域文化产业集聚的过程中主要通过以下三方面发生作用。

一是政策对区域功能的影响。政策对文化产业的空间集聚水平影响首先表现在区域主体功能的定位上。例如西安市在城市规划中,对城市中心商业圈的开发带动了城墙区内以娱乐消费为主的相关文化产业的发展,对灞桥区制造业的功能定位带动了该区印刷业的发展,对雁塔区、碑林区的科教文卫区的功能定位推动了这两个区文化旅游业和文物文化保护业的发展,对莲湖区和未央区的工业性功能定位导致这两个区的文化产业发展起步较晚,区域文化产业的集聚水平较低。

二是政策对文化产业集聚园区的影响。政策指导下的文化产业集聚园区拥有更多的制度优势,在投融资机制、税收优惠政策、资金支持、人才引进等适合新兴企业发展的环境基础方面拥有强大的后援保证,能吸引大批高风险性的文化产业入驻,极大增强了区域文化产业的集聚水平。例如曲江文化产业园区和高新技术产业园对相关文化企业的吸引措施,使这两个园区的文化产业发展成为区域的示范性基地。

三是政策对文化资源开发的影响。文化资源的开发具有耗时、耗资和耗力的特点,需要投入大量的资金、技术和人力资本进行物质文化资源的开发和非物质文化资源的传承以及后期的宣传。这一过程中,区域政策支持对资源开发起主要作用，尤其是西安市历史遗存丰富，大型遗址遗迹的保护开发需要政府的政策支撑，文化资源开发的优先顺序也影响了区域文化产业的空间集聚程度。例如西安市在文化旅游资源的开发中率先开发了雁塔区的唐长安城遗址，带动了曲江文化产业园区的建设，进而促进了雁塔区文化产业的整体发展。

（2）动力机制（图7-5）

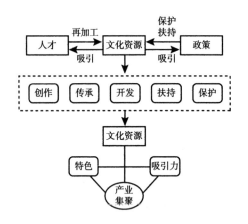

图7-5　资源导向型文化产业集聚的动力机制

资源导向型文化产业集聚具有强烈的资源依附性特点，这一类文化产业的发展主要是通过人才和政策对文化资源进行创作、传承、开发、扶持和保护，从而增强区域文化产业的特色和吸引力，促进相关产业的集聚发展。在这个过程中文化资源的优越性会吸引人才进驻和政策倾斜，同时优秀的人才资源和优越的政策扶持对文化资源的深度开发也具有重要作用。区域在深度挖掘文化资源的过程中形成的文化产业类型会随着文化资源知名度提高和对市场的适应性增强，吸引越来越多的消费者前往体验和消费，从而增强区域的文化产业集聚。

本章小结

西安市文化产业的空间分布差异是文化产业场所区位因素差异所致，产业关联、人才资源、市场需求、交通条件、产业政策制度、交易成本、信息技术和创新环境等是形成其空间分布分异的主要原因。

文化产业的集聚产生需要具备一定的经济和社会条件。文化产业集聚过程中，不同参与主体所起作用是不同的：政府是文化产业集聚的基础，企业是文化产业集聚的实践者和受益者，通道是文化产业集聚的渠道和载体，科研机构是文化产业集聚的智慧之源，社会团体是文化产业集聚的服务提供者，消费者是文化产业集聚的积极参与者。文化产业空间集聚的形成是一个从地理集聚到网络构建的过程，在其演进过程中呈现三种不同的效应，即外部溢出效应、规模收益效应和产业关联效应。根据文化产业的分类，文化产业资源导向型和市场导向型两种类型各有其明确的发展机制。

参考文献

［1］KRUGMAN P., Scale economies, product differentiation and the pattern of trade. *American Economic Review*，1980，70（5）.

［2］刘吉发、陈怀平：《文化产业学导论》，首都经济贸易大学出版社，2010。

［3］〔美〕曼纽尔·卡斯泰尔著《信息化城市》，崔保国等译，江苏人民出版社，2001.

［4］Claus Steinle and Holger Schiele, When do industries cluster? A Proposal on how to assess an industry's propensity to concentrate at a single region or nation. *Research Policy*，2002.

［5］顾江：《文化软实力与产业竞争力》，东南大学出版社，2009。

［6］李晶、林天应：《基于 GIS 的西安市人口空间分布研究》，《陕西师范大学学报》（自然科学版）2011 年第 39（3）期。

［7］王伟年：《城市文化产业区位因素及地域组织研究》，东北师范大学博士学位论文，2007。

第八章
西安市文化产业集聚与扩散的多重效应

第一节　西安市文化产业集聚与扩散的经济效应

一　集聚水平测度

本节选取区位熵指数，测算西安市文化产业集聚度。区位熵也称区域规模优势指数，其经济含义是一个给定区域中产业占有的份额与整个经济中该产业占有份额相比的值。某产业 i 的 LQ 指数的计算公式如下：

$$LQ = (e_i / \sum_{i=1}^{n} e_i) / (E_i / \sum_{i=1}^{n} E_i)$$

其中 e_i 表示某区域 i 产业的产值；$\sum_{i=1}^{n} e_i$ 表示某区域所有产业的产值；E_i 表示全国 i 产业的产值；$\sum_{i=1}^{n} E_i$ 表示整个国家所有产业的产值。当区位熵大于 1 时，表明该产业具有比较优势，在一定程度上显示出该产业具有集聚效应，产业规模区位熵越大，表示该地区该产业的集聚效应越显著；区位熵等于 1 时，表示该地区该产业处于均势；区位熵小于 1 时，表明该地区该产业不具有集聚效应。LQ_i 值越小说明这个产业在研究区域中专门化程度即产业集聚程度越低；LQ_i 值越大，说明这个产业在研究区域中专门化程度即产业集聚程度越高。根据区位熵的测度方法，计算西安市 1991～2011 年的 LQ 值。

由表 8-1 的计算结果可知，1991～2003 年，LQ 的值均大于 1，最高时是 2002 年，LQ 值达 1.524923，最低时是 1998 年和 1999 年，LQ 值分别为 1.080074 和 1.088239，接近于 1，表明这个时间段西安市文化产业存在集聚效应，但集聚效应不显著，1998 年和 1999 年接近均衡。2003 年之后，LQ 值大幅度提高，均在 5 以上，而且逐年增大，表明西安市文化产业的集聚效应显著增强，并表现出逐年增强的趋势。

表 8 – 1　1991～2011 年西安市文化产业的 LQ 值

年份	区位熵 LQ	人均 GDP(元)	ln(lg)	ln(rjgdp)
1991	1.392466	2224	0.331076	7.707063
1992	1.393889	2662	0.332098	7.886833
1993	1.332456	3661	0.287024	8.205492
1994	1.217111	4564	0.196480	8.425955
1995	1.473891	5131	0.387906	8.543056
1996	1.276241	6246	0.243919	8.739697
1997	1.232067	7424	0.208693	8.912473
1998	1.080074	7905	0.077030	8.975251
1999	1.088239	8585	0.084561	9.057772
2000	1.251839	9446	0.224614	9.153347
2001	1.257829	10620	0.229387	9.270494
2002	1.524923	11786	0.421944	9.374668
2003	1.445473	13341	0.368437	9.498597
2004	5.037426	15294	1.616895	9.635216
2005	5.315911	16406	1.670704	9.705402
2006	6.154551	18890	1.817192	9.846388
2007	6.878385	22463	1.928384	10.01962
2008	7.060853	27794	1.954566	10.23258
2009	6.821833	32411	1.920128	10.38625
2010	7.552173	38343	2.021835	10.55433
2011	9.46433	45475	2.247530	10.72492

　　这主要是因为 2003 年之后，西安市在国家政策的引导下，大力发展文化产业。曲江新区作为国家级文化产业示范基地，充分发挥辐射带动效应；高新区文化创意产业快速发展，经济开发区印刷包装产业不断集聚，逐步成为我国西部最大的印刷包装产业集群。浐灞生态区全面发展，秦岭北麓生态文化旅游方兴未艾。据统计资料显示，"十一五"时期是西安文化产业发展最好、最快、成果最多的时期，2006～2010 年间，西安市文化产业增加值以年均22.43%的速度高速增长，稳居西安市五大主导产业之一。需要强调的是，2003 年之前文化产业的统计口径为教育、文艺、广播电视业，2003 年开始使用文化、体育和娱乐业，但同一年西安市与全国文化产业的统计口径始终保持

一致，所以可以认为由于统计口径的变化对计算结果有一定影响，但不影响总的趋势，可以作为解释样本。

本章进一步研究文化产业集聚的经济效应，通过格兰杰因果检验，验证文化产业集聚度与人均 GDP 是否存在因果关系。

1. 单位根检验

利用 Eviews 软件下的 unit root test 对时间序列进行单位根检验，为了使时间序列更平稳，首先同时取对数，得到表 8 - 1 中 ln（lg）和 ln（rjgdp）的数据，然后对新生成的时间序列分别进行单位根检验。该检验法是分析变量是否为平稳序列，如果原序列存在单位根，即为非平稳序列，则需要对序列进行 n 次差分直到将非平稳序列转化为平稳序列。

首先对 ln（lg）原序列进行检验，原序列的 ADF 值大于 t 统计下 1%，5%，10% 显著水平下的临界值，概率值为 0.9484，接受原假设，即原序列存在单位根，为非平稳序列（如表 8 - 2），进行二阶差分后，ADF 值小于 1%，5%，10% 显著水平下的统计值且概率为 0.0000，认为差分序列不存在单位根，是平稳序列（如表 8 - 3）。对 ln（rjgdp）序列进行同样的操作，得到原序列存在单位根，为非平稳序列，二阶差分后转化为平稳序列（如表 8 - 4，8 - 5）。

表 8 - 2 ln（lg）原阶检验结果

		t-Statistic	Prob. *
Augmented Dickey-Fuller test statistic		0.004495	0.9484
Test critical values:	1% level	- 3.808546	
	5% level	- 3.020686	
	10% level	- 2.650413	

表 8 - 3 ln（lg）二阶差分检验结果

		t-Statistic	Prob. *
Augmented Dickcy-Fuller test statistic		- 8.328732	0.0000
Test critical values:	1% level	- 3.857386	
	5% level	- 3.040391	
	10% level	- 2.660551	

表 8 - 4　ln（rjgdp）原序列检验结果

		t-Statistic	Prob. *
Augmented Dickey-Fuller test statistic		- 1. 112318	0. 6897
Test critical values:	1% level	- 3. 808546	
	5% level	- 3. 020686	
	10% level	- 2. 650413	

表 8 - 5　ln（rjgdp）二阶差分检验结果

		t-Statistic	Prob. *
Augmented Dickey-Fuller test statistic		- 6. 034669	0. 0001
Test critical values:	1% level	- 3. 857386	
	5% level	- 3. 040391	
	10% level	- 2. 660551	

2. Johansen 协整检验

对时间序列进行单位根检验后，ln（lg）、ln（rjgdp）满足了进一步协整检验的条件，检验结果如表 8 - 6。迹统计量检验判定：原假设 None 表示没有协整关系，该假设下计算的迹统计量值为 16.45811，大于 5% 显著水平下的临

表 8 - 6　协整检验结果

Hypothesized No. of CE(s)	Eigenvalue	Trace Statistic	0. 05 Critical Value	Prob. **
None *	0. 567852	16. 45811	15. 49471	0. 0357
At most 1	0. 026861	0. 517342	3. 841466	0. 4720

Trace test indicates 1 cointegrating eqn(s) at the 0. 05 level

* denotes rejection of the hypothesis at the 0. 05 level

** MacKinnon-Haug-Michelis(1999) p-values

Unrestricted Conitegration Rank Test(Maximum Eigenvalue)

Hypothesized No. of CE(s)	Eigenvalue	Max-Eigen Statistic	0. 05 Critical Value	Prob **
None *	0. 567852	15. 94077	14. 26460	0. 0269
At most 1	0. 026861	0. 517342	3. 841466	0. 4720

界值15.49471且概率P值为0.0357，拒绝原假设，认为至少存在一个协整关系，下一个假设为之多存在一个协整关系，迹统计量值0.517342小于临界值3.841466且概率为0.4720，可以接受该假设，认为存在一个协整关系，检验结束。同样，最大特征值判断规则与迹统计量相同，本检验最大特征值的检验结果与迹统计量的检验结果一致，认为 ln（lg）与 ln（rjgdp）存在一个协整关系。

3. Granger 因果检验

在存在协整关系的基础上，利用 Granger Causality Test 检验对两个时间序列是否构成因果关系进行检验。格兰杰因果关系用来检验某个变量的所有滞后项是否对另一个或几个变量的当期值有影响，如果影响显著，说明该变量对另一个变量或几个变量存在格兰杰因果关系，如果不显著，说明不存在。该检验的判断规则是：原假设是被检验变量不是因变量的因果关系，如果检验的概率 P 值小于设定的置信水平（通常为 5%），则被认为被检验变量构成因变量的因果关系；反之，认为被检验变量不是因变量的因果关系。在进行格兰杰因果检验之前首先要确定 VAR 最佳滞后期，选择的原理是 AIC 和 SC 最小原则，通过对滞后期为 1、2、3 的分别检验，最后确定 1 作为最佳滞后期，然后在 VAR 模型 View 菜单下选择 Granger Causality Test 进行检验。

检验结果如表 8-7，当集聚度 ln（lg）作为被解释变量时，人均 GDP ln（rjgdp）的统计量值为 3.196470，且概率为 0.0738，大于置信水平 5%，在该

表 8-7 格兰杰因果检验结果

Dependent variable：LNLG			
Excluded	Chi-sq	df	Prob.
LNRJGDP	3.196470	1	0.0738
All	3.196470	1	0.0738
Dependent variable：LNRJGDP			
Excluded	Chi-sq	df	Prob.
LNLG	9.394555	1	0.0022
All	9.394555	1	0.0022

水平下接受原假设,认为人均 GDP 并没有对集聚度产生因果关系,但当人均 GDP ln (rjgdp) 作为被解释变量时, ln (lg) 统计量值为 9.394555 且概率为 0.0022,小于 5%,拒绝原假设,认为西安市文化产业集聚对经济发展存在着单向的因果关系;即文化产业的集聚促进了经济发展,相反经济发展对文化产业集聚没有形成相应的集聚效应。

这主要是因为:①产业集聚产生规模报酬递增和技术溢出,通过产业关联带动相关产业的增长,进而促进区域整体的经济增长。②产业集聚使得社会分工细化,同时几乎改良加速了现有产业的更新和发展,从而提高了资源的配置效率和劳动生产率。③产业集聚具有自我强化效应,通过集聚效应吸引更多的生产要素,使得大量相关产业、企业及相关支撑机构在空间上进一步集聚,促进地区经济得以高速发展。西安市文化产业集聚与经济增长之间是单向的因果关系。文化产业集聚通过知识溢出效应,产业关联效应,规模效应促进了经济的增长。西安是西部地区乃至全国重要的文化产业中心,是文化产品的巨大生产源地,但是西安的很大一部分文化产业属于"外向型"产业,其辐射范围达到全国的大部分地区,甚至影响全世界。如影视业的消费者可能散布全国各地,文化旅游业中慕名而来的外国游客占有很高的比例,本地居民并不是这些文化产品的主要消费群体,故地方经济发展(西安市人均 GDP)对文化产业集聚并没有显著的促进作用。

二 全要素生产率检验

1. 模型设定

模型的假定: $Q = f(K, L, t)$ (1)

其中 Q、K、L、t 分别代表产出、资本、劳动和时间。用(1)式对时间微分,得:

$$\dot{Q} = \alpha_K \dot{K} + \alpha_L \dot{L} + V_T \tag{2}$$

其中: $\dot{Q}$、$\dot{K}$、$\dot{L}$ 分别代表产出、资本、劳动的增长率, a_K、a_L、V_T 分别代表资本产出弹性、劳动产出弹性和技术变化率。集聚效应对产出增长的贡献识别如下:设规模经济是资本产出弹性和劳动产出弹性之和,即 $S = a_K + a_L$,

从而得出规模报酬不变的贡献：$CRS = 1/S\ (a_k\dot{K} + a_L\dot{L})$　　　　　　　　　　（3）

$$\dot{Q} = 1/S(\alpha_K\dot{K} + \alpha_L\dot{L}) + (1 - 1/S)(\alpha_K\dot{K} + \alpha_L\dot{L}) + V_T \qquad (4)$$

（4）式中将增加值的增长分解为投入增长的规模报酬不变和规模经济部分 $NCRS$ 和技术进步的贡献，其中规模报酬递增部分就代表集聚效应。

$$NCRS = (1 - 1/S)(a_K\dot{K} + a_L\dot{L}) \qquad (5)$$

全要素生产率的增长表示为：

$$TFP = NCRS + V_T = \dot{Q} - 1/S(a_K\dot{K} + a_L\dot{L}) \qquad (6)$$

通过直接建立生产函数进行，由于对数生产函数没有规模报酬不变和替代弹性的限定，适合对规模报酬递增部分的研究需要，所以选用对数生产函数形式

$$\ln Q = \beta_0 + \beta_k\ln K + \beta_L\ln L + \beta_{kl}\ln K \ln L + u \qquad (7)$$

对（7）进行回归估计，得到 $\beta_k, \beta_L, \beta_{kl}$ 求出资本产出弹性 α_K 和劳动产出弹性 α_L

$$\alpha_k = \beta_k + \beta_{kl}\ln L$$

$$\alpha_L = \beta_L + \beta_{kl}\ln K$$

有 $S = a_K + a_L$，将估计得到的 $\alpha_K、\alpha_L$ 和 S 代入（3）、（6）式中就可以得到全要素生产率、技术进步和规模经济的估计值，如果总产出的增长主要是由要素投入增长做出的贡献，称之为广度增长，如果总产出的增长中还主要是由全要素生产率的增长做出的贡献，为深度增长。

2. 模型的实证检验

Q 指文化产业的生产总值，K 指文化产业的固定资产投资，L 指文化产业的从业人数，样本数据来源于 1992～2012 年《西安统计年鉴》。首先对原始数据取对数，获得对应的 lnQ、lnK、lnL 和 lnKlnL 的数据，导入 SPSS 统计软件，进行回归分析，可以得到非标准化回归系数，即 β_K、β_L、β_{kl} 的估计值，代入公式求出资本产出弹性 α_K 和劳动产出弹性 α_L，然后分别代入公式（3）（5）（6）中算出各年 CRS、NCRS、TFP 的值，最后根据求出的几项得出的

值，检验结果如表8-8。

规模经济是指在投入增加的同时，如果投入与产出的比例保持不变，即规模报酬不变，产出增加的比例超过投入增加的比例，单位产品的平均成本随产量的增加而降低，即规模报酬递增，当规模收益递增时，称作规模经济。

表8-8 全要素生产率回归检验结果

年份	αK	αL	S	NCRS	CRS	TFP	V_T
1991	0.92987	-0.70842	0.22144				
1992	0.94358	-0.70324	0.24034	0.17174	-0.22608	0.41497	0.24322
1993	0.94096	-0.66846	0.27250	-1.11668	1.53496	-1.28574	-0.16905
1994	0.93963	-0.65237	0.28726	-0.43794	0.61445	-0.32392	0.11401
1995	0.94074	-0.63293	0.30780	-0.44781	0.64695	-0.18705	0.26076
1996	0.94235	-0.63656	0.30579	0.10153	-0.14625	0.28126	0.17973
1997	0.94285	-0.59270	0.35015	-0.98193	1.51102	-1.33551	-0.35357
1998	0.93978	-0.56273	0.37705	-0.58413	0.93769	-0.93769	-0.35355
1999	0.94045	-0.55589	0.38455	-0.10272	0.16690	0.02604	0.12877
2000	0.93978	-0.54409	0.39569	-0.18929	0.313246	-0.00014	0.18914
2001	0.94590	-0.50443	0.44147	-0.55590	0.99530	-0.79264	-0.23674
2002	0.94400	-0.46658	0.47742	-0.49692	0.95090	-0.56385	-0.06693
2003	0.74014	-0.57698	0.16315	-0.02401	0.02869	0.10759	0.13161
2004	0.74071	-0.58384	0.15687	0.28721	-0.34065	0.10927	-0.17793
2005	0.73607	-0.59497	0.14109	0.31373	-0.36527	0.67933	0.36560
2006	0.73957	-0.55093	0.18864	-1.71870	2.11830	-1.82935	-0.11064
2007	0.73666	-0.47267	0.26398	-2.54893	3.46318	-3.18023	-0.63129
2008	0.75394	-0.46622	0.28772	0.09536	-0.13388	0.40853	0.31317
2009	0.77031	-0.44888	0.32143	-0.14246	0.20994	-0.02492	0.11754
2010	0.80129	-0.52078	0.28051	1.56504	-2.17522	2.39380	0.82876
2011	0.80664	-0.51813	0.28850	0.01732	-0.02434	0.38662	0.36930

根据1991~2011年的数据进行处理，表8-8的检验结果表明：①资本产出弹性αK均大于0且接近于1，说明资本的投入对文化产业产值的贡献率较高，劳动力产出弹性αL均为负值，说明劳动力投入增加并没有促进产值的增加，这也说明文化产业主要是资本密集型和知识密集型产业。②技术贡献率一直呈上升趋势，说明技术在文化产业发展中所起的作用越来越重要。

③CRS所反映的要素投入对经济增长的贡献率显著下降，与此同时全要素生产率TFP呈增长趋势。以2003年为界，全要素生产率对经济增长的贡献率开始超过要素投入的贡献率，文化产业增长模式转化为深度增长模式，之前为广度增长模式。这一方面与前面得到的2003年之后西安市文化产业集聚度显著增强相吻合，另一方面也说明文化产业的产出增长从主要依赖于要素投入的增加逐渐转向对集聚效应和技术进步的依赖。从全要素生产率的构成来看，代表集聚效应的规模报酬部分NCRS对经济增长的贡献率并不高，负值较多，技术进步整体上高于集聚效应的贡献率，这说明高新技术对文化产业的发展具有较强的促进作用，而产业集聚经济效应还不够明显，需要进一步加强。

第二节　西安市文化产业集聚与扩散的社会文化效应

一　调查过程

本节研究以调查问卷的形式收集数据，目的是得到西安市文化产业集聚所产生的社会文化效应。由于文化产业在不同空间尺度下集聚程度和集聚特征都不同，为了更全面地分析文化产业集聚社会文化效应，选择前面分析得到集聚特征明显的区域发放问卷，同时由于不同人群对文化产业集聚的社会文化效应感知不同，都市中青年上班族文化消费能力较高，对精神文化的需求也更高，相对其他阶层对文化产业的感知度更强一些，对一些专业性较强的问题的反应也更敏锐，因此将其作为主要调查对象；同时集聚区附近常住居民和文化需求旺盛但消费能力较低的学生群体，对文化产业的社会文化效应也有相对高的感知力，可作为次之的调查对象，为了使数据更完整，问卷发放过程中覆盖各类人群，辅之以判断抽样，避免以偏概全。

问卷的设计包括四部分：

第一部分：基本信息。包括性别、年龄、职业、所属行业、收入、文化程度、目前居住区域，同时将本地居民与外来居民区分开，在城市居住的时间长短对文化产业集聚的社会文化效应感知不同。

第二部分：文化消费取向。包括文化消费方式的个人偏好、文化消费的目的、文化消费的态度、文化消费场所、文化消费区域选择及考虑的主要因素。

第三部分：社会文化效应感知。包括正面效应：游客增加，区域环境改善，区域房价涨幅大，文化旅游项目凸显古城特色，文化设施营造文化氛围、丰富文化活动、拉近人与人距离，特色街区营造城市特色文化氛围、保护复兴传统文化，文化产品传播本地文化、促进多元文化交流、树立城市品牌形象、提高城市知名度；负面效应：影响原有的生活方式，破坏传统商业，文化设施分布不均，文化活动不能共享，不能满足大众文化消费，拉大生活品质差距，破坏传统风俗文化，文化商业化、庸俗化丧失文化本质。

第四部分：居民对文化产业的认知度以及对文化产业所产生社会文化影响的整体评价。

二　样本构成分析

本次发放问卷500份，其中有50份作为前期的预调查问卷，根据预调查结果对问卷进行修改纠正，调查结果不计入统计样本，正式问卷共发放450份，回收有效问卷428份，有效率达95.1%，样本中男性占50.7%，女性占49.3%，年龄、职业、行业、收入、学历构成如图8-1~8-5所示。

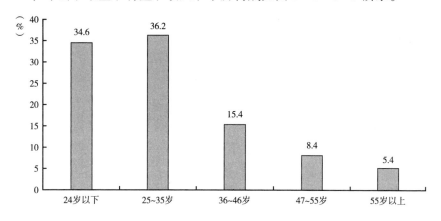

图 8-1　样本年龄构成

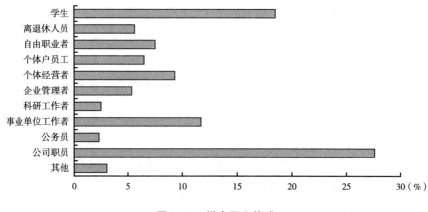

图 8-2　样本职业构成

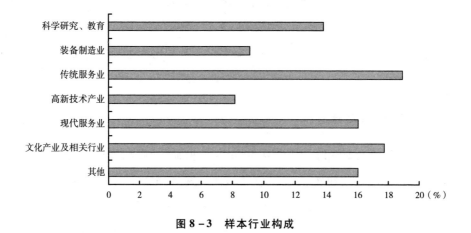

图 8-3　样本行业构成

三　文化消费倾向分析

对问卷中文化消费方式的出现频数进行统计，用频数除以样本总数得到每一种文化消费方式被选择的频率，得到样本被调查者文化消费方式选择的频率分布图。如图 8-6，居民选择最多的文化消费方式还是比较传统的上网，看电视听广播，休闲娱乐、健身，出现的频率分别是 61.7%、39.7%、33.2%，其次是购买影音产品、购买书刊、旅游，出现的频率分别是 28%、25.5%、23.6%，最后是观看现场表演、参观艺术展览、文物艺术品收藏，出现的频率分别为 15.9%、10.3%、8.2%，这三个层次的文化消费方式对精神文化的需

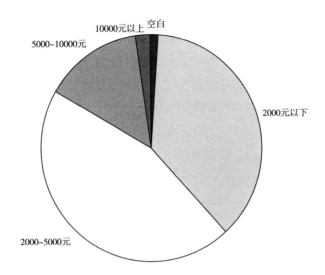

图 8 - 4　样本收入构成

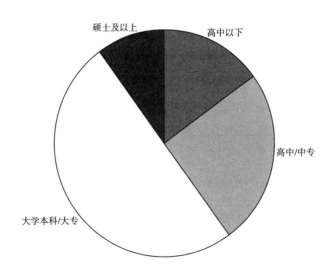

图 8 - 5　样本文化程度构成

求越来越高，文化消费水平也越来越高，所以选择的人群也越来越小。总的来看，传统的文化消费方式还是大众选择的主流，高文化艺术水平的消费方式需要一定的文化艺术素养和经济水平，属于少数人群的消费方式。

对问卷中文化消费目的用同样的方式进行统计，从图 8 - 7 可以看出，被调查者进行文化消费的目的主要是放松身心、娱乐消遣和个人爱好，其次是丰富知识，最后是提高文化艺术修养，这与前面分析的文化消费方式选择人群比例相吻合。

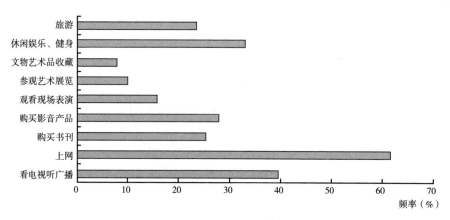

图8－6　文化消费方式选择频率分布

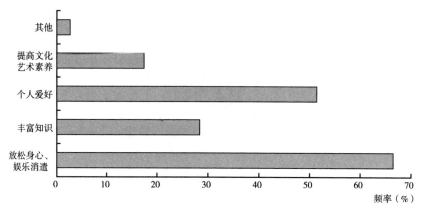

图8－7　文化消费目的选择频率分布

四　文化产业感知阶层划分

文化产业在城市集聚产生的社会文化效应广泛，但不同特征的人群对文化产业产生的社会文化效应的感知是不同的。为了体现文化产业对不同人群产生的差别化影响，并获得更客观的评价结果，本章从城市居民居住时间、收入水平、文化程度、文化消费态度、文化产业认知程度几个方面出发，建立评价指标体系，然后进行因子分析和聚类分析，最后对文化产业感知阶层进行分类。

1. 指标体系构建

本章设计的文化产业感知阶层分类指标体系以及指标包括：居住时间 B1、物质资本 B2、人力资本 B3、积极消费态度 B4、保守消费态度 B5、文化产业认知度 B6，二级指标共选取 13 个，构建的指标体系如表 8 - 9 所示。

表 8 - 9　文化产业感知阶层分类指标体系

	指标体系	
文化产业感知阶层分类 A1	居住时间 B1	居住时间 C1
	物质资本 B2	个人月收入 C2
	人力资本 B3	文化程度 C3
	积极消费态度 B4	文化消费是生活品质的标准 C4；文化消费必不可少 C5；收入增加会增加文化消费支出 C6；精神需求更重要 C7；精神文化消费更能增加幸福感 C8
	保守消费态度 B5	满足生活需求优先 C9；物价上涨减少文化消费 C10；生活消费比文化消费更重要 C11
	文化产业认知度 B6	对文化产业及内部行业的熟悉程度 C12 是否为文化产业及相关行业 C13

2. 指标赋值

文化产业对城市居民产生的社会文化影响是一个长期的过程，在城市居住时间不同，对文化产业的认知程度也不同，从而对文化产业产生社会文化影响的感知也不同。对大部分居民来说，在城市居住的时间越长，对文化产业的认知程度越高，对其产生的社会文化效应的感知越客观，所以对居民在西安居住时间指标赋值如表 8 - 10。

表 8 - 10　居民居住时间指标赋值

3. 您在西安居住时间	本地常住居民	5 年以上外地人口	5 年以下外地人口
赋值	3	2	1

根据问卷设计的内容，物质资本评价指标只包括了个人收入。居民的个人收入直接影响文化消费态度和消费水平，进而影响对文化产业的认知和社会文化效应的感知。一般情况下，收入越高，文化消费水平越高，对文化产业社会

文化效应感知度越高，根据调查问卷中对收入水平的划分，对不同范围的收入值进行赋值，如表 8 - 11。

表 8 - 11　物质资本指标赋值

6. 您的月收入	2000 元以下	2000 ~ 5000 元	5000 ~ 10000 元	10000 元以上
赋值	1	2	3	4

人力资本指标主要指文化程度。文化程度一定程度上体现了个人的知识素养，由于文化产业以文化为基础，需要有一定文化水平的人作为受众，故文化程度越高的阶层对文化产业的认知程度也越高，对其产生的社会文化影响的感知越显著。对人力资本指标赋值如表 8 - 12。

表 8 - 12　人力资本指标赋值

7. 您的文化程度	高中以下	高中/中专	大学本科/大专	硕士及以上
赋值	1	2	3	4

文化消费态度也是影响对文化产业社会文化效应感知的重要因素。积极的文化消费态度会促进文化消费，进而增强对文化产业社会文化效应的感知度；相反，保守的文化消费态度会抑制文化消费活动，进而减弱对文化产业社会文化效应的感知。根据此原则，对文化消费态度的评价指标赋值如表 8 - 13，表 8 - 14。

表 8 - 13　积极文化消费态度评价指标赋值

11. 您对文化消费的态度 文化消费是生活品质的标准 文化消费是生活中必不可少的 收入增加会增加文化消费支出 精神需求比物质需求更重要 精神文化消费更能增加幸福感	完全同意	同意	一般	不同意	完全不同意
赋值	5	4	3	2	1

表 8 – 14　保守文化消费态度评价指标赋值

11. 您对文化消费的态度 满足生活需求后才会文化消费 物价上涨会减少文化消费 生活消费比文化消费更重要	完全同意	同意	一般	不同意	完全不同意
赋值	1	2	3	4	5

对文化产业及所包括的内部行业的熟悉程度，直接影响对文化产业社会文化效应的感知和评价，认知程度越高，对其感知和评价越客观。对认知度指标赋值如表 8 – 15，对被调查者所在行业类型进行赋值，区分是否属于文化产业及相关行业，如表 8 – 16。

表 8 – 15　文化产业认知度评价指标赋值

14. 您对文化产业及内部行业的熟悉程度	很了解	基本了解	知道一点	完全不知道
赋值	4	3	2	1

表 8 – 16　所属行业赋值

5. 您所在行业类型	文化产业及相关行业	现代服务业	高新技术产业	传统服务业	装备制造业	科学研究、教育
赋值	2	1	1	1	1	1

3. 文化产业感知分层的因子分析

利用 SPSS 统计软件，采用主成分分析和加法合成原理，对影响文化产业感知阶层分类的指标数据进行分析，提取主要因子，然后计算出各样本的综合得分。首先将赋值后的 13 个指标数据导入 SPSS 中，进行主成分分析，得到公因子的特征值和贡献率，如表 8 – 17。

提取前 8 个特征值较大的因子作为公因子，贡献率分别为 15.569%、14.200%、10.604%、9.376%、7.753%、6.715%、6.246%、5.920%，累计贡献率为 76.381%，超过 75%，可以将这 8 个因子作为对文化产业感知阶层分类的主因子。旋转成分矩阵如表 8 – 18。

表 8 – 17　公因子特征值及贡献率

公因子	特征值	贡献率（%）	累计贡献率（%）
F_1	2.024	15.569	13.637
F_2	1.846	14.200	24.414
F_3	1.378	10.604	34.899
F_4	1.219	9.376	44.622
F_5	1.008	7.753	52.687
F_6	0.873	6.715	60.694
F_7	0.812	6.246	68.628
F_8	0.770	5.920	76.381

表 8 – 18　旋转成分矩阵

	F_1	F_2	F_3	F_4	F_5	F_6	F_7	F_8
C10	0.757	– 0.009	0.169	– 0.045	0.088	– 0.010	– 0.214	0.006
C9	0.751	– 0.030	– 0.079	0.076	– 0.062	0.157	– 0.030	– 0.091
C11	0.733	0.003	– 0.029	0.008	– 0.043	– 0.143	0.100	0.054
C7	– 0.014	0.843	0.052	0.047	– 0.002	– 0.074	0.012	0.120
C8	– 0.016	0.765	0.163	– 0.005	0.044	0.126	0.133	– 0.098
C4	– 0.124	0.103	0.878	– 0.053	– 0.012	0.096	0.007	– 0.052
C5	0.264	0.180	0.674	0.208	0.012	– 0.138	0.233	0.091
C2	– 0.001	0.128	– 0.049	0.900	0.086	– .0010	– 0.046	– 0.031
C3	0.060	– 0.156	0.228	0.620	– 0.297	0.268	0.108	0.029
C1	– 0.019	0.025	0.006	– 0.036	0.965	0.044	0.027	0.057
C12	– 0.005	0.049	0.004	0.107	0.041	0.924	0.041	0.128
C6	– 0.096	0.131	0.136	0.007	0.024	0.048	0.942	0.010
C13	– 0.025	0.026	0.003	– 0.015	0.056	0.127	0.011	0.970

　　由表 8 – 18 可以得到对公因子 F1 贡献最大的指标是 C10、C9、C11，分别表示物价上涨时首先减少文化消费、只有满足生活需求后才进行文化消费、衣食住行等生活消费比文化消费更重要，均为物质需求优先的消费态度，可称为保守的文化消费因子；对 F2 贡献最大的指标是 C7、C8，分别代表精神需求比物质需求更重要、精神文化消费更能增加幸福感，可以称为精神需求优先因子；对 F3 贡献最大的指标是 C4、C5，分别代表文化消费是生活品质的标准、文化消费是生活中必不可少的，可以称为文化消费必需因

子；对 F7 贡献最大的指标是 C6，表示收入增加时会增加文化消费支出，可称为积极的文化消费因子，按照 F1、F7、F3、F2 的顺序，文化消费态度对精神需求的程度越来越高，进行文化消费的可能性也越来越高。对 F4 贡献最大的指标是 C2、C3，分别表示月收入和文化程度，这两项指标代表了被调查者的物质资本和人力资本，该因子可以称为资本因子；对 F5 贡献最大的指标是 C1，表示在西安居住的时间，直接定义为居住时间因子；对 F6 贡献最大的是 C12，表示对文化产业及内部行业的熟悉程度，定义为认知因子；对 F8 贡献最大的是 C13，表示所属行业是否与文化产业相关，定义为文化产业相关因子。

将获取的样本按照对文化产业的感知度进行分层，利用 SPSS 软件对提取的 8 个主因子计算因子得分，然后，以各因子的因子贡献率占因子累计方差贡献率的比重作为权重进行加权计算，得到因子的综合得分，其中因子综合得分的计算方法如下：

$$F = (15.569 \times F1 + 14.200 \times F2 + 10.604 \times F3 + 9.376 \times F4 + 7.753 \times F5 + 6.715 \times F6 + 6.246 \times F7 + 5.920 \times F8)/76.381$$

样本公因子得分及综合得分如表 8 - 19，由于样本数据较多，文中只列出部分。

表 8 - 19 样本公因子得分及综合得分

样本	F1	F2	F3	F4	F5	F6	F7	F8	F	聚类
1	-0.48158	0.5089	-0.18095	-0.41208	0.08669	-0.70671	-0.10983	-0.44726	-0.21321	II
2	-1.16727	-1.04492	-0.75213	0.59914	-1.37036	-0.8458	1.58621	-0.11952	-0.46349	I
…	…	…	…	…	…	…	…	…	…	…
427	1.72991	-0.45869	-0.70741	0.34709	0.87216	1.18872	0.22188	1.87062	0.62083	IV
428	-0.53004	-1.15933	-1.12875	1.83197	0.97708	1.32483	0.27505	-0.81751	0.00770	III

4. 文化产业感知分层的聚类分析

利用 SPSS 软件的快速聚类方法，对样本因子得分进行聚类，得到四个族群，系统编号为 1、2、3、4，为了方便分析，根据因子得分由低到高的顺序进行重新编排，分别为Ⅰ、Ⅱ、Ⅲ、Ⅳ，四个族群的样本数及所占的比例如表 8 - 20。

表 8 - 20　每个族群中的样本数及所占比例

族群	样本个数	所占比例(%)	累计比例(%)
Ⅰ	42	9.81	9.81
Ⅱ	144	33.65	43.46
Ⅲ	176	41.12	84.58
Ⅳ	66	15.42	100

根据聚类结果，最低、最高的第Ⅰ、Ⅳ阶层所占比例较小，位于中间的第Ⅱ、Ⅲ阶层所占达 74.77%，比例较大。分析各族群的样本特征，并对不同族群进行定义。从各族群的职业、收入、文化程度的构成比例、文化消费态度，以及各族群公因子的平均值分析各族群样本特征。

由于利用 SPSS 软件中快速聚类的方法进行聚类存在一定的缺陷，系统只是根据综合得分的高低进行聚类，这会忽视各公因子单独的得分，所以在分析各族群公因子平均值时需要结合各族群职业、收入、文化程度的构成比例，提取部分信息，综合分析才能得出合理的分类（表 8 - 21，表 8 - 22，表 8 - 23，表 8 - 24）。

表 8 - 21　各族群职业构成比例

职业	Ⅰ		Ⅱ		Ⅲ		Ⅳ	
	样本数	比例	样本数	比例	样本数	比例	样本数	比例
公司职员	13	30.95	41	28.47	49	27.84	15	22.73
公务员	0	0	5	3.47	3	1.7	2	3.03
事业单位工作者	2	4.76	15	10.42	24	13.64	9	13.64
科研工作者	2	4.76	4	2.78	3	1.7	2	3.03
企业管理者	1	2.38	3	2.08	11	6.25	8	12.12
个体经营者	5	11.9	5	3.47	21	11.93	9	13.64
个体户员工	5	11.9	9	6.25	12	6.82	2	3.03
自由职业者	4	9.52	13	9.03	9	5.11	6	9.1
离退休人员	2	4.76	11	7.64	9	5.11	2	3.03
学生	6	14.29	31	21.53	31	17.61	11	16.67
其他	2	4.76	7	4.86	4	2.27	0	0

表 8 - 22　各族群收入构成比例

收入	I		II		III		IV	
	样本数	比例(%)	样本数	比例(%)	样本数	比例(%)	样本数	比例(%)
2000 元以下	24	57.14	69	48.94	53	30.11	13	19.7
2000～5000	16	38.1	63	44.68	88	50	27	40.91
5000～10000	1	2.38	9	6.38	32	18.18	20	30.3
10000 以上	1	2.38	0	0	3	1.7	6	9.09

表 8 - 23　各族群文化程度构成比例

文化程度	I		II		III		IV	
	样本数	比例(%)	样本数	比例(%)	样本数	比例(%)	样本数	比例(%)
高中以下	14	33.33	28	19.44	27	15.34	3	4.55
高中/中专	17	40.48	44	30.56	42	23.86	9	13.64
大学本科/大专	10	23.81	62	43.06	83	47.16	43	65.15
硕士及以上	1	2.38	10	6.94	24	13.64	11	16.67

表 8 - 24　各族群公因子平均值

	I	II	III	IV
F1 保守文化消费因子	－ 0.796	－ 0.264	0.077	0.878
F2 精神需求优先因子	－ 0.956	－ 0.094	0.106	0.53
F3 文化消费必需因子	－ 0.939	－ 0.137	0.168	0.447
F4 资本因子	－ 0.529	－ 0.294	0.145	0.592
F5 居住时间因子	－ 0.343	－ 0.219	0.057	0.545
F6 认知因子	－ 0.457	－ 0.236	0.134	0.448
F7 积极文化消费因子	－ 0.619	－ 0.219	0.179	0.394
F8 文化产业相关因子	－ 0.361	－ 0.226	0.029	0.646

第 I 阶层，包含样本总数 42 个，其中公司职员占 30.95%、学生 14.29%、个体经营者和个体户员工各占 11.9%，收入 2000 元以下的占到 57.14%，高中/中专及以下文化程度占到 73.81%，各公因子的平均分均为负值，其中精神需求优先因子和文化消费必需因子的绝对值最大。综合来看，这类人群文化水平较低，无固定收入或收入水平较低，所以对文化消费的态度并不积极，精神需求并不高，不认为文化消费是生活所必需的，因此文化消费需求低迷，文化活动参与度不高，对文化产业的认知度较低，所以称为低认知阶层。

第Ⅱ阶层，包含样本总数 144 个，其中公司职员占到 28.47%、学生 21.53%、事业单位工作者 10.45%，收入 2000 元以下占 48.94%，2000～5000 元占 44.68%，低收入水平人数仍占很大比例但小于第Ⅰ族群，中等收入水平所占比例高于Ⅰ阶层，文化程度大学本专科/大专人数占到 43.06%，比例最大，同时硕士及以上学历的人群比例有所提高。公因子平均值均为负值，但绝对值普遍小于第Ⅰ阶层，其中精神需求优先因子和文化消费必需因子绝对值最小。综合来看，这类人群收入水平、文化程度较第Ⅰ阶层都有所提高，具备一定的物质基础，所以开始追求精神文化需求，但从数值看，这种追求的热度并不高，所以认为第Ⅱ阶层相比第Ⅰ阶层文化活动参与度提高、文化消费态度趋于积极，对文化产业的认知度也有所提高，所以称为中低认知阶层。

第Ⅲ阶层，包含样本总数 176 个，其中公司职员占 27.84%、学生 17.61%、事业单位工作者 13.64%，个体经营者 11.93%，收入水平 2000～5000 元占到 50%，5000～10000 元的高收入人群提高到 18.18%，文化程度大学本科/大专占到 47.16%，硕士及以上的高学历人数占到 13.64%。公因子平均值均提高为正值，其中文化消费必需因子、资本因子、认知因子、积极文化消费因子的值都相对较高。综合来看，这类人群收入处于中高水平，文化程度在大学本科/大专及以上的比例达 60.8%，占到大部分，具备了一定的物质资本，对文化消费的态度也更趋于积极，文化活动参与度提高，进而对文化产业的认知度也相应提高，所以定义为中高认知阶层。

第Ⅳ阶层，样本总数 66 个，其中公司职员 22.73%、学生 16.67%、事业单位 13.64%、个体经营者 13.64%、企业管理者 12.12%，收入水平 2000～5000 元占 40.91%，5000 元以上的高收入人群比例提高到 39.39%，文化程度大学本科/大专占到 65.15%，硕士及以上 16.67%。各公因子的平均值相对其他阶层都较高。综合来看，这类人群，收入水平以及文化程度都较高，在物质需求满足的基础上，对精神文化也有更高的需求，文化活动参与度较高，文化消费态度积极，对文化产业的认知度较高，所以定义为高认知阶层。

五　文化产业集聚社会文化效应分层评价

前部分所划分的四个感知阶层由于文化程度、收入、职业、文化消费态度等的不同对文化产业所产生的社会文化效应的认知程度不同，按照不同的阶层分别分析居民对西安市文化产业集聚所产生的社会文化效应的评价，并比较不同阶层的评价特征。

从问卷中的整体评价来看，52.3%的受访者认为文化产业集聚产生的社会文化影响利大于弊，25.6%的受访者认为利弊相当，18.8%受访者选择没感觉，表示对文化产业认知度不高，所以不能做出评价，还有3.3%的受访者认为弊大于利。先对问卷数据进行整体分析，居民对西安市文化产业集聚产生社会文化正面效应持肯定态度的占多数，但负面效应的认同度同样不容忽视。选择"没感觉"的人数比例从第Ⅰ阶层到第Ⅳ阶层普遍表现出阶梯状降低的特征，这也表示这四个阶层的受访者对文化产业的认知度依次提高，与前部分按照认知度划分的阶层等级刚好吻合，也验证了阶层划分的合理性。为区分产生的社会文化影响的程度，按照完全同意和基本同意累计百分比进行划分，如表8-25，为了更具体地分析文化产业产生的社会文化效应，分别分析不同阶层对文化产业集聚产生的各种社会文化影响的评价，并将正面效应与负面效应分开进行分析。

表8-25　社会文化效应显著水平划分

显著水平	极不显著	不显著*	显著**	极为显著***
累计百分比	小于30%	30%~50%	50%~80%	80%以上

1. 正面效应评价

问卷中提出西安市文化产业集聚产生的正面效应包括外来游客增多、发展文化产业的区域环境得到改善、发展文化产业的区域房价涨幅大、文化旅游项目凸显古城特色、文化设施增多使文化氛围更浓厚、文化活动增多丰富文化生活、文化休闲场所拉近了人与人的距离、特色街区营造独特的城市文化氛围、旅游景区开发能保护和复兴传统文化、文化产品有利于传播本地文化、文化活动促进多元文化交流、文化产业集中发展树立了城市品牌形象以及提高了城市知名度。

西安市文化产业发展中以文化旅游为主导，尤其是曲江文化产业区成立以来，采用以发展文化旅游为核心，带动文化休闲娱乐业、文化艺术业、出版传媒等共同发展，进而促进城市繁荣的发展战略，所以居民对旅游业的发展会有较直观的感受。

由图8－8可知，四个阶层随着认知度的提高，选择完全同意的比例也依次提高。高认知阶层中有42.4%完全同意发展文化产业使游客增多了，47%基本同意，累计89.4%，中高认知阶层、中低认知阶层完全同意、基本同意累计分别占到86.9%、81.2%，均达到了极为显著的水平。位于中间两个阶层占了样本总数大部分，可以认为是代表大众的阶层，选择基本同意的分别占49.7%、50%，一方面说明西安市文化产业尤其是文化旅游业还有待进一步发展，另一方面也与西安市居民保守的地域文化有关，做选择时不会走极端。低认知阶层累计52.4%，明显低于其他阶层，刚进入显著水平的阶段。综合来看，文化产业集聚使游客增多的特征显著。

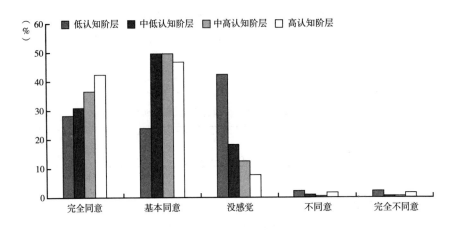

图8－8　不同阶层对游客增多的评价

文化产业是以文化为基础，以技术为手段，以创意为灵魂的产业，相比传统产业属于知识密集型和资本密集型的新兴产业，同时文化产业以满足人的精神追求为目标，所以文化产业从生态环境的角度上可以认为是绿色产业。

西安市的文化产业集聚是否产生显著的环境效应，居民的评价结果如图8－9所示，对文化产业使区域环境改善的评价，高认知阶层完全同意占33.3%，基本同意占47.0%，累计80.3%，中高认知阶层完全同意占35.2%，基本同意占47.2%，累计82.4%，中低认知阶层完全同意占28.0%，基本同意52.4%，累计80.4%，均进入极为显著的水平。低认知阶层完全同意占21.4%，基本同意占47.6%，累计69%，接近极为显著的水平。总体来看，居民认为文化产业集聚对区域环境改善的影响显著。

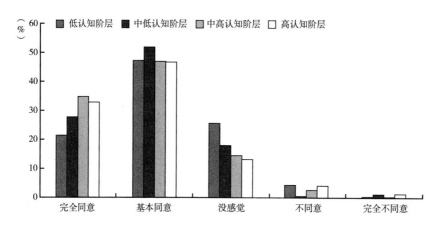

图8－9　不同阶层对区域环境改善的评价

文化产业的发展会带动周边其他产业的发展，如房地产业，所以文化产业在城市某一区域发展可能造成房价上涨，居民对这一影响的评价如图8－10所示，高认知阶层完全同意占39.4%，基本同意占43.9%，累计83.3%，中高认知阶层完全同意占42.0%，基本同意占38.6%，累计80.6%，中低认知阶层完全同意占39.2%，基本同意占46.2%，累计85.4%，均进入极为显著水平。低认知阶层完全同意达到52.4%，基本同意26.4%，累计78.8%。

各阶层选择完全同意的比例均相对较高，说明文化产业集聚对房价增长影响较大。其中低认知阶层完全同意的比例最高，超过一半，一部分是由于客观上文化产业的确促使房价提高，另一部分也是由于该阶层的人群收入水平普遍较低，对房价的增长更敏感，所以评价中主观因素占的比例相对高一点。

不同阶层对文化旅游项目凸显古城特色的评价如图8－11所示，高认知阶层完全同意的占39.4%，基本同意占43.9%，累计83.3%，中高认知阶层完全同意占42.0%，基本同意占42.0%，累计84.0%，中低认知阶层完全同意31.5%，基本同意占51.0%，累计82.5%，均进入极为显著的水平，低认知阶层完全同意 31.0％，基本同意 40.5％，累计 71.5％，处在显著水平。

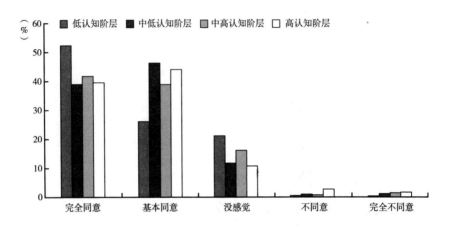

图 8 – 10　不同阶层对区域房价涨幅大的评价

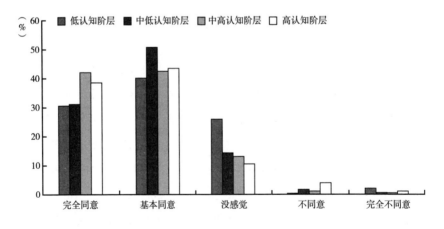

图 8 – 11　不同阶层对文化旅游项目凸显古城特色的评价

文化产业的发展过程中，为了满足居民的精神文化需求，文化设施如艺术馆、画廊、音乐厅、文化广场等大幅增加。其中曲江以西安音乐厅、曲江美术馆、陕西大剧院、曲江太平洋影城四大文化艺术场馆为中心，营造了浓厚的文化艺术氛围。不同阶层对文化设施增加使文化氛围更浓厚的评价结果如图 8 – 12，高认知阶层完全同意占 38.5％，基本同意占 49.2％，累计 87.7％，中高认知阶层完全同意 36.4％，基本同意 44.9％，累计 81.3％，均进入极为显著的水平，中低认知阶层完全同意 32.9%，基本同意 46.9%，累计 79.8%，低认知阶层完全同意 23.8%，基本同意 42.9%，累计 66.7%，均处在显著水平。由于只有具备一定的文化艺术修养，对精神文化有较高的需求，又有能力进行精神文化消费的人群才能对文化艺术氛围的变化有较明显的感知，所以从调查结果来看，从低认知阶层到高认知阶层，完全同意的比例依次提高，完全同意和基本同意的累计比例也依次提高，高认知阶层达到 87.7%，这也说明文化艺术的受众还主要集中在高学历、高收入的阶层，大众消费意识较为淡薄。

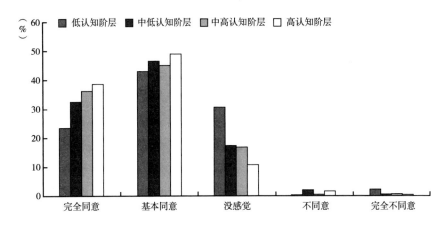

图 8－12　不同阶层对文化设施增加的评价

　　文化活动包括演艺活动、节庆活动等，西安市发展文化产业的过程中，大力发展各种文化活动，居民对文化活动丰富文化生活的评价如图 8－13 所示。高认知阶层完全同意的占 34.8%，基本同意的占 51.5%，累计 86.3%，中高认知阶层完全同意 40.9%，基本同意 42.0%，累计 82.9%，中低认知阶层完全同意 32.2%，基本同意 49.0%，累计 81.2%，均进入极为显著水平；低认知阶层完全同意 16.7%，基本同意 61.9%，累计 78.6%，处在显著水平阶段；但基本同意所占的比例在四个阶层中最大，选择没感觉的比例明显降低，这说明处在较低生活水平的人群也感受到文化活动对文化生活的影响，文化活动的大众参与度较高。

　　文化休闲娱乐场所包括了 KTV、舞厅、酒吧、咖啡厅、健身会所、游乐场等，文化产业的集聚使文化休闲娱乐场所增多，空间上趋于集聚。不同阶层

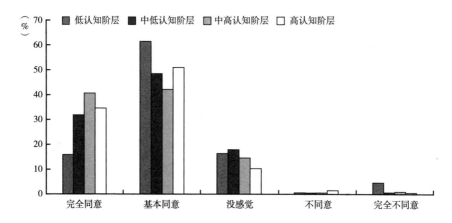

图 8 – 13　不同阶层对文化活动增多丰富文化生活的评价

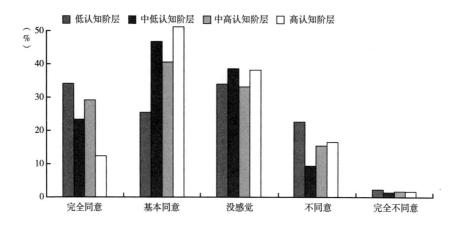

图 8 – 14　不同阶层对文化休闲场所拉近人与人距离的评价

对文化休闲娱乐场所拉近人与人距离的评价如图 8 – 14。高认知阶层完全同意仅占 10.6%，基本同意占 42.4%，累计 53%，中高认知阶层完全同意 24.4%，基本同意 33.5%，累计 57.9%，中低认知阶层完全同意占 19.6%，基本同意占 39.2%，累计 58.8%，低认知阶层完全同意占 28.6%，基本同意占 21.4%，累计 50%，四个阶层均仅在显著水平，完全同意的比例低认知阶层最高，而高认知阶层最低，而且选择没感觉的比例也高于低认知阶层，不同意的比例也相对其他特征要高一些，一方面是由于高认知阶层的优越感会使其与他人保持一定的距离，另一方面由于该问题涉及心理上的感知，主观性太强。

西安市著名的特色街区有湘子庙文化街、德福巷和大唐通易坊两条酒吧街。湘子庙与具有深厚历史文化意义的书院门毗邻，由于地理位置的临近，与书院门的文化气息相互渗透，形成了具有浓厚艺术和历史文化氛围的古玩艺术品文化一条街。著名的酒吧街，一是德福巷，起点在南门的湘子庙街，一直通到南大街中段的粉巷，建筑风格古朴，格调安静，吸引了很多外国游客。二是大唐通易坊，聚集院落式酒吧、咖啡屋、茶楼，集休闲、娱乐、文化于一体，将西安的新风尚、新时尚与唐风古建的元素符号完美地结合在一起，不仅很好地延伸雁塔西苑的民俗文化，同时更好地展示新西安的现代时尚色彩。

不同阶层对特色街区营造独特的城市文化氛围的评价结果如图 8－15。高认知阶层完全同意的占 25.8%，基本同意的占 40.9%，累计 66.7%，中高认知阶层完全同意占 33.1%，基本同意占 40.6%，累计 73.7%，中低认知阶层完全同意占 28.7%，基本同意占 49.7%，累计 78.4%，低认知阶层完全同意占 16.7%，基本同意占 38.1%，累计 54.8%，均在显著水平上，低认知阶层所占比例最低，没感觉的比例最高。这是由于目前特色街区的主要消费群体是较高收入人群和游客，以低收入群体为主的低认知阶层很少参与特色街区的消费，故对其产生的影响认知度较低，其他阶层也并未进入极为显著水平，说明西安市的特色街区文化效应还不够明显。

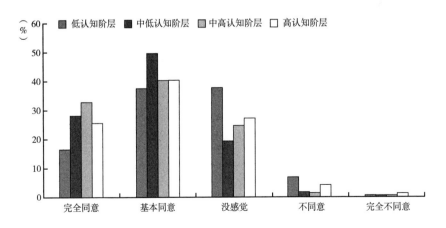

图 8－15　不同阶层对特色街区营造独特城市文化氛围的评价

目前，西安市大力推进对文化景区的开发。尤其是曲江新区以复兴盛唐文化为主题，开发整合文化景区，形成以唐文化、盛世文化为代表的曲江现代文化产业核心区，以佛文化为代表的法门寺佛文化旅游区，以道文化为代表的楼观台道文化展示区三大园区，以及中国古建筑及现代园林文化、宗教文化、宫廷文化、民俗文化、山水生态文化、农业观光及现代养生文化、现代音乐及演艺文化、现代影视文化、当代书画及文学艺术文化、当代科技文化十大文化形态。

不同阶层对景区开发保护复兴传统文化的评价结果如图 8-16 所示。高认知阶层完全同意占 40.9%，基本同意 34.8%，累计 75.7%，中高认知阶层完全同意占 30.1%，基本同意占 44.9%，累计 75%，中低认知阶层完全同意占 26.6%，基本同意占 51.0%，累计 77.6%，低认知阶层完全同意 23.8%，基本同意 42.9%，累计 66.7%，均处于显著水平，完全同意的比例随着认知度的提高而增加，没感觉的比例随认知度的提高而降低。说明对该文化效应的评价与居民对文化产业的认知度有关，除低认知阶层外的其他阶层累计比例均超过 75%，处于较显著的水平。

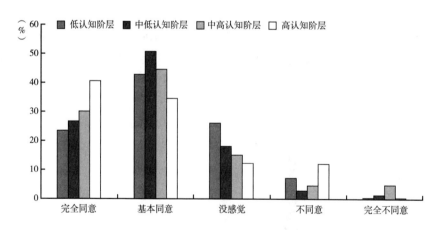

图 8-16 不同阶层对景区开发保护复兴传统文化的评价

不同阶层对西安市文化产业的发展促使文化产品传播本地文化的评价如图 8-17。高认知阶层完全同意的比例占 43.9%，基本同意占 45.5%，累计 89.4%，中高认知阶层完全同意占 39.2%，基本同意 45.5%，累计 84.7%，中低认知阶层完全同意占 38.0%，基本同意 50.0%，累计 88.0%，均处在极

为显著的水平，低认知阶层完全同意 33.3%，基本同意占 38.1%，累计
71.4%，处在显著水平，随着认知度的提高，完全同意的比例依次升高，没感
觉的比例依次降低。说明对该文化效应评价与居民的认知度有直接关系，总体
来看得到极高的认同度。

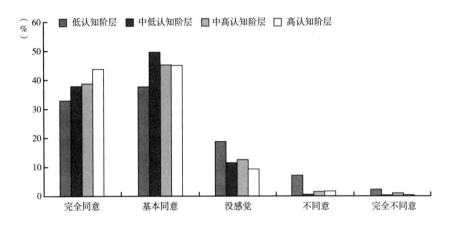

图 8 - 17　不同阶层对文化产品利于本地文化传播的评价

　　城市文化产业的集聚不仅是突出传播本地文化，一定程度上也会吸收融
合异质文化来丰富其文化内涵，不同阶层对西安市文化产业发展促进多元文化
交流的评价结果如图 8 - 18。高认知阶层完全同意占 42.4%，基本同意占
37.9%，累计 80.3%，中低认知阶层完全同意占 36.9%，基本同意占 46.0%，
累计 82.9%，中低认知阶层完全同意占 32.9%。基本同意占 51.0%，累计
83.9%，均处于极为显著的水平，低认知阶层完全同意占 26.2%，基本同意
占 31.0%，累计 57.2%，刚进入显著水平阶段。随着认知度提高，完全同意
的比例依次提高，低认知阶层没感觉的比例最高，说明该文化效应也与居民的
认知度有直接关系，整体来看该效应表现显著。

　　西安市文化产业的集聚，尤其是空间上的集聚发展，对树立城市品牌形
象，提高城市知名度的影响，不同阶层的评价结果如图 8 - 19。高认知阶层完
全同意占 36.4%，基本同意占 47.0%，累计 83.4%，处于极为显著水平，中
高认知阶层完全同意占 40.3%，基本同意占 36.7%，累计 77%，处于显著水
平，中低认知阶层完全同意占 32.2%，基本同意占 50.3%，累计 82.5%，处

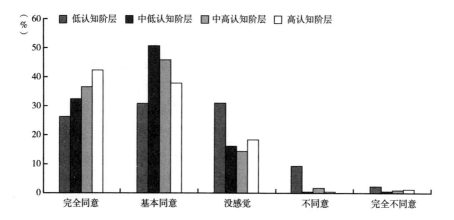

图 8－18　不同阶层对促进多元文化交流的评价

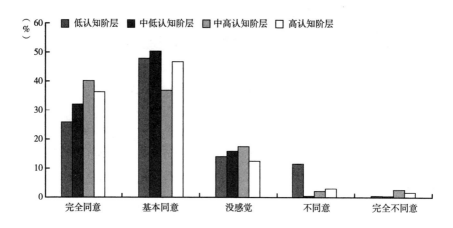

图 8－19　不同阶层对树立品牌形象的评价

于极为显著的水平，低认知阶层完全同意占 26.2%，基本同意占 47.6%，累计 73.8%，处于显著水平阶段。没感觉的比例并没有随认知度提高而有规律变化，说明该效应的评价结果与认知度没有直接关系。

2. 负面效应评价

问卷中提出的负面效应包括影响原有的生活方式、破坏传统商业、造成文化设施分布不均、文化活动不能共享、不能满足大众文化消费、拉大生活品质差距、破坏传统风俗文化、文化商业化庸俗化丧失文化的本质。具体分析结果如下。

不同阶层对文化产业集聚而影响原有生活方式的评价结果如图 8-20。高认知阶层完全同意占 21.2%，基本同意占 25.8%，累计 47%，中高认知阶层完全同意占 15.9%，基本同意占 30.1%，累计 46%，中低认知阶层完全同意占 9.9%，基本同意占 32.4%，累计 42.3%，均处于不显著的水平，低认知阶层完全同意占 19.0%，基本同意占 33.3%，累计 52.3%，刚进入显著水平。各阶层选择没感觉的比例均超出 30%，不同意的比例随着认知度的提高而升高，从总体来看，该效应并不突出。

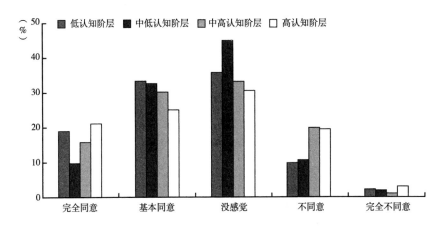

图 8-20　不同阶层对影响原有生活方式的评价

文化产业作为一种新兴产业，是否会破坏传统商业，不同阶层的评价结果如图 8-21。高认知阶层完全同意的仅为 9.1%，基本同意占 30.3%，中高认知阶层完全同意占 11.4%，基本同意占 34.7%，中低认知阶层完全同意占 9.8%，基本同意占 28.7%，低认知阶层完全同意占 11.9%，基本同意占 35.7%，各阶层均处在不显著的水平。低认知和中低认知阶层选择没感觉的比例均超过 40%，随着认知度提高不同意的比例在提高，说明该影响与认知度有直接关系，普通大众对其感知度不高，但从中高认知阶层和高认知阶层的选择来看该效应虽不显著但仍然存在。

西安市文化产业呈集聚化趋势发展，空间集聚是否造成了文化设施分布不均，不同阶层的评价结果如图 8-22。高认知阶层完全同意占 16.7%，基本同意占 40.9%，累计 57.6%，中高认知阶层完全同意占 15.3%，基本同意占

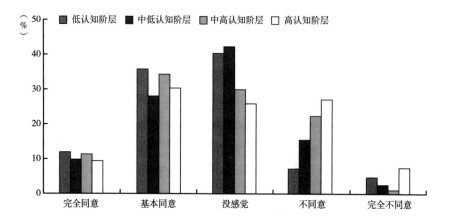

图 8－21　不同阶层对破坏传统商业的评价

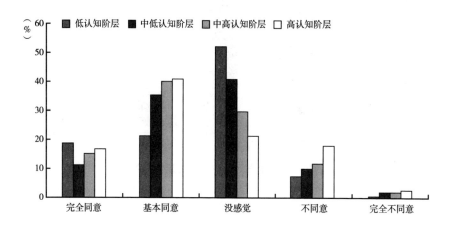

图 8－22　不同阶层对造成文化设施分布不均的评价

40.3％，累计 55.6％，均进入显著水平阶段，中低认知阶层完全同意占 11.2％，基本同意占 35.7％，累计 46.9％，低认知阶层完全同意占 19.0％，基本同意占 21.4％，累计 40.4％，处在不显著的阶段。没感觉的比例随认知度提高而降低，低认知阶层该比例超过 50％，说明该影响与认知度有直接关系。

　　文化产业的空间集聚是否造成文化活动不能共享，不同阶层的评价结果如图 8－23。高认知阶层完全同意占 19.7％，基本同意占 40.9％，累计 60.6％，中高认知阶层完全同意占 20.5％，基本同意占 31.3％，累计 51.8％，中低认知阶层完全同意占13.3%，基本同意占41.3%，累计54.6%，均进入显著水平阶段，低认知阶层完全同意占22.0%，基本同意占26.8%，累计48.8%，处在不显著水平阶段。

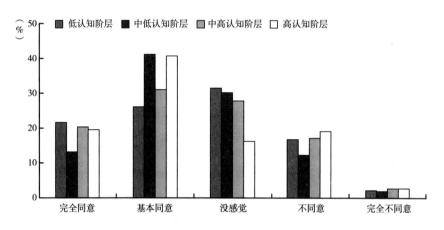

图8-23　不同阶层对文化活动不能共享的评价

不同阶层对文化产业集聚能否满足大众文化消费的评价结果如图8-24。高认知阶层完全同意的比例占21.2%，基本同意占42.4%，累计63.6%，中高认知阶层完全同意占18.2%，基本同意占33.0%，累计51.2%，中低认知阶层完全同意占16.8%，基本同意占41.3%，累计58.1%，低认知阶层完全同意占28.6%，基本同意占33.3%，累计61.9%，均进入显著水平阶段，从进入的程度来看，认知度最高与最低的两个阶层比中间阶层要高，没感觉的比例比中间阶层低，说明该影响并不与认知度直接相关。高认知阶层对文化消费有更高的要求，而低认知阶层受消费水平的限制，可参与的文化消费方式单一，所以会得到这样的评价结果。

不同阶层对文化产业拉大生活品质差距的评价结果如图8-25。高认知阶层完全同意占16.7%，基本同意占37.9%，累计54.6%，中高认知阶层完全同意占18.2%，基本同意占46.0%，累计64.2%，中低认知阶层完全同意占16.9%，基本同意占43.0%，累计59.9%，低认知阶层完全同意31.0%，基本同意占35.7%，累计66.7%，均处在显著水平阶段，其中低认知阶层比例最高，符合低收入、文化消费参与度较低群体的心理。

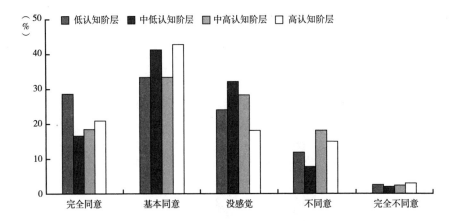

图 8 - 24　不同阶层对不能满足大众文化消费的评价

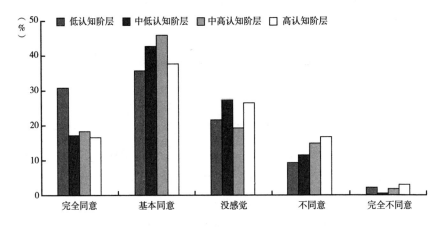

图 8 - 25　不同阶层对拉大生活品质差距的评价

　　文化产业的发展一方面复兴保护传统文化，另一方面也会对传统风俗文化有一定的破坏性，不同阶层对此的评价结果如图 8 - 26。高认知阶层完全同意占 9.1%，基本同意占 25.8%，累计 34.9%，中高认知阶层完全同意占 10.8%，基本同意占 27.3%，累计 38.1，中低认知阶层完全同意占 7.0%，基本同意占 30.3%，累计 37.3%，均处于不显著水平的阶段，低认知阶层完全同意占 19.0%，基本同意占 31.0%，累计 50%，处于不显著与显著的临界值上，选择没感觉的比例仍超过 30%。随着认知度提高，不同意的比例大幅提高，说明该评价结果与认知度有直接关系。

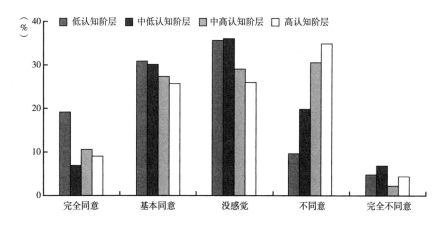

图 8 - 26　不同阶层对破坏传统风俗文化的评价

大力推进文化产业的发展，一定程度上会使文化商业化、庸俗化，丧失文化的本质和内涵，不同阶层对该影响的评价结果如图 8 - 27。高认知阶层完全同意占 18.2%，基本同意占 31.8%，累计 50%，中高认知阶层完全同意 18.2%，基本同意占 29.5%，累计 47.7%，中低认知阶层完全同意占 14.7%，基本同意占 29.4%，累计 44.1%，处于不显著但接近显著的水平，低认知阶层完全同意占 26.2%，基本同意占 40.5%，累计 66.7%，处于显著的水平，但由于该阶层对文化产业的认知度处于最低水平，不能排除主观性较强有失客观的可能。

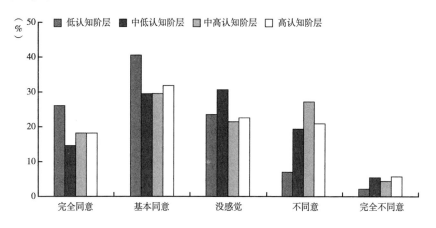

图 8 - 27　不同阶层对文化商业化庸俗化的评价

3. 社会文化效应综合评价

通过前面对不同阶层对各种可能产生的社会文化效应的评价结果的分析，结合各阶层的特征，综合分析各种社会文化效应的显著水平，如果从低认知阶层到高认知阶层，选择没感觉的比例依次降低，或较低认知阶层做该选择的比例超过30%，则认为评价结果与各阶层认知度存在直接关系，以认知度较高阶层的评价结果为主，如没有直接关系，则分阶层进行分析，综合评价结果如表8－26。

表8－26 西安市文化产业集聚社会文化效应综合评价

类型	第Ⅰ阶层	第Ⅱ阶层	第Ⅲ阶层	第Ⅳ阶层	是否与认知度存在直接关系	综合评价
游客增多	52.4 **	81.2 ***	86.9 ***	89.4 ***	存在	极为显著
区域环境改善	79.0 **	80.4 ***	82.4 ***	80.3 ***	存在	极为显著
区域房价涨幅大	78.6 **	85.4 ***	80.6 ***	83.3 ***	存在	极为显著
文化旅游项目凸显古城特色	71.5 **	82.5 ***	84.0 ***	83.3 ***	存在	极为显著
文化设施增多使文化艺术氛围更浓厚	66.7 **	79.8 **	81.3 ***	87.7 ***	存在	极为显著
文化活动增多丰富了文化生活	78.6 **	81.2 ***	82.9 ***	86.3 ***	不存在	各阶层显著程度依次提高，达到极为显著水平
文化休闲场所拉近人与人的距离	50 *	58.8 **	57.9 **	53 **	不存在	显著但不突出
特色街区营造独特的文化氛围	54.8 **	78.4 **	73.7 **	66.7 **	存在	显著且突出，但主观性较强
旅游景区开发保护和复兴传统文化	66.7 **	76.6 **	75 **	75.7 **	存在	显著且较为突出
文化产品利于传播本地文化	71.4 **	88.0 ***	84.7 ***	89.4 ***	存在	极为显著
促进多元文化交流	57.2 **	83.9 ***	82.9 ***	80.3 ***	存在	极为显著
树立城市品牌形象提高知名度	73.8 **	82.5 ***	77.2	83.4 ***	不存在	显著是趋于极为显著水平
破坏城市生态环境	52.4 **	55.3 **	53.9 **	59.1 **	存在	显著但不突出
影响原有的生活	52.3 **	42.3 *	46.0 *	47.0 *	存在	不显著但趋于显著

续表

类型	第Ⅰ阶层	第Ⅱ阶层	第Ⅲ阶层	第Ⅳ阶层	是否与认知度存在直接关系	综合评价
破坏传统商业	47.6*	38.5*	46.1*	39.4*	存在	不显著
造成文化设施分布不均	40.4*	46.9*	55.6**	57.6**	存在	显著但不突出
造成文化活动不能共享	48.8*	54.6**	51.8**	60.6**	存在	显著但不突出
不能满足大众文化消费	61.9**	58.1**	51.2**	63.6**	不存在	显著且显著程度与认知度无直接关系
拉大生活品质的差距	66.7**	59.9**	64.2**	54.6**	不存在	显著，且低认知阶层最高，高认知阶层最低
破坏传统民俗文化	50.0*	37.3*	38.1*	34.9*	存在	不显著
文化商业化、庸俗化丧失文化本质	66.7**	44.1*	47.7*	50*	存在	不显著

通过对开放性问题"您认为西安市文化产业集聚给城市居民带来最明显的影响是什么"的统计，出现频率最多的有：提高了文化知识素养，精神需求得以满足（82），丰富了文化生活（61），提高了生活水平（39），幸福感增强（33），环境改善，提升城市形象（28），增强城市文化氛围（25），还有居民认为文化产业的集聚造成交通拥挤、加大不同年龄段人的代沟、破坏传统风俗文化、使文化物质化、影响原有生活方式等。结合表 8－26，可以得出西安市文化产业集聚产生的不同程度的社会文化效应如下。

极为显著的效应：①促使游客增加，带动旅游业的发展。西安市历史文化悠久，文化旅游资源丰富，文化产业的集聚，以文化旅游项目为纽带，整合文化旅游资源，对文化旅游景区统一规划管理，带动旅游业的快速发展。②促使区域环境改善。包括自然环境和人文社会环境。文化产业的集聚，一方面促使区域增加绿化面积，引进绿色产业，另一方面会吸引较高文化水平、较高收入群体的集聚，进而提升整个区域的人文社会环境。③丰富文化生活，增强文化艺术氛围，凸显城市特色。文化产业集聚，各种现代演艺活动、传统文化节庆活动增多，又增加了艺术馆、美术馆、音乐厅等文化设施，丰富了居民的文化生活，提高了生活质量和文化艺术修养，并凸显城市特色。④促进本地文化的传播。文化旅游吸引大量的游客，通过文化旅游项目、文化旅游休闲活动、文化旅游产品使本地文化向外传播，同时以本地文化为背景的影视、音乐作品也是传播本地文化的重要途径。⑤促进多元文化的交流。西安市近年来举办的会展活动越来越多，涉及领域、辐射范围越来越大，会展活动促进了多元文化的交流。

显著且突出的效应：①特色街区营造独特的城市文化氛围。城市的文化特色是区别于其他城市的精髓，特色街区具有本地性和不可复制性，是营造独特文化氛围最有效的途径，但目前还未达到极为显著的水平，需要进一步挖掘本地的文化特色，并使之发扬光大。②保护和复兴传统文化。随着城市建设和发展速度的加快，传统文化逐渐趋于流失，文化旅游的开发，在一定程度上有利于保护和复兴传统文化。③树立城市品牌形象，提高知名度。西安市自成立曲江文化产业示范区以来，大力发展文化产业，大大提升了城市的品牌形象，提高了知名度。

显著但不突出的效应：①文化休闲场所拉近人与人之间的距离。文化休闲娱乐是各个阶层人群工作之余放松身心的主要方式，大众化的休闲娱乐如KTV、咖啡厅、酒吧等可以使各个阶层的人群产生接触，一定程度上拉近了人与人之间的距离。但从问卷调查来看，该效应还不够突出，也就是事实上不同的休闲场所还是会有不同的消费阶层。所以在发展文化休闲娱乐业时要进一步消除阶层的划分，增加不同阶层接触的机会，促进人与人的交流。②破坏城市生态环境。文化产业虽然被称为绿色产业，但是对城市生态的破坏性仍然存在，从评价结果来看，该效应已经显著，但还不突出，需要在以后的发展中更加注重城市自然生态的保护。③造成文化设施分布不均、文化活动不能共享。西安市文化产业空间上呈集聚化发展，导致文化设施、文化活动趋于向某些区域集中分布，会使不同区域文化设施拥有率差别增大，部分文化活动不能共享。④不能满足大众文化消费，拉大生活品质差距。该效应与认知度没有直接关系，不同认知阶层的评价结果迥异，低认知阶层由于收入水平相对较低，对这一效应的感觉更显著。

不显著但存在的效应：①影响原有生活方式。文化产业的发展，一方面吸引大量的外来企业和人口，异于本地文化背景的企业和人口会将外来文化植入本地居民的生活，进而影响本地居民原有的生活方式；另一方面也加速了城市的改造，而城市改造过程中势必会影响居民原有的生活方式。②破坏传统商业。文化产业作为知识密集型和资本密集型产业，在一定程度上会破坏传统商业，尤其对小商小贩的影响较大。③破坏传统民俗文化。每个城市都有一些当地独有的传统民俗文化或是生活习惯，发展文化产业，把这些风土人情当作卖点，吸引游客或投资者，外来人口在不能完全领悟当地文化背景的时候盲目模仿或参与，就会使传统文化受到破坏。④文化商业化、庸俗化，丧失文化本质。文化可以分为物质文化和非物质文化，物质文化是有形的，如文物古迹、历史街区等，非物质文化是精神层面的，如风土人情、民俗、节庆等。文化重要的不是形式而是内涵，而文化产业为了追求经济利益一定程度更注重文化的形式而恰恰忽略文化的内涵，这就丧失了文化的本质。

第三节　西安市文化产业集聚与扩散的生态环境效应

一　西安市文化产业集聚生态环境效应的定性研究

产业作为联系人类经济活动与生态环境之间的一条重要纽带，一方面，任何产业的发展都需要从生态环境中获取能源资源；另一方面，生产过程中的废弃物又排向周围环境，产业的集聚与扩散必然对生态环境产生重要影响[1]。如果说文化产业集聚的经济增长效应是 21 世纪产业经济学家们热衷的课题，那么，文化产业集聚及其生态环境效应，则是当前区域可持续发展研究和考察环境发展矛盾的必然要求。

1. 文化产业集聚生态环境效应的概述与研究方法

产业集聚（包含文化产业集聚）作为一种空间组织形式，主要表现为要素、资源和分工在不同层次上迅速变化，并日益集中于某一地区。这种在地域上相对集中、专业分工高度细密的产业集聚所具有的产业竞争力是"大而全"、"小而全"的生产方式以及在地域上相对分散的生产方式都无法比拟的[2]。

生态环境是人类生存和发展的基本条件，是社会经济发展的基础。目前，随着我国的城市化进程不断加快，工业化水平日益提高，经济持续的增长消耗了大量的自然资源，也给生态环境造成了极大的破坏。未来无论是人类生存和社会经济发展都对城市生态环境提出了更高的要求。保护与发展始终是一对矛盾，要正确处理好 PRED（人口、资源、环境与发展）问题，必须以科学发展观为前提，实行可持续的发展道路[3]。

目前城市文化产业集聚的生态环境问题受到普遍关注，已从产业部门发展、结构变动、布局调整、产业集群建设等多个角度对城市文化产业集聚的生态环境影响机理和效应进行了分析，并探讨了城市文化产业集聚与生态环境协调发展的对策[4]。研究城市文化产业集聚与生态环境的相互作用关系，明晰城市文化产业集聚对生态环境的作用机理，探讨城市文化产业集聚的生态建设途径，对于资源节约和环境友好型城市的建立和城市整体竞争实力的提升都具有重要的理论和现实意义。

目前，回归分析、相关分析、主成分分析、遥感与 GIS 空间分析、系统动力学模型、计量经济模型等定量分析手段已经广泛应用于城市文化产业集聚的生态环境效应研究中，为城市文化产业集聚的水、土、大气及生态响应过程综合分析、城市文化产业集聚生态环境影响动态模拟、城市文化产业生态集聚趋势预测等提供了重要的研究手段。从目前发展趋势来看，今后城市文化产业集聚的生态环境效应研究方法和手段还将日益丰富和灵活，经济学、生态学、社会学、环境学、地理学等多学科的方法都将在该领域得到应用[5]。

2. 西安市文化产业集聚生态效应评价

西安市是我国西部地区最大的城市之一，在历史上是具有重要地位的古都，丰富的文化资源为发展文化产业提供了有利的条件，文化产业集聚的生态环境效应研究对于资源节约和环境友好型城市的建设和城市整体竞争力的提升具有重要意义。

一般学者认为城市大部分生态环境问题与产业的快速发展有关，产业集聚是造成城市群地区水资源短缺、土地占用、土壤退化、大气污染、生物多样性减少等一系列生态环境问题的主要原因之一。但是不同产业具有不同的资源环境要素需求，生态环境影响边界、影响强度和作用方式，康晓光等据此对产业进行了基于环境属性的类型再划分，以界定不同产业的环境需求和环境压力[5]。

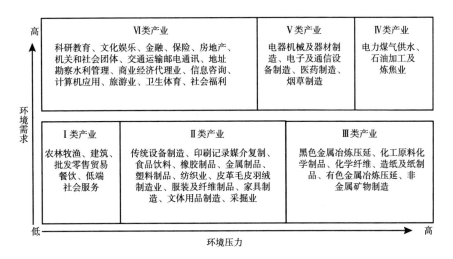

图 8 - 28　基于环境需求和环境压力的产业类型划分

图 8 - 28 显示，文化产业对生态环境的压力最小，需求最大，即文化产业对于生态资源的消耗和环境的破坏程度都较低，而文化产业集聚对于生态环境的硬件要求却很高。因此对于西安市文化产业集聚生态环境效应研究应不仅只关注文化产业集聚对生态环境造成的影响，研究的焦点更应该偏向于二者的互动效应研究。

西安市文化产业集聚所产生的区域集聚效应和辐射作用，对于地方经济的推动作用是非常明显的，因此政府将公共政策的重点放在以文化产业园区的形式营造集聚效应，形成一定区域内在科技、知识、资金和信息等多种优质生产要素方面的有效集聚[6]。

进入 20 世纪 90 年代，文化产业集群以其竞争优势逐渐成为西安市产业集聚的重要空间组织形式。文化产业集群不仅带来了良性的外部经济效应、竞争优势和创新效应，其对生态环境也产生了明显的效应。

在文化产业集群形成的初期，产业间联系松散、产业链短，企业间关联度低，网络化的紧密协作生产关系尚未形成，一般难以形成生态化组织的路径，因而会表现出发展持续力不够的问题，产生资源浪费、交通拥堵现象严重及文化产品破坏环境等生态环境问题。这一时期文化产业主要集聚于西安的经济文化核心地区——钟楼商圈，大量的文化企业和单位在钟楼地区集聚，虽然在一定程度上带来了经济效益，但是却对周围的生态环境和社会环境造成了巨大的压力。

随着文化产业集群的不断高级化，产业之间的深度合作分工形成，受到的环境管制压力也日益增强，文化产业的生态环境负效应如资源高耗、污染严重等问题，都会因为物质循环、生态效率提高而缓解，对环境的影响表现为有限的能量与资源耗费和有限的废料排放。这一时期西安的文化产业集聚范围已经形成了轴的模式，以钟楼地区为核心，东大街－西大街为一条轴带，长安北路至北大街和长安南路至南郊大学城为另一条轴带，整体形成了一个十字的轴带状集聚模式。

到文化产业集群发展的高级阶段，则形成了完善的资源利用网络，并且知识和技术发挥了主要作用，污染物产生量减少，即使有排放也能够成为另一成员的"食物"加以利用，借助于产业生态学、环境科学等相关学科的研究基础和研究方法[5]，生态环境影响达到最小，生态效率实现最大化。西安曲江文化产业示范园作为首批国家级文化产业示范园是文化产业集聚的最高发展模式，在文化产业园内，文化产业的经济效益、社会效益和生态环境效益都得到了最大的优化。

经济发展系统、社会文化系统和生态环境系统是三合一的大循环系统，各个要素相互影响，相互制约，任何一个环节出现问题都会影响全局的良性循环[7]，本章研究文化产业集聚的生态环境效应即可从以下的模式中找到依据（图 8－29）。

虽然近年来文化产业集聚的生态环境影响定量分析逐渐增多，但目前研究还主要停留在其生态环境效应分析、生态化建设路径探讨等方面，定性研究对于产业关联、网络协作、技术创新、制度创新等文化产业集群特性的生态环境影响机理探寻具有很大缺陷。本章接下来将采用定量的方法对西安市文化产业集聚生态环境效应进行研究，分别从主观感知和客观测度两种方法入手，对文化产业集聚造成的生态环境效应进行详尽的评价。

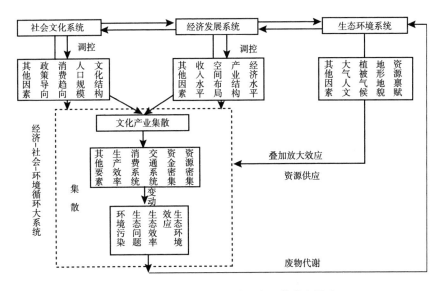

图 8 - 29　文化产业集散的生态环境效应模式

二　西安市文化产业集聚生态效应的定量研究

1. 问卷调查研究（主观性评价）

本节利用调查问卷中的部分数据，目的是得到西安市文化产业集聚所产生的生态环境效应。通过对调查问卷数据的整理和分析，总结出被调查对象对于西安市文化产业集聚生态环境效应的正反两方面的态度。正面效应如下。

文化产业是以文化为基础，以技术为手段，以创意为灵魂发展的产业，相比传统产业属于知识密集型和资本密集型的新兴产业，同时文化产业以满足人的精神追求为目标，所以文化产业从生态环境的角度上可以认为是绿色产业。西安市的文化产业集聚是否产生显著的环境效应，居民的评价结果如图 8 - 30 所示。对文化产业使区域环境改善的评价，高认知阶层完全同意占 33.3%，基本同意占 47.0%，累计 80.3%，中高认知阶层完全同意占 35.2%，基本同意占 47.2，累计 82.4%，中低认知阶层完全同意占 28.0%，基本同意 52.4%，累计 80.4%，均进入极为显著的水平，低认知阶层完全同意占 21.4%，基本同意占 47.6%，累计 69%，为显著水平。总体来看，居民认为文化产业集聚对区域环境改善的影响显著。

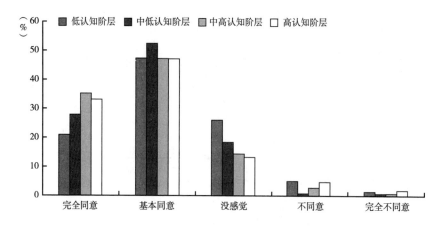

图 8 – 30 不同阶层对区域环境改善的评价

文化产业被认为是一种绿色生态型产业，但过度发展同样会在一定程度上破坏城市生态环境。例如浐河和灞河区域是西安市重要的生态区，在浐灞发展以生态旅游、文化休闲为主的文化产业，带动周围金融商务、房地产业的发展，促进经济发展的同时也会带来一定的生态破坏效应。

不同阶层对文化产业集聚一定程度上破坏城市生态环境的评价如图 8 – 31。高认知阶层完全同意占 19.7%，基本同意占 39.4%，累计 59.1%，中高认知阶层完全同意占 17.0%，基本同意占 36.9%，累计 53.9%，中低认知阶层完全同意占 12.6%，基本同意占 42.7%，累计 55.3%，低认知阶层完全同意占 26.2%，基本同意占 26.2%，累计 52.4%，均处于刚进入显著水平的阶段。选择完全同意的比例，低认知阶层最高，之后随着认知度的提高逐渐升高。各阶层除了低认知阶层选没感觉最多外，其他阶层都是基本同意最多，说明该效应已经显现，但并没有显著到使居民产生明显的感知。

通过前面针对不同阶层对各种可能产生的生态环境效应的评价结果的分析，结合各阶层的特征，综合分析生态环境效应的显著水平，如果从低认知阶层到高认知阶层，选择没感觉的比例依次降低，或较低认知阶层做该选择的比例超过 30%，认为评价结果与各阶层认知度存在直接关系，以认知度较高阶层的评价结果为主，如没有直接关系，分阶层进行分析，综合评价结果如表8 – 27。

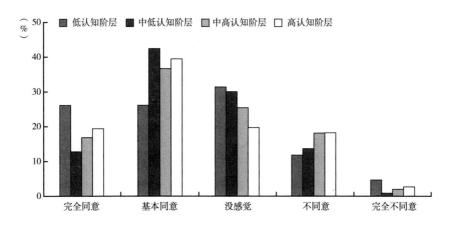

图 8 - 31 不同阶层对破坏城市生态环境的评价

表 8 - 27 西安市文化产业集聚生态环境效应评价

	低认知阶层	中低认知阶层	中高认知阶层	高认知阶层	是否与认知度存在直接关系	综合评价
区域生态环境改善	79.0 **	80.4 ***	82.4 ***	80.3 ***	存在	极为显著
破坏城市生态环境	52.4 **	55.3 **	53.9 **	59.1 **	存在	显著但不突出

注：显著水平 > 60% 为极为显著，< 60% 为显著。

从表 8 - 27 可以看出，文化产业集聚促使区域环境改善是极为显著的效应，包括自然环境和人文社会环境。文化产业的集聚，一方面促使区域增加绿化面积，引进绿色产业，另一方面会吸引较高文化水平、较高收入群体的集聚，进而提升整个区域的人文社会环境。而文化产业集聚破坏城市生态环境是显著但不突出的效应，文化产业虽然被称为绿色产业，但是对城市生态的破坏性仍然存在，从评价结果来看，该效应已经显著，但还不突出，需要在以后的发展中更加注重城市自然生态的保护。

2. 生态环境指数与集聚指数相关性研究（客观性评价）

通过调查问卷分析的文化产业集聚生态环境效应评价是从人的主观意识出发，是人类个体对生态环境感知而做出的主观评价，虽然更能反映人的主观感受，但却存在一定的缺陷。人的主观意识具有不稳定性，而且容易受到情绪的影响，因此不能单独通过调查问卷来评价西安市文化产业集聚的生态环境效应。而客观的定量分析方法恰恰弥补了主观评价的漏洞，通过对1991~2011年西安市文化产业集聚水平的测度，进而与城市生态环境综合指数进行相关性分析，最后得出西安市文化产业集聚对城市生态环境的影响程度。

（1）文化产业集聚指数的测算

前文通过区位熵指数对西安市文化产业集聚水平进行了测算，得出西安市文化产业集聚指数。当区位熵大于1时，表明该产业具有集聚效应，区位熵越大，表示该地区该产业的集聚效应越显著；区位熵小于1时，表明该地区该产业不具有集聚效应。区位熵值越小说明这个产业在研究区域中专门化程度即产业集聚程度越低；区位熵值越大，说明这个产业在研究区域中专门化程度即产业集聚程度越高。

表8-28 1991~2011年西安市文化产业的LQ值

年份	区位熵（LQ）	年份	区位熵（LQ）	年份	区位熵（LQ）
1991	1.392466	1998	1.080074	2005	5.315911
1992	1.393889	1999	1.088239	2006	6.154551
1993	1.332456	2000	1.251839	2007	6.878385
1994	1.217111	2001	1.257829	2008	7.060853
1995	1.473891	2002	1.524923	2009	6.821833
1996	1.276241	2003	1.445473	2010	7.552173
1997	1.232067	2004	5.037426	2011	9.46433

由表8-28的计算结果可知，1991~2003年，LQ的值为1~2之间，最高时是2002年，LQ值达1.524923，最低时是1998年和1999年，LQ值分别为1.080074和1.088239，接近于1，表明这个时间段西安市文化产业存在集聚效应，但集聚效应不显著，1998年和1999年接近均衡。2003年之后，LQ值大幅度提高，均在5以上，而且逐年增大，表明西安市文化产业的集聚效应显著增强，并表现出逐年增强的趋势。

（2）城市生态环境指数的测算

为了推动城市社会经济与环境保护协调发展，更好地推动生态城市的建设，国家环境保护部于2008年1月15日组织修订了《生态县、生态市、生态省建设指标》，提出了经济发展、生态环境保护和社会进步等三方面的多项指标，其中关于生态城市建设的具体指标就达 26 个。这些指标体系能够比较综合、全面地衡量生态城市建设水平，由于数据获取限制，文章中用有代表性的综合指标来反映，称为综合生态环境城市建设指标（∑ Eco-EviCityIndex）。在计算综合指标过程中，从众多单项指标中找出了数据相对比较齐全的"第三产业比重"、"建成区绿化率"、"城市污水处理率"、"人均公园绿地面积"、"城市垃圾处理率"五个指标，对我国 1991～2011 年的数据进行了计算，后续的计算分别用 X1、X2、X3、X4、X5 表示这五个指标[8]。

通过因子分析法（主成分分析法）确定上述五个指标的权重。计算 X1～X5 的 5 个主成分 f1～f5 及其对 X1～X5 变异解释的贡献率，f1～f5 按其贡献率由大到小排列。利用统计学软件 SPSS18 求解各项指标的权重，具体步骤如下。

①首先将数据标准化，考虑到不同数据间的量纲不一致，必须要无量纲化。

②对标准化后的数据进行因子分析（主成分方法），使用方差最大化旋转。

③写出主因子得分和每个主因子的方程贡献率：

$$Fj = \beta 1j \times X1 + \beta 2j \times X2 + \beta 3j \times X3 + \cdots\cdots + \beta nj \times Xn$$

Fj 为主成分（j = 1、2、……、m），X1、X2、X3……Xn 为各个指标，β1j、β2j、β3j……βnj 为各指标在主成分 Fj 中的系数得分，用 ej 表示 Fj 的方程贡献率。

④求出指标权重。

ωi = ［（m∑j）βij×ej］／［（n∑i）（m∑j）βij×ej］，ωi 就是指标 Xi 的权重。

表 8 – 29　1991～2011 年西安市生态环境指标的标准化数据

年份	第三产业比重	建成区绿化率	污水处理率	垃圾无害化处理率	人均公园绿地面积
1991	– 1.20443	– 1.26743	– 0.9747	– 1.94806	– 1.32428
1992	– 0.87394	– 1.21289	– 0.99772	– 2.02028	– 1.34019
1993	– 2.2539	– 1.15835	– 0.91913	– 1.05464	– 1.34019

年份	第三产业比重	建成区绿化率	污水处理率	垃圾无害化处理率	人均公园绿地面积
1994	− 1.39867	− 0.83111	− 0.90943	− 0.55715	− 1.34019
1995	− 0.90873	0.34149	− 0.94825	− 0.18986	− 0.54461
1996	− 0.25644	0.34149	− 0.35567	− 0.00214	− 0.38152
1997	− 0.18396	0.34149	− 0.72806	0.22274	− 0.3656
1998	− 0.21295	0.40421	− 0.36572	0.48735	− 0.19853
1999	− 0.18686	0.42603	− 0.53511	0.66006	0.63285
2000	0.09435	− 0.42479	− 0.46019	0.633	− 0.01953
2001	0.11175	− 0.17118	− 0.50461	1.12732	0.04014
2002	0.44804	0.05789	0.00335	0.92368	0.09981
2003	0.52631	− 0.73021	0.06788	0.3962	0.07196
2004	0.5727	− 1.14198	0.15444	0.60163	− 0.05533
2005	1.21919	− 1.2047	0.13812	0.18723	0.18334
2006	1.11193	1.35593	0.94408	0.08126	0.96301
2007	1.10323	1.32593	0.99951	0.06113	0.97097
2008	1.03365	1.495	1.13466	0.60104	1.04655
2009	1.24528	1.51955	1.73638	0.59808	1.08633
2010	0.76984	0.72327	1.84989	0.80942	1.56765
2011	0.73505	1.13232	1.92468	0.79876	1.87793

表 8 − 30　相关系数矩阵的逆矩阵

相关项	Zscore:第三产业占 GDP 比重(%)	Zscore:城市建成区绿化率(%)	Zscore:污水处理率(%)	Zscore:垃圾无害化处理率(%)	Zscore:人均公园绿地面积(m²)
Zscore:第三产业占 GDP 比重(%)	4.372	0.754	− 1.181	− 0.819	− 2.663
Zscore:城市建成区绿化率(%)	0.754	2.907	0.171	0.179	− 3.261
Zscore:污水处理率(%)	− 1.181	0.171	8.633	2.777	− 9.159
Zscore:垃圾无害化处理率(%)	− 0.819	0.179	2.777	3.368	− 4.560
Zscore:人均公园绿地面积(m²)	− 2.663	− 3.261	− 9.159	− 4.560	17.784

表 8 – 31　方差分解主成分提取分析

Component	Initial Eigenvalues			Extraction Sums of Squared Loadings		
	Total	% of Variance	Cumulative %	Total	% of Variance	Cumulative %
1	3.961	79.217	79.217	3.961	79.217	79.217
2	0.478	9.557	88.774			
3	0.375	7.493	96.267			
4	0.147	2.941	99.208			
5	0.040	0.792	100.000			

Extraction Method：Principal Component Analysis.

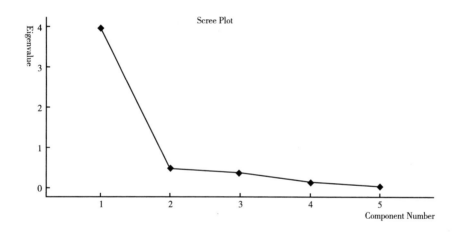

图 8 – 32　生态环境指数与文化产业集聚指数

　　表 8 – 29 为经过标准化处理的数据，在此基础上进行主成分分析法，表 8 – 30 表示 X1 ~ X5 各指标之间相关性的逆矩阵，表 8 – 31 解释了各变量的特征值和方差贡献率，本章中选取总贡献率大于 85% 的两项指标作为第一主成分和第二主成分，利用主成分的相关系数和相对应的特征值的平方根计算，得到两个主成分 F1、F2 中每个指标所对应的系数，最后算出了生态环境综合建设指标。图 8 – 32 为因子碎石图，提供了因子数目和特征值大小的图形表示，可以用于直观判定因子数目。

　　因子分析计算各指标的权重，最后得出城市生态环境综合指数表如表 8 – 30。

表 8 - 32　1991~2011 年西安市生态环境指数

年份	生态环境指数	年份	生态环境指数	年份	生态环境指数
1991	- 1. 21606	1998	- 0. 14471	2005	0. 86798
1992	- 0. 95301	1999	- 0. 12298	2006	1. 091181
1993	- 2. 00668	2000	0. 018124	2007	1. 085046
1994	- 1. 28256	2001	0. 067827	2008	1. 072689
1995	- 0. 76818	2002	0. 388663	2009	1. 287997
1996	- 0. 20024	2003	0. 364449	2010	0. 8538
1997	- 0. 16399	2004	0. 373365	2011	0. 873081

（3）西安市城市生态环境指数与文化产业集聚指数的相关性研究

在计算出西安市生态环境指数和文化产业集聚指数后，通过 Pearson 相关系数和一元线性回归分析对二者的相关性进行评价。Pearson 相关系数可以定量地衡量变量之间的相关关系，当对一个样本进行计算时，Pearson 相关系数的大小由 r 值决定，它反映了两个变量线性相关的程度，r 的值域范围从 - 1 到 + 1，Pearson 相关系数为 + 1 表示变量之间是完美的正线性相关。一元线性回归分析（regression analysis）是确定两种变数间相互依赖的定量关系的一种统计分析方法。

本章通过 SPSS18 对上述两种测度相关性的方法进行计算，结果如下：

表 8 - 33　生态环境指数与文化产业集聚指数的 Pearson 相关系数

		生态指数	集聚指数
生态环境指数	Pearson Correlation	1	. 749 **
	Sig. (2 - tailed)		. 000
	Sum of Squares and Cross-products	16. 497	38. 798
	Covariance	. 825	1. 940
	N	21	21
文化产业集聚指数	Pearson Correlation	. 749 **	1
	Sig. (2 - tailed)	. 000	
	Sum of Squares and Cross-products	38. 798	162. 445
	Covariance	1. 940	8. 122
	N	21	21

** : Correlation is significant at the 0. 01 level (2 - tailed).

从表 8 - 33 可以看出，生态环境指数与文化产业集聚指数之间的相关性为 0.749。根据 Pearson 相关系数的等级划分，0.8 - 1.0 为极强相关；0.6 - 0.8 为强相关；0.4 - 0.6 为中等程度相关；0.2 - 0.4 为弱相关；0 - 0.2 为极弱相关或无相关，则说明二者之间的相关性很强，属于强相关的范围。由此说明西安市生态环境与文化产业集聚存在着很大的关系，西安市文化产业集聚的生态环境效应为正向的推动效应。

从图 8 - 33 中可以看出，$R^2 = 0.562$，回归方程为 $y = 0.239x - 0.740$，整体上二者是存在一定的依赖关系，但是 x 的系数为 0.239，说明二者之间的依存度并不是很高，再根据散点图判断，各点并不是紧密地围绕在直线的周围，也可说明西安市生态环境指数并不是非常依赖于文化产业集聚的效应。

综合表 8 - 33 和图 8 - 33，西安市文化产业集聚生态环境效应明显，二者存在很强的正相关关系，说明西安市文化产业集聚对于生态环境的总体作用是积极的，具有改善区域生态环境的作用，与调查问卷所得出的结论一致。而西安市城市生态环境的决定因素并不是文化产业集聚，二者并不存在明显的依赖关系。

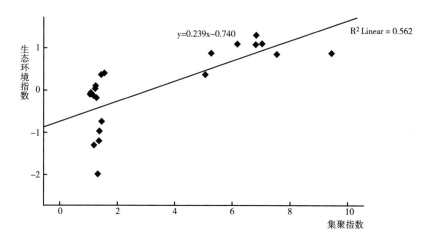

图 8 - 33　生态环境指数与文化产业集聚指数散点图

第四节　西安市文化产业集聚与扩散的空间效应

一　优化城市空间结构

城市空间结构是由一系列城市功能区在空间上组合而成，功能主体在空间选择上的变化使得城市空间结构发生改变。1923 年伯吉斯首先从人文生态学的角度研究了功能区的布局，提出同心环模式的城市空间结构，但他忽视了人的文化属性。之后，学者们在地租理论的基础上，引入经济地租的影响，对这一模式进行了改进。1939 年霍伊特在同心环模式的基础上提出扇形模式，保留经济地租机制，加上了放射状运输线路的影响，使城市向外扩展的方向呈不规则式。随着城市空间结构的不断演变和对城市内部结构的进一步研究，1945 年哈里斯和厄尔曼提出较为精细的多核心模式，认为城市不是单中心结构，除了主要核心区外，尚存在次级核心区或有可能发展成核心区的潜力核心区，这些核心区的布局没有一定序列，大小也不一样，空间布局上富有较大的弹性。

在城市空间结构模式理论基础上，本节分析西安市四次城市总体规划中城市空间结构演化的特征。第一次城市总体规划（1953～1972），建立了现代西安的雏形，确定西安市中心为商贸居住区，南郊为文教区，北郊为大遗址保护区、仓储区，东部为纺织城，西郊为电工城的功能分区。第二次城市总体规划（1980～2000），城市空间结构呈现单中心的同心环结构，以中心城区即城墙内为核心，圈层式地向外扩展；20 世纪 90 年代，在西南郊建设高新技术产业开发区，在北郊建设经济技术开发区，东南郊的曲江池度假区也陆续建成，初步形成多核心发展的雏形。第三次城市总体规划（1995～2010），提出城市空间结构从单中心模式向多核心模式转变的思想，采用一核心、多组团的发展模式，重视各功能区独立特色的发展，期间在东北郊建设浐灞生态区，举办世园会，筹划建设浐灞湿地公园，在东南郊建设曲江文化产业示范基地。第四次城市总体规划（2008～2020），进一步加强多核心结构的构建，空间布局结构更加复杂化。

从西安市四次城市总体规划来看，西安市的城市空间结构实现了从单中心结构向多核心结构的演变，各功能区的特色逐渐显现。在这个演变过程中始终坚持以历史文化名城保护为主线，保护和恢复历史街区、人文遗存，构建独具特色的古城风貌。而这一过程的实现离不开文化产业的发展。文化产业以文化为基础，以城市空间为载体，根据之前对西安市文化产业空间布局特征的大量研究，文化产业的空间格局演变与城市空间结构是基本一致的，文化产业的空间集聚不断强化城市各功能区的地位，提升文化空间的功能，进而不断优化城市内部空间结构。

1. 强化功能区地位

城墙区一直是西安市的核心区域，拥有钟鼓楼、回民街等具有重要历史意义的文化遗存，同时具有城市综合功能，和发展文化产业的优越条件，所以始终是文化产业集聚的核心区，形成了新闻传播业、文化展演业、文物文化保护业、文化旅游业、文化娱乐业、广告业等多行业综合集聚区，由于文化产业主要以消费性产业为主，随着文化产业的发展，城墙区的空间集聚效应不断增强，吸引了大量金融保险业、零售商贸业等商业类型的集聚，使其城市 CBD 功能得以不断强化。

位于城市西南郊的高新技术产业开发区，自 1991 年成立以来，着重发展高新技术产业，逐渐发展成为西安市新的经济增长高地。近年来，以动漫游戏、数字出版、移动互联网为主导的创意产业快速集聚，"十二五"规划中，规划建设创意产业新区，壮大动漫游戏、数字出版、移动互联网三大产业集群，重点发展西部最大的数字出版产业集聚区、移动互联网集聚区、动漫产业集聚区、高校创意集聚区、大型创意街区五个产业链完善、创新能力强、特色鲜明的产业聚集区[9]。创意产业的空间集聚为高新区创造了较好的创意环境，吸引了大批创意人才，对提升区域综合竞争力，强化高新区的功能区地位具有重要作用。

经济技术开发区成立于 1993 年，由中心区、泾渭新城、出口加工区、草滩生态产业园四大功能园区组成，以构建战略性新兴产业为主导、特色优势产业为支柱、服务业为支撑的现代产业体系为产业发展目标，其中服务业重点发展房地产、商贸休闲娱乐、商务服务、印刷包装、创新型服务、服务外包、总部经济等生活性和生产性服务业。印刷包装业是西安市文化产业的重要组成部分，位于草滩生态产业园区的印刷包装产业基地，加强科技与文化融合、纸介质与电子介质融合、传统印刷与绿色印刷融合，延伸拓展产业链，形成以印刷包装为主，集印刷包装产品研发、创意设计、生产加工、展示销售、教育培训、材料供应、物流配送为一体的产业集聚区，汇聚了人民日报社西安印务中心、陕西双健包装有限公司、西安江南彩印有限公司等 15 家龙头企业，成为经开区的特色和优势产业。产业集聚所产生的集聚扩散效应对进一步增强和完善经济技术开发区的功能区地位具有重要作用。

2. 提升文化空间功能

城市空间结构从表面看是各功能区在空间上的组合方式，但从实质内涵来看，它还包涵着人类社会的文化属性，是地域文化在城市空间上的综合反映。文化产业的空间集聚是将文化注入城市空间，从整体来看，文化产业在城市空间的集聚，有助于城市整体文化空间功能的提升，从局部来看，文化产业在城市内部空间的集聚，有助于单个区域文化空间功能的提升，二者共同实现优化城市空间结构的空间效应。

城市地域文化与城市空间结构息息相关。地域文化影响着城市空间结构的演变，而不同时期的城市空间结构又是对城市地域文化的反映。西安市作为历史文化名城，在城市空间结构演变过程中，始终坚持对传统文化的传承和保护，同时还需要注入现代文化的元素，注重生成新的地域文化，这样才能顺应时代的发展，满足城市的需要。文化产业在城市空间的集聚发展就是将传统文化与现代文化相结合，充分整合城市文化资源，凸显城市文化特色，营造城市独有的文化氛围，进而提升城市整体文化空间功能，实现城市空间结构的优化。

西安市自 2002 年提出的以汉长安城未央宫遗址为起点的"丝绸之路"申遗工程，就是以一个共同的文化特征为背景，将西安市多个与丝绸之路密切相关的文化遗存联系起来，即将散布在城市的点，以文化为线编织成一个网，以实现共同利益。作为国家级文化产业示范基地的曲江新区，也不仅仅是在曲江发展文化产业，它同时整合城墙景区、临潼景区、楼观台景区等多个景区，实现文化资源的整合，以增强整体的竞争力。从文化空间的角度，文化产业可以打破地域的界限，将在地理空间上分散布局的具有重要文化价值的点笼罩在一个文化空间下，进而提升城市整体文化空间的功能。

文化产业在城市内部区域的集聚，可以促使区域环境得到快速改善，提升土地价格，带动区域经济增长，提升区域文化空间功能，进而提升区域在城市空间的功能地位，实现城市空间结构优化。

位于西安市城区东南部的曲江新区，在西安市最初的城市总体规划中并没有明确的功能定位，到第四次规划曲江正式被定位为发展旅游生态度假区。曲江新区自 2002 年成立以来，充分挖掘和整合西安、陕西的历史文化资源，以复兴盛唐文化为主线，策划和实施了大雁塔广场、大唐芙蓉园、大唐通易坊等一系列重大文化项目，大力发展文化产业，成为西安乃至西北地区具有极为显著影响力的文化产业集聚区。文化产业的基本特点是为了满足人们的精神需求，属于消费的高级层次，文化消费不局限于载体本身的消费功能，它拓展了载体以外更多的文化范畴，满足人们身心愉悦和个性自由的需求。曲江文化产业的集聚从外部来看大大改善了原有的区域环境，增加了文化设施和文化活动，吸引了大量消费性服务业的空间集聚，促使土地价格提升，从内部来看提升了区域文化空间功能，树立了城市文化品牌形象。

浐灞生态休闲区位于西安城区东部，北到渭河，南到绕城高速，包括浐灞河两河四岸的南北向带状区域，借助浐灞特有的生态资源、文化资源和世园会的后期效应，大力发展以高端金融商务、休闲旅游、会议会展、文化创意等为重点的现代服务业，形成以文化休闲娱乐、文化旅游、文化创意为主的文化产业集聚区，将文化与生态环境相融合，保护并改善区域生态环境，并为金融商务区、高档住宅区、总部科研基地等项目的建设提供良好的区域社会文化环境，为将浐灞建成集生态、产业、居住为一体的城市新城创造条件。

二　城市历史文化空间再造

联合国教科文组织将文化空间定义为非物质文化遗产的重要形态。历史文化空间再造包括历史空间景观的重塑和历史环境的重生。城市空间景观不仅包括具体的物质形态，还包括物质形态以外的内涵，即在城市物质形体环境中的人的生活方式与特定的文化活动。城市历史环境是城市经长期发展积淀而成的，它包括以单体形式存在的历史建筑以及历史文化区，是地域文化、价值观念、生活方式等诸多因素在空间上的投影，对于城市和社会文化的认同具有重要作用。

西安市作为十三朝古都，具有重要的历史地位，历史文化资源丰富，文化产业推进城市历史文化空间再造主要表现在历史文化遗址的保护与改造、仿古特色街区的营造。曲江借助 4 个国家级文物保护单位（大雁塔、青龙寺、汉宣帝陵、唐长安城遗址），3 个省级文物保护单位（秦上林苑宜春宫遗址、曲江池遗址、唐城墙遗址），以复兴盛唐文化为主题，兴建主题公园、特色街区，开发和利用历史文化资源，开展丰富的文化活动，展现古城独特的文化风貌，延续城市历史发展脉络，提升城市的文化品位与可识别性；大明宫是唐代长安城禁苑，位于城东北部的龙首原，是唐帝国的政治中心，是世界史上最宏伟和最大的宫殿建筑群之一。自 2007 年起开始遗址改造工程，大明宫国家遗址公园的建成一方面保护了珍贵的历史文化资源，另一方面改善了周边环境，2012 年，周边提升改造工程全面展开，以太液池为核心建设的都市森林明显改善了区域生态环境，万达文化广场、大华 1935 艺术街区等重大项目建设高效推进，集公园、商业、酒店、办公、居住、创意街区为一体的西安北城新都市中心初具规模；书院门地名源于关中书院，关中书院曾是明、清两代陕西的最高学府，与碑林、孔庙等历史遗存共同记述了我国文化的发展历程，历史氛围浓厚。这条街的形成起初是一些人用宣纸，到碑林里面拓片后来卖。生意渐渐增多，逐渐占据了整个一条街，由于历史变迁以及经济高速发展，难以保持其古代原貌，1992 年政府对其进行改造，建成西安第一条仿古街区，从建筑、环境、人文景观等不同侧面反映了中国旧知识分子的生活场景，集书法、绘画、篆刻、戏曲、剪纸、泥塑、皮影等艺术种类于一体，成为西安重要的文化窗口，也是重要的书画古玩交易市场。书院门古文化街的建设一方面保持了西安的古都风情与乡土文化韵味，改善了古城区落后的环境，另一方面提升了周边市场经济价值，为游客提供了历史文化浓厚的旅游景点和供市民休憩游玩的文化场所。

三　城市传统工业空间再生

传统工业空间是城市快速发展过程中保留下来的大规模的厂房、仓库，多位于城市旧区，保留独特的建筑风格以及传统的居住习惯和文化氛围，西方国家首先将创意产业与城市旧工业空间相联系，用创意为城市中废旧的工业空间注入新的活力，一方面改善旧工业空间脏乱差的局面，另一方面开创独特的文化艺术空间。成功的典范从纽约的苏活区（SoHo）到伦敦的费兹洛维亚艺术区（the Fitzrovia area），再到北京的798。798艺术区经过十多年的发展，经由当代艺术、建筑空间、文化产业与历史文脉及城市生活环境的有机结合，成功从废旧传统的工业区转变为当代艺术文化区，成为北京新一个文化聚集地，对全国乃至世界产生了巨大的文化吸引力，对各类专业人士及普通大众产生了强烈的吸引力，并在城市文化和生存空间的观念上产生了巨大的影响。

位于西安东郊浐灞区的纺织城原是20世纪50年代的轻纺基地，曾在那个时代被誉为西安的小香港、粉黛城，随着市场经济的建立，进入90年代中期后，传统工业区纺织城跟不上时代的步伐，逐渐在城市中沉寂，迅速被边缘化成为遗产。

2007年，一些艺术家首先利用这里的空置厂房进行艺术创作，形成小规模的艺术家群落，经过5年的发展，纺织城艺术区已有约110多位艺术家、70多家艺术工作室及艺术机构入驻，2012年，纺织城艺术区更名为半坡国际艺术区，由政府进行统一规划，统一管理。艺术区遵循保护性利用为主，改造和整理为辅，少量补充兴建的原则，大面积、高标准进行绿化、景观、水景、雕塑、浮雕建设，打造一个集历史文脉、当代艺术、文化产业、建筑空间、休闲生活于一体的综合艺术园区，形成西安市最重要的艺术家创作基地和公众参与艺术、享受艺术的中心场所。

艺术区将实现的空间效应是成为精神和文化复兴的艺术地标，将城市文化艺术的生长空间，从小作坊走向规模化集结，从自发运动走向自觉的系统化运营，从单打独斗走向宏大格局，实现先锋意识与传统情调的共存，实验色彩与社会责任的并重，精神追求与经济筹划的双赢，艺术家与大众的互识互动，成为世界了解"长安精神"的窗口，展现包容、进取的精神品性与博大、厚重的本土文化以及兼容并蓄世界文化的重要场所，全球性的交流、推广、传播的平台。同时，经由文化艺术、创意建筑、历史气息的有机结合，缔造城市观光旅游的全新热点。厚重砖墙、林立管道、斑驳肌理所构筑的工业文明时代沧桑韵味，与现代创意建筑的国际色彩相互融合，打造一道城市独有的风景线。同时辅以主题酒吧、特色酒店及休闲餐饮等功能区块，营造游览、观光的便利性与愉悦感，使艺术区成为铭记城市印象的流连忘返之地。

本章小结

区位熵，Granger 因果检验模型研究表明了西安市文化产业在 1991～2003 年，集聚程度较低，集聚效应不够显著，文化产业增长模式为广度增长；2003 年后集聚度大幅增强，并表现出逐年增强的趋势，增长模式为深度增长。文化产业集聚和西安经济发展为单向的因果关系，即文化产业集聚促进了经济发展，经济发展对文化产业集聚并没有显著的促进作用。

从人的感知出发，通过不同阶层感知的评价得到文化产业集聚产生的社会文化效应。总体上看西安市文化产业集聚产生的正面效应大于负面效应，但负面效应也不容忽视。文化产业集聚对生态环境总体上具有保护和改善作用，但是其自身对于周边的生态环境要求很高，二者更多是相互作用影响。

西安市城市空间结构从单中心结构向多核心结构演变，呈现出文化空间功能提升、城市历史文化空间再造和城市传统工业空间再生三方面的空间效应。

参考文献

［1］赵雪雁：《甘肃省产业转型及其生态环境效应研究》，《地域研究与开发》2007 年第 26（2）期。

［2］张雪梅：《甘肃省产业集聚效应的实证分析》，《兰州学刊》2008 年第 8 期。

［3］黄木易：《快速城市化地区景观格局变异与生态环境效应互动机制研究——以杭州市为例》，浙江大学博士学位论文，2008。

［4］张华、梁进社：《产业空间集聚及其效应的研究进展》，《地理科学进展》2007 年第 26（2）期。

［5］蔺雪芹、方创琳：《城市群地区产业集聚的生态环境效应研究进展》，《地理科学进展》2008 年第 27（3）期。

［6］孔令丞：《加强产业集聚效应，推动工业园区生态化》，《科学学与科学技术管理》2005 年第 2 期。

［7］赵延德、陈兴鹏：《消费结构变动的生态环境效应研究》，《开发研究》2005 年第6 期。

［8］王崇锋、张吉鹏：《制造业产业集聚对生态城市建设影响的定量研究——基于CR4 指数的实证研究》，《中国人口·资源与环境》2009 年第 19（4）期。

［9］西安高新区电子政务网，http：//www. xdz. gov. cn/index. jsp？wbtreeid = 12289。

下　　篇

第九章
西安市新闻出版业的时空集散

第一节 新闻出版业的内涵、分类及研究进展

一 新闻出版业内涵及分类

1. 新闻出版业的内涵

新闻出版业是个广义的概念，具体包括图书、报纸、期刊、音像电子出版物出版，及相关印刷、制作等多个体系。而新闻出版则是以传播和积累知识、信息，传承文化和思想为目的的社会活动，既有文化属性，也有经济属性。发展新闻出版业的重要性在于产业所具有的公共服务功能，从理论上讲，是由政府主导、社会参与，以公益性出版机构为主、经营性出版机构和社会组织为辅，为保障人民群众文化权益而提供的各种公益性文化产品和服务。

新闻出版业作为一种意识形态为主的产业，其产业特性包括：

（1）政府的主导性

政府作为新闻出版业公共服务体系的核心，对新闻出版业的发展有着管理、引导的作用，所以在产业发展中，政府应规划、协调好新闻出版服务的体系和内容，同时在实施公共服务的过程中起到宏观调控、指导、协调和监督的主导作用，使新闻出版业呈现健康发展走势。

（2）参与主体的广泛性

产业的发展需集中各种社会力量广泛参与，包括非政府组织、民间团体和个人等。新闻出版业单位一方面作为具有经济属性的企业，活跃在市场经济氛围中，其参与者包括具有营利性质的企业和个人，而基于产业具有的意识形态属性，新闻出版业的持续发展需要政府制定符合产业发展规律的政策，同时与

社会各界的广泛支持密不可分。即产业特性决定了新闻出版业属于全社会的公共服务体系，而实现这一服务体系的途径则是通过生产各种有益于社会和人民的文化产品，并开展各种公益性的文化活动。

（3）个体需求的差异性

当前我国社会经济发展步入快速发展的阶段，无论个体还是群体在社会生活方式、利益诉求及价值取向等方面都呈现多元化的特点。同时我国处于社会主义初级阶段，各地区的经济和社会发展程度以及速度各异，甚至同一省份的不同地区在发展过程中也存在着较大的差异。这种差异，决定了人与人之间在新闻出版公共服务的需求上存在着差异性、层次性和多样性，这要求新闻出版公共服务要具有服务多元化和形式多样化的特点。

（4）公益性和社会性

作为一种向公众传播文化和信息的媒介，新闻出版业积极发展先进文化，鼓励发展健康有益的文化，摒弃改造落后的文化，坚决抵制消极的文化，建立和完善新闻出版公共服务体系，搭建更多保障群众文化权益的服务平台，来达到全民族文化素质、思想观念和精神文明程度共同提高的目的。

2. 新闻出版业的分类

（1）根据产业特性，新闻出版业可分为新闻服务业和出版业。

新闻服务业是指通过发表于报刊、广播、电视上的评论与专文，从而达到传播信息的目的，其形式是报纸、电台、电视台、互联网；而出版业则是涵盖了图书、期刊等编辑、出版和发行等一系列活动。很多文章中直接引用新闻出版业，主要是指该产业作为传播信息的一种媒介，通过报纸、图书、期刊等形式对信息进行制作加工的一系列活动。

（2）根据业态发展阶段以及出版方式的多元化，新闻出版业可分为传统新闻出版业和现代新闻出版业两种类型。

传统的新闻出版业主要以日常所见的普通媒介为主，如图书、报纸、期刊、音像和电子出版物等，而现代新闻出版业是结合现代高新技术发展起来的，如计算机技术、通信技术、网络技术、流媒体技术、存储技术、显示技术等，其出版内容与先前传统相比有质的飞跃，包括数字出版、网络图书、数字印刷、数字发行等。

（3）根据出版目的和出版物性质，将新闻出版业划分为三大类型："宣传导向型"、"社会服务型"和"商业经营型"。

"宣传导向型"的出版物多是带有政治性质，并且形式大多比较单一，以党报、党刊、党和国家文件、文献、公报、政报、法律文本等为主，其出版目的是宣传党和国家的大政方针及政策，出版内容比较丰富、严肃、健康；"社会服务型"的新闻出版单位多是集中了新闻、教育、服务等方面的学术专著、古籍出版物或是文史资料等，其主要目的在于为全社会公众服务，充当传播信息与文化的媒介；"商业经营型"注重产业的经济属性，出版目的在于赢利，出版内容丰富，形式多样，出版物多是形式多样的报刊，内容涉及市民新闻、体育、财经、娱乐休闲、儿童、技术专业等多个方面。

二　新闻出版业研究综述

1. 新闻出版业发展方面的研究

（1）国外研究概况

国外将新闻出版业的集团化发展作为自由竞争形成的过程，因此从产业经济学角度对其研究较少，关于新闻出版业的研究多是从产业特性角度进行论述，如从编辑出版和新闻服务等方面展开。日本学者和田洋一在《新闻学概论》中注重对新闻出版的理论与实践研究，从多个角度，诸如新闻史学、出版史学、社会学、广告学和社会心理学等对新闻出版业的基本理论与原理进行了系统的研究[1]，约翰·帕夫林克等探讨了现代计算机对传统新闻出版业的影响和关系[2]，凯瑟琳·霍尔·贾米森从新闻出版业的专业角度分析了电视、广播、出版物和消费者、团体以及管理部门间的相互关系[3]。

（2）国内研究概况

国内关于新闻出版业的研究，起源于20世纪90年代末。对新闻出版业的研究多是从宏观角度展开，涉及的领域较广泛，从政府管制、出版物的印制与发行、出版单位的管理等层面，研究方面多是探讨新闻出版单位的发展战略、管理安排、核心竞争力等。如陈金川、李旭研究了我国新闻出版业在新世纪面临的机遇与挑战，主要从出版体制、经营策略、科技进步、人才培养四个方面展开[4]；冯志杰从不同视角，包括出版产业化经营、出版经济增长、出版创新等，对我国出版产业的发展问题进行了分析和探讨[5]；李明杰则是从产业竞争者、潜在竞争者、替代品、供应者和购买者五个方面探讨了中国传统新闻出版业的发展方向[6]；另有一些研究强调在经济知识化和全球化的背景之下，各新闻出版业的竞争体现在核心竞争力上，企业的核心竞争力既是企业在市场中竞争的主要驱动力，也是企业在竞争中创造优势的主要力量[7]。另外，近年来关于出版业集团化发展的研究增多，王关义指出了中国出版业战略转型包括以下几方面：媒体形态由单一向多媒体演进，产业趋于集团化和集约化经营，并不断出现跨地区、跨形态和跨所有制的兼并重组[8]。朱静雯分析了21世纪中国出版业集团化过程中的问题与障碍，将现今出版业产业结构和布局不合理也列入问题之一[9]。在研究中国出版业集团化的发展中，有的学者致力于测算中国出版业市场集中度和规模效益来阐述出版业实施集团化的必要性，如周蔚华通过对比我国和美国的图书出版业的市场集中度，指出与西方发达国家相比，我国出版业市场集中度较低，走出版产业集团化道路是实行多元化战略的一条捷径[10]；封延阳根据有关数据分析了我国图书出版产业市场集中程度低的因素，包括：规模经济性不明显，专业分工体制和产业布局政策，政府行为等[11]。

2. 新闻出版业空间发展模式研究

作为文化产业的支柱产业之一，新闻出版业的空间发展模式是一个较新的领域。现有的研究多集中在出版业的空间分布方面。王琴琴对中国城市内部的出版业空间布局进行研究，并对出版产品与城市特性进行了探讨，指出出版业的布局不仅越来越向中心城市集中，而且在城市内部也形成集聚的布局形态，并将城市内部出版业布局划分为历史发展形成的出版业集聚区和新兴的出版产业园区[12]。吴明华以国家为研究区域，根据出版社数量、图书定价总额等指标比较了中外出版业产业集中度和空间集中度[13]。周馗通过分析我国出版产业空间扩张与市场结构的变化构建动态的出版产业空间发展模式，总结了原子型模式、省域发展模式和跨区域发展模式[14]。总体来看，关于新闻出版业空间发展模式的研究还较少，且研究区域多集中在国家或省份等大区域，并在研究过程中缺乏数据的支持，只是定性化研究了新闻出版业的空间发展。

在文化产业的相关研究中，通过对某区域文化产业空间格局的分析，对文化产业各亚类行业的分布特征进行了阐述。如王洁以省域为尺度，通过对创意产业的产值等数据运用区位熵得出音像出版业的集聚程度较高[15]；王秋林以上海市为例，总结了中国出版业集聚于上海的过程和影响因素，得出上海出版业集聚成因包括独特的资源禀赋，行业的外部规模经济，知识或技术外溢和企业家精神等[16]；周尚意通过对北京市文化产业空间分布进行考察分析，认为书报刊出版、发行业的企业在空间上呈现分散分布，且主要在朝阳区、海淀区、东城区和西城区，并指出由于行业服务的对象就是市民，而且行业不完全属于创新性行业，所以行业本身也不要求一定要在空间上集聚[17]。

第二节　新闻出版业的发展环境与现状

一　西安市新闻出版业发展环境分析

1. 区位环境

城市产业发展与其所处区位有着密切的关系。西安位于我国大陆的中心地带，是西北地区通往西南、中原、华东和华北各地的门户，是第二阶梯的中心城市，区位优势明显，交通发达。从全国范围来看，是连接我国南北和东西十字网状铁路的焦点，也是新亚欧大陆桥在中国的核心城市之一。从战略位置来看，西安是国家实施西部大开发战略的桥头堡，具有承东启西、连接南北的重要地位；相对整个西北地区来说，西安是区域级的金融、商贸中心和交通、信息枢纽；从全省来看，西安是陕西省"米"字形铁路交通的重要枢纽。西安良好的区位条件不仅为发展文化产业提供了诸多便利，还有利于城市对外经济联系，加快对外开放，发展外向型经济。

2. 社会文化环境

新闻出版业作为文化产业的分支，具有文化产业的特性，在很大程度上依赖生产和消费环境，所以产业发展受生产部门和市场消费者的影响较大，城市社会文化环境对新闻出版业具有重要的影响。西安作为古城，历史悠久，文化积淀深厚，区域文化特色鲜明。而新闻出版业正是一种源于文化积淀并在此基础上不断提炼加工，对区域文化资源创造性的开发和利用的结果。

城市中各类图书馆和文化馆作为城市文化建设的重要硬件设施，与新闻出版业联系密切。公共图书馆与文化馆不仅影响着城市的文化环境，也是城市新闻出版业的主要消费市场之一，对城市新闻出版业的发展起着推动作用。公共图书馆和文化馆较多的城市，如上海、北京、南京、广州等城市，其新闻出版业也较为繁荣。西安市日益繁荣的图书馆事业也为新闻出版业的蓬勃发展创造了良好的环境。

3. 产业环境

根据国外的相关经验，一个国家或地区经济发展到特定阶段，国民消费结构向发展型、享受型转变，即社会整体消费的重心开始向教育、科技、文化和旅游等领域转变。新闻出版业作为文化产业的亚类行业，具备文化产业特性，其产品以精神文化消费品为主，所以新闻出版业蓬勃发展的重要前提是人们日益增长的精神文化需求。国家或地区社会经济的发展是以物质产品的丰富为基础，间接表现为消费者收入的提高。表9－1为2006～2010年西安市消费者收入及财政预算文化支出情况，2010年西安市人均GDP达到5000美元，2013年，西安市生产总值（GDP）为4884.10亿，人均生产总值（GDP）57104.61元，折合9220.53美元，达到了中低收入国家和地区的平均水平，居民消费将从温饱型向小康型升级，逐步步入享受型、发展型，消费领域不断扩大，消费水平全面提升，文化消费需求旺盛。步入这个阶段后，城市化进程会明显加速，城市中第三产业特别是房地产业、旅游业、文化产业等发展会出现一个很大的飞跃。从全市地方财政一般预算文化支出上来看，近几年政府财政一般预算在文化支出方面有加强趋势，以2013年为例，其预算文化支出比2012年同比增长48%，说明政府对文化产业的重视程度加大。

表9－1　西安市消费者收入及财政预算文化支出情况

年份	2006年	2007年	2008年	2009年	2010年	2011年	2012年	2013年
人居GDP(元)	17794	21017	26259	32351	38280	45676	51086	57105
居民人均收入(元)	7357	8531	10209	12619	14997	16193	19018	20170
全市地方财政一般预算文化支出（亿元）	2.37	2.9	3.29	4.94	6.31	9.76	14.07	20.83

　　城市产业环境对新闻出版业发展也具有重要影响，良好的城市产业环境可以带动新闻出版业的发展，同时吸引更多的新闻出版企业在城市集中。如北京、上海等新闻出版业发达的城市吸引了很多出版社以及分支机构等。而西安市不仅国有出版业具有较强实力，陕西出版集团现已累计出版图书约 5 万余种，销售收入达 5 亿元；民营出版企业也得到了迅速发展，如女友传媒集团总部位于西安，在北京、上海、广州、深圳等地设有分公司和子公司。西安市繁荣的新闻出版业产业环境不仅有利于本地区产业的进一步发展，同时也吸引了其他区域的新闻出版企业或分支机构等。

4. 智力环境

　　城市新闻出版业的发展在一定程度上也受居民教育文化素质的影响，可归类为新闻出版业的智力环境。新闻出版业发展所需的智力环境体现在以下两点：第一，新闻出版业是知识密集型产业，其发展需要大量的专业人才和资金保障。第二，新闻出版业与高校间存在着相互依存的互动关系，一方面高校及科研院所是新闻出版产品的重要消费市场之一，高校图书馆内的新闻出版物为知识分子提供了文化产品，另一方面，高校提供的学术科研论文也是新闻出版业的产品种类之一，同时高校培养了大量作者、图书策划人才等，在一定程度上高校也可作为新闻出版业的生产者。因此一个城市高校的数量和规模与出版业具有密切的联系[18]。

　　截止到 2010 年，西安市有各类普通高等学校 50 所，在校学生共计 67.74 万人，其中研究生占 11.3%。其中设置新闻、传播、出版、编辑等专业的院校占 76%，包括西安交通大学、陕西师范大学、长安大学、西北大学等。通过对各类学校的调查，在这些高校中，新闻出版类专业被设置在不同的教学机构，有的专门列入新闻传播学院，或新闻系、传播系，有的设在一些人文社科院系的下属部门，如中文系、信息管理学院、图书馆系、文学院、法学院、商学院、管理学院等。同时，各高等院校与所属出版社密切联系，从资源来看，高校出版社可出版专家学者的教学科研成果，从消费来看，有教师学生稳定的读者群体。总而言之，高校出版社具有独特优势，在新闻出版业方面发挥着重要的作用。

5. 政策环境

国家文化产业的相关政策或文化体制改革对策等对文化产业各行业的发展起到鼓励或约束的作用，从而影响城市文化产业的布局及相关的财政税收等方面。如随着产业经济的发展，新闻出版业集团化和国际化趋势明显，近年出台关于出版企业集团化、国际化开放以及文化体制的改革等政策，必然深刻影响新闻出版产业的发展前景。城市新闻出版业布局或战略的调整都要适应相关产业政策，2002 年新闻出版总署印发的《关于深化新闻出版广播影视业改革的若干意见》中提出了一些对地区或城市新闻出版业布局有引导规范作用的政策法规，如关于我国新闻出版业集团的建设，鼓励规模较大的单位实行结构优化，发挥品牌优势，进行规模扩张等，并鼓励新闻出版企业跨地区经营，在经营方式上鼓励跨媒体的兼并、重组和合作联营等。

根据西安市现有产业资源环境和发展空间来看，目前正是发展文化产业的最佳时机。西安市人均 GDP 已达到 5000 美元，进入文化消费旺盛的小康阶段，经济水平和物质基础的保证为西安市加快发展文化产业提供了潜在动力和广阔空间。2005 年西安市将文化产业作为经济发展五大主导产业之一，2006 年市委、市政府成立了西安市加快发展文化产业领导小组，确定了西安市文化产业六大重点行业，包括广播影视业、文化娱乐业、新闻出版业、文化旅游业、文物及文化保护业、广告业。对新闻出版业的规划体现在以下方面：从管理体制来看，积极引导社会闲散资本按政策进入新闻出版领域，创新管理机制，提高竞争水平；从经营模式来看，加强重要报社、出版社、期刊社之间的联动、协作和重组，对国家允许经营的部分实行市场化运作，形成集约化、规模化的新格局；从项目建设来看，加快西安新闻出版中心、西安印刷产业园、西安图书物流配送中心等基础设施项目建设；从行业分类来看，在重点培养传统领域的基础上，积极开拓音像、电子出版等新的领域，构成新的增长点。2011 年，国家新闻出版总署批准在西安市高新区和经开区创建西安国家数字出版基地和国家印刷包装产业基地，制定数字出版产业专项扶持政策，主要用于扶持企业发展、基地建设、招商引资、重点项目、公共平台建设、人才引进和培训等，这些都对西安市新闻出版业的迅速发展提供了契机。

二 西安市新闻出版业发展现状

1. 新闻服务业发展现状

狭义言之，新闻包括发表于报刊、广播、电视上的评论与专文，其形式是报纸、电台、电视台、互联网经常使用的记录社会、传播信息、反映时代的一种文体[19]。为了与文化产业中广播影视业稍加区分，本章中新闻服务业的范围主要是指通过通讯社、报社和记者站等媒介记录新近或者正在发生发现的、对公众有知悉意义的事实报道的机构。

近几年西安市新闻服务业在文化产业繁荣发展的背景下呈现出快速发展的态势。从产值方面来看，2010年新闻服务业年增加值为1800万，所占比重为0.1%，相比2004年的增加值64万元，其增长速度呈现高速增长；从报纸的出版发行情况来看，2009年报纸出版总数达69种，出版总印数为60111万份，比上年增长20%，报纸发行量达22860万份，同比增长19%；从企业个数来看，西安市现有报社34家，与2008年相比增加11家，记者站16家，比2008年增加5家[20]。

在新闻服务业中，报业影响最为突出，西安报业市场曾是全国报业竞争最激烈的"六大战场"之一，和广州、成都、北京、上海、郑州齐名。从报业市场来看，2009年西安市报业经营总收入达2亿元，广告收入达1.5亿元，全年实现利润2000万元以上。党报系列，以《陕西日报》、《西安日报》为代表，位居西安报纸广告市场的前五名。都市生活类报纸主要有《华商报》、《西安晚报》、《三秦都市报》、《阳光报》四家报纸，其中前三位稳居西安报业市场前三名，《华商报》占市场份额60%左右，2009年广告收入超过6.5亿元，《西安晚报》占市场份额的20%左右，2009年广告收入1.5亿元，《三秦都市报》占市场份额不足10%，2009年广告收入6000万元。目前西安市属报业的代表西安日报社已初步具备成立报业集团的条件，其下属包括五家报纸：《西安日报》、《西安晚报》、《城市经济导报》、《现代保健报》、《西安商报》[21]。

2. 出版业发展现状

本章在我国行业分类标准的基础上，参照我国文化相关产业分类标准，将出版业分为图书出版、报纸出版、期刊出版、音像制品出版、电子出版物出版和其他出版等行业。

截至 2009 年西安市有内部资料性质出版单位 85 家，每年发行内部刊物667 期，近 50 万册（表 9－2）。其中民营出版物发行企业发展迅速，据不完全统计，西安市 1100 多家民营出版物发行企业全年销售总额近 20 亿元，省内200 家出版物批发单位全部集中在西安。现全市有出版业从业人员 3 万余人，已成为西安市文化产业的重要组成部分。

表 9－2　各类出版物情况（2006～2009 年）

指标	2006 年	2007 年	2008 年	2009 年
图书出版种数（种）	4500	5302	5035	5780
出版总印数（万册）	14520	16940	16116	19823
杂志出版总数（种）	212	212	212	212
出版总印数（万册）	4784	4254	4558	4953
音像出版物种类（种）	324	332	389	272
出版物数量（万盒）	272	433	323	250

2010 年西安市出版发行和版权服务业的增加值占整个文化产业核心层增加值的 52.2%。作为文化产业核心层的中坚力量，出版业近几年增长势头较大，从产业增加值来看，2010 年西安市出版发行和版权服务业增加值为 39.37亿元，相比较 2006 年增加值 16.42 亿元，近四年其增长速度达 140%。2011年，国家新闻出版总署批准在西安市高新区和经开区创建西安国家数字出版基地和国家印刷包装产业基地。在高新区创建的西安国家数字出版基地主要是依托区内信息技术优势，其新闻出版企业将以手机出版、电子书、数字化出版和动漫游戏出版为主，也是继上海、重庆、杭州、湖南、湖北、广州、天津之后，我国第八个国家数字出版产业基地；在经开区创建的国家印刷包装产业基地是以印刷包装为基础，包括创意设计、产品研发、生产加工、展示销售、材料供应、教育培训等一系列功能，也是我国第一个国家级印刷包装产业基地[21]。

第三节　多尺度下的新闻出版业时空集散

新闻出版业作为文化产业的核心产业层之一，具有文化产业的特性和功能。城市和产业间相互影响、相互作用，新闻出版业的发展可以带动地区经济的发展，促进城市产业升级，结构优化，同时新闻出版业在城市中的分布特征及变化规律对城市空间形态有较大的影响，新闻出版相关机构是城市基础设施的一部分，可以推进城市社会建设，促进城市形象的提升和增强城市文化氛围；而城市空间范围的不断扩大，产业结构的不断升级，以及区域政策的重心转移等都使新闻出版业在发展和空间布局上发生了巨大的变化。

西安市郊区的新闻出版业无论是数量还是产值所占比例都比较小，因此将研究范围限定在西安市绕城高速以内的主城区。本章研究数据以企业区位数据为主，所用的区位数据均来自2002年、2006年和2011年的《西安市黄页》，并利用地址信息对新闻出版企业进行空间化处理，将企业地址与西安电子地图的空间信息进行逐一人工匹配，最后将地址和记录不明确的企业删除。具体研究中采用空间点的模式来衡量西安市新闻出版业的分布特征，通过对黄页中各类企业区位的提取，可以将企业看作是空间上分布的一系列点，根据其所处位置将其归入不同的基本研究单元，并进行相关的测算，从市级、区县级和街区级三个尺度进行分析。

一　产业分布特征指标体系的确立

产业分布特征可以用空间集聚程度刻画，本章分别从市级尺度、区县级尺度、街区级尺度三个方面计算西安市整体和区域中新闻出版业的空间集聚程度，以此来探讨西安市新闻出版业空间分布及变化特征。通过对比2001年、2005年和2010年西安市新闻出版业行业单位数量和密度指标的变化，找出空间变化规律，然后总结西安市新闻出版业总体及分行业的空间布局变化特征。

二　市级尺度下西安市新闻出版业时空变化特征

1. 产业整体分布特征

根据 2011 年西安市黄页信息，通过对西安市新闻出版企业的空间处理，剔除不符合区域要求或地址记录不明确的企业，最终得出西安市绕城高速内区域共有新闻出版业单位 437 家（图 9－1）。整体来看，新闻出版业的分布特点也符合西安市各区文化产业分布特征[22]。即新闻出版业在数量和密度上呈现南多北少，南密北疏的格局，城南与城北的企业数量分别为 266 家和171 家，企业密度分别为 1.77 个/平方公里和 0.78 个/平方公里。这种差距的形成在一定程度上和各区的主要职能有关，城北职能以传统的工业为主，内城是西安市最大的商业服务区，而城南在近几年的发展中逐渐形成了以科教、商业、文化、服务和高新技术产业为主的职能，由于新闻出版行业的专业性、服务性等特征，使其在城南地区发展迅速；从道路环线可以看出，新闻出版企业多分布在二环以内，二环以外的地区分布较少，市区一环、二环和三环内企业分布密度分别是 5.57 个/平方公里、4.02 个/平方公里和 0.38个/平方公里，分布呈现向中心集中态势，主要是由于中心地带交通便捷，人流量较大所致。

2. 市级尺度下新闻出版业空间变化规律

根据各区在不同年份的新闻出版企业个数所占的百分比，可以得出西安市新闻出版企业在不同区域内的变化。同时，其数据可以在一定程度上反映出新闻出版业在西安市区内的空间分布情况。本章采用基尼系数和洛伦兹曲线来计算西安市新闻出版业空间集聚度。

基尼系数和洛伦兹曲线最初是用来衡量国家或区域间经济的不平衡程度，后在 1986 年 Keeble 等人的改良下，将其在空间上利用发展成为区位基尼系数，用于计算某行业在区域内分布的集中程度[23]。

$$G = \frac{1}{2n^2\mu} \sum_j \sum_k |s_{ij} - s_{ik}|$$

其中 s_{ij} 和 s_{ik} 是产业 i 在地区 j 和 k 的比重，μ 是产业在各个区域比重的平均值，n 为区域个数。洛伦兹曲线是基于 s_{ij} 递增排序，并将累计的和设置于纵轴，

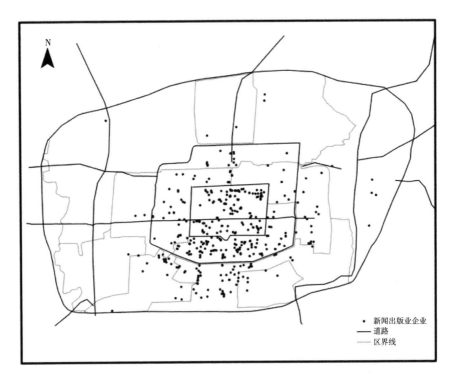

图 9 – 1　西安市新闻出版企业分布（2010 年）

横轴则表示累计区域数量，基尼系数则表示两倍于洛伦兹曲线与 45°线之间的面积。如果产业在各区域随机分布，则基尼系数为 0，如果产业集中在一个区域，则基尼系数为 $1^{[24]}$。

在计算洛伦兹曲线过程中，采用的统计资料是新闻出版业的企业个数。先计算出每个区域新闻出版企业个数在城六区总值中所占的百分比，然后按照从高到低排列累加，所得数值作为纵坐标值；横坐标值则是每个城区面积占城六区总面积百分比的累加值。以此方法得到 2001 年、2005 年和 2010 年西安市新闻出版业整体空间分布的洛伦兹曲线，如图 9 – 2 所示。

根据图 9 – 2 可以看出洛伦兹曲线是上凸型的，2001～2010 年曲线上凸的幅度有所下降。计算西安市新闻出版业 2001 年、2005 年和 2010 年总体行业空间分布的基尼系数，计算结果见表 9 – 3。

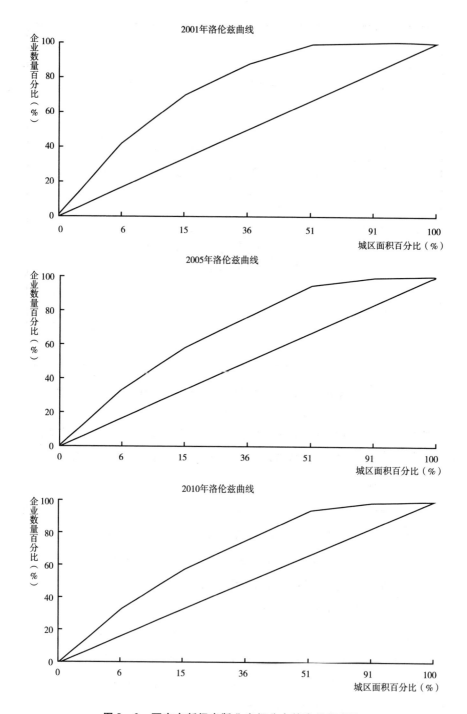

图 9 - 2　西安市新闻出版业空间分布的洛伦兹曲线

表 9 - 3　西安市新闻出版业空间分布基尼系数

年份	2001	2005	2010
基尼系数	0.24	0.18	0.17

从表 9 - 3 可以得出以下结论。

（1）整体上西安市新闻出版业的空间分布较均匀，集中程度较低。

基尼系数介于 0 ~ 1 之间，基尼系数越接近 0，表明其空间布局越分散，反之则越集中。西安市新闻出版业的空间基尼系数位于 0.1 ~ 0.25 之间，表示整体上是平均分布的，集中程度不高。这主要是由新闻出版业的行业属性所致，其一，新闻出版业属于公共服务类行业，主要为全社会公众服务，提供信息与文化，服务的对象以消费者大众为主，具有消费市场指向性特点。如一些记者站以及出版发行单位，多以单位和个人为服务对象，主要分布在交通便捷的道路沿线或十字路口，或一些街道社区内。其二，虽然近几年新闻出版业呈现出表现形式多样化，内容丰富多彩化，经营方式个体化，运营媒体全面化的趋势，但该行业不完全属于创新性行业，行业本身也不要求一定要在空间上集聚，其分散布局可以更好地为市民提供服务，所以现阶段新闻出版业均匀分布的情形在合理化范围之内。

（2）对比 2001 年、2005 年和 2010 年西安市新闻出版业空间基尼系数，基尼系数变小，说明西安市新闻出版业空间布局趋于分散。

对比三年的洛伦兹曲线可以得出，2001 ~ 2010 年洛伦兹曲线上凸幅度逐渐递减；对比三年的基尼系数也是逐渐减小，说明产业分布趋向分散。从企业数量增长的类别来看，近几年企业数量增长较快的部门集中在杂志社以及各类编辑出版企业，2005 年和 2010 年企业数量增长幅度均在 60% 以上，其原因主要是该类别企业多数属于生产规模较小的企业，产业特性决定了该类企业以消费者导向为主，所以分布在交通便捷的地区或者是靠近住宅区的地方，进而在一定程度上分散了整个新闻出版业的分布，且由于缺少衡量企业规模数据，多是依据企业数量加以衡量，所以使其基尼系数结果偏小；从企业分布区域来看，2001 年新闻出版企业多集中在碑林区、新城区和莲湖区，三区企业总数占市域总数的 83.9%；而在 2005 年三区企业总数所占比重下降至 71.6%，说明近几年新闻出版企业分布有分散到其他区域的态势，随着雁塔区内高新技术产业开发区和曲江文化产业示范区的建设及发展，使新闻出版企业数量在雁塔区的增长比例较大，与2001年相比企业数量增长128%，并超过莲湖区总数；2010年随着西安市加快发展文化产业步伐的迈进，各区重视发展本区域特色文化产业，新闻出版业在西安市域上形成了碑林区、新城区、莲湖区和雁塔区"四足鼎立"的局面，区内企业数量各占总数的33%、21%、20%和20%。

三　区县级尺度下西安市新闻出版业时空变化特征

1. 区域划分

在区县级尺度视角下，本章在城六区的基础上，结合西安市文化产业发展板块，将绕城高速内西安市区划分为新城区、雁塔区、碑林区、莲湖区、未央区、灞桥区、高新区、曲江新区、经开区和城墙区十个区域。

2. 集聚区与分散区的划分

在对十个区域进行集聚和分散的划分过程中，采用了空间中基于距离测算产业集聚的方法。即将企业的空间分布视为空间中随机分布的点，根据每个企业在空间中的区位，将其用点模式表示在图中。具体先对区域内的点进行缓冲区分析，通过 L 函数计算相应区域内产业的地理集中指数。L 函数是由 K 函数发展而成，N 是某一企业点 p_i 在缓冲区内的近邻点数，即小于或等于具体距离 h 的企业点数，则给定区域内的 K 函数就可以定义为：

$$K = \frac{1}{\lambda}E(N) \tag{1}$$

式中，$E(N)$ 表示缓冲区内企业邻近点数的数学期望值，缓冲区表现在图中则是以 h 为半径的圆，λ 表示区域内企业的总体密度。对于缓冲区内具有 n 个企业的点集 P，先计算区域内企业邻近点数，然后乘以研究区域内点的总体分布密度的倒数，即可得公式（2）：

$$\hat{K} = \frac{1}{\overset{\wedge}{\lambda}n}\sum_{i \neq j}\sum I_h\ (d_{ij}) = \frac{R}{n^2}\sum_{i \neq j}\sum I_h\ (d_{ij}) \tag{2}$$

式中，$\overset{\wedge}{\lambda}n$ 表示 λ 的估计值，约等于 n^2/R，d_{ij} 表示 p_i 和 p_j 的直线距离，I_h 为空间权重矩阵，由公式（3）确定：

$$I_h(d_{ij}) = \begin{cases} 1 & d_{ij} \leqslant h \\ 0 & d_{ij} > h \end{cases} \qquad (3)$$

如果点的分布是空间随机分布的结果，K 的理论值就等于 $\prod h^2$。用观测到的 $\hat{K}$ 与理论值 $\prod h^2$ 比较，判定区域内企业空间分布的集中指数。Besag 在此基础上，对其进行了修改，以 0 为基数，形成了 L 函数：

$$L = \sqrt{\frac{\hat{K}}{\prod}} - h \qquad (4)$$

其中，$L > 0$ 则表示产业集中分布；$L < 0$ 则表示产业分散分布[24]。根据西安市集聚区内企业空间分布情况，缓冲区的设置不宜过大，在对 h 值进行多次对比计算后，最终将区域半径定为 3.3 公里。通过 L 函数的计算，得出 2001 年、2005 年和 2010 年西安市 10 个区域中新闻出版业的地理集中指数（表 9 - 4）。

表 9 - 4 各区产业地理集中指数

年份	城墙区	碑林区	雁塔区	新城区	莲湖区	未央区	高新区	灞桥区	曲江新区	经开区
2001	3.54	2.77	0.01	- 0.48	- 0.66	- 1.57	- 1.89	- 3.30	- 3.30	- 3.32
2005	2.68	2.20	0.27	- 0.29	- 0.39	- 0.97	- 1.10	- 1.95	- 1.95	- 2.20
2010	2.83	2.36	0.37	- 0.19	- 0.32	- 0.76	- 0.81	- 2.26	- 1.58	- 2.40

3. 区县级尺度下新闻出版业空间变化规律

通过各区的地理集中指数，可见西安市新闻出版企业在城墙区、碑林区和雁塔区形成了大规模的集中。基于西安市 10 个区域的地理集中指数，根据西安市新闻出版业发展情况，将 10 个区域划分为三大类（表 9 - 5）。

表 9 – 5　西安市新闻出版业分布三大类型区

类型	L 取值范围	2001 年	2005 年	2010 年
核心区	$L > 0$	城墙区、碑林区、雁塔区	城墙区、碑林区、雁塔区	城墙区、碑林区、雁塔区
潜力发展区	$-1 < L < 0$	新城区、莲湖区	新城区、莲湖区、未央区	新城区、莲湖区、未央区、高新区
产业分散区	$L < -1$	未央区、高新区、灞桥区、曲江新区、经开区	高新区、曲江新区、经开区、灞桥区	曲江新区、灞桥区、经开区

（1）核心区新闻出版业的空间变化规律

在 2001 年、2005 年和 2010 年三年中，从区域分布来看，核心区始终是由城墙区、碑林区和雁塔区构成。其中，城墙区内产业部门主要是发行站和杂志社，2010 年两部门企业数量占区域总数的 70.9%，主要因为城墙区是城市的中心区域，不仅交通便利，而且商业活动聚集，市场需求性大，而发行站的分布恰恰需要便捷交通的支持；碑林区和雁塔区的产业部门以杂志编辑和出版为主，2010 年两区部门分别占区域企业总数的 63.9% 和 64.8%，碑林区企业多分布于西部和南部，雁塔区内企业多沿长安路分布于两侧，集中的因素主要由于两区的职能不仅以商业、文化为主，同时区内的高校教育机构也较多，如碑林区内西安交通大学、西北工业大学等 110 多家高校科研单位，各类专业科技人才 8.5 万人，而雁塔区内分布有陕西师范大学、长安大学、西安外国语大学等高校。近几年各类高校不仅是新闻出版业中的主要消费者，使高校出版社逐步构成了西安市新闻出版业的一股力量，同时区内的专业人才也是某些以专业内容为主的新闻出版机构考虑的区位要素之一，而且科教机构的集中使得区域文化氛围浓厚，新闻出版业作为文化产业的分支行业，符合文化产业中生产者多数集中在靠近文化消费者、同行竞争者的文化氛围中的情况[25]。

从核心区三年集中指数变化规律来看，城墙区和碑林区的集中指数在 2005 年有所下降，而在 2010 年集中指数有所上升，主要由于西安市城市规模不断扩大，城市的空间范围也在向外延伸，各个区的主要职能也有所变化，导致新闻出版业高度集中在城墙区和碑林区的现象有所缓解，地理集中指数有所下降。而在 2006 年西安市将文化产业列入支柱产业，在 2006 年政府颁布的

《关于加快发展文化产业实施方案》中，城墙区被列为文化产业发展的重点板块之一，出于政府的重视，使文化产业的核心层之一新闻出版业在城墙区及碑林区有所集聚，从而提高了地理集中指数；雁塔区三年来新闻出版业的集中水平虽然不高，但集中指数逐年上升，由于雁塔区科教资源丰富，区内有44所高等院校，省属科研院所55家，各类专业技术人才超过14万人，是全国著名的科教文化大区，文化氛围浓厚，使一些图书杂志编辑、出版等企业在此聚集。

（2）潜力发展区新闻出版业的空间变化规律

在2001年、2005年和2010年三年中，潜力发展区数量有所增加，2001年主要集中在新城区和莲湖区，2005年增加了未央，2010年又增加了高新区。其中新城区、莲湖区和未央区是以图书杂志的编辑和发行为主，三个区域编辑发行分别约占总数的58.8%、63.6%和88.2%，且企业多分布在二环之内，多向内城靠拢；高新区则是以图书杂志的编辑、出版为主，约占总数的38.8%，企业多分布在北部地区。其发展因素包括，一方面由于该三类区域内新闻出版企业数量基数较小，所以在增长比例的计算上略为偏大。另一方面，过去新城区和莲湖区内多以工业区为主，所以导致居民点在这两区集中，同时新城区、莲湖区和未央区都是与城墙区相邻的区域，紧靠最大的商业区，接近消费市场，使得企业在依托核心区区位优势的基础上，在上述三个区域形成了潜力发展区；而高新区虽然远离消费市场，但区内企业的主体无论是经济水平还是文化消费水平都处于较高水准，而且区内的高新产业作为新闻出版业的一种相关与支持性产业，为新闻出版业的现代化发展提供了技术条件，同时由于软件业、动画业等相关行业的发展和集聚，为新闻出版业的数字化发展提供了支撑，2011年5月18日国家新闻出版总署批准在西安市高新区建设以高新技术为支撑，数字内容为核心，以版权交易为手段的国家级数字新闻出版产业，所以高新区将会成为今后西安市数字出版业的集聚地。

从潜力区三年集中指数变化规律来看，新城区、莲湖区、未央区和高新区的集中指数呈现逐渐增长态势。新城区、莲湖区和未央区作为西安市传统产业区，区内新闻出版业的发展多是依托居民点、交通干线或一些专业职能机构而发展，以三个区域内的主要部门——发行站为例，发行站多沿道路分布，且分布在各社区中，而某些专业职能机构，如医院、工厂附近多分布医学美容类、健康类或机电类图书杂志编辑单位等，所以区域内新闻出版企业分布有日益集中的态势；而对于高新区而言，靠近南二环，道路网密集，交通便利，随着区内相关行业的发展和集中，必然带动新闻出版业的企业分布于此，同时西安高新区在"十二五"期间将聚焦数字出版、动漫游戏、移动互联网等重点产业方向，所以导致新闻出版企业集中指数日趋增长。

（3）分散区新闻出版业的空间变化规律

在2001年、2005年和2010年三年中，产业分散区的数量有所递减，截至2010年分散区为曲江新区、灞桥区和经开区。其中曲江新区内新闻出版业部门主要以图书杂志的编辑出版为主，2010年区内有6家图书杂志编辑出版单位，且多分布于西侧和北侧的道路沿线，而灞桥区和经开区主要以图书杂志发行为主，也都沿区内主干道分布。新闻出版业在上述区域分散分布的原因主要包括：第一，远离内城商业区，且处于城市边缘地区，交通较不便利，所以导致新闻出版业的消费市场较小，造成新闻出版业单位数量极少。第二，区内的主要职能与新闻出版业关联性较小，使得产业发展缺乏相应的环境，如灞桥区主要以轻工产业为主，区内以过去的纺织工厂和已退休或下岗的工人为主，所以区内分布的单位多为依托居民点所设的图书杂志和报纸的发行单位，而经开区内企业多是机械、电子、轻工产品及生物制药等方面，与新闻出版业关联性不大，所以区内单位也是以发行单位为主。曲江新区虽然为"国家级文化产业示范区"，但曲江文化产业投资集团涉足的文化产业领域主要以文化旅游、影视、会展、传媒、演艺、重大文化开发工程为核心，所以致使区内的新闻出版企业没有形成一定规模。

从分散区三年集中指数变化规律来看，2005年三个区的集中指数与2001年相比均有提升，主要原因是随着居民生活水平的提高，文化消费水平随之上升，从而增加了区内新闻出版企业的数量。灞桥区，经开区和曲江新区的新闻出版企业数量由2001年的0个、1个和1个增加到了2005年的4个、3个和4个，所以产业整体集中指数有所增大；但2010年产业集中指数与2005年相比，三个区域出现了分异，其中灞桥区和经开区的集中指数有所下降，而曲江新区的集中指数有所上升，导致该情况出现的原因包括：灞桥区和经开区所增加的企业多是发行站，该类部门的分布主要是沿交通干线和居民点分布，且以分散分布为主，所以以致使集中指数下降，而曲江新区内的新闻出版业单位的增加以图书杂志的编辑出版为主，该类部门多倾向于文化氛围浓厚，消费市场集中的区域，所以可以集中分布。同时 2010 年曲江新区内成立了曲江出版传媒股份有限公司，有利于吸纳优质资本，从而带动相关的图书杂志报纸等编辑出版发行单位在此集中。

四　街区级尺度下西安市新闻出版业时空变化特征

1. 区域划分

对于城市内产业分布的研究，不仅要从整个市区范围进行宏观分析，基本空间单元的微观把握也不容忽视。现有对产业研究的最小单元多是以街区办事处为单位，以街区为单位的多以定量研究为主[26]，在城市产业空间分布研究中，除了研究整体产业布局，以城市各街区为研究单元，能够更具体地得出城市内部区域间的产业分布的异同性和相关性。因此，本章以"街区"为空间单元，分析西安市各街区新闻出版业的变化规律，揭示西安市新闻出版业空间变化的具体特征。

2. 热点区和冷点区划分

在以街区为单位分析西安市新闻出版业空间变化规律时采用空间分析方法，注重空间计量与 GIS 相结合，近年来 ESDA（探索性空间数据分析）成为研究区域空间分异的主要方法，该方法主要是结合 GIS 的空间属性优点，将图形或数据的属性与空间分析相结合，并以空间图形的形式展示区域间数据的空间异质性与关联性，从而更好地分析空间结构，揭示空间变化规律[27]。

探索性空间数据分析，注重产业发展在空间上的关联性，通过生成空间权重矩阵，根据经济活动的空间位置确定其权重，进而分析经济活动的空间相关性[28]。本章运用 $Moran's I$ 、$Getis-Ord GenralG$ 来测度全局的属性值空间分布态势以及空间关联性，用 $Getis-Ord Gi*$ 来识别不同的地理位置上分布的高值簇和低值簇，即热点区和冷点区的分布。

（1）Moran'sI 指数

$$GMI = \frac{\sum\limits_{i=1}^{n} \sum\limits_{j=1}^{n} W_{ij}(X_i - \overline{X})(X_j - \overline{X})}{S^2 \sum\limits_{i=1}^{n} \sum\limits_{j=1}^{n} W_{ij}}$$

$$S^2 = \frac{1}{n} \sum\limits_{i=1}^{n} (X_i - \overline{X})^2$$

$$\overline{X} = \frac{1}{n} \sum\limits_{i=1}^{n} X_i$$

式中：n 为街区总体数量；X_i、X_j 分别为新闻出版业 X 在空间单元 i 和 j 的观测值，在本章中以数量形式表现。W_{ij} 采用邻接的空间权重矩阵，即区域 i 与 j 有同一边界或共同顶点，则 W_{ij} 值为 1，否则为 0。全局 Moran'sI 的值介于 -1 到 1 之间，在给定显著性水平时，若 Moran'sI 显著为正，则表示新闻出版企业数量多（数量少）的区域在空间上显著集聚；反之若 Moran'sI 显著为负，则呈现空间分散格局；接近 0 则表示邻接空间单元不相关。

（2）Getis-OrdGenralG

$$G = \frac{\sum\limits_{i=1}^{n} \sum\limits_{j=1}^{n} W_{ij}X_iX_j}{\sum\limits_{i=1}^{n} \sum\limits_{j=1}^{n} X_iX_j}$$

式中：W_{ij} 为空间权重，区域相邻为 1，不相邻为 0，X_i 和 X_j 是 i 区域和 j 区域的新闻出版企业数量。G 的期望值 $E = \dfrac{W}{n(n-1)}$，当 G 值高于 E 值，研究区域会出现企业数量多的区域空间集聚；当 G 值低于 E 值，研究区域内则是企业数量少的区域空间集聚，当 G 趋近于 E 时，研究区域内的企业则表现出随机分布的特征。

（3）Getis-OrdGi *

Getis-OrdGi * 统计量可以识别企业数量多的区域的聚集（热点区）和企业数量较少的区域的聚集（冷点区）。

$$Gi^*(d) = \frac{\sum\limits_{j=1}^{n} W_{ij}(d)X_j}{\sum\limits_{i=1}^{n} X_i}$$

公式标准化后得出：$Z(G_i^*) = \dfrac{G_i^* - E(G_i^*)}{\sqrt{Var(G_i^*)}}$

式中：$E(G_i^*)$ 为 G_i^* 的数学期望值，$Var(G_i^*)$ 为 G_i^* 的变异数，$W_{ij}(d)$ 是空间权重，权重的计算方法如同上述公式。如果 $Z(Gi^*)$ 为正且显著，表明区域 i 周围多是新闻出版企业数量较多的区域，属高值空间集聚（热点区）；反之，如果 $Z(Gi^*)$ 为负且显著，则表明区域 i 周围以新闻出版企业数量少的区域为主，属低值空间集聚（冷点区）。

3. 街区级尺度下新闻出版业空间变化规律

（1）总体格局特征分析

计算西安市各街区 3 个年份新闻出版业单位数量的 *Moran'sI* 和估计值 *GenralG* 及其相关指标，结果如表 9 - 6 所示。

表 9 - 6 西安市新闻出版业全局自相关指数

年份	2001	2005	2010
Moran'sI	0.0373	0.2073	0.2521
$E(I)$	− 0.0256	− 0.0256	− 0.0256
$Z(I)$	2.9684	3.3345	3.3632
$G(d)$	0.000194	0.000204	0.000205
$E(d)$	0.000148	0.000148	0.000148
$Z(d)$	2.560130	1.766012	1.778596

第一，2001 年、2005 年和 2010 年 3 个研究年份，估计值全部为正，检验结果比较显著，而且数值在不断增加，表明 2001 年以来，西安市新闻出版业发展水平相似的地区在空间上集聚分布，即新闻出版企业数量较多的地区空间上呈现集中分布。在市级尺度下研究得出，西安市新闻出版业的企业多集中在新城区、莲湖区、碑林区和雁塔区等中心区域，企业数量较少的区域集中在未央区和灞桥区等边缘区域，市级尺度下西安市新闻出版业空间分布趋于分散，这一结论是针对六大行政区尺度而言，是各区之间的空间差异在平均意义上的缩小，与其他尺度上空间差异扩大并不矛盾[29]。研究空间尺度的差异，也会带来结果的差异。

第二，从 2001 年、2005 年和 2010 年 3 个研究年份整体来看，全局统计指标的观测值和期望值都相差不是太大，且都大于 0，检验显著，说明西安市各街区单元高值和低值的集聚现象显著，相比之下，2001 年 $G(d)$ 和 $E(d)$ 的相差幅度最小，2010 年 $G(d)$ 年和 $E(d)$ 的相差幅度最大，且 Z 值显著，说明该段时期新闻出版企业在空间中集聚的不平衡性不断加强。2006 年以来，西安市在加快发展文化产业实施方案中确定了文化产业重点发展行业和地区，所以导致各单元文化产业分布状况趋于不平衡，影响了街区范围内的新闻出版企业分布。上述年份数值的变化，在一定程度上说明 2001 年以来，西安市新闻出版业分布热点区在空间上有演化和迁移的现象。同时上述 3 个时期的数值的变化幅度不是十分剧烈，说明该时期内新闻出版业分布的总体格局并没有十分剧烈的变动，只是在原有分布格局基础上的微调和集聚，即 2001 年以来，呈现出中心城区新闻出版业发达，边缘区域新闻出版业欠发达的格局。

第三，根据各街区新闻出版企业分布数量，得到西安市各街区新闻出版业单位 2001 年、2005 年和 2010 年的 $Moran$ 散点图（图 9 - 3）。由图 9 - 4 可知，西安市各街区新闻出版业单位的空间分布在三个年份中表现出较强空间正相关性，且大部分处于低 - 低集聚水平（多数位于散点图中的第三象限），说明西安市各街区新闻出版业单位的空间分布呈现不均衡性，且多数新闻出版业单位数量少的地区集中分布。只有少数新闻出版企业数量多的街区在空间上相关性较大，且相互带动作用较强，主要集中在城市中心区域的小寨、电子城、大雁塔和长延堡街区，大部分是新闻出版业单位分布少的街区聚集在一起。

（2）西安市各街区新闻出版业热点区域演化

在全局空间自相关的基础上，基于 $IGenral$ 和 $GMoran'sI$ 在很大程度上掩盖了局部分布特征，需进一步考虑各区域企业数量对全局的贡献率。为了更好地诠释西安市各街区新闻出版企业空间分异特征，对热点区域和冷点区域进行探讨。本研究运用局部关联指数 $Getis - Ord\ Gi^*$，通过 ArcGIS 将其空间化，根据 Jenks 最佳自然断裂法对局部统计量从高到低分成 4 类，生成西安市各街区新闻出版业单位空间分布热点区域图[30]（图 9 - 4）。

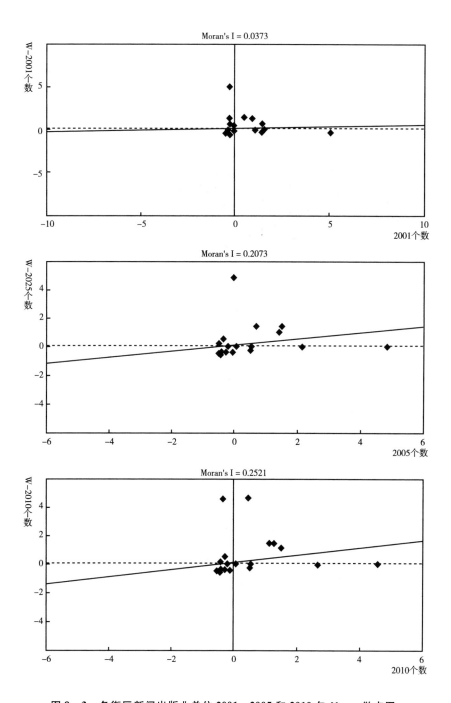

图 9 - 3　各街区新闻出版业单位 2001、2005 和 2010 年 Moran 散点图

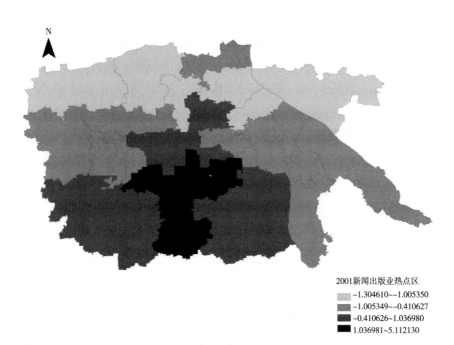

2001新闻出版业热点区

- ▨ -1.304610~-1.005350
- ▧ -1.005349~-0.410627
- ▨ -0.410626~1.036980
- ▧ 1.036981~5.112130

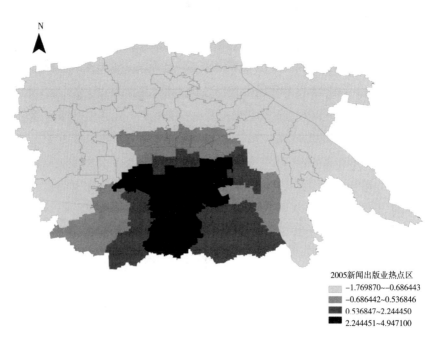

2005新闻出版业热点区

- ▨ -1.769870~-0.686443
- ▧ -0.686442~0.536846
- ▨ 0.536847~2.244450
- ▧ 2.244451~4.947100

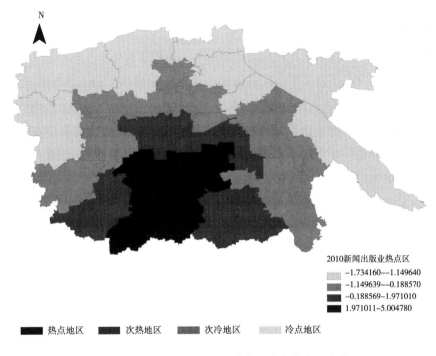

2010新闻出版业热点区
-1.734160~-1.149640
-1.149639~-0.188570
-0.188569~1.971010
1.971011~5.004780

■ 热点地区　■ 次热地区　■ 次冷地区　□ 冷点地区

图9-4　西安市各街区新闻出版业分布热点区演化

　　第一，从整体上看，2001年以来，西安市各街区新闻出版业分布总体格局是以内城为中心呈现圈层结构，且热点区域的总体格局保持相对稳定。从热点区分布的空间结构来看，呈现以西关街、长延堡、小寨等为核心的组团式空间结构，说明新闻出版业在西安市各街区中，西关街、长延堡、小寨等始终是产业发展条件最好、最具活力的地方，是西安市新闻出版业发展的核心地区，且上述区域多集中在市南，而西安市区北、东、西等边缘地带大多处于低值簇，新闻出版业发展属于冷点区，且变化不大。

　　第二，城市中心地区明显好于城市边缘地区，西安市新闻出版企业的分布呈现中心聚集的态势，各街区新闻出版业热点区域多分布在中心地区。在西安市近几年加快发展文化产业的背景下，并没有给一些特定文化板块中的街区的新闻出版业带来足够的发展机遇，通过2001年和2005年对比可见，除电子城、曲江和大雁塔外，其他地区都未发生向热点区的跃迁现象，相反大部分反而出现了下降。其下降的原因主要是由于2005年新闻出版企业增加的数量较多，而且大多朝向某些特定街区分布，所以导致街区间的企业数量差距拉大，从而使大部分边缘地区都降为冷点区。

第三，总体格局保持相对稳定的情况下，各种类型的区域在西安市文化产业逐步发展的背景下发生了一定的变化。从热点区域和冷点区域的演变来看，2001 年热点区域总体上分布在西关街、长延堡、小寨等街区，次热地区多分布在紧邻内城的南侧，次冷地区分布在东西两边，而冷点区域集中在城北地区。随着产业进一步发展，热点区域不断地向南集聚，2005 年，热点区域增加了大雁塔街区，次热地区和次冷地区范围减小，多是紧邻热点区域分布，而冷点区域范围增大，2010 年热点区域增加了高新区，次热地区和次冷地区有所增加，且多以热点区为核心逐步向外扩散，冷点区域有所下降，主要集中在远离内城的边缘地区。

第四，热点区域数量的增加，说明西安市各街区新闻出版业分布的核心区域不断扩大而且聚集在城南地区，而西安市区最外围的街区则有被边缘化的趋势。造成这种格局的原因主要是中心城区人口密集，商业活动集聚，使作为文化产业部门之一的新闻出版业具有广阔的消费市场，而 2005 年西安市加快发展文化产业，以及西安市各区主要职能的显现，使得新闻出版业多向城南各区聚集，如高新区和曲江新区作为政府产业规划的重点区域，区内各产业的发展以及产业环境会相应带动新闻出版业的发展，虽然目前新闻出版业在两区内尚未形成规模，但是随着区内产业不断发展和产业结构升级，其发展潜力较大。

第四节　新闻出版业时空集散的驱动力分析

一个区域内产业布局和演化都受到一系列因素的影响，包括自然因素、经济因素、科学技术因素、社会因素。而新闻出版业作为文化产业的一种，影响其分布和演化的因素自然与文化产业大同小异，受原材料、能源等有形属性的影响较小，而更多受制于无形属性，即产业的文化性、产品的精神性等特征。本章以影响西安市文化产业空间分布的因素为基础，结合新闻出版业的特性以及上述研究中西安市新闻出版业的分布区域，将新闻出版业空间分布及演化的驱动力划分为：市场因素、产业关联因素、科研院校推动和政策因素。

一 市场因素

在廖什的市场区位理论中，强调市场与产业区位的关系，认为产业布局的原则是指向最大市场和利润的地方。随着当今经济的全球化和知识化趋势，在科学技术的迅猛发展之下，产业结构面临着不断变化的环境，从而使得影响产业布局的因素也在不断变化，但市场因素仍然是影响产业布局的重要因素之一。具体落实到新闻出版业，则是城市文化市场对产业的区位产生重要影响，同时新闻出版业作为一种服务性产业，也具有市场导向型特点。城市文化市场的环境、消费水平等都影响新闻出版业的发展及产业结构，进而影响区域新闻出版业的布局。

新闻出版业是一种特殊的产业形态，其空间运动最显著的特点是依附性[31]，主要依附于经济发达的商业文化中心区。西安市新闻出版企业在 2001 年、2005 年和 2010 年三个年份中，分布最密集的地区始终是在城墙以内地区，区域的主体功能以商业贸易等服务业为主，可以称作西安市最大的服务业消费市场，同时该区域发展历史悠久，区域文化基础设施、相关配套服务相对完善，所以区内分布较多的新闻出版业单位。而西安市高新区随着近几年快速发展，区内的居民收入水平和文化程度都较高，对文化产品的需求量也较大，所以导致近几年高新区新闻出版业单位数量增加，到 2010 年电子城街区成为西安市新闻出版业的热点区域之一。

西安市新闻出版业单位分布的另一特点是多沿交通干线分布，无论是分布在内城还是沿交通干线分布，其影响因素都是拥有四通八达的便捷交通，如东西大街沿线、含光路与南二环周边、长安南路一带等地区。交通区位对新闻出版业单位分布的重要影响也体现在便捷的交通使产业市场达到最大，成为最靠近文化产业消费者的地方。

二 产业关联因素

随着社会化分工的发展，任何经济活动都会受其他相关产业或部门的支撑，或相关生产要素的支持。作为文化产业的亚类行业，新闻出版业的分布同样也受其产业关联因素的影响，相邻位置的关联产业间不仅交易费用较低，且有利于企业间的协作，后者对以产品开发和技术创新支撑的行业的影响尤为突出。相关行业的企业地理临近大大增加了企业决策者面对面、门对门的接触，极大地促进了非正式的信息交流，从而激发新的创意和思路，促进创新。相关行业密集而带来的高质量信息对竞争优势有着重要影响，而文化产品多是精神方面的，更需要在地理上的临近。

西安市新闻出版业分布的产业关联因素之一表现为公共服务部门的支撑，如政府、广播电台等。如2010年西安市分布在城墙以内的报社占市区报社数量的55.8%，报社是作为传播媒介向一定区域的受众提供新闻信息服务的大众传播机构，而西安市主要报社机构如西安日报社，西安晚报社采编等工作均围绕市委市政府中心工作进行，作为媒介机构向大众传达政府工作，而陕西省政府、西安市市委市政府等机构均分布在城墙以内，所以一些报社紧靠政府部门以方便信息采编以及传达政府下达精神。

西安市新闻出版业分布的产业关联因素还表现在一些具有特殊职能的机构对一些专业性较强的杂志书籍的影响。如一些医学美容类杂志多分布在医院或美容院附近，在省肿瘤医院附近分布着医药与保健杂志社、陕西肿瘤医学编辑部以及现代肿瘤医学编辑部等单位，而一些工厂或专业化单位附近分布着工业化杂志，如核工业局附近有西安兵工科技杂志社和科技与国力杂志社等。

近几年随着信息技术的发展，信息技术在生产过程中的应用，改变了传统的生产方式，使得生产效率得以提高，使其成为影响新闻出版业分布的新的产业关联因素，促使新闻出版业的结构重构与空间转移。近几年西安市新闻出版业加快数字传媒的建设，高新区承接了传统新闻出版业结构升级的功能，区内电子信息产业等为传统型新闻出版业向现代型新闻出版业的过渡提供了硬件上的支撑。

三 科研院校推动

科研院校对西安市新闻出版业发展的推动体现在两方面，第一是为西安市新闻出版业的发展提供了人才，这方面在西安市发展新闻出版业的条件中已进行阐述，此处不再赘述；另一方面是近几年高校出版社发展迅速，加上西安市科研院校众多的优势，高校出版社已经在西安市新闻出版业发展中形成了一股不可忽视的力量。高校出版社在出版市场上具有独特的竞争力，而大学的品牌效应又对大学出版社的地位有着不可忽视的作用。高校出版社通过利用高校的科研资源和人才资源，能有效地获取最新的学术信息，并及时接纳学科的前沿成果；同时，它拥有一批了解学科规律、熟悉学科设置的编辑人才，能够将最新的学术著作和原创教材及时推广给读者，最终以出版物的形式展示高校尖端的学术成果。

2001年西安市雁塔区新闻出版业单位数量仅占西安市新闻出版业单位总数的10%，2005年单位数量占西安市新闻出版业总数的20%，到2010年形成了碑林区、新城区、莲湖区、雁塔区四大区鼎立局面，同时在区县级尺度下，雁塔区内新闻出版业集中分布，属于核心区域，从街区级尺度上看，长延堡街区是新闻出版业分布的热点区域。近几年雁塔区新闻出版业的快速发展不仅得益于区内高校众多，人才资源优势大，区内各高校出版社的崛起与发展也推动其新闻出版业的发展，如在沿长安南路上分布着长安大学杂志社、陕西师范大学出版社，西安邮电学院学报编辑部，西北政法大学法律科学编辑部，西安音乐学院学报编辑部等数十家新闻出版业单位，从而使雁塔区以及相邻的区域新闻出版业发展较好。

四　政策因素

政策因素主要是指政府部门的某些行为直接或间接推动新闻出版业的发展或布局发生改变。

直接的因素主要是指政府制定相关政策，从而加快文化经济活动的发展速度。政府通过某些财政政策或兴建文化产业园区，影响经济社会中从事不同经济活动的个人（或集团）的经济利益，从而直接或间接改变（或左右）人们的经济行为。例如，政府通过制定各种发展文化产业的政策，改变产业发展中产品和劳务的成本比例，诱导人们改变消费行为，进而促使文化企业改变市场行为。也可直接建立文化产业园区，吸引大量企业向特定区域集中[32]。西安市政府虽没有制定专门针对促进新闻出版业发展的相关政策，但是众多的文化产业政策必然带动了新闻出版业的发展。高新区和曲江新区就是典型的区域，近几年西安市将高新区和曲江新区作为文化及相关产业的典型或者重点区域发展，高新区内国家级数字出版基地的建立，以及曲江出版传媒有限公司的成立都进一步促进了区内新闻出版业的发展，从而使区内的产业集中指数有增大的趋势。

间接因素是指政府在进行城市规划布局的同时，通过对城市的产业规划，进而在城市空间和土地利用的调控中确定城市或区域的性质、规模和发展方向，引导城市或区域的产业布局。在区域规划中，对区域主要职能的变换或者对区域重心的变更都会影响区域产业布局。在西安市第三次城市总体规划（1995～2001）中指明了城市向南发展的方向，同时将雁塔区作为先行发展区域，从而促使西安市商业服务业等分布在东西大街轴线以南区域，产业分布重心南移，而在最新城市规划（2008～2020）中，各区主要职能的确定和发展，如二环以内区域发展为核心商贸旅游区，东南部发展为曲江旅游度假区，南部设为科教文化区，西南部发展为高新技术产业区等，都对新闻出版业单位的分布和演化产生了一定影响。

本章小结

本章首先论述了新闻出版业的内涵及分类，从国外和国内两方面对新闻出版业的研究情况进行了综述，并从区位环境、社会文化环境、产业环境、智力环境、政策环境五个方面阐述了西安市新闻出版业发展的环境，指出了西安市新闻出版业发展的支撑条件，对西安市新闻出版业发展的现状进行了总结。

然后通过静态总结与动态分析相结合的方法，对研究单元（西安市绕城高速以内区域）2001年、2005年和2010年新闻出版业在不同尺度上的空间分布分别进行了研究。

在市级尺度下，通过运用区域基尼系数和洛伦兹曲线，得出新闻出版企业主要分布在二环以内，呈现南密北疏的格局，且分布较均匀，并随着时间变化，集中程度逐渐降低，最终演变成新城区、莲湖区、碑林区和雁塔区"四足鼎立"的局面。

在区县级尺度下，将西安市划分为十个文化区，运用基于距离测算产业集中指数的方法，划分了不同年份新闻出版业发展的核心区、潜力发展区和产业分散区。在2001年、2005年和2010年三年内，核心区始终是城墙区、碑林区和雁塔区，且随着政府对文化产业发展的政策支持，核心区产业集中指数有上升趋势；潜力发展区数量有所增加，且受区域职能、交通区位和产业政策影响，新城区、莲湖区、未央区和高新区的集中指数呈现逐渐增长态势；分散区的数量有所下降，截至2010年分散区包括曲江新区、灞桥区和经开区，但三区的地理集中指数趋势分异明显，前者由于区域文化氛围浓厚和消费市场旺盛，集中指数有上升趋势，后两区则由于远离消费市场和区内企业与文化产业相关性小，集中指数呈下降态势。

以西安市绕城高速内40个街区为单位，通过探索性空间数据分析方法，研究了各街区新闻出版业空间分布的关联性，并划分了热点区域和冷点区域。从各街道区域产业分布的空间关联性看，少数表现为高高集聚，即企业数量多的区域空间上集聚，而多数表现为低低集聚，即企业数量少的区域空间集聚，说明各区域企业的空间分布不均衡，且分异的趋势仍在加强；从热点区域和冷点区域的演化过程来看，近十年来，西安市各街区新闻出版业分布总体格局是以内城为中心呈现圈层结构，热点区域数量有所增加，并向城南聚集，但总体格局保持相对稳定，集中在城市中心地带，而随着西安市文化产业发展规划的实施，使边缘区域演变成冷点区域。本研究对于新闻出版产业的发展和空间布局，优化城市功能结构，城市规划与建设具有一定的参考价值。

最后依据区位理论和文化产业的相关理论，结合国内外文化产业区位因素研究成果，归纳了影响西安市新闻出版业空间分布及演化的驱动力因素即市场因素、产业关联因素、科研院校推动因素、政策因素四个方面。

需要指出的是，本章对企业类别的选取中只考虑了传统意义上的新闻出版业，随着数字化的发展，数字出版和互联网在出版领域的应用使西安市新闻出版业的发展呈现出新的特点，由于数据获取的有限性，并未将此纳入研究范围，有待进一步深化。

参考文献

[1] 和田洋一编著《新闻学概论》，吴文莉译，中国新闻出版社，1985。

［2］John V. , Pavlik, *Journalism and New Media.* Columbia University Press, 1987.

［3］Datus C. , Smith A. , *Guide to Book Publishing*, *Revised edition* (*Reprinted by Permission*), University of Washington Press, 1989.

［4］陈金川、李旭：《21世纪中国出版业战略性前瞻》，《中国出版》2000年第1期。

［5］冯志杰、高锡瑞、白德美：《科学发展视域下出版企业竞争力构建》，《出版科学》2010年第19（4）期。

［6］李明杰：《从产业竞争结构看中国出版产业发展的方向》，《出版发行研究》2002年第3期。

［7］周蔚华：《出版企业核心竞争力分析》，《编辑之友》2003年第1期。

［8］王关义：《中国出版业战略转型及产业素质升级的思考》，《中国出版》2010年第18期。

［9］朱静雯：《中国出版业集团化过程中的问题与障碍》，《编辑学刊》2001年第5期。

［10］周蔚华：《我国图书出版产业的集中度和规模经济分析》，《中国出版》2002年第10期。

［11］封延阳：《影响我国图书出版产业市场集中度的主要因素》，《中国出版》2002年第9期。

［12］王琴琴：《城市内部的出版业空间布局研究》，《华中师范大学研究生学报》2006年第13（3）期。

［13］吴明华：《中外出版产业集中度分析》，《出版发行研究》2002年第9期。

［14］周道：《中国出版产业空间发展模式研究》，广西大学硕士学位论文，2008。

［15］王洁：《我国创意产业空间分布的现状研究》，《财贸研究》2007年第3期。

［16］王秋林：《出版业地理性聚集考察——以上海出版业为例》，《编辑学刊》2008年第1期。

［17］周尚意、姜苗苗、吴莉萍：《北京城区文化产业空间分布特征分析》，《北京师范大学学报》（社会科学版）2006年第6期。

［18］朱河图：《中国出版业转型及其城市区域空间格局演变的研究》，华东师范大学硕士学位论文，2006。

［19］何长文：《新闻学》，大连理工大学出版社，2008。

［20］中共西安市委宣传部、西安市统计局：《西安文化产业统计概览》，2010。

［21］西安市文化体制改革和文化产业发展领导小组办公室、西安市社会科学院、西安市文化产业发展研究会：《西安文化产业发展报告》，西安出版社，2011。

［22］薛东前、刘虹、马蓓蓓：《西安市文化产业空间分布特征》，《地理科学》2011年第31（7）期。

［23］贺灿飞、潘峰华：《产业地理集中、产业集聚与产业集群：测量与辨识》，《地理科学进展》2007年第26（2）期。

［24］袁丰、魏也华：《苏州市区信息通讯企业空间集聚与新企业选址》，《地理学报》

2010 年第 65（2）期。

［25］Scott A. J.，Cultural-products industries and urban economic development：Prospects for growth and market contestation in global context. *Urban Affairs Review*，2004，39（4）.

［26］Fujii T. and Hartshorn R. P.，The changing metropolitan structure of Atlanta，GA：Locations of functions and regional structure in a multinucleated urban area. *Urban Geography*，1995，16（1）.

［27］马荣华、黄杏元、朱传耿：《从 GIS 数据库中发现知识》，《遥感学报》2002 年第 6（2）期。

［28］刘慧：《区域差异测度方法与评价》，《地理研究》2006 年第 4 期。

［29］蒲英霞、葛莹、马荣华：《基于 ESDA 的区域经济空间差异分析》，《地理研究》2005 年第 24（6）期。

［30］靳诚、陆玉麒：《基于县域单元的江苏省经济空间格局演化》，《地理学报》2009 年第 64（6）期。

［31］胡惠林：《区域文化产业战略与空间布局原则》，《云南大学学报》（社会科学版）2005 年第 5 期。

［32］王伟年、张平宇：《城市文化产业园区建设的区位因素分析》，《人文地理》2006 年第 1 期。

第十章
西安市文化娱乐业的时空集散

　　文化娱乐业是指具有文化意义的、向消费者提供精神娱乐产品或服务的行业。具体来说，文化娱乐业是以大众娱乐消费需求为市场，将具有娱乐属性的图形、文字、音符、旋律等文化符号，通过现代科技手段和流通服务平台转化为各类文化娱乐产品和服务的行业总称[1]。随着社会经济的发展和物质生活水平的提高，我国城镇居民家庭恩格尔系数由 1990 年的 54.2% 下降到 2011 年的 36.3%。同时，文化娱乐消费在居民生活消费中所占的比重持续升高，文化娱乐业成为促进城市经济快速增长和产业结构升级的新引擎。20 世纪 90 年代中后期以来，文化娱乐业也成为学界的热门研究领域[2]。目前关于文化娱乐业的研究主要集中在经济学、社会学等学科领域，成果涉及概念界定、产业特性、发展历程与特征、产业功能与效应及其国际比较等方面[3]。当前地理学对城市产业的研究多集中在传统产业领域，基于空间的视角来研究文化娱乐业这类城市新兴产业的格局特征、规律、演变及发生机理等方面的成果相对较少[4-6]。西安市是世界著名古都和历史文化名城，西北地区社会经济最发达的城市，文化资源规模大、品级高、类型丰富。在国家大力促进文化产业发展的政策背景下，西安市的文化产业迅速发展，已成为我国重要的文化产业集聚城市之一[7]。因此，本章基于地理学的空间视角，以西安市文化产业的主要组成部分之一，即文化娱乐业为研究对象，采用矢量数据符号法、探索性空间数据分析法（ESDA）和 Kriging 空间插值法等 3 种方法对 2011 年西安市文化娱乐业的规模等级、集聚程度、热点区域及模式等空间格局特征展开研究。本章的研究结论将有利于从空间的视角来探讨城市新兴产业的区位规律和布局偏好，在实践中将为城市文化娱乐业的合理布局和规划提供参考。

第一节　文化娱乐场所的数量等级分布

一　西安市文化娱乐业的发展现状

随着西安市社会经济的快速发展，人民生活水平的提高以及居民娱乐休闲观念的改善，越来越多的居民参与到娱乐休闲消费活动中。近年来，西安市文化娱乐场所个数和室内占地面积呈现阶段性增长，文化娱乐业的产业增加值在文化产业的比重持续升高，2006～2011年，西安市居民文化娱乐年均消费由1700元增长到近3000元（见图10－1）。

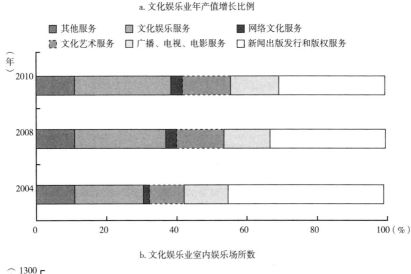

a. 文化娱乐业年产值增长比例

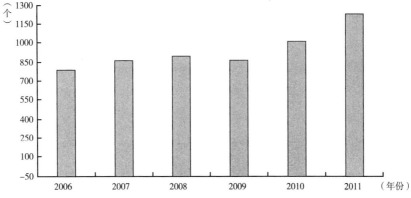

b. 文化娱乐业室内娱乐场所数

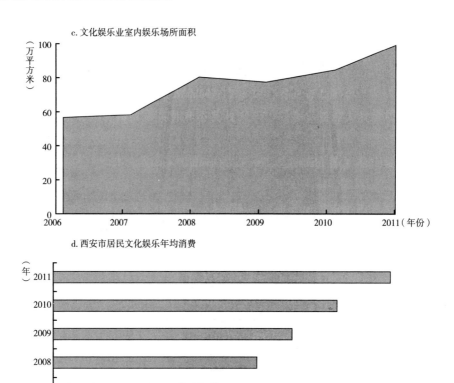

c. 文化娱乐业室内娱乐场所面积

d. 西安市居民文化娱乐年均消费

图 10-1　西安市文化娱乐业的发展（2006～2011 年）

二　数据来源与研究方法

1. 研究区域

　　鉴于文化娱乐业主要集中分布在城市交通干道和商业街区的道路两侧的布局特点，本章将研究范围界定在西安市绕城高速以内的主城区，并以主要交通干线组成的道路网格为基本空间单元展开研究。西安市城市道路继承了唐长安城的棋盘格式道路风格，经过不断发展，逐步形成了"两轴、三环、八辐射"的城市米字型道路主骨架[6]。2011 年西安市绕城高速公路以内的主城区共有主干道 72 条，次干道 48 条，共形成道路格网 135 个，本章以阿拉伯数字 1～135 由南向北对道路格网进行命名（见图 10-2）。

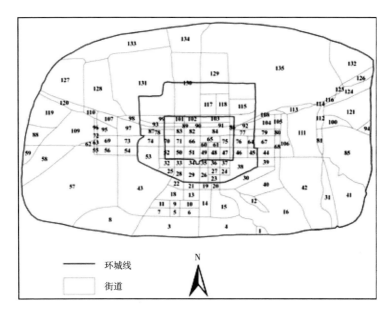

图 10 – 2　研究区域与道路格网划分

2. 数据获取

在对国内外文化产业的概念和分类进行比较研究的基础上，以国家统计局颁布的《文化及相关产业分类》（2012 年）为依据，结合西安市的实际情况，将文化娱乐产业划分为 8 类（电影院歌剧院、歌舞厅、酒吧、咖啡吧、茶吧、网吧、休闲健身场所、公园游乐园）。数据获取的具体方法为：依据西安黄页、西安文化产业单位名录等资料，通过电子地图获得西安市文化娱乐场所的空间点数据，并通过实地调研补充相关数据。结果显示，2011 年西安市文化娱乐场所共 1256 个，其中饮品休闲吧（酒吧、咖啡吧、茶吧）和歌舞厅所占比重较高（见表 10 – 1）。

表 10 – 1　西安市文化娱乐场所的数量与结构（2011 年）

文化娱乐场所	合计	酒吧、咖啡吧、茶吧	休闲健身场所	歌舞厅	网吧	电影院歌剧院	公园游乐园
场所数量（个）	1256	488	278	255	120	58	57
比例（%）	100	38.9	22.1	20.3	9.6	4.6	4.5

3. 研究方法

地理信息的矢量数据符号化是指将点状、线状或面状要素，根据要素的属性特征采取单一符号、分类符号、分级符号、分组色彩、比率符号、组合符号和统计图形等多种表示方法实现数据的符号化，以编制各种专题地图的方法[8-9]。本章节借助 ARCGIS 软件，将文化娱乐业的空间分布进行可视化表达，以分析其在各个道路格网的规模等级分布特征。

三 文化娱乐业场所的数量等级分布

通过 ARCGIS 软件统计出每个道路格网分布的文化娱乐场所数量，依据类型将文化娱乐场所的布局数量划分为四个等级，由多到少分别为第一、第二、第三和第四等级道路格网。

1. 文化娱乐业总体的数量等级分布

西安市文化娱乐业场所数量第一等级道路格网数为 4 个，所占比例为 3.1%；第二等级道路格网数为 12 个，所占比例为 9.2%；第三等级道路格网数为 42 个，所占比例为 32.1%：第四等级道路格网数为 73 个，所占比例为 55.7%（见表 10－2）。

表 10－2　西安市文化娱乐场所的数量等级分布（2011 年）

指标	场所数量范围	道路格网数量	比例(%)	道路格网分布位置
第一等级	27～55	4	3.1	14、15、43、49
第二等级	15～26	12	9.2	13、26、38、47、50、51、53、61、73、84、129、135
第三等级	6～14	42	32.1	—
第四等级	0～5	73	55.7	—

基于矢量数据符号法的研究结果表明，道路格网下的西安市文化娱乐业的整体空间特征为"南密北疏，西密东疏，内密外疏"，文化娱乐场所在空间上主要集聚在以钟楼为圆心，以钟楼至曲江新区的直线距离（约 7公里）为半径的圈层内的东北－西南方向、东南方向、正南和正西方向（图 10－3）。

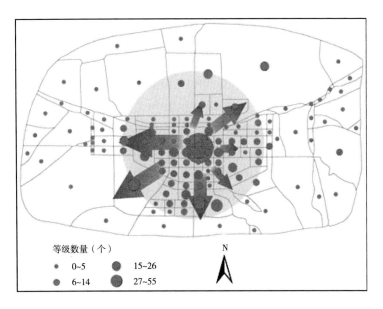

图 10 – 3　西安市文化娱乐场所的空间分布

2. 电影院歌剧院的数量等级分布

电影院歌剧院的第一数量等级道路格网数为 1 个，所占比例为 0.8%；第二等级道路格网数为 4 个，所占比例为 3.1%；第三等级道路格网数为 26 个，所占比例为 19.8%；第四等级道路格网数为 100 个，所占比例为 76.3%（见表 10 – 3）。

表 10 – 3　西安市电影院歌剧院的数量等级分布（2011 年）

指标	场所数量范围	道路格网数量	比例(%)
第一等级	6 ~ 7	1	0.8
第二等级	3 ~ 5	4	3.1
第三等级	1 ~ 2	26	19.8
第四等级	0	100	76.3

电影院歌剧院具有以下分布特征：一是电影院歌剧院密集区主要位于南、北大街和柏树林、南新街、新民街之间，其中钟楼东侧 65 号道路格网是电影院最多的道路格网。二是电影院歌剧院围绕密集区向外围逐渐扩散，形成了外围层，围绕二环路外围形成环状分布。43 号道路格网位于高新区高新路和科

技路十字交叉处；19、20号道路格网位于南二环。14、15号道路格网位于小寨路、纬一街、雁塔南路之间。16号道路格网以大唐芙蓉园为中心，位于雁塔路和曲江路之间；85号道路格网位于灞桥区纺织城，分布有2个电影院（见图10－4）。

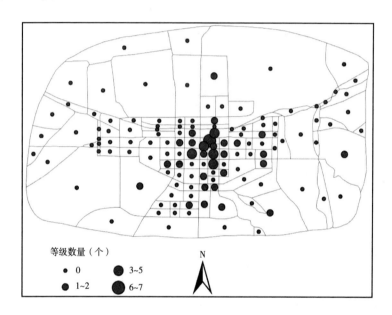

图 10 － 4　西安市电影院歌剧院的空间分布

3. 歌舞厅的数量等级分布

歌舞厅的第一数量等级道路格网数为8个，所占比例为6.1%；第二等级道路格网数为19个，所占比例为14.5%；第三等级道路格网数为28个，所占比例为21.4%；第四等级道路格网数为76个，所占比例为58%（表10－4）。

表 10 － 4　西安市歌舞厅的数量等级分布（2011 年）

指标	场所数量范围	道路格网数量	比例(%)
第一等级	8 ~ 11	8	6.1
第二等级	4 ~ 7	19	14.5
第三等级	2 ~ 3	28	21.4
第四等级	0 ~ 1	76	58

歌舞厅具有以下分布特征：一是歌舞厅密集区以钟楼为中心，沿着东大街、西大街为轴线向两侧延伸，东至幸福中路，西至汉城南路，形成东西带状分布。带状分布区由 97、73、74、70、53、51、49、60、65、36、47、76、64、44、68 号街区组成。二是在带状分布区的南北两侧分布着三处团簇式次密集区。团簇区一由 48 号道路格网组成，以高新路和科技路十字交叉为中心。团簇区二是由 21、13、14、9 号道路格网面组成，以长安中路和小寨路十字交叉为中心。团簇区三是由 115、119、129、135 号街区组成，以太华南路和北二环交叉十字为中心（图 10－5）。

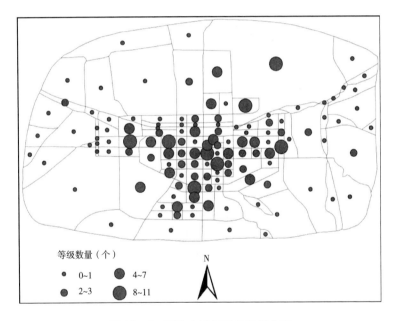

图 10－5　西安市歌舞厅的空间分布

4. 休闲饮品类文化娱乐场所的数量等级分布

（1）酒吧类

酒吧类文化娱乐场所的第一数量等级道路格网数为 1 个，所占比例为 0.8%；第二等级道路格网数为 2 个，所占比例为 1.5%；第三等级道路格网数为 13 个，所占比例为 9.9%；第四等级道路格网数为 115 个，所占比例为 87.8%（表 10－5）。

表 10 – 5　西安市酒吧的数量等级分布（2011 年）

指标	场所数量范围	道路格网数量	比例（%）
第一等级	23~35	1	0.8
第二等级	12~22	2	1.5
第三等级	2~11	13	9.9
第四等级	0~1	115	87.8

　　酒吧的空间分布特征如下：一是酒吧集中分布在两个密集区，密集区一是由 47、48、49、50、51 号街区组成，这些街区位于东西大街和环城南路之间，49 号道路格网位于德福巷，是全市酒吧数量最多的道路格网；密集区二由 14、15 号道路格网组成，位于曲江新区，酒吧分布主要集中在雁塔北广场和纬一街。二是 43 号道路格网，酒吧的发展刚刚开始，处于发展初期。三是西安市 87.8% 的道路格网都没有酒吧分布（图 10 – 6）。

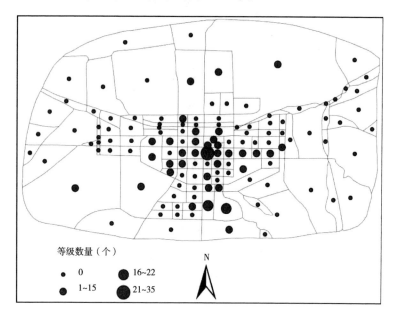

图 10 – 6　西安市酒吧的空间分布

（2）咖啡吧类

咖啡吧类文化娱乐场所的第一数量等级道路格网数为 2 个，所占比例为 1.5%；第二等级道路格网数为 5 个，所占比例为 3.8%；第三等级道路格网数为 21 个，所占比例为 16%；第四等级道路格网数为 103 个，所占比例为 78.6%（表 10 - 6）。

表 10 - 6　西安市咖啡吧的数量等级分布（2011 年）

指标	场所数量范围	道路格网数量	比例(%)
第一等级	8 ~ 23	2	1.5
第二等级	5 ~ 7	5	3.8
第三等级	2 - 4	21	16.0
第四等级	0 ~ 1	103	78.6

咖啡吧的空间分布特征如下：①两个第一等级道路格网是 51、43 号，51 号道路格网位于南大街西侧，43 号道路格网位于高新区；②第二等级道路格网分布在土门附近、雁塔西路和小寨西路之间、纬一街和雁南一路所在道路格网；③咖啡吧集中在以 51 号道路格网为中心，围绕 74、53、43、18、13、15 号道路格网在西南二环所组成的半环状（图 10 - 7）。

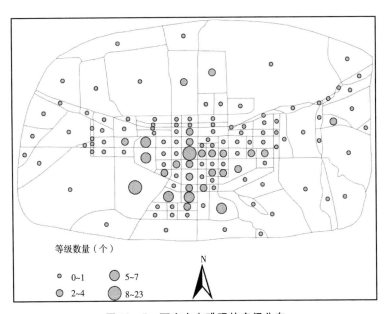

图 10 - 7　西安市咖啡吧的空间分布

（3）茶吧类

茶吧类文化娱乐场所第一数量等级道路格网数为 2 个，所占比例为

1.5%；第二等级道路格网数为 5 个，所占比例为 3.8%；第三等级道路格网数为 24 个，所占比例为 18.3%；第四等级道路格网数为 100 个，所占比例为 76.3%（表 10 - 7）。

表 10 - 7　西安市茶吧的数量等级分布（2011 年）

指标	场所数量范围	道路格网数量	比例(%)
第一等级	8 ~ 12	2	1.5
第二等级	4 ~ 7	5	3.8
第三等级	2 ~ 3	24	18.3
第四等级	0 ~ 1	100	76.3

茶吧的空间分布特征如下：①第一等级道路格网由 43、51、53 号道路格网组成，43 号道路格网位于高新区科技路和高新路十字交叉路口，51 号道路格网位于丰庆路、太白路和南二环之间，51 号道路格网位于南大街西侧；②第二等级道路格网分布以 51 号道路格网为中心向四周辐射；③茶吧类整体上呈现相对均匀的分散式布局，在南、北大街所在道路西侧的道路格网呈现条状发展趋势，且此条带状有向南北衍生的趋势（图 10 - 8）。

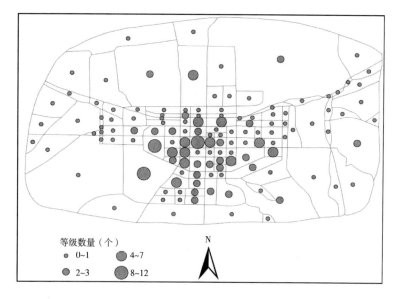

图 10 - 8　西安市茶吧的空间分布

5. 网吧类文化娱乐场所的数量等级分布

网吧类文化娱乐场所第一数量等级道路格网数为 4 个，所占比例为 3.1%；第二等级道路格网数为 4 个，所占比例为 3.1%；第三等级道路格网数为 14 个，所占比例为 10.7%；第四等级道路格网数为 109 个，所占比例为 83.2%（表 10 - 8）。

表 10 - 8　西安市网吧的数量等级分布（2011 年）

指标	场所数量范围	道路格网数量	比例
第一等级	7 ~ 10	4	3.1
第二等级	4 ~ 6	4	3.1
第三等级	2 ~ 3	14	10.7
第四等级	0 ~ 1	109	83.2

网吧的空间分布特征如下：①第一、第二等级道路格网占比重较小；②第一、第二等级道路格网围绕二环呈环状分布，且二环附近东西南北四个方向上形成了各自为中心的集中分布；③第四等级道路格网比重较大，一环内和靠近绕城高速的道路格网网吧分布寥寥无几（图 10 - 9）。

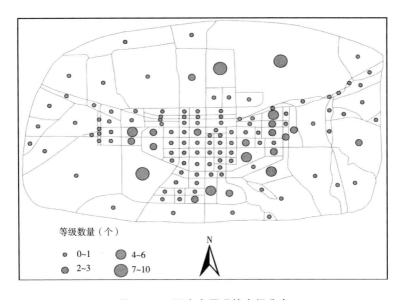

图 10 - 9　西安市网吧的空间分布

6. 健身类文化娱乐场所的数量等级分布

健身类文化娱乐场所第一数量等级道路格网数为 1 个，所占比例为 0.8%；第二等级道路格网数为 6 个，所占比例为 4.6%；第三等级道路格网数为 30 个，所占比例为 22.9%；第四等级道路格网数为 94 个，所占比例为 71.8%（表 10 - 9）。

表 10 - 9　西安市健身场所的数量等级分布（2011 年）

指标	场所数量范围	道路格网数量	比例(%)
第一等级	15 ~ 31	1	0.8
第二等级	8 ~ 14	6	4.6
第三等级	2 ~ 7	30	22.9
第四等级	0 ~ 1	94	71.8

健身场所的空间分布特征如下：①第一等级道路格网由 43 号道路格网组成，43 号道路格网以高新路和科技路交叉十字为中心；②健身场所一、二等级道路格网主要集中在南二环，整体上呈现较为均匀的分散式分布；③南、北大街，长安路组成的南北方向线路东西两侧的道路格网健身场所分布较为密集（图 10 - 10）。

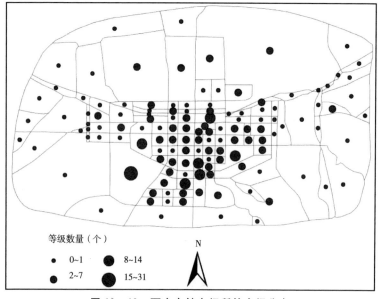

图 10 - 10　西安市健身场所的空间分布

7. 公园/游乐园类文化娱乐场所的数量等级分布

公园/游乐园类文化娱乐场所第一数量等级道路格网数为 1 个，所占比例为 0.8%；第二等级道路格网数为 2 个，所占比例为 1.5%；第三等级道路格网数为 36 个，所占比例为 27.1%；第四等级道路格网数为 94 个，所占比例为 70.7%（表 10-10）。

表 10-10　西安市公园/游乐园的数量等级分布（2011 年）

指标	场所数量范围	道路格网数量	比例(%)
第一等级	6~7	1	0.8
第二等级	3~5	2	1.5
第三等级	1~2	36	27.1
第四等级	0-0	94	70.7

公园/游乐园的空间分布呈现整体均衡式均匀分布。其中第一等级道路格网位于曲江新区，第二等级道路格网位于高新区和小寨什字，第三等级道路格网镶嵌式分布在全市（图 10-11）。

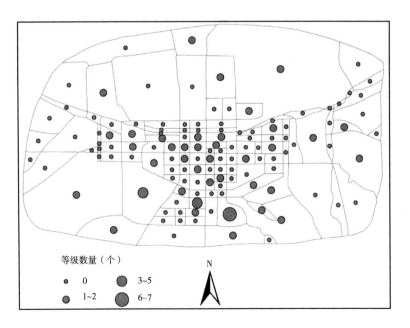

图 10-11　西安市公园/游乐园的空间分布

西安市各类文化娱乐场所的数量分布的研究表明，各类文化娱乐场所均大致符合"南密北疏，西密东疏，内密外疏"的整体布局特征，但是又各自具有一定的特异性，如歌舞厅、网吧这类文化附加值较低的文化娱乐场所在空间上的分布比较均匀；健身场所和公园游乐园这类休闲属性突出的文化娱乐场所在空间上呈现出相对均匀，但偏好于社会经济发展较为成熟、人口密度较高的城南方向的特点；电影院、酒吧、咖啡吧、茶吧等对环境要求较高的文化休闲类娱乐场所，在空间上表现出明显的向城市中心区和城南方向集聚的偏好特征。

第二节　基于 ESDA 的文化娱乐业时空集散研究

本章借助空间分析软件 GeoDa，采用 ESDA 中的空间自相关数据分析法（Spatial autocorrelation）和地统计中的克里格（Kriging）空间插值法探讨西安市文化娱乐业在空间上的集聚与离散特征[10]。

一　探索性空间数据分析法（ESDA）

根据 Tobler（1970）提出的"地理学第一定律"，空间上分布的事物之间都是相互关联的，但距离近的事物之间的相似性要大于距离较远事物之间的相似性[27][28]。空间自相关（Spatial Autocorrelation）[8]是检验某一要素的属性值是否与其相邻空间上的属性值显著关联的重要指标。

1. 空间权重矩阵

空间权重矩阵（Spatial Weight Matrix）[9]通常定义一个二维对称空间权重矩阵，来表达个位置的空间区域的邻接关系，其形式如下：

$$W = \begin{bmatrix} w_{11} & \cdots & w_{1n} \\ \vdots & \ddots & \vdots \\ w_{n1} & \cdots & w_{nn} \end{bmatrix}$$

式中:n 表示空间单元个数,i,j 均为空间单元编号,W_{ij} 表示区域 i 与 j 的邻近关系。

空间权重矩阵，按定义方法有基于邻接规则的权重矩阵（Contiguity Weight）和基于距离规则的权重矩阵（Distance weight）两种形式。邻接规则矩阵是基于空间单元间的二进制邻接性思想进行的[9]，空间邻接性由 0 和 1 两个值表达。如果两个空间单元间有非零长度的公共边界，就认为二者是相邻的，矩阵中相应元素赋值为 1，否则为 0。元素定义形式如下：

$$W(i, j) = \begin{cases} 1 & \text{当区域 i 和 j 相邻} \\ 0 & \text{当区域 i 和 j 不相邻} \end{cases}$$

2. 全局空间测度自相关

全局空间自相关（Global Spatial Autocorrelation）[10] 是对属性在整个区域空间特征的描述，反映空间邻接或空间邻近区域单元观测值的相似程度，以此判定某种现象在空间上是否存在集聚。Moran's I 指数是常用的空间自相关测度指标，计算公式如下：

$$I = \frac{N}{S_n} \frac{\sum_{i-1}^{N} \sum_{j-1}^{N} W(i, j)(X_i - \overline{X})(X_j - \overline{X})^2}{\sum_{i=1}^{n} (X_i - \overline{X})_i^2}$$

式中：N 表示研究对象的数目，X_i、X_j 为位置 i 和位置 j 的属性值，$\overline{X}$ 为 X_i 的均值，$W(i, j)$ 为研究对象 i, j 之间的空间权重矩阵，其中 $W(i, j) = 0$。一般采用 $Moran's I$ 标准化统计量 z 检验区域之间是否存在空间自相关关系，在给定显著性水平下，$Moran's I$ 大于零表示存在空间正相关，小于零为负相关，等于零则表示不存在空间相关性，空间单元观测值呈随机分布。全局空间自相关分析在整体上揭示了事物的空间依赖程度，却忽略了可能存在的局部不平稳，因此需要引入局部空间自相关方法。Z 的计算公式为：

$$I_{(z)} = \frac{I - E(I)}{S(I)}, \text{式中 } S(I) = \sqrt{VAR(I)}$$

3. 局域空间测度自相关

空间联系的局部指标（Local indicators of spatial association，缩写为 LISA）可以反映地理事物属性在空间上的局部相关特征。根据 Anselin 的定义，LISA 分析满足下列两个条件：第一，每个区域单元的 LISA，是描述区域单元周围显著的相似值与区域单元之间空间集聚程度的指标；第二，所有区域单元的 LISA 总和与全局空间关联指标成比例。LISA 中包括局部 Moran 指数（Local Moran）和局部 Geary 指数（Local Geary），下面重点介绍局部 Moran 指数。在空间位置 i 上，局部 Moran 指数 I_i 被定义为：

$$I_i = \frac{n(x_i - \bar{x}) \sum_j w_{ij}(x_j - \bar{x})}{\sum_i (x_i - \bar{x})^2}$$

局部 Moran'sI_i 的取值范围并不限于 $-1 \sim 1$ 区间，与数据有很大关系。对 Local Moran'sI_i 进行检验的统计量为：

$$Zi = \frac{I_i - E(I_i)}{\sqrt{VAR(I_i)}}$$

在一定显著性水平下：①若 I_i 显著为正且 Zi 大于 0，则表明位置 i 和周围邻居的观测值都相对较高，属于高高集聚；②若 I_i 显著为正且 Zi 小于 O，则表明位置 i 和周围邻居的观测值都相对较低，属低低集聚；③若 I_i 显著为负且 Zi 大于 0，则表明周围邻居观测值远低于位置 i 上的观测值，属高低集聚；④若 I_i 显著为负且 Zi 小于 0，则表明周围邻观测值远高于位置 i 上的观测值，属低高集聚。LISA 分析可以用可视化的 Moran 散点图来表示。Moran 散点中以变量在不同位置的观测值 Z 为横坐标，以该变量的空间滞后因子 W_i 为纵坐标。它分四个象限，表示了四种不同的关联形式：第一象限（High-High）表示高观测值的区域单元被同是高值的区域所包围；第二象限（Low-High）代表了低观测值的区域单元被高值的区域所包围；第三象限（Low-Low）代表了低观测值的区域单元被同是低值的区域所包围；第四象限（High-Low）代表了高观测值的区域单元被低值的区域所包围。

二 基于 ESDA 的文化娱乐业时空集散特征

1. 全局空间自相关性分析

利用空间分析软件 GeoDA，采用 Rook 邻接规则定义的权重矩阵，通过 999 次随机检验，伪显著水平达到 5%（P≤0.05）时，文化娱乐业场所数量及其文化娱乐业亚类场所数量的全局自相关 Moran's I 指数值见表 10 - 11[13]。

表 10 - 11　不同类型娱乐场所 Moran's I 指数值（2011 年）

影剧院	歌舞厅	酒吧	咖啡吧	茶吧	网吧	健身场所	公园游乐园	影歌厅	饮品吧	文化娱乐业
0.2705	0.1314	0.1030	0.1049	0.2271	0.0247	0.1255	0.0153	0.2137	0.1789	0.1626

结果表明，道路格网的文化娱乐场所数量 Moran's I 统计值显示其存在比较明显的正空间自相关，表明文化娱乐场所数量较多的道路格网倾向于在空间上相邻，反映了文化娱乐业场所的空间集中分布特征。

不同类型的文化娱乐场所的数量分布具有不同程度的空间自相关性，其中电影院剧院和茶吧分布空间自相关性最强。网吧和公园游乐园的场所数量分布空间自相关性较弱。总体来说，西安市文化娱乐场所数量分布有较强的空间自相关性，文化娱乐场所各种类型在空间上相互依赖、聚集。

2. Moran 散点图

由于 Moran's I 系数是一种总体统计指标，指某一道路格网和其周边道路格网分布文化娱乐场所空间差异的平均程度，这在一定程度上掩盖了某些道路格网文化娱乐场所分布的局部空间特性，不能全面反映道路格网内部文化娱乐场所的发展特征及其空间关系[14]。因此需要借助 Moran 散点图进一步分析西安市文化娱乐业场所分布的局部空间特性。

如图（图 10 - 12）所示，图中 4 个象限按其性质可分为"高 - 高"（第一象限）——表示道路格网自身和周边道路格网的文化娱乐场所的数量较多；"低 - 高"（第二象限）——表示道路格网自身文化娱乐场所数量较少而周边道路格网文化娱乐场所数量较多；"低 - 低"（第三象限）——表示道路格网自身和周边道路格网文化娱乐场所数量较少；"高 - 低"（第四象限）——表示道路格网自身文化娱乐场所数量较多而周边道路格网的文化娱乐场所的数量较少。第一、三象限为正的空间自相关即均质性突出，第二、四象限为负的空间自相关即异质性突出[15]。

根据阈值距离权重，得出文化娱乐业八大类型的 Moran's I 散点图，Moran's I 散点图（图 10 - 12）特征分析如下。

一是西安市八大类型文化娱乐场所的 Moran 散点图第一象限的散点均较多，表明各亚类文化娱乐场所在分布较多的道路格网之间是相邻的，有"高 - 高"集中分布的区域存在。

二是西安市八大类型文化娱乐场所的 Moran 散点图第二象限分布散点均较第一象限少。表明在文化娱乐场所分布较少的道路格网周围与分布较多的道路格网周围存在一定空间临近性。虽然这种临近性的表现较高类型区集中性较

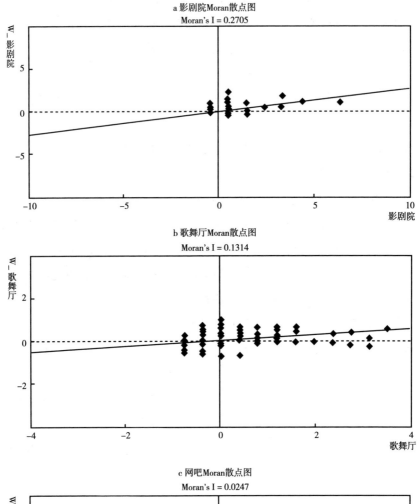

a 影剧院Moran散点图
Moran's I = 0.2705

b 歌舞厅Moran散点图
Moran's I = 0.1314

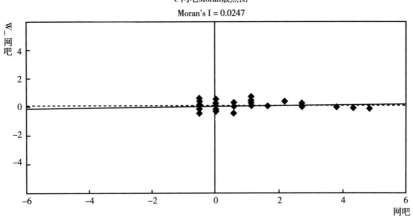

c 网吧Moran散点图
Moran's I = 0.0247

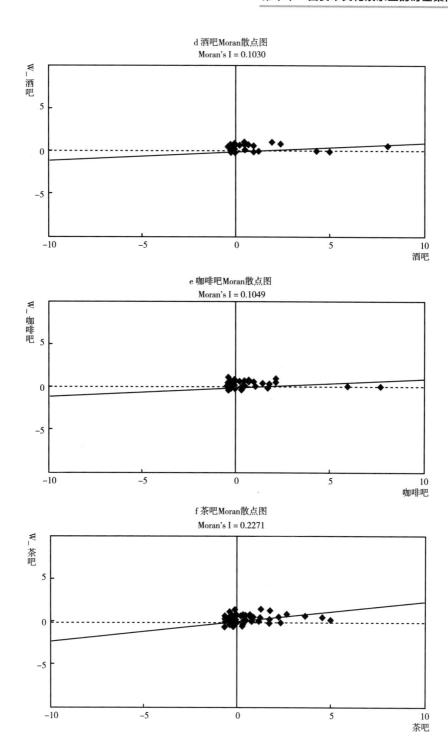

d 酒吧Moran散点图
Moran's I = 0.1030

e 咖啡吧Moran散点图
Moran's I = 0.1049

f 茶吧Moran散点图
Moran's I = 0.2271

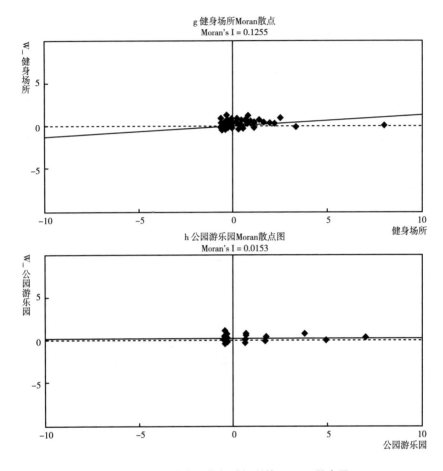

图 10 - 12　西安市文化娱乐场所的 Moran 散点图

差，但是这种临近性的可能性较"高 - 低"类型的可能性较大。

三是西安市八大类型文化娱乐场所的 Moran 散点图第三象限分布散点均较第一象限少。表明在文化娱乐场所分布较少道路格网周围与其临近的道路格网，通常分布文化娱乐场所的道路格网较少，"低 - 低"类型形成了一定集中区域。

四是西安市八大类型文化娱乐场所的 Moran 散点图集中表现为位于第四象限的低—低类型区的散点均很少，甚至没有散点分布，说明文化娱乐场所分布较多的道路格网周围与分布较少的道路格网空间上的临近性很小。

其中歌舞厅的 Moran 散点图显示较好的空间集聚特征，第一象限的散点较多，表明歌舞厅分布数量较多的道路格网在空间分布较为临近；第二象限的散点较一、三象限少，表明歌舞厅分布较少的道路格网与分布较多道路格网相邻的并不多见；第三象限也存在较多的散点，表明歌舞厅分布数量较少的道路格网在空间上较为临近，且有可能存在集中分布；第四象限散点分布最少，表明歌舞厅分布较多的道路格网周围临近分布场所较少的道路格网类型区较少。

3. LISA 显著性分析

整体 LISA（图 10 – 13）分析表明：①"高 – 高"集聚区（High-High，表示格网区内本身文化娱乐场所数量较多，且相邻道路格网内文化娱乐场所也较多），集中在城市南部，属于传统的人口和城市产业集聚区，在空间上基本连续，主要由城墙内的西大街，南城墙与南二环之间的友谊路、太乙路和长安路等街道组成。②"高 – 低"集聚区（High-Low，表示格网区内本身文化娱乐场所数量较多，但相邻道路格网内文化娱乐场所较少），主要位于城市北部的经济技术开发区，是 20 世纪 90 年代中期才开发的城市新区。③"低 – 高"集聚区（Low-High，表示格网区内本身文化娱乐场所数量较少，但相邻道路格网内文化娱乐场所较多），在空间上依附在"高 – 高"类型区的周边，但尚未受到高值区的显著影响。④"低 – 低"集聚区（Low-Low，表示格网区内本身

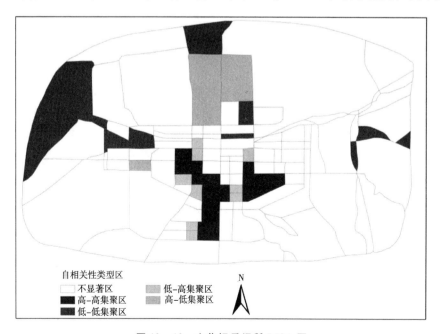

图 10 – 13　文化娱乐场所 LISA 图

文化娱乐场所数量较少，且相邻道路格网内文化娱乐场所较少），面积较大，布局较为分散，主要集聚在西北、正北和东北方向上距离城市中心区较远的城市边缘区，及城市内部的一些特殊区域，如二环外西北角的汉长安城遗址保护区等。

各类 LISA（图 10 - 14）分析表明：①"高 - 高"集聚区（High-High）主要集中在城市中心区和城市的南部，在空间上较为连续。②"低 - 低"集聚区（Low-Low）分散分布在靠近绕城高速的道路格网区，且通常面积较大。③"低 - 高"集聚区（Low-High）的分布主要依附在高高集聚区周边，比较靠近城市中心区。④"高 - 低"集聚区（High-Low）数量较少，相对于"低 - 高"集聚区在分布上更靠近外围圈层。由此可见，西安市文化娱乐场所数量较多或较少的道路格网在空间上具有较为显著的互相影响的依赖关系。

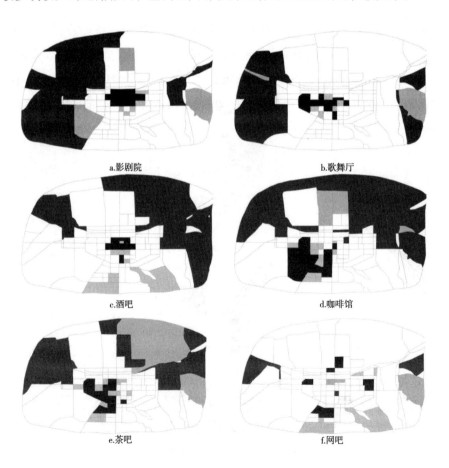

a.影剧院　　　　　　　　　　b.歌舞厅

c.酒吧　　　　　　　　　　d.咖啡馆

e.茶吧　　　　　　　　　　f.网吧

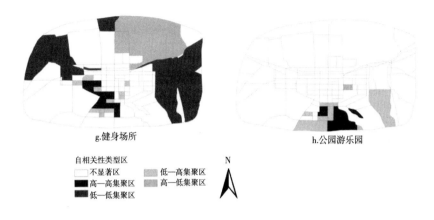

图 10 - 14　西安市各文化娱乐场所 LISA 图

通过各类文化娱乐场所的比较研究，发现个别类型的文化娱乐场所表现出显著的特殊性，如网吧这类文化附加值较低的文化娱乐场所并不适于在城市中心地区集中发展，因此均匀分布在外围地区，呈现出"高-高"集聚区分散、"低-低"集聚区面积较小的独特性；休闲属性及美学价值突出的文化娱乐场所公园游乐园广泛布局在城市各区，但又偏好于社会经济发展和人口密度都较高的城南方向，因此"低-低"集聚区不显著且其他三种类型区都集中在城市南部；酒吧这类以中青年为主流消费人群且经济效益高的文化娱乐场所带动作用明显，相邻的街道互相影响，因此"高-低"集聚区不显著。

第三节　文化娱乐业的热点区模式及影响因素分析

一　地统计分析—Kriging 空间插值法

1. 地统计分析理论应用的前提假设条件

地统计分析理论的应用应满足以下 3 个前提假设[11]。

（1）随机过程与经典统计学相同，地统计学也是在大量样本的基础上，通过分析样本间分布规律，并进行预测的。地统计学认为研究区域中的所有样本值都是随机过程的结果，即所有样本遵循一定的内在规律，而并不是相互独立的。地统计学就是要揭示这种内在规律，并进行预测。

（2）正态分布在地统计学分析中，假设大量样本是服从正态分布的。在获得数据后首先应检验数据分布，若不符合正态分布的假设，应对数据进行变换，转换成符合正态分布的形式，并且尽量选取可逆的变换形式。

（3）平稳性，包括两种平稳性：一是均值平稳，即假设均值是不变的并且与位置无关；二是二阶平稳和内蕴平稳，前者与协方差函数有关，后者与半变异函数有关。内蕴平稳假设是指具有相同距离和方向的任意两点的变异函数相同，二阶平稳假设跟内蕴平稳假设一样，只是变成了协方差，也就是说协方差只与两点的值相关而与它们的位置无关。二阶平稳和内蕴平稳都是为了获得基本重复规律而做的基本假设，通过协方差函数和变异函数可以进行预测和估计预测结果的不确定性。

2. Kriging 空间插值法

克里格（Kriging）插值，又称空间局部插值法，是以变异函数理论和结构分析为基础，利用区域化变量的原始数据和变异函数的结构特点，对未知样点进行线性无偏、最优估计的一种方法[11]。Kriging 插值时不仅考虑距离，而且通过变异函数和结构分析，考虑了已知样本点的空间分布及与未知样点的空间方位关系。通过对已知样本点赋权重来求得未知样点的值，其公式可表示为：

$$Z(x_0) = \sum_{i=1}^{n} W_i Z(x_i)$$

式中，$Z(x_0)$ 为未知样点的值，$Z(x_i)$ 为未知样点周围的已知样本点的值，w_i 为第 i 个已知样本点对未知样点的权重，n 为已知样本点的个数。如果相关分析的结果表明区域化变量存在空间相关性，则可以运用 Kriging 方法对空间未采样点（或区域）进行估计。

二 基于 Kriging 空间插值的文化娱乐业时空集散特征

1. 文化娱乐场所数量探索性数据分析

空间数据探索性分析由一系列的交互式图形来实现，利用这些图形，可以确定统计数据属性，探测数据分布、全局和局部异常值（过大值或过小值）、寻求全局的变化趋势、研究空间自相关和理解多种数据集之间的相关性。探索性数据分析能让用户更深入了解数据，认识研究对象，从而对与数据相关的问题做出更好的决策。

Kriging 空间插值方法是以数据平稳假设为基础的,其前提是数据必须服从正态分布。如果数据为正态分布,就可以直接进行空间差值,但是若数据不服从正态分布,需要先进行数据变换,使其服从正态分布之后,才可以进行地统计分析。对数据变换的方法有 Box-Cox 变换,平方根变换、对数变换和反正弦变换等。对数据结构特征的检验和分析可以通过直方图和正态 QQ-Plot 分布图来实现。

通过观察 2011 年西安市文化娱乐场所数量数据的直方图和统计特征(见表 10-12),可以发现 2011 年西安市各个道路格网文化娱乐场所数量原始数据直方图大部分集中在左侧,其偏度值是 2.6776,呈现出较为明显的正偏态。所以对 2011 年的数据做了对数变换,变换后的直方图集中一般均值附近,偏度变为 0.089047,除在 2011 年数据的最左侧存在一个较大的之外,其余直方图数据分布基本上符合了正态分布特征,且没有独立的分组,说明没有明显的异常值(图 10-15,图 10-16)。

表 10-12 西安市各个道路格网文化娱乐场所数量统计特征(2011 年)

年份	样点数	最小值	最大值	均值	标准差	偏度	峰度	1/4 分位数	中数	3/4 分位数
2011	131	0	1.959	0.67848	0.54849	0.089047	1.7419	0	0.69897	1.1461

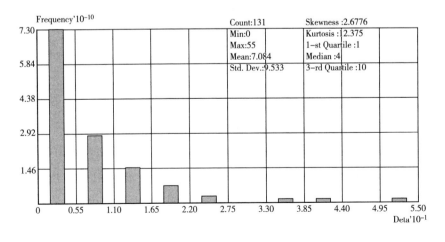

图 10-15 元数据直方图

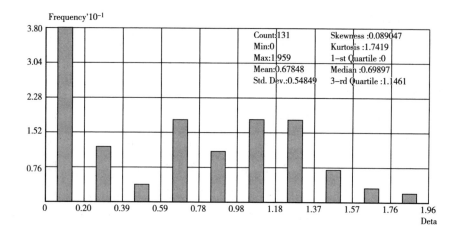

图 10 – 16　数据变换后直方图

QQ-Plot 检验：QQ-Plot 图是检验数据正态分布的另一种方法，通过 QQ 图，可以将现有数据分布和标准正态分布进行对比。QQ-Plot 图的横轴为理论的标准正态分布值，纵轴为采样点数据累积分布值。图中散点数据越接近一条直线，其越接近于服从正态分布。图 10 – 17 是 2011 年各个道路格网文化娱乐场所数量在进行对数变化前后的 QQ-Plot 图。通过对比可以发现变换后的数据分布更加接近一条直线，离直线较远的点属于异常值。

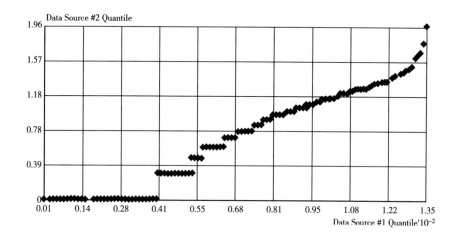

图 10 – 17　各个道路格网文化娱乐场所数量 QQ-Plot 图

2. 数据离群值的查找

数据离群值就是数据异常值，是指数据集中相对其他数据值偏大或偏小的数据点，分全局离群值和异常离群值。全局离群值是和所有的数据点做比较，局部离群值是相对于其周围较近范围的观测值而言的。离群点的出现有两种情况：一是真实存在的异常值；二是不正确的测量或记录引起。第一种情况中离群点对研究某一地理现象或问题有很重要的意义，而由第二种情况引起的离群点就需要更正或剔除。从上面的直方图检验中，就可以根据孤立的数据组识别出离群值的存在，利用 ArcGIS 地统计分析模块中的刷光工具交互找到该点。另外还可借助半变异/协方差函数云图和 Voronoi 图来识别离群值。

如果有异常高的离群值存在，它与其他样点之间无论距离远近，所形成样点对的半方差函数值都很高。在图 10－18 上，通过选定半变异/协方差函数图上部分散的点，就可以从原数据中找到离群值，可以发现这些高值都是由同一个离群点引起的。

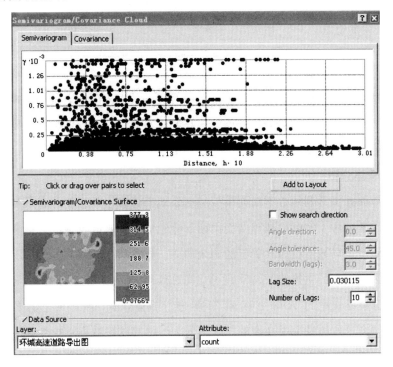

图 10－18　利用半方差函数云图识别离群值

Voronoi 图是利用聚类和熵的方法生成的，熵值是度量单元相异性的指标。
根据 Voronoi 图识别离群值，其原理是距离近的事物比距离较远的事物具有更
大的相似性，所以局部离群值就可以通过高熵值的区域识别出来，图中
Voronoi 图上选中的带网格线的区域就具有高熵值（图 10 - 19）。

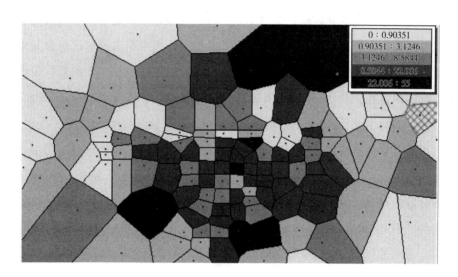

图 10 - 19　利用 Voronoi 图识别离群值

通过查找离群值，改正和剔除掉了不合理的数据。除此之外还发现在灞桥
区纺织城存在样点形成高的离群值，但是经过核查，这些点的数据都是不正确
的，说明在这个区域的确不存在文化娱乐场所数量集中的道路格网。

3. 全局分析

趋势面分析是利用数学曲面模拟地理系统要素在空间上的分布及变化趋势
的一种数学方法。实际的地理曲面由两部分组成：宏观确定性因素引起的全局
趋势面和微观局域随机因素引起的剩余曲面。样本数据的趋势分析揭示了变量
在空间区域变化的主体特征，反映了空间总体规律，忽视了局部的变异。利用
地统计分析模块中的 Trend Analysis 工具进行趋势分析，将平面上的数据点转
化到以研究要素属性值为高度的三维空间上，再将这些数据点投影到与地图平
面正交的二维平面上，就可以分析要素属性值在不同方向的变化趋势。如果有
趋势线明显且有确定的形态，就可以用相应的数学模型来拟合。

通过选取全局趋势分析，对 2011 年西安市文化娱乐场所数量空间趋势进行探测分析，最终发现 2011 年西安市各个道路格网文化娱乐场所数量分布趋势：东西方向趋势线成较明显的倒 U 形，表明西安市各个道路格网文化娱乐场所数量在东西方向上变化曲线为较复杂的二阶变化模式；南北方向二阶变化趋势微弱，各个道路格网文化娱乐场所数量由南往北呈递减趋势。所以西安市各个道路格网文化娱乐场所数量在整个区域范围内有由中心向四周逐渐递减的趋势（图 10 - 20）。

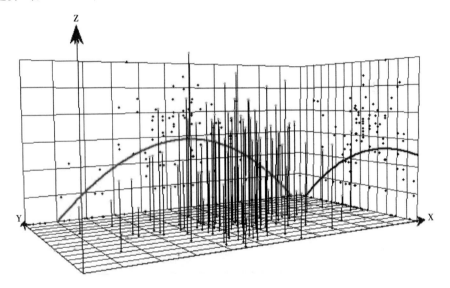

图 10 - 20　全局趋势分析

4. 基于 Kriging 空间插值法的热点区分析

（1）模型选取

根据所创建的表面是否经过所有采样点，空间插值方法分精确性插值和非精确性插值两种类型，克里格（Kriging）插值就是一种非精确性插值方法，即根据该方法创建的预测表面在样点处的预测值和样点实际值并不一定相等。使用非精确性插值的优点就是避免了在输出表面上出现太明显的波峰或波谷。克里格插值方法有普通克里格、简单克里格、协同克里格、泛克里格、概率克里格等多种类型，其中最常用的就是普通克里格。

普通克里格（Ordinary Kriging）以数据（或变换后数据）呈正态分布为前

提，假设区域化变量期望值为未知，对区域化变量进行线性估计。结合样点数据特点和研究的需要，在本章中利用了普通 Kriging 方法进行空间插值。根据地统计分析模块向导，在上文数据探索性分析和前面变异分析的基础上确定各参数，对西安市文化娱乐场所数量创建表面预测图。

对 2011 年西安市文化娱乐场所数量做了对数变换，且剔除了二阶趋势面，根据前面变异分析的结果设置半变异函数模型及参数。由于文化娱乐场所数量各向异性的存在，选中 Anisotropy 选项，Direction 设置为东西—南北方向，邻域搜索（Serching Neighborhood）中包含的邻域点为 6 个，至少包含 2 个样点。

（2）空间差值结果

图 10-21 是利用 Kriging 插值得到的 2011 年西安市文化娱乐场所空间分布图，从图中可以较清晰地看出，西安市文化娱乐场所数量就有显著的空间分异特征。西安市绕城高速公路以内文化娱乐场所有四个热点区域：分别位于钟楼、高新区、曲江新区和城北经济开发区，根据四个热点区域所处的区位不同分别将其命名为钟楼热点区、高新区热点区、曲江新区热点区和城北经济开发

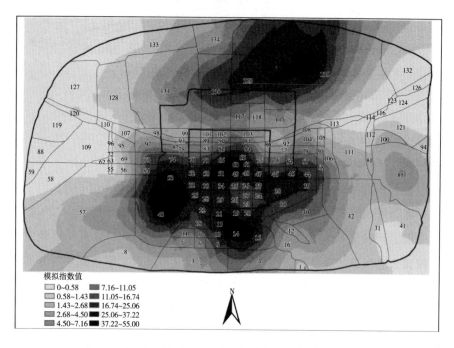

图 10-21　西安市文化娱乐场所空间分异

区热点区（图 10-22）：钟楼热点区是西安市文化娱乐场所分布最为集中的区域，分布文化娱乐场所数量最多，但是钟楼热点区所占的地域面积最小；城北经济开发区热点区是西安市文化娱乐场所分布最为分散，且分布数量最少的区域，但其热点区域面积最大；四大热点区域文化娱乐场所的数量约占研究区域总数的一半（图 10-23）。

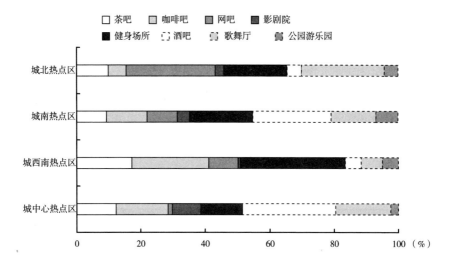

图 10-22　热点区文娱场所各种类型比例

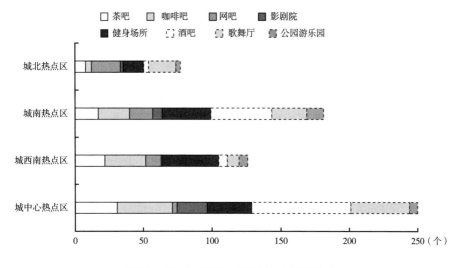

图 10-23　热点区文娱场所各个类型数量

三 文化娱乐业的热点区模式研究

综合分析西安市文化娱乐产业各热点区的区位、交通、自然生态环境、社会经济发展状况、开发历史、政策环境等软硬件条件（表10－13），可以将其归纳为四类各具特征的热点区模式。

表 10－13 四大热点区区位条件综合指数（2011 年）

	城中心热点区	城西南热点区	城南热点区	城北热点区
CBD 等级	1	3	2	4
商业繁华度	1	3	2	4
地租低价	1	2	2	2
交通便利性	1	2	2	3
公共基础设施	1	1	1	2
人文环境	1	3	2	4
生态环境	4	3	1	2
综合指数	10	17	12	21

（1）基于传统城市中心的商贸旅游型热点区——钟楼中心区热点区

文化娱乐场所数量规模最大的热点区钟楼中心区热点区位于西安市的空间中心，是西安市传统的都市商贸区、文化旅游区和现代服务业集聚地，区域面积小，流动人口规模大，交通便捷，具备形成文化娱乐产业集聚区的天然优势。当前，在该热点区内除了网吧、公园游乐园分布较少外，其他文化娱乐业业态都有较多、较集中的分布，其中茶吧、咖啡吧、酒吧和影剧院的数量在四个热点区中居于首位。

（2）基于文化产业集聚区的文教游憩型热点区——曲江新区热点区

曲江新区热点区位于西安市的南部和东南部，是由传统的城南文教区和曲江国家级文化产业示范区共同组成的黄金区域。该区域不仅具备人口密度大、商业零售业发达、文化教育机构集中、交通便捷等文化娱乐产业集聚的有利条件，更具有以大雁塔为代表的丰富历史文化资源，和以曲江园林遗址为代表的优美城市开放休闲空间。当前，该热点区内最具特色的文化娱乐产业业态为对区域文化积淀和自然环境要求较高的酒吧和公园游乐园。

（3）基于高新技术产业集聚区的科技商务型热点区——高新区热点区

高新区热点区是依托西安国家级高新技术产业开发区形成的文化产业集聚地。自 20 世纪 90 年代以来，经过 20 多年的建设，高新区成为西安市科技研发和高端商业集聚的核心区域，拥有全市最好的科技条件、最大的高端消费人群和优美的居住环境，具备了精品文化娱乐业集聚的区位条件；当前，高新区热点区的突出特色是健身场所集聚显著，其次是茶吧和咖啡吧，其他类型的文化娱乐场所数量相对较少但档次较高。

（4）多重资源推动下的城市新区型热点区——城北热点区

城北热点区是四大热点区中面积最大、文化娱乐场所数量最少、开发历史最晚、唯一具有双核心结构（正北方向的行政中心和东北方向的浐灞世园会区）的文化娱乐产业集聚区。由于西安市城市开发具有南重北轻的历史特点，城北区在人口集聚、产业基础和基础设施等方面的发展相对滞后。近年来，随着位于城北的西安国家级经济技术开发区产业实力的不断积累，尤其是 2006 年西安行政中心的北迁和 2011 年西安世界园艺博览会的举办（均在城北区内），城北地区迅速成长为集产业经济、政府行政、生态居住等功能为一体的城市新区。当前，城北热点区内的文化娱乐产业以文化内涵和消费档次均较低的网吧类为主，歌舞厅、健身场所也占有一定的比重，但是随着未来城北区城市新区功能的逐渐完善，城北热点区的文化娱乐产业将具有非常大的开发潜力。

四 文化娱乐业热点区形成的影响因素分析

1. 历史因素

文化娱乐消费通常是对服务的消费，由于消费者消费的过程与该服务的生产过程在时间与空间上是统一的，消费者对文化娱乐消费环境具有更高的要求，因此文化娱乐消费空间的打造更注重外部空间的环境、艺术氛围的渲染及城市文化内涵的挖掘。

德福巷是一条小巷，位于西安南城门内湘子庙街北侧，也是一条古老的街道，隋唐时期已有，那时它是皇城的一部分。现在的德福巷虽然依旧古韵悠然，但其青石铺成的街道和两旁的仿古建筑都是 20 世纪 90 年代西安进行低洼改造时新建的，和不远处的书院门古文化一条街在建筑风格上具有某种呼应关系。德福巷全长不到一公里，斜斜的，中间还拐了一个弯，在西安横平竖直的街道中，是个特例。当初，改造者的初衷是要让这里变成丝绸一条街，然而，市场最终却为这里选择了咖啡、茶馆和酒吧。20 世纪末的最后几年间，这里已经形成规模，并以"咖啡、酒吧、茶吧一条街"而闻名。一些追求时尚和品位的人们很快就把德福巷当成了自己的聚会场所。

因此对于文化娱乐场所消费空间的分布而言，除了受到自然环境的影响外，同样受到历史文化因素的影响。

2. 交通状况

文化娱乐消费是一种服务性消费，而服务性消费具有无形性，因此要获得其使用价值就必须在该服务生产的地方消费，这使得交通条件成为文化娱乐消费场所选址和消费者出行的重要考虑因素。在分析文化娱乐消费空间的分布时，可以看到交通可达性越高，则文化娱乐消费中心等级越高，文化娱乐场所集聚度越高。城中心热点区属于文化娱乐消费场所密集的地区，而城中心热点区也是交通干线的汇集之处，公共交通十分方便。与之相似，高新区科技路和高新路十字路口是区级 CBD 中心，该区域文化娱乐场所分布密集，可见文化娱乐场所主要位于市、区级商业中心，而市、区级商业中心通常都是交通最为发达的区域。

3. 地租地价

通常一个地区交通可达性越好，地租也就越高，商业中心等级也就越高。从前文文化娱乐场所热点区的空间分布图可知，文化娱乐场所热点区通常是交通可达性好，地租较高，商业登记较高的区位。根据魏兰（2003）的调查，一个地区文化娱乐场所的数量与其商业中心等级存在正比关系。因此城中心热点区的文化娱乐场所分布更为密集。城西南热点区、城南热点区、城北热点区都是文化娱乐场所分布较为密集的区域，这些热点区域都靠近市、区级商业中心，因此文化娱乐场所主要分布于中心城区也就不足为奇了。

另外，虽然地租越高表明交通状况越好，客流量越大，但企业的经营成本也会因此增加，因此越接近市、区级商业中心的文化娱乐场所的档次越高。

西安市文化娱乐场所热点区的分布与西安市地租价格热点区的分布基本吻

合，这说明文化娱乐场所的建设与地租和地价的关系十分紧密，但是不同热点区文化娱乐场所经营类型的主题不同，因此不同地价和地理区位是影响文化娱乐场所类型分布的重要因素。

4. 政府引导

政府在经济发展过程中起到重要的作用。经济发展离不开合理的政府行为，适当的政府行为有利于扩大经济活动的集聚效应，产生最大化的经济效益；经济发展离不开政府制定的相应政策和法规规范，适宜的政策和法规规范有利于形成良好的竞争环境和市场秩序，从而促进经济活动的发展。文化娱乐业作为文化产业的重要组成部分，受政府规划引导作用十分明显。其中主要体现在政府在城市规划布局的导向作用上，城北热点区随着西安市政府的北迁，将会发展适合商业洽谈的咖啡吧、茶吧这种小型的文化娱乐场所，同时由于城北影剧院较少，电影院、歌剧院的投资和开发将会在城北热点区进行。同时由于城市运动主题公园的影响，公园内部将会有健身俱乐部的建设，以及公园周围将会有健身场所的兴起。

本章小结

本章采用矢量数据符号法、探索性空间数据分析法（ESDA）和 Kriging 空间插值法等三种空间分析方法，分别从规模等级、集聚程度、热点区域及模式等方面对 2011 年西安市文化娱乐业的空间格局特征展开研究。主要结论如下。

（1）从数量规模上来看，西安市的文化娱乐产业在空间上呈现出"南密北疏，西密东疏，内密外疏"的整体特征，文化娱乐场所主要集聚在以钟楼为圆心，以钟楼至曲江新区的直线距离（约 7 公里）为半径的圈层内；各类文化娱乐场所的空间分布大致符合文化娱乐业的整体空间特征，但又表现出一定的特异性。

（2）从空间集聚和扩散特征上来看，西安市文化娱乐产业的"高－高"集聚区主要连续分布在城市南部的传统人口和城市产业集聚区；"低－低"集聚区主要分散分布在城市开发程度低的边缘区，及城市内部的特殊区域，且通常面积较大；除网吧这类分布比较广泛均一的文化娱乐场所表现出较为显著的特殊性外，其他文化娱乐场所的集聚与扩散特征相对一致，且符合整体特征。

（3）通过对文化娱乐场所数量的空间插值分析，可以识别出西安市文化娱乐业的4个空间集聚热点区。依据文化娱乐场所数量多少依次为钟楼中心城区热点区、曲江新区热点区、高新区热点区和城北热点区。综合分析各热点区的区位、交通、自然生态环境、社会经济发展状况、开发历史、政策环境等软硬件条件，可以将这4个热点区归纳为基于传统城市中心的商贸旅游型热点区、基于文化产业集聚区的文教游憩型热点区、基于高新技术产业集聚区的科技商务型热点区和多重资源推动下的城市新区型热点区4种模式。

参考文献

［1］Kooijman D.，A third revolution in retail：the dutch approach to leisure and urban entertainment. *Journal of Leisure Property*，2002，2（3）.

［2］桑义明：《商业地理研究的理论与方法回顾》，《人文地理学》2003年第6期。

［3］杨吾扬：《北京市零售商业与服务业中心和网点的过去、现在和未来》，《地理学报》1994年第1期。

［4］仵宗卿：《论城市商业活动空间结构研究的几个问题》，《经济地理》2001年第1期。

［5］《西安市十二五交通规划》（2010～2015）。

［6］陈宽民、王建军、殷建军：《西安市公共交通现状分析及战略规划》，《自然杂志》2002年第11期。

［7］李小文、曹春香、常超一：《地理学第一定律与时空邻近度的提出》，《自然杂志》2007年第29（2）期。

［8］Moran P.，The Interpretation of Statistical Maps. *Journal of the Royal Statisical Society*，1948，10.

［9］Anselin L.，Local indicators of spatial association-LISA. *Geographical Analysis*，1995，27（2）.

［10］宣国富等：《基于ESDA的城市社会空间研究——以上海市中心城区为例》，《地理科学》2010年第1期。

［11］孙英君、王劲峰、柏延臣：《地统计学方法进展研究》，《地球科学进展》2004年第19（2）期。

［12］《西安市文化产业发展报告》，2011。

［13］刘青、李贵才、仝德、栾晓帆：《基于ESDA的深圳市高新技术企业空间格局及

影响因素》,《经济地理》2011 年第 6 期。

［14］ 陈彦光:《基于 Moran 统计量的空间自相关理论发展和方法改进》,《地理研究》2009 年第 28（6）期。

［15］ 袁丰、魏也华、陈雯、金志丰:《苏州市区信息通讯企业空间集聚与新企业选址》,《地理学报》2010 年第 65（2）期。

第十一章
西安市文化艺术业的时空集散

第一节　文化艺术业发展研究概述

一　文化艺术业归属问题

文化艺术业隶属于文化产业，是文化产业众多行业中的一种。关于文化产业的分类问题至今还没有定论，但各种分类中都渗透了"文化艺术"这一概念。1986年，联合国教科文组织正式公布了文化统计框架（FCS）。框架将文化统计分为10类，分别是：文化遗产、出版印刷业和著作文献、音乐、表演艺术、视觉艺术、音频媒体、视听媒体、社会文化活动、体育和游戏、环境和自然[1]。同时，十大类各自包括数量不等的小类，各小类列出了具体需要统计的对象。在此没有将文化艺术列为一个单独的产业部门，而是将其渗透到文化遗产、表演艺术这两个小门类当中。

英国曼彻斯特大学大众文化研究所执行主任贾斯廷·奥康纳（Justin Oconnor）认为："文化产业是指以经营符号性商品为主的那些活动，这些商品的基本经济价值源自于它们的文化价值"，"它首先包括了我们称之为'传统的'文化产业——广播、电视、出版、唱片、设计、建筑、新媒体和'传统艺术'——视觉艺术、手工艺、剧院、音乐厅、音乐会、演出、博物馆和画廊[2]"。

芬兰文化产业委员会把文化产业确定为一个伞状概念，从广义到狭义作了四个层面的定义，包含不同的文化内涵和范围，服务于不同政策目标的需求[3]。在第二层定义中渗透了文化艺术的概念：文化产业是指艺术创作、传统的和现代的艺术作品、艺术展览和文化传播活动。根据这一定义，文化产业具体包括文学作品、造型艺术、音乐、建筑艺术、戏剧、舞蹈、摄影、电影、设计、媒体艺术和其他形式的艺术创作，以及书籍、报纸和杂志、录制或印刷形式音乐的出版发行、节目制作、画廊、艺术交流、图书馆、博物馆、广播电视等艺术和文化系统的生产、销售和传播活动[4]。

此外，澳大利亚、加拿大从北美标准产业分类中划分出的文化产业范围，将艺术、娱乐和消遣表演的艺术、体育比赛和相关的行业、表演艺术公司统一归属到文化艺术这一范畴中[5]。

国内学者对于文化产业的分类也是众说纷纭。刘开云根据国家统计局制订的标准，文化产业分为以下9类：①新闻服务；②出版发行和版权服务；③广播、电视、电影服务；④文化艺术服务；⑤网络文化服务；⑥文化休闲娱乐服务；⑦其他文化服务；⑧文化用品、设备及相关文化产品的生产；⑨文化用品、设备及相关文化产品的销售[2]。王丽文认为文化（艺术）产业一般意义上指的是必须通过购买手段，支付一定货币才能获得文化（艺术）产品的生产和经营，主要包括图书报刊市场、电影电视市场、音像制品市场、表演艺术市场、文物市场、工艺美术市场、文娱经营市场等[3]。方宝璋（2006）在总结分析了前人研究的基础上，将文化产业分为五大类，将艺术与娱乐划分为一类，统一叫作艺术娱乐业。具体包括艺术表演、自助性娱乐、字画、摄影、工艺美术、文化艺术培训等[4]。

由于文化产业、文化创意产业及其国外的版权产业、内容产业统计口径不一，概念界定不清，有时将文化艺术业划分为创意产业的范畴之中。褚劲风将上海市创意产业划分为研发设计、建筑设计、文化传媒（艺术）、咨询策划和时尚消费等五类。其中文化传媒（艺术）主要指在艺术领域中的创作和传播活动。主要相关行业为文艺创作表演、广播、电视、电影制作、音像制作等9个中类行业，12个小类行业[5]。

在2002年第四届中国艺术产业论坛上，王永章提出文化产业包括七个部分：文艺演出业、影视业、音像业、文化娱乐业、文化旅游业、艺术培训和艺术品业，这一划分已写进了"十五"期间文化部文化产业的发展规划[6]。但从这一划分中，我们会发现艺术产业作为文化产业的重要门类之一却已经缩减为"艺术培训和艺术品业"，这显然是不符合实际的，这样的界定有待商榷。

实际上，艺术包括音乐、舞蹈、影视、戏剧、美术、文学等诸多门类，因此，艺术产业也应该是包括文艺演出业、影视业、音像业、美术品业、艺术设计业、文学出版业等在内的外延和内涵都较广泛的复合型产业，而不是它们中平等的一员[7]。

2004 年，国家统计局在《国民经济行业分类》发布的《文化及相关产业分类》（国统字〔2004〕24 号）和《文化及相关产业指标体系框架》两个文件中对文化产业及其行业进行了分类。文化产业被定义为："为社会公众提供文化娱乐产品和服务的活动，以及与这些活动有关联的活动的集合"[8]。根据这一分类，国家统计局将文化及相关产业分为三类：其一是核心层，包括新闻服务、出版发行和版权服务、广播、电视、电影服务和文化艺术服务。其二是外围层，包括网络文化服务、文化休闲娱乐服务、其他文化服务。其三是相关文化服务层，包括文化用品、文化设备、文化产品的生产和销售。文化艺术业属于核心层，是文化产业的重要组成部分，包括文艺创作、表演及演出场所，文化保护和文化设施服务，群众文化服务，文化研究与文化社团服务，其他文化艺术服务五个组成部分。中国文化产业网将文化产业分为书画艺术、工艺美术、创意设计、传媒出版、影视音像、动漫游戏、演艺娱乐、文化旅游、教育培训九个行业类别。

目前文化产业的界定在国内外的研究领域中并未达成统一。但是几乎所有的学者都探讨了文化产业的深刻内涵，而文化艺术产业作为文化产业的内核之一，成为研究的聚焦点。

二　国内外研究进展

1. 空间分布特征及影响因素研究

Hutton 和 Scott 认为新兴的文化创意产业主要集聚于城市的内部核心区，主要受到经济发展的影响，同时分析了文化艺术产业对于经济发展的作用远远大于制造业的集聚效应[7-8]。Drake 和 Chris 等分别对美国和澳大利亚的文化产业集聚空间进行研究，认为文化产业具有向大城市集聚的空间趋向性[9-10]。Galina 等研究了欧洲主要国家文化产业的空间分布格局，并在此基础上分析了文化艺术产业集聚区的空间分布[11]。Mommaas Hans 通过多角度和多重影响因素分析了荷兰的文化产业集群状况，并针对发展策略提出了建设性意见[12]。周尚意（2006）分别以北京市第二次全国基本单位普查数据和八个城区单元为属性数据和空间数据，运用洛伦兹曲线、集中化程度指数、文化企业的年产值等值线图对北京市不同类型的文化产业空间分布特征进行了研究，研究结果表明：文化艺术业在文化产业诸多行业中集聚程度最低，它在北京市的集聚中心有多个，且在空间上比较分散[11]。杨云鹏等（2009）对北京市博物馆、展览馆的时空分布分别进行了研究，分析总结了1949年建国以来至2007年北京市博物馆、展览馆的空间分布及变化特征[12]。

张炜、姚海棠（2011）选取相关指标，利用灰色关联分析定量分析了包括文化艺术在内的北京市文化创意产业空间布局及发展的影响因素。袁海利用空间计量模型，从省域角度对影响中国文化产业集聚的因素进行了分析[13]。张景秋（2007）在分别分析了北京市博物馆、展览馆空间分布及变化特征基础上，对其空间分布的影响因素加以总结，认为前者的影响因素主要为历史惯性经济拉动和交通便捷程度，后者的影响因素主要为城市建设的区位选择惯性、重大历史盛事的后续影响、经济实力与文化继承[14]。

2. 文化艺术的产业研究

郭峰（2008）将艺术市场定义为"是美术类（绘画、雕塑、摄影、装置、工艺、动漫等设计类）产品市场、音像类（音乐、电影、广播电视等）产品市场、演出类（舞蹈/舞剧、戏剧/音乐剧、戏曲、杂技、魔术、马戏等）产品市场、游戏类产品市场、文物市场及艺术教育产品市场的统称，艺术市场以上述艺术产品的创意、生产、销售、服务为经营对象"。进而从当代艺术市场的业态呈现、经营模式、艺术网站的运营状况等方面分别分析了当代中国画廊业、艺术博览业及艺术拍卖业的生产经营状况，分析说明了我国艺术市场网络经营的特点[15]。

应必诚（1997）对文艺创作的效益进行了研究。考察了马克思主义关于艺术生产理论的意义以及艺术生产的历史形态，进而指出在商品经济条件下艺术产品的双重属性即审美属性和价值属性及其相互关系，最后，分析了艺术生产把社会效益放在首位，达到社会效益和经济效益相统一的几个理论问题和实践问题[1]。

3. 文化资源开发研究

在文化产业的诸多行业中，文化艺术业是与某个地区历史文化积淀渊源最深的行业。作为一种新兴产业，它的发展虽然需要再创作加工，但是一定要以当地的历史文化为基础。所以，如何将现有的文化资源合理开发、整合使之产业化发展，成了学者们研究的一个热点问题。美国学者 Simon Roodhouse（2006）从文化的内涵出发，对文化资源的开发及文化产业分类问题进行了探讨。强调了版权的主体地位，主张通过法律、经济等手段强化对版权的保护[16]。肖劲奔（2011）从文化资源本身的属性出发，探讨了文化资源的产业化和可持续发展等两个基本方面。他指出文化资源产业开发的主体为文化企业，在开发的过程中不仅要继承传统文化资源，而且要融会贯通世界各国文化资源，并且实施必要的政府管制。同时注重文化资源的可持续性、发展性和修补性[17]。

何阿珠（2008）在艺术产业化发展的背景下，从艺术本身角度对艺术产业进行定义，认为艺术产业是文化产业的一个重要的核心组成部分，隶属于第三产业中的文化娱乐业。艺术产业是艺术资源与市场经济相结合的结果，是以艺术作为资源和素材，以市场经济的产业运行机制即以市场为目标、以盈利为目的从事生产、流通、消费和传播等活动的经营性行业的集合[18]。

第二节　西安市文化艺术业的发展现状

"十一五"期间，西安市政府推出了一系列加快文化产业发展的措施，文化产业成为率先发展的五大主导产业之一。政府整合区域优势资源，调整优化布局和结构，文化产业发展态势良好，涌现出了以曲江新区为代表的国家级文化产业示范区，成为国家文化产业发展的新高地。为了吸引文化企业入驻，实施了减税等一系列优惠政策。同时，积极推进文化产业体制改革，2010年，专门出台《西安市深化文化体制改革总体方案》，促进了经营性文化事业单位转制为企业，使其对国民经济贡献增加的同时呈现出新的活力。2006～2010年，西安市文化产业增加值由 77.93 亿元增加到 184.03 亿元，年均增长34.04%（图 11-1）。

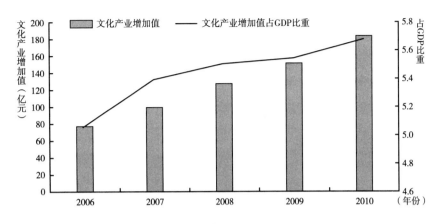

图 11-1 西安市文化产业增加值及占 GDP 比重（2006~2010 年）

一 文化艺术业取得的成就

1. 企业数量增加

自 2005 年以来，西安市利用自身的优势资源，大力发展文化产业，而文化艺术业作为文化产业的核心层产业，更是文化产业发展的重中之重。2005~2010 年的五年间，西安市的文化艺术单位共增加 200 余个。截至 2011 年，西安全市拥有艺术表演团体 11 个、公共图书馆 15 个、文化馆 15 个、文化站 184 个、博物馆 55 个、文化艺术馆 42 个，全年组织开展各类群众文化活动 1562 场次[19]。各演出团体的表演形式更为丰富，极大丰富了市民的文化生活。

2. 产值稳步攀升

在西安市文化氛围日益浓厚的同时，文化产业化发展成为大势所趋。2007 年以来，西安秦腔剧院有限责任公司、西安歌舞剧院有限责任公司、西安话剧院有限责任公司、西安儿童艺术剧院有限责任公司、西安市豫剧团有限责任公司的相继成立，标志着西安市文化艺术业发展迈出了重要一步。因此文化艺术市场呈现出蓬勃发展之势，产值大幅攀升。2010 年文化艺术服务业增加值为 18.91 亿元，比上年增长 27%，占文化产业总增加值的 12.3%（图 11-2）。

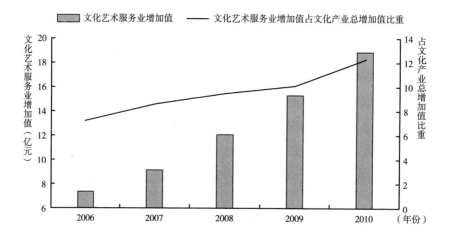

图 11-2 西安市文化艺术服务增加值及占文化产业
总增加值比重（2006～2010 年）

3. 民企发展势头强劲

随着居民消费结构的改变和相关产业政策的实施，西安市民营文化艺术企业日益增多，发展势头强劲。据不完全统计，2006～2010 年，西安市共涌现出了以画廊、艺术馆、文艺创作表演公司等类型为代表的民营文化艺术企业 90 余家，为西安市文化艺术服务业的发展注入了新的活力。民营文化艺术企业与传统的老牌国有企事业文化单位相比，更能够适应市场变化，根据需求开发设计出多元化的文化艺术产品，满足多层次消费者的文化需求。

4. 文化效应明显

西安市文化艺术业的发展，在不断释放其经济效益与社会效益的同时，产业地位逐步确立，发展空间日益扩大，涌现出一批别具规模和示范效应的文化产业集聚区，如曲江、高新、浐灞等，产生了巨大的文化效应，成了西安市文化产业的名片。同时带动了公共文化设施的发展。以曲江为例，集中了西安音乐厅、西安美术馆、西安曲江雕刻时光博物馆、曲江富陶国际陶艺博物馆等文化艺术场馆，满足着人们不断增长的文化需求。同时，文化产品的日益丰富，文化消费比例的逐渐提高，促进了西安市民生活品质的全面提高，从而使城市的文化价值得以提升。

二　文化艺术业存在的问题

1. 产业规模偏小

通过调查发现，西安市文化艺术市场长期形成的格局是经营单位较多，以私营企业为主，但产业集中度不高，资源分散，并且产业投入不足，规模较大的文化艺术经营单位多为国营，且数量较少。私营的文化艺术企业规模较小，注册资本平均值较低，在走访的 30 家文化艺术私营企业中，注册资金最高 120 万元，最低仅为 20 万元。由图 11 - 1 可知，虽然文化艺术服务业的产值稳步攀升，但是作为文化产业的核心层，其所占比重仍然较小。

2. 市场发育不健全

西安市目前缺乏文化中介服务机构、文化经纪人和行业协会。据不完全统计，因产生利润较小，截至 2011 年，全市具有中介性质的文化服务机构和行业协会仅为 20 余家。造成文化产业功能上的残缺，管理机制不全，难以形成产业化经营的链条。这些都影响着文化艺术业和文化市场的发展。国内外经验证明，文化产业上下游的延伸度很大，如果要做大做强，就一定要扶持一批强有力的中介机构，整合海内外的文化资源，包括人才、技术、创意、品牌、资金等。

3. 文化功能亟待提高

通过实际调查走访发现，西安市文化艺术场馆因投资力度不够，造成了文化设施陈旧，需要进行更新改造；文化设施功能不完善，不能满足经济社会发展的需求；文化设施种类不健全，不能满足人民群众日益增长的文化多样性需求；艺术馆、烈士陵园等场所一般都是特殊活动或特殊节日吸引参观，日常参观访问者较少。而西安市大部分的群众艺术馆丧失了原来的功能，在商业利益的驱使下，往往发展成为各种少儿课外培训班，使原有的文化功能减弱。

4. 缺乏专业人才

西安市文化艺术企事业单位工作人员受教育程度普遍偏低。经调查，截止到 2010 年底，全市文化艺术业从业人员中高中层次人员占 21.3%，大中专学历者占 66.8%，本科及以上学历者仅占 11.9%。普遍缺乏文化产业的开发、管理、经营型人才，缺乏文化经纪人。由于历史原因，各文化团体人员以本专业人员为主，缺乏经济管理和文化市场艺术营销人才，人才结构不能满足当今文化艺术业发展的需求。各文化团体也普遍忽视管理人才和文化经纪人的挖掘和培养，这一问题亟待解决。

第三节　西安市文化艺术业的时空特征研究

进入 21 世纪以来，众多国内外学者对文化产业的空间格局及其形成机制进行了系统的研究[10][13][20-24]。本章将西安市文化艺术业从文化产业中抽离，作为一个独立的行业部门研究，并引入了时空相关性概念，试图以一种全新的视角剖析西安市文化艺术业的时空分布特征。

一　数据来源与研究方法

1. 数据来源及处理

通过查阅《西安年鉴》（1999～2011 年）、《西安统计年鉴》（1999～2011年），借助百度电子地图及西安市企业黄页，并在西安市文化产业发展研究会和西安市统计局的文化产业相关统计部门取得西安市文化艺术业相关二手数据资料；在 2011 年 9 月初至 10 月中旬期间调查走访西安市较大规模的文化艺术单位，调查各单位的产值、来访人数及规模等相关情况，并通过 GPS 对各单位地理坐标进行空间定位获得第一手资料。

以 1∶25 万西安市三环以内交通地图为底图，采用 xian_ 1980 地理坐标，在 ArcGIS 中将其配准，并进行矢量化处理，将文化艺术企事业单位抽象为空间点要素，进而将收集到的文化艺术企事业单位地理坐标标识在矢量化的地图上，建立文化艺术企事业单位相关的属性数据库[25]。

2. 研究方法

利用最邻近点距离指数、洛伦兹曲线和区位熵指数来衡量西安市文化艺术业的空间总体分布及演变特征[26]；运用 SPSS17.0 进行聚类分析并结合 ArcGIS进行空间分析来探究西安市文化艺术业的空间分异特征，划分出不同年份的产业集聚区和集聚带。各种方法之间相互印证、互为补充。通过相关系数衡量时空相关性；在分析时空相关性的机制时，通过建立时空数据模型，最后根据各要素所占权重得到西安市文化艺术业空间布局及变化的形成机制。

二　西安市文化艺术业总体空间分布特征

1. 空间序列—集聚分布

文化产业集聚一般不是预先规划出来的，而是在历史文化积淀、在具有创造力的人群互动基础上、在生产组织变化的制度安排背景下形成的[27]。西安市文化艺术产业从2000~2010年最邻近距离系数由0.0794增长至0.7039，呈递增趋势，由此可知，西安市文化艺术产业在空间上呈集聚状态，增长趋势明显。通过计算2000年、2005年、2008年和2010年西安市文化艺术业的最邻近距离指数发现（表11-1），四年的最邻近距离指数均位于0~1之间，说明西安市的文化艺术业整体呈现集聚分布。2000年西安市的文化艺术业刚刚起步，集聚雏形初显，文化艺术企事业单位数量较少，基本集中在老城区（城墙）以内，此外，只在二环以内的碑林区、莲湖区，及长安北路有零星分布；2005年，西安市共有文化艺术企事业单位101家，其中49家分布在城墙区，所占比重高达48.5%。而灞桥区、经济技术开发区分布的文化艺术企事业单位却寥寥无几。到了2010年，随着文化艺术业的发展，虽然文化艺术业布局向城南的曲江新区、雁塔区转移，但是城墙区由于其深厚的文化氛围和历史原因，仍然是西安市文化艺术业的主要集聚区域，因此空间整体依旧呈现集聚分布。

表11-1　西安市文化艺术业最邻近距离系数（2000~2010年）

年份	样本数	平均最近距离（公里）	期望平均最近距离（公里）	最邻近距离系数	标准差（公里）	Z检验值
2000	55	7.2916	2.6345	0.0794	0.3706	-13.1420
2005	101	3.9707	2.4055	0.2445	1.5630	-10.0656
2008	117	3.4277	2.7866	0.3801	0.6462	-10.7387
2010	251	1.5978	1.1213	0.7039	0.6328	-11.9125

2. 时间序列——平衡布局趋势

从时间序列来看，从2000~2010年西安市文化艺术产业渐呈均衡发展的趋势。通过洛伦兹曲线能够反映文化艺术产业的集聚程度。通过观察洛伦兹曲线图（图11-3），结合表11-1中数据可知，2000~2010年，洛伦兹曲线逐渐靠近平均线（直线AC），说明西安市文化艺术业空间分布渐趋均衡，同时印证了最邻近点分析结果。十年间，西安市三环以内的文化艺术单位数量由55家增加到251家，年均增长率为35.6%。尤其是2008年以来，随着西安市将文化产业作为重点发展的五大支柱行业之一和"博物馆之都"规划的形成以及文化艺术单位的体制改革，西安市的文化艺术业发展迅速，特别是一些中小企业快速崛起，使文化艺术企事业单位数量大增。但由于可利用土地面积有限以及其他经济、社会、文化因素使其逐步由市中心的城墙区向周围地区及二环、三环扩散，分布渐趋均衡。特别是城南曲江新区作为国家级文化产业示范区，大力发展文化产业，实施的一些优惠政策吸引了一批新兴的中小企业落户于此。另外，随着南郊大学城的建立，形成了西安市重要的文教中心，文化溢出效应使一批文化艺术企业向城南扩展。

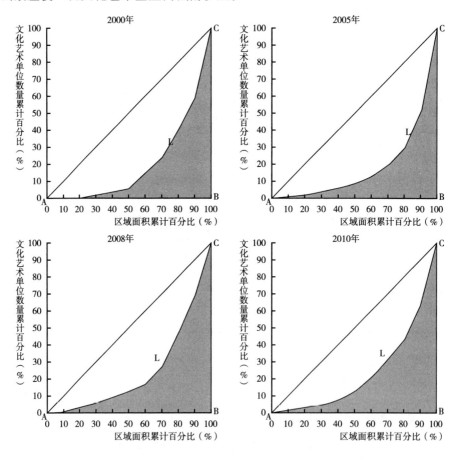

图 11-3　西安市文化艺术业空间分布洛伦兹曲线（2000~2010年）

3. 核心—边缘分布特征

区位熵是衡量某一地理要素空间分布的计量指标，它反映了某一地区的某要素在高层次地理区域的地位和作用[28]。公式为：

$$Q = \frac{D_1}{D_2} \qquad (11-1)$$

式中，Q 为某区域文化艺术业的区位熵；D_1 为某区域文化艺术单位数量占西安市三环以内文化艺术单位总数的百分比；D_2 为某区域面积占研究区域总面积的百分比。Q 值越大说明文化艺术业在该区域的集中程度越高。

表 11-2 西安市各区域文化艺术业的区位熵（2000~2010年）

地区\年份	2000	2005	2008	2010	地区\年份	2000	2005	2008	2010
曲江新区	0.10	0.33	3.44	3.61	莲湖区	0.09	0.79	0.49	0.54
高新区	0.00	0.43	0.19	0.35	新城区	0.12	0.47	0.54	0.50
雁塔区	0.09	0.65	1.41	0.71	灞桥区	0.01	0.07	0.17	0.10
碑林区	0.29	4.24	3.83	3.95	经济技术开发区	0.00	0.36	0.47	0.29
城墙景区	0.61	8.71	5.68	6.58	未央区	0.00	0.13	0.11	0.29

用公式（11-1）分别计算出 2000 年、2005 年、2008 年和 2010 年西安市文化艺术业的区位熵（表 11-2），依据区位熵，结合产业集聚度的划分标准和产业集聚趋势的比较，将西安市文化艺术业划分为核心区（$Q > 5$）、过渡区（$1 < Q < 5$）和边缘区（$0 < Q < 1$），并得到以下结论：

（1）起步较晚，但发展速度快。由表 11-2 可知，2000 年西安市文化艺术业处于刚刚起步阶段，区位熵较低，均位于 0-1 之间。而此时上海、北京等文化艺术业发达地区的区位熵平均值已达到 5.09 左右。可见，西安市文化艺术业的起步较晚。但是随着自身的发展建设和一系列政策的顺利实施，西安市文化艺术业发展较快，到 2010 年，发展较好的曲江新区、碑林区和城墙区的区位熵已分别达到 3.61、3.95 和 6.58。

（2）总体地位有待提高。由表 11-2 可知，西安市各区域文化艺术业区位熵普遍偏低。边缘区面积所占比重偏大，说明城市整体文化艺术业发展弱小，城市整体艺术氛围有待进一步提升。

（3）区域分异明显。根据区位熵指数，将城墙景区划为西安市文化艺术业的核心区；碑林区、曲江新区、雁塔区为过渡区；高新区、莲湖区、新城区、灞桥区、经开区和未央区为边缘区。各区域之间差异明显。截至2010年，城墙景区文化艺术业单位密度已高达3.66个/平方公里。而区域面积广大的未央区、灞桥区文化艺术业发展相对弱小，文化艺术企事业单位密度分别为0.16个/平方公里和0.06个/平方公里。

（4）城墙景区集中程度高，但地位渐趋下降。由表11-2可知，城墙区三年的区位熵均大于5（2000年除外），远高于其他地区，为西安市文化艺术业分布的核心区域。但通过对三年区位熵的比较发现（2000年除外），其集中程度逐渐下降。随着城市中心区域功能的多样化和近郊文化艺术业的发展壮大，文化艺术业在该区域的地位逐渐降低。

（5）核心区域集中程度呈波动状态。处于核心区域的碑林区、雁塔区和曲江新区整体区位熵呈现波动状态。其中，碑林区作为西安市老城区，一直是西安市文化艺术业分布相对集中的区域，在文艺路集中了西安歌舞剧院、西安戏曲研究会等老牌文艺演出单位，但近年来表现为波动式下降。雁塔区在严格意义上属于过渡区与边缘区的中间区域，其区位熵只有在2008年的时候突破了1，到2010年，再次跌至0.71，但总体上呈现上升趋势。曲江新区是文化艺术业发展的新兴区域，同时也是发展最为迅速的区域，2000~2010年其文化艺术业的地位一路飙升，相继建成了雕刻时光美术馆、贾平凹文学馆等一系列文化艺术场馆，并且以曲江传媒投资公司为代表的民营文化艺术集团公司纷纷落户于此，另外2009年大唐不夜城的建成，成了西安市文商旅产业的新地标，被誉为"国家级的文化艺术中心"。因此，曲江新区成为西安市文化艺术业发展的新高地。

三　西安市文化艺术业的集聚区演化趋势

1. 聚类分析方法

聚类是在一个较大的多维数据集中根据距离的度量找出簇或稠密地区，在同一个簇中的对象之间具有较高的相似度，而不同簇中的对象差别较大。空间聚类大致可以划分为两类：一类是直接根据空间目标的几何数据进行聚类，以发现空间目标的空间分布模式或规律；另一类是对空间目标关联的属性进行聚类，根据空间目标属性数据的相似度程度，将空间目标划分为若干个类型，为进一步分析空间目标及其社会经济规律奠定基础。

距离是经常采用的度量方式，聚类分析中常用的距离有绝对值距离、欧式距离等近十种，而最常采用的是欧式距离。记点状地物或区域中心 P_i 的平面直角坐标为 X_i，Y_i，则点 P_i 的位置可以表示为：

$$D_P = \sqrt{(x_i - x_j)^2 + (y_i - y_j)^2}$$

$(11-2)$

在进行具体计算时，第一，对各项指标进行无量纲化；第二，令类别数 $K=2$，置迭代误差值 $emin = 0.00001$（可根据需要设置）；第三，依次进行迭代，直至所有样本被划分在各聚类域中。

本章采用的是按位置距离聚类，通过聚类，得到空间对象的分布模式，并以此为基础，借助 ArcGIS 的强大图形显示功能，以不同的颜色、样式等方式直观地表示出来，使决策者能够顺利快速地获取相关信息。

2. 西安市文化艺术业空间集聚分析

用聚类分析可以得到空间数据的分异特征，进而划定西安市文化艺术业的集聚区。本章用 ArcGIS 软件提取 2000 年、2005 年、2008 年和 2010 年西安市各文化艺术企事业单位的地理空间位置，即 X、Y 坐标值，作为聚类分析的变量，用 SPSS17.0 进行聚类分析。聚类总数的确定通过实验比较，以在一定尺度下聚类的结果能反映相应的规律为原则，进行聚类总数的确定。

如图 11-4 所示，西安市文化艺术产业的集聚区在总体上呈现扩大和增多的态势，在不同的时间段具有不同的集聚特征：

（1）21 世纪初，西安市文化艺术产业正处于萌芽期，无论从企事业单位的数量还是规模上来看集聚水平都很低，只在城墙内有小部分文化艺术企事业聚集，并未形成统计意义上的集聚区。

（2）2005 年西安市文化艺术产业在城墙区形成了第一个集聚区，集聚中心为钟楼，整体格局以东西大街和长安路沿线为两条轴带分布，在此基础上出现了一心两带的集聚格局。在这一时期，西安市将文化产业作为主导产业大力发展，对文化产业重点项目进行建设投资，政府引导起到了至关重要的作用。除此之外，城墙区在历史上就是文化艺术产业的兴盛之地，文化氛围浓厚，书

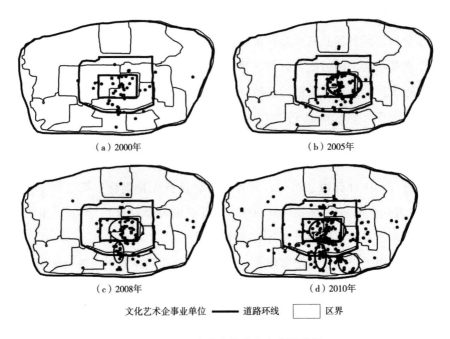

（a）2000年　　　　　　　　　　　　　（b）2005年

（c）2008年　　　　　　　　　　　　　（d）2010年

· 文化艺术企事业单位　——道路环线　□ 区界

图 11 - 4　西安市文化艺术产业聚类图

院门在明清时期已经是全国知名的书院，再加上一些早期存在的文化艺术企事业单位分布于此，使得这一地区率先成为西安市文化艺术产业发展的高地。

（3）至 2008 年，西安市文化艺术产业实现了重大突破，形成了两个主要的集聚区，在原来城墙集聚区扩大的基础上又形成了以环城南路—长安北路—南二环线—文艺南路、文艺路和文艺北路围绕的集聚区，新集聚区的形成在很大程度上受到城墙集聚区溢出效应的影响。这一时期是西安市文化艺术产业快速发展的过渡期，具有承上启下的作用，在此之后，西安市文化艺术产业进入了百花齐放的时代。

（4）至 2010 年，西安市文化艺术产业发展进入了全面繁盛时期，无论是从数量类型还是规模品质都呈现出欣欣向荣的发展态势，其集聚区表现出以下特点。

首先，西安市文化艺术产业的整体集聚水平发展迅速，在三环以内形成了 3 个明显的集聚区，文化艺术企事业单位数量快速增加，且具有较大规模的文化艺术企事业单位集聚程度明显高于小规模的企事业单位类型，符合经济地理学中产业集聚的原理。

其次，城墙区集聚程度加深，主要表现在该区域文化艺术在发展模式上的深化，由原来单一的企事业个体单位演变成大规模的文化产业集团，从地域上和类型上都有了很大程度的改观，而且在文化艺术品味上也得到了长足的提升。

最后，新生的文化艺术产业力量强大，这主要表现在第三个集聚区曲江新区的诞生。曲江新区成为西安市文化艺术产业发展的新阵地，凭借其良好的区位和国家政策的支持，汇集了多种多样的文化艺术类型，在内容和形式上都有很大的创新，主要以新型的文化艺术类型为主，采用现代信息技术，更加智能化地表达了文化艺术的内涵。

3. 西安市文化艺术业空间布局模式及演变

产业空间布局主要研究不同产业在地域上的分布规律，是产业在不同发展阶段的一种空间倒映[21 - 22]。产业布局模式的发展经历了很长的时间，现代产业布局理论主要从成本和收益的角度衡量了产业的布局模式，其核心是能够最大限度降低成本，获取更多的利益。西安市文化艺术产业从 2000 ~ 2010 年时空演变模式可归纳为均衡布局——极化布局——轴带布局[23]（即由"点"到"轴"的空间演化过程）（图 11 - 5），构成了西安市文化艺术产业布局模式演变的一般规律。

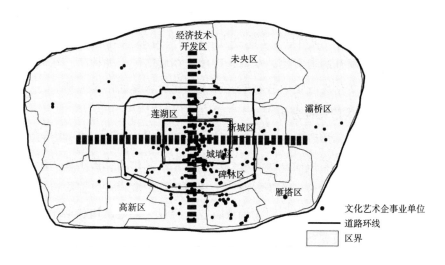

图 11 - 5　西安市文化艺术产业布局模式

（1）增长极模式

增长极具有很强的扩散效应，钟楼作为西安市经济和文化发展最繁荣的地区，起着文化艺术产业增长极的作用，辐射和带动周围地区文化艺术产业的发展。西安市文化艺术产业以城墙区的钟楼为增长极，在2000～2010年的发展过程中逐渐向四周扩散，带动周边地区文化艺术产业快速发展。

（2）点轴模式

随着西安市文化艺术产业的快速发展以及区域之间联系的不断加强，增长极之间必然会建设各种形式的交通通信线路而使之相连，这些线路即为轴。这些轴线是为服务沿线的增长极而产生，但它一经形成便会对投资和市场产生巨大的吸引力，使之向轴线两侧集聚，从而形成文化艺术产业点－轴布局模式。如图11－6所示，西安市文化艺术产业以钟楼为增长极，向四周扩散，形成了两条轴线，其中一条是东大街和西大街组成的东西横向轴线，另一条是西安市的南北中轴线，两条轴线呈十字交叉，形成了以城市中心为增长极和以城市主干线为轴线的点轴布局模式。

四 西安市文化艺术业空间分布评价

为了分析西安市文化艺术场馆吸引的主要人群及空间布局因素对其的影响，以期对其空间分布的合理性进行评价，笔者通过调查问卷对西安市文化艺术业进行了相关调查。共投放问卷500份，回收有效问卷465份，回收率为93%。为了保证调查的真实性，本调查区域选择城墙区、碑林区、新城区、莲湖区、雁塔区等文化场所集中分布地区和人流比较密集的广场等地。

1. 服务对象人口特征分析

在社会学、行为学研究中，人口特征主要从性别、年龄、受教育程度、职业、收入水平和家庭结构等方面来进行调查研究。分析文化艺术业的服务人口特征，是其服务功能的一个重要方面。合理的服务对象构成特征应该是性别比例、年龄构成、受教育程度、职业构成、收入构成、家庭结构各项比例均呈较均衡分布，说明其服务功能比较完善。下面分别从以上提到的几个方面对西安市文化艺术业的服务人群进行分析，以衡量其功能特征，进而对其空间分布合理性进行评价。

（1）性别构成

在性别构成上，男性人数为229人，占总人数的49.2%；女性人数为236人，占总人数的50.8%，女性比重略高于男性，男女比例接近1∶1。表明人口的性别比例合理。

（2）年龄构成

被访问的样本中，在年龄构成方面（图11－6），以21～30岁的青年为主，约占样本总人数的一半。他们是西安市文化艺术业的主要服务对象，这个年龄段的人多为在校大学生，既有较多的零散时间，又具备了一定的艺术素养，因此成为文化艺术业的主要服务对象。20岁以下的青少年和31～40岁之间的人群在样本数量上大致相当，可见青少年、儿童多是在父母的陪同下去接触一些文化艺术，以培养陶冶高尚情操或学习才艺。由图11－8可知，50岁以上的中老年人对文化艺术业的接触较少。原因主要有两个：一是自身的身体原因，活动不便，因此对文艺场馆较少光顾；二是自身的文化因素，对一些现代艺术缺乏理解。

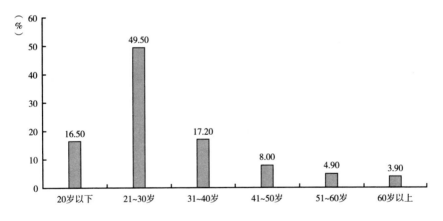

图 11－6　样本年龄结构（2011 年）

（3）教育程度

如图11－7所示，大学本科/专科学历占样本总人数的一半以上，而其他学历水平的人数大致相当。大学生的思维比较活跃，易受各种文艺形式的感染，同时有较多的课余时间，而中学生则因课业任务较重而自主安排的时间比较有限。

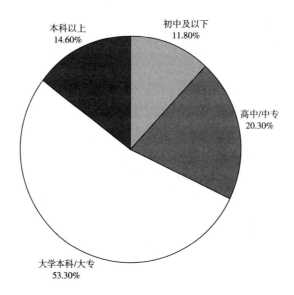

图 11 - 7   样本受教育程度（2011 年）

（4）收入构成

如图 11 - 8 所示，月收入 1000 元以下的阶层为样本主体，占样本总量的 40%。如前所述，样本中的学生较多，而这一人群基本没有独立的经济基础，从这一角度看，这与调查的目的存在些许出入，除此之外，月收入在 1000 ~ 3000 元的阶层占多数。可见，西安市的文化艺术发展呈现出平民化、大众化特点。同时可见，其高收入人群的吸引力较弱，说明西安市文化艺术业的档次有待提高，各种不同档次的文艺场馆亟待建设，以扩大其吸引人群与吸引半径。

（5）职业构成

根据上述分析可知，西安市文化艺术业的主要服务群体为大学生，此处的数据分析再次印证了上述结论（图 11 - 9）。学生占到了样本总体的 40.6%，其次为企业工作人员，这类人群一般收入较高，可以为其从事艺术活动，特别是高档次艺术活动提供一定的经济基础。比重最小的为离退休人员，分析结果与前基本一致。

（6）家庭构成

在家庭构成方面（图 11 - 10），样本中的单身人群占多数，其次为有 18 岁

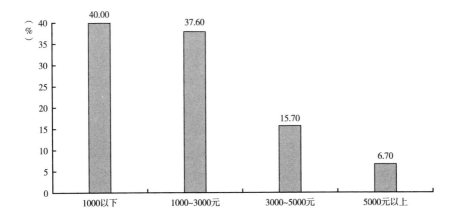

图 11 - 8　样本收入状况（2011 年）

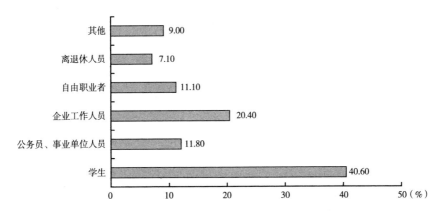

图 11 - 9　样本职业构成（2011 年）

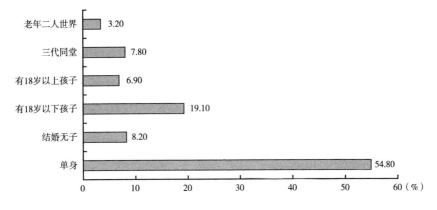

图 11 - 10　样本家庭构成状况（2011 年）

岁以下孩子的家庭，随着经济的发展，西安市人均家庭可支配收入不断增加，特别是城镇居民家庭。因此，越来越多的家长开始从小注重对少年儿童文艺方面的培养，所以这部分家庭成了西安市文化艺术业服务的主要对象之一。

2. 空间因素对文艺场馆总体功能影响

通过对西安市居民在选择各种文艺场馆时的主要考虑因素进行调查，结果如表11～3所示。问卷中设置了路程和交通、集聚效应作为空间因素，结果发现，对于各类场馆而言，这两项因素在总体中所占比重偏低，未成为西安市民选择文艺场馆时的主要因素。可见文化艺术业在理论上分布的理想模式应为分散型产业，自身集聚功能不突出。西安市文化艺术业布局的集聚模式在一定程度上影响了其功能的发挥，结合前面的分析，若其在空间上呈现多中心分布，有利于吸引更多年龄层次的人群，扩大文化艺术业的服务人群，以进一步发挥其功能。

在诸多因素中，各种文艺场馆自身的文化因素是人们考虑的首要因素。特别是群众艺术馆、博物馆和图书馆，其文化因素所占比重均达到了一半以上。其次是一些特殊活动的吸引作用，如烈士陵园。可见，在发展文化艺术业时，应将挖掘自身的文化内涵，提升文化品位放在首要地位。

表 11 - 3　不同类型文艺场馆受访因素分析（2011 年）

类型	因素	文化因素	路程和交通	集聚效应	设施	特殊活动吸引
剧院	频数	107	45	48	16	117
	比重	0.32	0.13	0.14	0.06	0.35
图书馆	频数	265	66	27	43	134
	比重	0.50	0.12	0.05	0.08	0.25
艺术美术馆	频数	138	33	37	19	102
	比重	0.42	0.10	0.11	0.06	0.31
博物馆	频数	261	52	36	25	93
	比重	0.56	0.11	0.08	0.05	0.20
群艺馆	频数	204	29	18	21	49
	比重	0.64	0.09	0.06	0.07	0.15
烈士陵园	频数	145	32	15	36	155
	比重	0.38	0.08	0.04	0.10	0.40

在调查的样本中，各种文艺场馆的访问人数大致相当，受集聚效应影响从大到小排列依次为：剧院、艺术美术馆、博物馆、群艺馆、图书馆和烈士陵园。受访人数由多到少排列依次为：博物馆、图书馆、艺术美术馆、剧院、群艺馆/活动中心、烈士陵园。可见，空间集聚因素与各种文艺场馆的相关性不大，对其影响较弱，再次印证了上述结论。

虽然上述分析得知距离和交通因素不是人们在选择文艺场馆时的首要因素，但是由表11-4可知，各种文艺场馆的吸引半径均在5公里范围内。可见人们还是倾向于选择距自己较近的文艺场馆参加文艺活动。这与前面的分析结果并不矛盾，说明西安市文化艺术场馆自身的文化品位与质量有待提高，因为其目前还不足以吸引远距离的服务人口。

表 11-4　不同类型的文艺场馆的服务半径（2011 年）

半径(公里)	剧院	图书馆	艺术美术馆	博物馆	群艺馆	烈士陵园
<5	0.31	0.46	0.29	0.24	0.47	0.23
5~10	0.27	0.35	0.27	0.29	0.32	0.25
10~15	0.19	0.12	0.25	0.24	0.13	0.18
>15	0.23	0.07	0.19	0.23	0.08	0.34

3. 文化艺术业空间分布合理性评价

通过对西安市文化艺术业的空间特征分析可知，其集聚特征明显。但是由于文化艺术业服务的对象就是西安市市民，而且这个行业不完全属于创新性行业，行业本身也不要求一定要在空间上集聚[30]，因此理论与现实是不统一的，所以初步认为西安市文化艺术业的空间分布形态存在一定的偏差。

为了验证结论的正确性，本节从文化艺术业的服务人群和空间因素与文化功能的关系两个角度进行了分析论证。分析结果表明：西安市文化艺术业的服务对象以青年大学生为主，此外有18岁以下孩子的三口之家也是该市场的主力军。从人群选择文化艺术场馆的主要考虑因素出发，分析得出距离和交通、集聚效应并非其考虑的首要因素，文艺场馆自身的文化因素在居民选择文艺场馆的时候起到决定性作用，可见西安市目前文化艺术业集中分布不合理。而且文化艺术场馆的服务半径主要集中在5公里范围内，其中以图书馆和群艺馆表现为最为明显。因此，在以后的建设过程中，应提高文艺场馆自身品位，在布局方面，应逐渐向外围扩散，形成多集聚中心，以增强其服务半径及吸引力，从而增强文化场馆的服务功能。

第四节　西安市文化艺术业集散的时空相关性研究

时空相关性分析，就是从时间和空间两个维度及其相互关系的角度出发，来分别探讨地理事物随之变化发展状况的内在规律及其影响因素[15]。具体来讲，将主要从以下四个方面对西安市的文化艺术业集聚与扩散状况的时空相关性加以分析：首先以时间为尺度，研究各区域文化艺术业集聚与扩散状况以及反映集聚与扩散的参数之间的相关关系，建立相关系数矩阵，研究其随时间的变化规律。第二，从西安市整体出发，以时间为尺度分别对各区域、各参数的相关系数值进行累加，研究其随时间的变化规律。第三，从空间角度出发，考虑时间因素，以各区域为对象，对各年度两两区域间相关系数进行累加，研究其变化规律。第四，结合之前分析结果，从时空相关性角度出发，研究各区域文化艺术业集聚扩散状况与区域空间距离的相关关系，分析其随时间变化规律[31]。

选取 2005 年、2008 年和 2010 年三个时间断面文化艺术企事业单位数量、接受访问人数、文化艺术服务产业产值及增长率、就业人数及增长率等相关指标，按照文化艺术业的空间分布特征并结合行政区将空间单元划分为未央区、经济开发区、莲湖区、城墙区、新城区、碑林区、雁塔区、高新区、曲江新区、灞桥区十个区域来研究，并按照区政府或中心地标建筑所在地测量区域间的空间距离，作为分析的空间数据序列，并运用 SPSS17.0 软件计算各自的相关系数，求取相关系数矩阵，探讨参数之间的相关关系。

为了增强研究的科学性与可信性，在 2011 年 9～10 月调查走访了西安市的一些文化艺术企事业单位并在文化艺术业集中地区发放了调查问卷，发放问卷 500 份，回收有效问卷 467 份，对本研究起到了重要的补充作用，填补了单纯统计数据分析的不足。

一　整体分析

首先分析西安市文化艺术业整体的时空相关性。从区域角度出发，建立各区域参数间的相关系数矩阵，研究其随时间的变化规律；然后从参数角度出发，建立各参数区域间的相关系数矩阵，研究其随时间的变化规律。为了使计算结果便于显示，用各相关系数之和来表达其相关程度（表11-5）。

表11-5　西安市文化艺术业总体时空相关性（2000~2010年）

相关系数绝对和		2000年	2005年	2008年	2010年
	参数相关系数	9.545	9.537	8.833	8.926
	空间相关系数	50.374	52.307	53.574	54.859

1. 基于区域角度的参数相关分析

选取西安市文化艺术企事业单位数量、接受访问人数、产值及就业人数作为衡量西安市文化艺术业发展的参数。分别计算出2000年、2005年、2008年和2010年各参数间的相关系数，以探讨参数间的相关关系及其随时间变化规律。

由以上计算可知，整体上看，2000~2010年西安市文化艺术业各参数之间的相关关系呈下降趋势。2000年其相关性最高，当时文化艺术业方兴未艾，所以其企事业单位数量与接受访问人数、产值、就业人数相关性较高。2005年以来随着西安市文化艺术业内部门类和功能日益齐全，各参数间的相关系数呈现大幅度下降趋势，相关关系减弱。2010年，随着产业内部的改革与调整，各参数间的相关系数有所上升，相关关系较2008年有所增强。

从具体参数间的两两关系来看，首先，文化艺术业各参数之间整体关联程度较高。第二，2000~2010年文化艺术企事业单位数量与产值相关系数下降较快，主要是由于近几年西安打造"博物馆之都"迅速兴起了一批博物馆，但是其中免费的占绝大部分，而且从调查问卷的结果显示，人们更倾向于去一些免费的博物馆，因此博物馆的经济效益不明显，它带给人们的更多是文化享受，因此它产生的主要是文化效应，而非经济效应。第三，接受访问人数与就业人数相关系数下降明显。随着文化艺术业的升级与转型，各单位在接受访问人数增加的同时吸纳的就业人数并没有明显增加，这是由文化艺术业本身的性质和发展方向决定的。

2. 基于参数角度的空间相关分析

根据西安市文化艺术业的空间分布状况并结合行政单位，将西安市三环以内区域划分为未央区、经济技术开发区、莲湖区、新城区、碑林区、城墙区、雁塔区、曲江新区、高新技术开发区、灞桥区。从参数角度出发，分别计算各区域间的空间相关系数（表11-5）。

从计算结果可知，西安市文化艺术业各区域间的空间相关系数整体较高，且2000~2010年呈现增大趋势。说明文化艺术业在某一地区的集聚或扩散，对其他区域的产业分布影响较大，具有"牵一发而动全身"之效果。因此，在以后的产业发展过程中，应当合理安排产业布局，协调区域间的产业联系，实现文化艺术业的经济效益、社会效益和文化效益协调统一。

二 区域间对比分析

上述研究是从区域整体出发，分别从参数角度和空间角度阐述了西安市文化艺术业的相关程度及其随时间的变化状况。下文将着重分析具体文化艺术业具体区域间的空间关联。以十个区域为研究对象，分别计算2000年、2005年、2008年和2010年两两区域间文化艺术业参数间的相关系数（表11-6）。

表11-6　西安市文化艺术业空间两两相关性（2000~2010年）

相关空间	距离（公里）	2000空间相关	2005空间相关	2008空间相关	2010空间相关
未央-经开	2.9(3.934)	0.934	1.000	1.000	1.000
未央-灞桥	11.2(3.912)	0.923	0.989	1.000	1.000
未央-莲湖	2.9(3.971)	0.976	0.998	0.999	0.998
未央-新城	3.2(3.629)	0.822	0.962	0.848	0.997
未央-碑林	7.1(3.993)	0.996	0.999	0.998	1.000
未央-城墙	3.7(3.992)	0.993	1.000	0.999	1.000
未央-雁塔	7.8(3.984)	0.987	0.998	0.999	1.000
未央-曲江	11.4(3.536)	0.736	0.811	0.991	0.998
未央-高新	12.2(3.742)	0.832	0.967	0.958	0.985
经开-灞桥	12.8(3.813)	0.823	0.990	1.000	1.000

续表

相关空间	距离（公里）	2000 空间相关	2005 空间相关	2008 空间相关	2010 空间相关
经开－莲湖	5.8（3.929）	0.933	0.998	0.999	0.999
经开－新城	6.0（3.648）	0.839	0.963	0.849	0.997
经开－碑林	9.9（3.932）	0.934	1.000	0.998	1.000
经开－城墙	6.5（3.955）	0.956	1.000	0.999	1.000
经开－雁塔	10.8（3.973）	0.976	0.998	0.999	1.000
经开－曲江	14.3（3.611）	0.809	0.812	0.991	0.999
经开－高新	14.8（3.837）	0.923	0.968	0.959	0.987
灞桥－莲湖	12.1（3.979）	0.985	0.996	0.999	0.999
灞桥－新城	9.5（3.727）	0.883	0.991	0.855	0.998
灞桥－碑林	12.8（3.893）	0.901	0.994	0.999	0.999
灞桥－城墙	10.8（3.865）	0.876	0.991	0.999	0.999
灞桥－雁塔	11.6（3.988）	0.991	0.997	1.000	1.000
灞桥－曲江	10.8（3.701）	0.823	0.887	0.992	0.999
灞桥－高新	18.5（3.940）	0.995	0.994	0.962	0.989
莲湖－新城	1.9（3.805）	0.952	0.977	0.876	1.000
莲湖－碑林	4.1（3.998）	1.000	1.000	1.000	0.998
莲湖－城墙	0.9（3.990）	0.993	0.999	1.000	0.998
莲湖－雁塔	5.1（3.924）	0.924	1.000	1.000	1.000
莲湖－曲江	9.1（3.573）	0.732	0.844	0.997	1.000
莲湖－高新	9.4（3.908）	0.963	0.980	0.972	0.993
新城－碑林	4.7（3.675）	0.832	0.970	0.878	0.995
新城－城墙	1.4（3.705）	0.877	0.966	0.866	0.996
新城－雁塔	5.0（3.677）	0.830	0.979	0.869	0.999
新城－曲江	8.3（3.640）	0.834	0.940	0.866	1.000
新城－高新	10.4（3.882）	0.923	0.999	0.964	0.996
碑林－城墙	3.6（3.988）	0.993	1.000	1.000	0.995
碑林－雁塔	2.0（3.994）	0.996	0.999	1.000	0.999
碑林－曲江	6.3（3.657）	0.834	0.829	0.997	0.997
碑林－高新	5.8（3.896）	0.965	0.975	0.973	0.983
城墙－雁塔	4.3（3.989）	0.992	0.998	1.000	0.999
城墙－曲江	8.1（3.614）	0.803	0.819	0.995	0.997
城墙－高新	9.1（3.687）	0.820	0.917	0.967	0.983
雁塔－曲江	4.3（3.683）	0.839	0.850	0.995	0.999
雁塔－高新	6.8（3.838）	0.897	0.982	0.969	0.990
曲江－高新	9.1（3.838）	0.923	0.933	0.988	0.994

注：括号内为四年相关系数之和。

通过以上计算结果可知：第一，西安市文化艺术业空间关联程度普遍较高，且各区域间的差异不大。第二，区域间的空间距离与相关程度不存在必然联系。随着区域间距离的增大，四年相关系数之和呈现不规则的上下波动，且全部集中在 3.5 ~ 4.0 之间。可见，西安市文化艺术业区域间的相关程度高，但是相关程度与空间距离关联较弱，这是由文化艺术业本身性质决定的。首先，文化艺术业并不是地域指向型产业，不同于工业部门，产品间存在明显的上下游关系。文化艺术业产品间不存在上下游关系，所以其发展程度与空间布局位置关联较弱。因此其在一个区域内的集聚与扩散对相邻区域的影响不大。其次，文化产业属于新兴产业，也是目前西安市大力发展的产业，它的布局与发展受国家与政府的政策调控影响较大，因此表现为较为杂乱的空间关系。第三，各区域间的相关关系随时间变化规律不强。整体来看随着时间推移相关程度增强，但由表 11 - 6 不难看出，各区域之间的相关系数与时间关系并不存在严格的对应关系。

从具体的集聚区来看，2000 ~ 2010 年，西安市文化艺术业整体上表现为由城墙区向外扩散的趋势，其中向城南的扩散尤为明显。但是却没有在城墙周边形成新的集聚区，而是在曲江新区形成了新的集聚区。因为曲江新区是国家级文化产业示范区，具有良好的政策优势和环境优势，所以以多家文化艺术企事业单位落户于此，可见政策条件对于文化艺术业空间分布的重要性。

本章小结

本章从分析西安市文化艺术业所取得的成就及其存在的问题入手，选取 2000 年、2005 年、2008 年和 2010 年的断面数据，以西安市三环以内的区级行政单位为基础，结合文化艺术业空间分布，将三环以内划分为十个区域，作为研究空间单元。围绕着时空相关性这一主题展开论述，分为外部相关和内部相关。外部相关部分综合运用最邻近点距离指数、洛伦兹曲线、空间聚类分析方法，分析西安市文化艺术业空间分布特征和时间变化规律；内部相关部分通过计算相关系数，探讨了文化艺术业的影响参数与区域空间距离的相关关系和时间变化规律。研究结果表明：首先，文化艺术产业在空间格局上呈现出从集聚分布向均衡分布发展的总体特征，符合产业发展先集聚后扩散的规律，我国西部地区文化艺术产业起步较晚，大多数城市的文化艺术产业当前正处于高度集聚的阶段，部分城市类似于西安逐渐出现了一些零散的集聚区雏形，产业分布渐趋均衡。第二，文化艺术产业空间布局模式在城市内部空间尺度上是典型的传统布局模式，由增长极模式发展成为点轴布局模式。西安市文化艺术产业发展也遵循了上述理论。最早为增长极模式，经过增长极的扩散效应延伸出相应轴线，形成点轴发展格局。钟楼地区作为西安的文化核心区，是典型的增长极，对周边地区的产业发展具有强大的辐射带动作用；以钟楼地区为增长极、东西大街和城市南北中轴线形成了点轴布局的模式，带动了整个西安市文化艺术产业的发展。第三，从西安市文化艺术业的主要服务人群和空间因素对其功能影响两个角度分析，认为其分布存在不合理性。第四，西安市文化艺术业各参数之间的相关关系随时间呈现波动性变化，但总体来看相关程度较高；不同区域之间的空间相关程度亦较高，且随着时间变化呈现加强趋势；从具体的两两空间来看，西安市文化艺术业在空间上的集聚扩散与区域间的物理距离无明显相关关系。

参考文献

［1］应必诚：《论艺术生产的社会效益和经济效益》，《复旦大学学报》（社会科学版），1997。

［2］刘开云：《关于文化产业统计分类的几点思考》，《统计与决策》2011 年第 12 期。

［3］王丽文、王瑞：《文化（艺术）产业的国内外比较及分析》，《中西文化研究》2008 年第 2 期。

［4］方宝璋：《略论中国文化产业的内涵与分类》，《当代财经》2006 年第 7 期。

［5］褚劲风、周灵雁：《地理学视野中的上海创意产业空间集聚》，《上海师范大学学报》（自然科学版），2008 年第 37（2）期。

［6］张文忠：《经济区位论》，科学出版社，2000。

［7］田甜：《现代会展业空间布局分析》，四川大学硕士学位论文，2006。

［8］成乔明：《艺术产业管理》，云南大学出版社，2004。

［9］Allen，Scott J.，*The Cultural Economy of Cities*，Sage，2000.

［10］周尚意、姜苗苗、吴莉萍：《北京城区文化产业空间分布特征分析》，《北京师范

大学学报》2006 年第 6 期。

[11] 徐宽志：《乌鲁木齐市星级酒店的空间分布研究》，新疆大学硕士学位论文，2009。

[12] 杨云鹏、张景秋：《北京城区博物馆空间分布特征分析》，《人文地理》2009 年第 5 期。

[13] 张炜、姚海棠：《试析北京市文化创意产业的影响因素》，《北京社会科学》2011 年第 3 期。

[14] 张景秋：《北京城区展览馆空间分布发展阶段及其特征分析》，《中国地理学会 2007 年学术年会论文摘要集》，2007。

[15] 郭峰：《当代中国艺术市场及其互联网经营模式研究》，南京艺术学院博士学位论文，2008。

[16] Simon Roodhouse, *Cultural Quarters. Principles and Practices*. Intellect, 2006.

[17] 肖劲奔：《文化资源的产业化发展》，《中国矿业》2011 年第 20 期。

[18] 何阿珠：《艺术产业背景下的艺术定位问题》，厦门大学硕士学位论文，2008。

[19] 西安市统计局：《西安统计年鉴》，中国统计出版社，2006~2011。

[20] Hutton T., The New Economy of Inner City. *Cities*, 2004, 21 (2).

[21] Drake G., This Place Gives Me Space：Place and Creativity in the Creative Industries. *Geoforum*, 2003, 34 (4).

[22] Gibson, Chris, Peter Murphy, Chung-Tong Wu, The Cultural Economy of Sydney. *International Conference on the Culture and Economy of Cities*. Jointly Organized by the Korea Research Institute for Human Settlements and University of New South Wales, 2001.

[23] Gornostaeva, Galina, Cheshire, Paul, Media Cluster in London. *Les cahiers de l'institut d'amenagement et d'urbanisme de la region d'Ile de France*, 2003, 35 (4).

[24] Mommaas Hans, Cultural Clusters and the Post - indus-trial City：Towards the Remapping of Urban Cultural Policy. *Urban Studies*, 2004, 41 (3).

[25] 朱瑜馨、申忠伟、张锦宗：《基于 GIS 的聊城市居民点空间分布研究》，《宁夏大学学报》（自然科学版），2009 年第 30 (1) 期。

[26] 陈卓、张景秋：《北京城区展览馆空间布局演变及特征》，《城市问题》2008 年第 12 期。

[27] 褚劲风、高峰：《上海苏州河沿岸创意活动的地理空间及其集聚研究》，《经济地理》2011 年第 31 (10) 期。

[28] 戴峰：《西安市现代服务业集聚区发展研究》，西安建筑科技大学硕士学位论文，2011。

[29] 刘娜、陈瑛：《西安市文化场馆时空分布特征研究》，《曲阜师范大学学报》2011 年第 37 (3) 期。

第十二章
西安市广告业的时空集散

第一节　广告业发展研究概述

一　广告业内涵界定和分类

1. 广告业的内涵

广告产业是指通过广告策划、设计、制作、发布、调查、效果评估等方式获取利润的产业门类。所谓广告，是指为了商业或其他目的而做的付费信息发布，广告业则为从事广告产品生产或提供广告服务的企业集合，具体而言，是从事调研、策划、创意、制作、媒体购买、发布等广告活动的企业的集合。由于广告活动包括广告主、广告代理、广告发布媒介和广告目标受众四个环节，因此，与广告业关联的产业也比较复杂。但一般来说，广告业主要包括广告公司、广播、电视、报纸、杂志、互联网等大众传播机构的广告经营部分，以及以各种公共场所、交通工具为媒介发布广告的经营机构。广告产品其实就是指各种广告服务、创意性成果和广告实体产品[1]。广告可以根据不同的属性进行分类：

（1）根据传播媒介分类

印刷类广告：主要包括印刷品广告和印刷回执广告。印刷品广告主要有报纸广告、杂志广告、图书广告、招贴广告、传单广告、产品目录、组织介绍等。印刷绘制广告有墙皮广告、路牌广告、工具广告、包装广告、挂历广告。

电子类广告：主要有广播广告、电视广告、电影广告、电脑网络广告、电视屏幕广告、霓虹灯广告等。

实体类广告：主要包括实物广告、橱窗广告、赠品广告等。

（2）根据广告进行地点分类

销售现场广告：指设置在销售场所的广告。主要包括橱窗广告、货架陈列广告、室内外彩旗广告、卡通式广告、巨型商品广告。

非销售现场广告：指存在于销售现场之外的一切广告形式。

（3）根据广告内容分类

商业广告：是广告学理论研究的重点对象。商业广告以推销商品为目的，是向消费者提供商品信息为主的广告。

文化广告：传播科学、文化、教育、新闻出版等内容的广告。

社会广告：提供社会服务的广告。如社会福利、医疗保健、社会保险以及征婚、寻人、挂失、招聘工作、住房调换等。

政府公告：指政府部门发布的公告，也具有广告的作用。例如：公安、交通、法院、财政、税务、工商、卫生等部门发布的公告性信息。

（4）根据广告的表现形式分类：

图片广告：主要包括摄影广告和信息广告，表现为写实和创作形式。

文字广告：指以文字创意而表现广告诉诸内容的形式。

表演广告：指利用各种表演形式，通过表演人的艺术渲染来达到广告目的的广告形式。

说词广告：利用语言艺术和技巧来影响社会公众的广告形式。

综合性广告：把几种广告表现形式结合在一起，以弥补单一艺术不足的广告。

2. 广告业的分类

广告业是一个内容十分丰富的庞大体系，从介质来分，广告业可分为报纸广告业、电视广告业、户外广告业和网络广告业等；从广告产品生产过程来分，广告业可分为广告调研业、广告创意设计业、广告制作业、广告器械制造业（比如霓虹灯制造厂）、广告包装印刷业、广告策划设计业、广告代理和广告媒体（如电视、广播、报纸、杂志）等。

二 国内外相关研究综述

1. 国外研究综述

最初对广告业的研究是从经济学的角度展开的，经济学家们在涉足广告研究时，基本上都是无意识的、不自觉的。到 20 世纪，广告系统化研究开始，具体表现在以下几个方面。

（1）广告业研究方法

20 世纪 40～60 年代，张伯伦建立了广告业分析模型，多尔夫曼和斯坦纳运用数学模型对其分析模型进行数量化分析，建立了广告厂商预算投资模型，最主要的是将现代数理分析方法运用其中，为广告业定量化研究奠定基础。1958 年，韦博和费克纳将心理学方法引入广告业经济研究中，为后来的经济活动中消费者与广告关系的研究奠定了基础。从市场角度研究方法主要有：贝恩的结构主义分析方法和因果顺序法；行为主义分析法。尼尔森将动态流量分析方法引入广告经济学和市场学领域的产品生命周期理论中。到了 20 世纪 80 年代，广告业理论研究以"广告经济学"、"广告营销经济学"、"广告业经济学"等作为基础研究理论方法。目前，数理的方法越来越多地被引入广告分析之中，心理学、神经病理学被应用于广告理论的研究，各类艺术形式与广告进一步结合，从而出现了一系列广告理论研究课题[1]。

（2）广告促销作用的研究

具有代表性的研究有博登（Borden，1942）的广告促销效应研究，他认为广告主厂商投放的广告中的信息有助于消费者正确消费和厂商促销，博登的研究成果代表了经济学界和社会对广告作用的支配性论点[2-3]。科曼诺和维尔森（Comanor&wilson，1961）提出了广告促销与广告主利润率相关性理论及广告的阈限效应。其中广告促销与广告主利润率相关性理论从广告促销与广告主利润的相互关系角度论证和发展了广告进入壁垒理论，推动了广告业经济理论的发展。

（3）关于广告市场研究理论

从广告市场的层面来看，主要有如下的观点：广告竞争强度与市场集中度线性正相关理论，广告促销与广告主利润率相关性理论及广告的阈限效应；广告收益递减理论模型等，这些理论推动广告业的理论研究。20 世纪 80 年代，关于"福利分析"被很多经济学家关注，消费者权益和效用、社会资源的有效配置都涉及广告福利性质问题。另外关于广告管制、反托拉斯政策、私营化、财政补贴政策的研究增多[4]。

（4）广告市场结构的研究

20 世纪 30 年代，美国经济学家梅森提出了产业市场结构、企业行为和经济绩效之间的关系。70 年代，出现 SCP 分析范式。在此基础上，产业组织理论结合经济学和博弈论的研究成果，出现 SCP 动态双向的分析方法。同时鲍尔（Baumol）等创立的"可竞争理论"改变了传统产业组织理论对于市场结构与企业行为关系的单一逻辑关系模式。在对市场结构的影响因素方面，主要有市场集中度、产品差别化和进入退出壁垒。

2. 国内研究综述

1981 年中国广告学术研究开始起步，《中国广告》杂志同年创刊，为中国广告界提供了一个理论交流的平台。从目前获取的文献资料来看，早期关于广告的研究，主要运用市场学原理研究广告。随着传播学在中国的崛起，很多经济学家开始运用传播学的理论研究广告业的相关问题，增加了广告业研究的多元化，由此形成了广告学研究的两大基础理论资源——营销学和传播学[5]。

随着国外广告业研究的兴起，20 世纪 90 年代很多学者运用经济学理论基础来研究广告，主要是一批经济学者开始从广告市场介入广告的研究，他们重点研究广告与市场结构、厂商行为和市场绩效的关系；随着文化产业的发展，一些学者从地域视角出发对广告业进行了研究。总体来说国内对于广告业的研究主要表现在以下几个方面。

（1）广告业与经济增长的关系

孙海刚用产业组织的 SCP 分析范式从结构、行为、绩效、产业政策的几个方面对我国广告业进行了系统的分析，以期对理论研究和实践有所借鉴[6]。高丽华认为广告业作为知识、科技与人才密集的行业，其发展水平是一个国家或地区综合经济实力和社会文化质量的重要反映[7]。卢山冰从经济学角度对广告、广告市场基本规律以及中国广告业 25 年发展过程中广告业市场、媒介广告市场和广告专业公司发展进行了基本分析，对广告业政策、广告制度变迁和广告发展战略等问题进行了系统研究，提出了广告业的二元性和非均衡性特征，认为中国媒介的自然垄断地位决定了媒介广告对于市场的主导性。在广告业市场发展研究上，对中国广告业中广告市场差异化、不平衡性、集中度等问题都进行了深入研究。牛玖荣从实证角度从河南广告业现状入手，进而对河南广告业发展的有利条件和因素进行分析、探讨并提出了对河南广告业发展的建议，预测了河南广告业发展的趋势[8]。

（2）广告业的空间布局

李蕾蕾运用 GIS 分析工具，识别广告业在城市空间的分布和集群形态，提出广告业集群的形成和关联机制具有广告主主导型、媒体依赖型、产业关联型、成本导向型、环境氛围导向型和社会关系型等几种模式。广告业是由广告公司、广告主、广告媒介（组成的三角博弈关系以及三方各自可能到达的地理空间范围）共同作用，构成了广告公司生存、发展、区位选择、空间流动和地域拓展的核心动力机制，任何一方的实力和地理空间变化都可能影响一个城市和地域整体广告业的生态格局[9]。邓敏以产业集群为理论基础，认为我国广告业表现出产业集群的发展趋势，对我国广告业集群现状进行了初步考察，着重从广告代理公司、广告主与媒体的三者关系中寻找我国广告业集群现存问题，并提出广告业价值链的水平合作与垂直整合将成为解决我国广告业现存问题的关键所在[10]。李芳莹通过对产业集聚原理的解读，对海南广告业发展现状进行分析，论证了广告业为主导产业的集聚发展趋势[11]。黄孟芳认为陕西省内各地的广告发展不均衡，各地广告市场具有很大的差异性；推进陕西媒介体制创新，调整广告经营单位产品结构，紧密结合新兴产业，推进广告资本市场的形成等举措，将有利于陕西广告业的持续发展[12]。

（3）广告业空间布局机制研究

黄振家认为在广告业面临转变、挑战、冲击与亟待提升转型的关键时刻，主要针对广告业的未来进行思考，透过相关的文献探讨与分析，具体呈现广告业现今所面临的挑战与困境，同时，尝试以 SWOT 分析方法探究可能影响广告业发展的因素，并且以情境分析的观点，探讨广告业未来可能发展的路径与相关的对策。发现广告业在新营销环境、新科技与新媒体的冲击下，正处于关键的转折点，广告业的竞合关系与产业价值链，正在解构与重组当中。有鉴于此，广告业必须在消费者、商业模式、商业设计与基础结构上寻求创新，才能够在巨变的未来竞争中生存与发展[13]。

（4）广告业发展模式

张金海以产业视角审视广告业，广告运行的基本模式包括：a. 企业主

（广告主）掌控模式，这种模式是广告主一揽子承包广告的所有流程。b. 传媒（新闻传媒）掌控模式：新闻传媒控制了广告的所有操作流程，具有决定垄断地位。c. 广告公司掌控模式。以及我国广告业的几个特点：a. 历史演化轨迹，"长尾现象"；b. 产业规划体系基本骨架已建构完成，但局部仍需修补；c. 广告创意，尚在初级阶段；d. 广告的营业额，广告市场巨大；e. 广告竞争，本土难敌国际；f. 广告载体形态，多形态、多元化、多渠道。中国广告公司要实现对广告业发达国家的超越，必须创新广告业发展路径，走专业化—专门化—集群化—规模化的产业发展之路，专业化和专门化是集群化发展的基础和保障，规模化是集群化发展的必然走向，而公共政策的制度供给则是广告业集群化发展的迫切需求[14]。刘传红界定了广告业的内涵，并且深化了广告业研究的意义[15]。

（5）广告业竞争力

李新立等对深圳研究后发现，在广告业进入平缓发展期后，深圳面临全国经济重心转移，服务范围变化和产业生产链结构失调的局面，以市场竞争升级服务和刺激资本运作的方法，有利于提升深圳广告业的竞争；并且他认为对广告业组织的改革和创新可以使深圳广告业形成合理化的有效竞争态势[16]。廖秉宜认为中国广告业的转型是广告业可持续发展战略的必需，转型的核心和目标就是以广告业为主导整合营销传播的相关领域，转型的实现途径是通过广告公司价值链的集聚和扩大，提升广告业的核心竞争力[17]。

综上所述，从地域空间分布和时空演化角度对广告业的研究较少，大部分的研究都集中在定性和大体的发展趋势方面，对于其理论方法研究以及定量的空间分布演化研究相对匮乏。

第二节　西安市广告业的发展现状

广告业发展水平在一定程度上反映一个城市的发展水平，目前西安市广告业处于成长阶段，2000~2010年广告业持续稳定发展，2004年营业额为59.19亿，占GDP的1.04%，到2009年广告营业额为79.8亿，占GDP的1.86%。

一　广告经营单位规模小、从业人员数量少

广告经营单位作为广告业的主体，2000 年广告经营单位共 116 家，到 2005 年增加到 155 家，2010 年增加到 266 家，10 年间广告公司的数量增加了 1.3 倍。2000~2010 年，广告公司从业人员数量不断增加，2010 年从事广告业的人数是 2000 年的 1.88 倍。虽然广告公司从业人员不断增加，但是增幅低于广告公司数量的增加，表现为广告公司单位人员数量减少。2000 年广告公司平均从业人数 11 人，2010 年广告公司平均从业人数 9 人（表 12 - 1）。

表 12 - 1　西安市广告经营单位数量（2000~2010 年）

年份	广告公司的数量(户)	广告从业人数(人)	户均人数(人)
2000	116	1276	11
2003	149	1490	10
2005	155	1550	10
2008	235	2115	9
2010	266	2394	9

数据来源：西安市黄页。

二　个体私营企业成为广告业的主体

西安市广告业主要以私营兼营为主，20 世纪 80 年代进入广告业的国营资本增多，20 世纪 90 年代后，随着对外开放不断扩大，经济全球化的深入发展，私营资本进入广告行业的比例开始提高。2010 年对 175 家广告公司进行实际调查发现，71% 的广告公司属于个体私营，私营兼营占 7.8%，外商投资占 2.1%，国有广告公司占 15%，联营企业占 0.5%，国有兼营占 3.6%。可见西安市广告业主要由私营业主经营，国有广告公司发展滞后，不能适应市场需求。在对 2000 年和 2010 年广告公司进行调查后发现国有企业数量逐渐减少。

三　广告公司运营周期短

从西安市工商局调查了解到，2000 年西安市注册的广告公司 163 家，到

2003 年有 49 家单位破产，新增 99 家，其中有 25 家在注册后一年破产。在对西安市工商局 2005 年所有广告公司查询时，发现 2003 年注册的公司破产了 28 家，另外还有一些公司改名和更换地址。2008 年所有广告公司中 2005 年注册的公司破产了 49%；2010 年的 266 家公司中 2000 年注册单位仅有 21.3%。由此可见，广告公司运营周期短，大部分都是维持一两年，能坚持十年以上的公司少之又少，所以西安市的大广告公司非常少。

四 广告公司的营业额来源主要来自于设计制作

据调查分析，西安市广告公司经营业务类型分为代理、制作、设计和发布。按照广告业务习惯细分可以分为策划（咨询）、调研、媒体购买、营销等。在对 2010 年部分广告公司进行抽样调查、访谈时发现，西安市广告公司营业额主要来自"设计制作"方面，广告设计制作费用占到营业额的 50% 以上（图 12-1）。

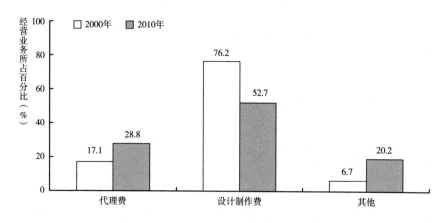

图 12-1 西安市广告公司营业额来源（2010 年）

五 广告公司的主要业务以本地客户为主

根据对 2010 年广告公司的抽样调查发现，西安市广告公司营业额 70% 来自本地客户，主要来自西安市区县，16.9% 来自省内其他地区，13.1% 来自外省的客户。

根据调查发现，从 2000 年以来，西安市广告业业务主要面对家用电器、零售业、电信等行业。2003 ~ 2005 年房地产业广告量在整个广告投放量中的比例呈上升趋势，由 2000 年的 28.7% 上升为 39.6%，2005 年开始药品、化妆品、医疗器械等行业逐渐上升，占到全部广告的 68.9%（图 12 - 2）。本章对西安市广告业的营业额来源做了详细划分，问卷调查显示 2010 年广告主要来源行业排名靠前的是房地产、药品等行业（见表 12 - 2）。西安市目前的绝大多数广告公司还缺少为知名产品做整体服务和全国投放代理的能力，致使本地很多知名产品广告业务外流。

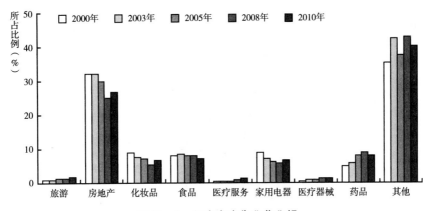

图 12 - 2　西安市广告业营业额

表 12 - 2　西安市广告业营业额来源（2010 年）

行业	选择公司的百分比(%)	行业	选择公司的百分比(%)
旅游	1.8	服饰	3.6
房地产	27	电信	4.2
化妆品	4.5	零售百货	2.1
食品	6.7	汽车销售	6.9
医疗服务	3.2	酒店餐饮业	2.1
家用电器	5.9	美容行业	1.5
医疗器械	1.5	教育培训	4.5
药品	7.8	汽车制造	6.2
酒类	0.7	烟草	0.8
其他	9		

数据来源：调查问卷计算整理。

通过对 20 家企业进行抽样调查，2010 年有 12 家接受过广告公司的服务，并且都接受过本地广告公司的服务，占到企业总数的 60%；从企业服务内容来看，企业全权委托广告公司设计制作及代理投放的占调查企业的 48.6%，委托媒体投放的公司占到 13.5%。

六　广告公司缺乏高学历人才

广告业是人才密集、知识密集、高新技术密集的创意型产业，体现了社会经济发展的脉动，传播大众消费文化。广告公司的主体经营业务制作和设计需要高素质、高技能的人员来完成，自 2000 年以来西安市广告公司从业人员数量不断增加，主要从事项目制作和设计，但从广告从业人员的学历来看，大专文化程度人员所占比例最高，达到 48.60%（图 12 - 3）。

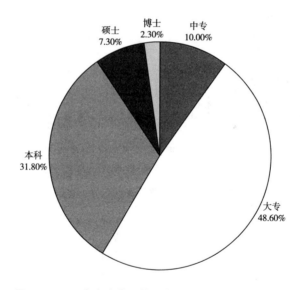

图 12 - 3　西安市广告业从业人员文化水平（2010 年）

七　西安市广告公司进一步发展面临的问题

1. 广告创意少

一个城市，其产品广告在全国各媒体发布数量的多少，在全国市场上的影响大小，不仅是衡量其经济发达程度的一个重要标志，而且也是一种地域文化的直接体现。按照业内人士的说法，广东的广告设计精明，山东的广告粗犷豪放，四川的广告火辣烫人，上海的广告纤柔妩媚，北京的广告政治味浓。但西安市广告设计则缺乏创意，从西安的各媒体可以发现，在各类产品广告中，西安地方产品的广告微乎其微，所占比例不足5%。

2. 市场狭小

广告是对商品、服务或观念进行的信息传播。由于西安的商品市场规模较小，缺乏地区生产的品牌，而外地品牌由于市场狭小，在广告经费上投放不足，使得西安市场竞争力减弱，影响广告市场的发展壮大。

3. 广告公司专业服务内容单一

一般意义上的广告服务链是：市场调研→营销策划→广告创意设计→广告制作→媒体策划→媒体代理发布→媒体效果监测→广告效果监测→品牌管理。

通过对西安市广告经营单位调查分析发现，2009年广告公司的广告代理业务占总收入的23.76%，广告制作占38%，广告设计业务占31.6%，而市场调研、营销策划所占比例非常小。

从调查中可知，广告公司的主营业务仍然是以设计制作为主，在广告业务流程的前后两段，市场调研、营销策划、广告效果监测、品牌管理服务能力较弱，缺乏这些方面的专业人才，广告公司服务类型结构比较单一。

第三节　西安市广告业的时空集散特征

新中国成立后，西安市城市规划经过多次调整，城市空间范围不断扩大，城市向郊区不断延伸。与此同时，城市经济迅速发展，产业结构不断壮大，第三产业所占比重不断增大，文化产业发展迅速，文化产业的空间布局也发生了巨大变化。

将西安市区划分为三个圈层：新城区、碑林区和莲湖区为城市的中心区，雁塔区、未央区、灞桥区为近郊区，长安区、阎良区、临潼区为远郊区。广告业空间分布具有地域的选择性，本章只研究西安市中心区和近郊区的5个区，不涉及郊县。其中，临潼区、长安区、阎良区、灞桥区因为在最近十年广告业的发展极为缓慢，所占西安市广告业的比重相当小，所以本章不做研究。

一 各圈层广告业变化趋势

通过对西安市 2000 年和 2010 年广告业进行统计分析发现，单位数量增加了 150 家，年均增长速度为 15%；从业人数增加了 1118 人，年均增长 0.09%；广告业分布范围由 2000 年的 87.10 公里增长为 2010 年的 262.03 公里。将莲湖区、新城区、碑林区划分为中心区，雁塔区、未央区划分为近郊区。从市域内部各地域圈层来看（表 12 -3），近郊区无论是增长量还是增长速度都是最快的。

从增长速度来看，近郊区远大于中心区；就密度而言，2010 年，中心区密度为 1.42 个/平方公里，近郊区为 0.29 个/平方公里，说明中心区是广告业分布最密集的区域，近郊区是广告业发展最迅速的区域，呈现出广告公司从城市中心向外围发展的趋势。

表 12 -3　西安市不同的地域圈层广告业的增长情况 （2000～2010 年）

圈层	增长量(个)	增长速度	密度增长(个/平方公里)
中心区	31	0.32	0.34
近郊区	119	1.21	0.29

二 西安市广告业时空演化分析

上述研究是从宏观层面对西安市广告业的布局进行了研究，总体上把握主要分布趋势。但从区县的中观层面来讲，广告业表现出不同的发展趋势，从整体把握广告业在区县的分布状况，能更好指导优化区县广告业的空间布局。

1. 西安市各区县广告业空间分布

2000 年西安市广告业分布密度和范围较小（图 12 -4），主要集中在碑林区和新城区，经营单位为 86 家，平均密度为 2.01 个/平方公里。新城区作为西安市的老商业区，广告公司分布较为均匀，经营单位 12 家，密度 0.39 个/

平方公里，未央区和雁塔区广告业分布很少，其中未央无一家，雁塔区为 18 家，平均密度为 0.12 个/平方公里，并且主要分布在环城南路、环城西路、绕城高速的南部以及市中心区域，总体来说 2000 年西安市广告业分布范围主要在二环以内。

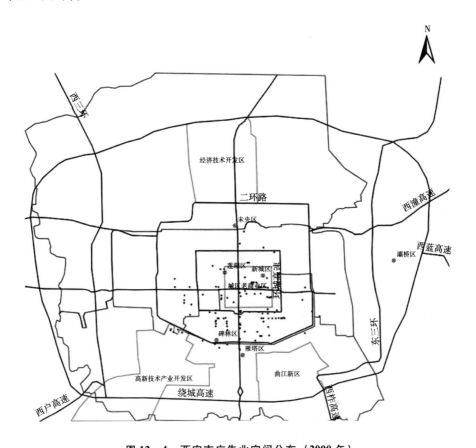

图 12 – 4　西安市广告业空间分布（2000 年）

2010 年西安市广告业在雁塔区形成明显的产业集聚中心（图 12 – 5），高新技术产业开发区是广告业密度最大的地区；莲湖区和碑林区的广告经营单位 108 家，平均密度为 2.52 个/平方公里，未央区单位数为 18 家，平均密度为 0.07 个/平方公里；新城区和雁塔区广告经营单位分别为 21 家和 119 家，密度分别为 0.68 个/平方公里、0.78/平方公里，广告业企业沿着主要交通干线分布，尤其是未央路、科技路、南二环南段、高新路、长安北路等五条城市主干路形成明显的广告业密集带，说明交通是广告业区位选择的重要影响因子。通过与 2000 年广告业空间分布对比可知，总体上呈现数量不断增加的趋势，广告业从中心区向郊区不断延伸和扩张，形成明显的产业集聚中心区。

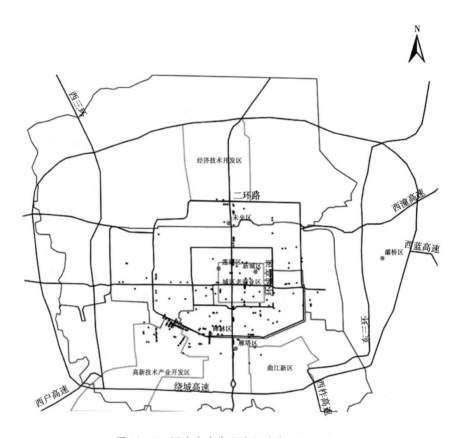

图 12 - 5　西安市广告业空间分布（2010 年）

2. 西安市各区县广告业时空演化分析

从西安市五个区广告业的增长情况来看（表 12 - 4），雁塔区、莲湖区增长最为显著，雁塔区 2000 年增加了 5 家，2008 年增加了 36 家，增长速度快。莲湖区 2000 年增加了 19 家，到 2008 年则为 22 家，其中莲湖区密度增长位居各区首位，2008 年为 0.51 个/平方公里，雁塔区紧随其后为 0.24 个/平方公里。未央区、新城区呈现波动增长状态。

表 12 - 4 西安市各区县广告业的增长情况（2000～2010 年）

年份	增长量(个)				年增长速度(个/年)				密度增长(个/平方公里)			
	未央区	莲湖区	新城区	雁塔区	未央区	莲湖区	新城区	雁塔区	未央区	莲湖区	新城区	雁塔区
2000	0.00	19.00	- 8.00	5.00	0.00	0.28	- 0.67	0.38	0.00	0.44	- 0.26	0.03
2003	0.00	- 2.00	7.00	28.00	0.00	- 0.01	- 0.01	0.63	0.00	- 0.05	0.23	0.18
2005	0.00	- 5.00	- 9.00	18.00	1.00	- 0.03	- 0.24	0.20	0.01	- 0.12	- 0.29	0.12
2008	2.00	22.00	8.00	36.00	2.30	0.09	0.27	0.19	0.05	0.51	0.26	0.24
2010	14.00	7.00	3.00	19.00	0.07	0.03	0.08	0.10	0.01	0.16	0.10	0.13

利用增长速度、增长密度难以客观评价各区县的增长情况以及增长对经济发展的影响，这里引入刍议增长 1% 绝对值。刍议增长 1% 绝对值是衡量增长速度的一个相对指标，该指标说明现象相对的增长程度。计算增长 1% 的绝对值即可发现：在同一增长速度下，基数数值不同，那么增长的绝对值也不同。基期值小，增长速度就快，但增加的绝对值很小；基期值大，增长速度不快，但增加的绝对值也会很大。在比较各种社会经济发展程度时，运用绝对值的计算方法，能避免单纯用增长速度评价工作优劣的弊端。该计算方法不论从数学原理还是从统计经济意义的角度看都是合理的[18]。此方法的计算公式为：

$$\text{增长 1% 的绝对值} = [\text{逐期增长量/环比增长速度}] \times 1\%$$
$$= [\text{逐期增长量/(逐期增长量/环比增长速度)}] \times 1\% \quad (12 - 1)$$
$$= \text{前一期水平} \times 1\%$$
$$= \text{前一期水平/100}$$

在实际产业经济分析中，如果基期水平较低，增长速度可能很快，那么每增长 1% 所带来的实际效果就比较小，即绝对值很小；如果基期水平很高，增长速度可能不快，但是每增长 1% 它所带来的实际经济效应却可能很大。所以在现实中就经常会出现一些高速度中所隐藏的低水平，而低速度却存在高水平的现象，运用这一指标可以避免单纯用增长速度评价工作优劣的弊端。

因此，在评价西安市各区县广告业增长速度的基础上，需要考虑相对增长，以 2005 年为基年，考察 2010 年的增长速度情况，刍议增长 1% 绝对值：未央区为 0.02；莲湖区为 0.79；新城区为 0.1；雁塔区为 0.64。

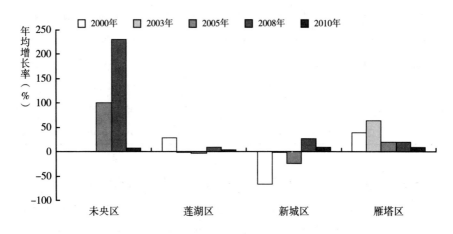

图 12 - 6　西安市城四区广告业增长率变化（2000～2010 年）

在发展速度方面（图 12 - 6），未央区增长速度最快，2008 年增速是 2005 年的 2 倍多，但是未央区广告业发展基数小，对未央区经济发展总体带动作用小；雁塔区一直处于缓慢增速阶段，其中 2003 年增长速度出现峰值，雁塔的 1% 绝对值大，总体上增速较快，对于城区经济发展贡献大；莲湖区和新城区呈现波动增长状态，莲湖区属于老城三区，绝对值大，广告业发展缓慢、停滞，有些地区甚至出现向外城区扩散的现象，新城区绝对值小，总体增长波动最为显著，说明广告业发展处于初级阶段，对经济发展贡献不显著。

3. 西安市各街区广告业时空演化分析

对于城市空间研究而言，基本空间单元的选择至关重要。综合国内外研究发现，我国的产业和人口普查通常是以街道办事处（乡、镇）为最小单元进行统计，以街区作为产业研究的基本空间单元，方便城市之间和城市内部区域之间进行比较，但是对于资料的准确性要求也较高，因此在定量的研究中最为常用[19-20]。

从圈层地域和区县两个层面上能够把握西安市广告业空间变动的整体特征，但只具有宏观意义。要揭示空间变动的具体特征，必须依赖于微观空间单元的分析。因此，以"街区"为空间单元，更有助于分析西安市广告业的空间变动情况（图12-7）。首先，通过对比分析五年城区广告业的空间分布，从总量的角度判别空间变动的特征；其次，构建指标，从增长速度的角度进行考察；最后，综合总量和速度两方面情况，划分西安广告业服务业空间变动的地域类型。从图12-7可知，2000～2010年间西安市广告业空间演化呈现以下特征。

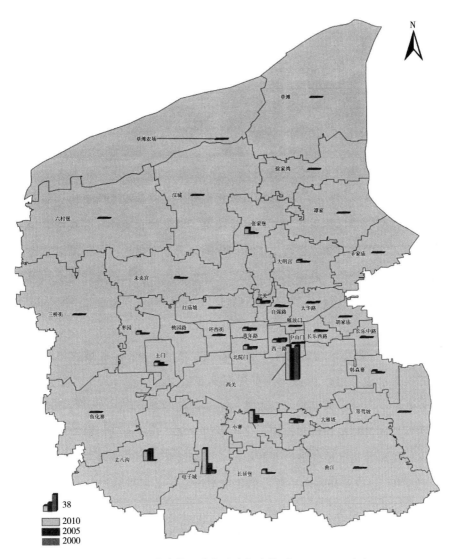

图12-7 西安市街区广告业空间变化（2000～2010年）

（1）从中心街区向外围街区扩张趋势，城市中心地区的地位下降，近郊区地位有所上升。2000 年西安市西关正街广告业分布密集，广告产业占到总数的 60%，位居第一等级；近郊区广告产业分布较少，形成明显密度差距；2010 年西关正街广告公司数量减少，广告产业比重下降为 28.5%，近郊区广告业的总数增加、比重加大，地位开始上升。

（2）由分散向集中发展趋势，产业集中分布的特征较为明显。2000 年，主要均匀分布于西关正街，2005 年小寨、电子城、丈八沟街区形成一定的集聚，2010 年广告产业的分布呈现西关正街和电子城两个密集区。

（3）整体上，都市区的广告业集中分布于雁塔区、新城区、莲湖区，外围城区呈点状分散式分布。

三 西安市广告业空间集聚的时空演化分析

1. 西安市广告业集聚的理论方法

产业集聚测度指标体系是评价城市化发展状况的基础，所选指标能表征系统的主要特征，指标体系的科学性直接决定了结论的真实性和客观性。为了对西安市广告业的时空演化进行更加详细化的分析，本章选用区位熵对广告业空间集聚程度进行分析。总体上说，基于统计数据对广告业的定量测度和分析仍然是研究的主流，这就涉及指标模型的选取问题[21-22]，本章选择区位熵作为衡量指标。

"区位熵"是用来衡量某一产业的某一方面，在一特定区域的相对集中程度，它是由哈盖特（P. Haggett）首先提出并运用于区位分析中。在衡量某一区域要素的空间分布情况时，反映某一产业部门的专业化程度，用来衡量某一区域在高层次区域的地位和作用，又称专门化率。在产业结构研究中，运用区位熵指标可以分析区域优势产业的状况。一个地区某种产业或产品生产在全国（全省）的产业或产品生产中所占的比重与该地区某项指标（产品、产业、人口等）占全国（全省）该项指标比重之比。用于衡量某一区域要素的空间分布情况，反映某一产业部门的专业化程度，以及某一区域在高层次区域的地位和作用等[21]。

$$LQ_i = \frac{ex_i / Ex_i}{eq / EQ} \qquad (12-2)$$

式中：LQ 表示 i 区域的广告业区位熵，ex_i 表示第 i 个街道办的从事广告业人数；Ex_i 表示第 i 个街道办全部就业人口；eq 表示西安市广告业总人数；EQ 表示西安市全部就业人口。可见区位熵 LQ 可以用来测度广告业不同地区的分布水平和广告业发展程度。如果某地区广告业集中化指数 $LQ_i > 1$，说明该地区广告业人数在该地区就业人数中的比例高于全市该产业在全市所有就业人口所占的比例。$LQ_i = 1$ 时，处于均势；$LQ_i < 1$ 时，处于劣势。区位熵值越大，产业地方化集聚程度越高[21]。

2. 西安市广告业集聚的时空演化分析

根据区位熵公式，计算得到 2000 年到 2010 年西安市五个区县各个街道办广告业区位熵如下（表 12-5）。

表 12-5　西安市各个街道办广告业区位熵（2000~2010 年）

街道办	2000 年	2010 年
张 家 堡	0.000	0.401
大 明 宫	0.000	0.086
未 央 宫	0.000	0.043
北 关	0.112	0.522
青 年 路	0.174	0.514
北 院 门	0.361	0.512
桃 园 路	0.062	0.012
太 华 路	0.257	0.101
自 强 路	0.000	0.029
韩 森 路	0.000	0.266
西 一 路	0.891	0.679
长 乐 西 路	0.156	0.015
长 乐 中 路	0.000	0.018
中 山 门	0.413	0.112
丈 八 沟	0.000	1.361
电 子 城	0.498	2.071

续表

街道办	2000 年	2010 年
小　寨	0.513	3.872
大雁塔	0.317	0.871
曲　江	0.000	0.005
等驾坡	0.000	0.000
长延堡	0.000	1.691

根据产业集聚度绝对值的划分标准：超高（ $LQ > 2$ ）、高（ $LQ > 1$ ）、中（ LQ 在1附近）、低（ $LQ < 1$ ），对产业集聚趋势进行分析。从表 12 - 5 可以得出以下结论。

（1）产业集聚度超高的地区为西关街区，也是西安市广告业集聚程度最高的地区。但 2000 ~ 2010 年集中程度逐渐下降，说明广告业作为优势产业的地位逐渐下降，虽然广告业分布相对密集，但随着近郊区广告业的发展壮大，并具有一定的竞争优势，而使其原本优势地位有所下降。

（2）区位熵整体增大的街道办有曲江、小寨、丈八沟、电子城、北院门、土门、青年路、北关和张家堡。2000 ~ 2010 年区位熵逐年增大，说明西安市广告业在很多区域处于不断集聚的状态，优势越来越明显，专业化程度逐渐增强。在小寨、电子城、丈八沟街道区位熵大于1，说明在这几个街道已经形成明显的集聚优势区，广告业在这几个区的优势越来越明显，专业化程度逐渐增高，处于不断集聚发展阶段。这几个街道分别位于莲湖区、雁塔区，充分证明了西安市中心区和近郊区广告业都处于产业发展上升期。

（3）区位熵处于波动状态的街道有太华路、等驾坡、长延堡、环四街、北关街道。这些街道区位熵在 0 ~ 1 波动，这些地区处于西安市人口流量相对较少的区域，近年来发展迅速，但由于人口密度小，第三产业不发达，文化产业基础差，发展缓慢，呈现波动发展状态。

（4）区位熵处于下降状态的街道有西关街、自强路、长乐西路、长乐中路、桃园路。其中西关街由于处于老商业区，随着电子城、丈八沟街广告业优势不断增强，呈现出下降的趋势。其他几个街道分别位于莲湖区和新城区，都

属于城市中心地区,但由于广告业发展相对缓慢,无法和其他几个发展迅速的
街区比较,处于下降状态。

通过以上分析可知,西安市广告业时空演化不均衡,近郊区雁塔区广告业
处于快速增长阶段,广告业集聚,近十年赶超原本处于第一位的西关街区,而
快速形成增长极;原本处于西安市集聚中心区的西关正街排名第二;除此之
外,在第一二集聚区周边出现了波动、缓慢、艰难发展的街区,形成西安市广
告业发展的第三个边缘带。

四 西安市广告业的空间结构模式演化

本部分研究从街区层面来探讨西安市广告业空间分布演化趋势,首先通过
对比 2000 年、2010 年两个年份的广告业单位数量变化,找出其空间分布演化
规律,然后总结出广告业空间结构模式。从 2000~2010 年西安市广告业空间
分布发生很大的变化(图 12-8),具体呈现以下发展特点。

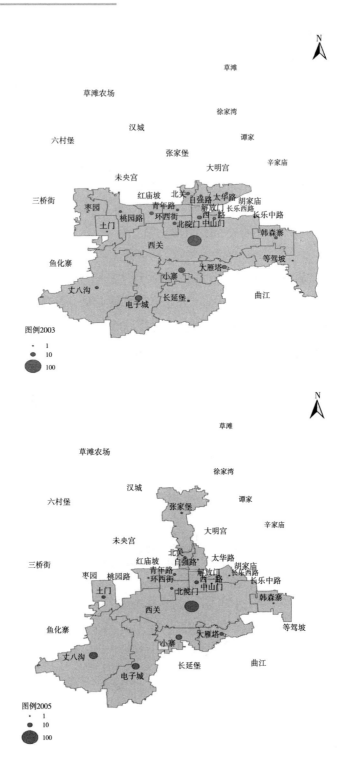

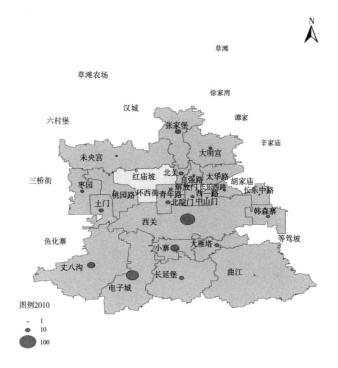

图 12 - 8　西安市广告业空间分布（2000～2010 年）

1. 由单核心向双核心发展

在区域发展的早期，虽然在城市内部的经济发展水平差异不很显著，但是各个地区之间的资源禀赋是不同的。同时，由于区位条件的不一样，一些在空间分布上有集聚需求的经济部门及组织就会选择区位条件相对好的地方作为发展场所[23-24]。

单核心结构模式是城市产业发展初期形成的，文化产业的分布起初选择区位条件相对较好的城市中心商业区作为发展场所，从而形成产业的集聚地。因此，西安市广告业最初选择城市中心区位条件好、人口集中、企事业单位和个人客户非常集中的市区繁华地带进行布局。随着城市化的发展，城市产业的扩张和城市规划的调整，2010 年西安城市的空间结构正由传统的"中心－外围"的扁平结构向"核心－多中心"层级式结构转型，城市中心形成商业集聚区，功能单一化，而人口功能和人口集聚中心主要偏向雁塔区、未央区和长安区，使得郊区在接纳人口和产业转移的同时，与市区形成错位的经济发展态势和独

413

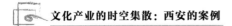

立的发展形态，在电子城街区形成第二个核心集聚区，成为第二个核心区。

2. 星状放射状分布模式

星型放射演化模式是沿几条发展轴呈放射状向外扩展，各个商业中心从交通汇集处向每个干道延伸，形成星型结构[25]。在产业形成一定的集聚区之后，核心区产业密度大，各种服务活动发展逐渐成熟，各种产业沿着最优方向轴线生长，各种产业分布也因生长轴数量的不同而表现出带状、星状或团状。随着道路交通为主导的大型基础设施的建设，市场功能的不断完善，空间范围的不断扩大，西安市培育了众多的生长轴，长安路、未央路、东大街、西大街成为城市中心聚集区的生长轴。以高新区为中心，以高新路、南二环、太白路、科技路为轴线，形成放射状的产业分布模式（结合图 12 - 4、12 - 5）。

3. 多心组合发展模式

在西安市形成电子城、西关街两个核心区，从整个地域范围来看，随着西安市城市建设发展，几条发展轴呈放射状向外扩散的基础上将形成多新组合模式。目前西安市城市产业布局出现多核生长并相互独立的多中心城市产业发展区，如目前存在的高新区、曲江新区和正在开发建设的沣渭新区、泾渭新区等，城市规模的扩展和中心城市功能的扩散，使得新一轮产业分布模式正在形成。

第四节　西安市广告业的时空演化机理及发展对策

一　广告业的时空演化机理分析

文化产业是随着经济发展、产业结构的不断调整，主要在一些大都市尤其是一些国家的首都、省会城市相继发展起来的，在每个大城市都会出现文化产业的集聚地、固定的分布区域，这些固定场所会随着城市规划、城市性质等外部环境而发生变化[4]。影响广告业空间布局的因子很多，与微观企业区位选择、产业发展阶段、市场的发育成长速度、区域经济发展水平、相关支撑体系的发展、政府政策与产业规划等密切相关。另外广告业的布局演化也受到国内外广告业市场以及产业竞争环境的深刻影响。根据西安市广告业的实际发展情况，影响西安市广告业空间布局的因子主要有以下几个。

1. 广告业的时空演化驱动因子分析

（1）市场需求

一个产业的兴起和发展是经济社会发展到一定阶段的产物，而文化产业的兴起是在工业革命之后，随着人们收入水平的提高，为了满足人们的精神需求而产生的。文化经济的这种布局上的不平衡性与基础经济的发展水平有关[26]。

产业发展一般会选择定位在有需求的地方。市场需求的拉动是产业发展的主要力量。当市场上有很大的需求未满足时，必然刺激相应的生产要素组织生产，以满足这部分需求，当这些生产要素在一定空间聚集时，就形成产业集聚。另外，统一开放的市场环境和健全的市场机制是产业空间形成发展的关键条件。当市场被条块分割，交易成本会变大，反之则变小。只有当市场之间发生融合，才可以减少交易成本，这样企业就会发生集聚。市场的扩大和企业的集聚，又会导致专业化分工体系出现。专业化分工与交易成本下降进一步推动市场扩张，市场外部性逐渐提升，使得区域对更多的企业形成吸引，从而形成良性循环累积效应，最终导致产业集聚的形成和大规模发展[27-28]。

我国经济飞速发展，居民的收入大幅度增长，受教育水平明显提高，居民闲暇时间也大大增加，这些都成为扩大市场需求的重要影响因素。广告公司一般会选择在有大量广告需求的地方，文化产业的发展在很大程度上取决于文化市场的繁荣，而文化市场的核心是文化消费。近几年来西安的消费者在文化消费上的热情逐渐增高，广告业市场有了更广阔的发展空间。

（2）政府引导和城市规划

政府在经济发展过程中起到重要的作用。经济发展离不开合理的政府行为，适当的政府行为有利于扩大经济活动的集聚效应，产生最大化的经济效益；经济的发展离不开政府制定的相应政策和法规规范，适宜的政策和法规规范有利于形成良好的竞争环境和市场秩序，从而促进经济活动的发展[25][29-30]。

城市规划是研究城市的未来发展、城市的合理布局和城市各项工程建设的综合部署，政府通过对城市空间和土地利用的调控确定城市性质、规模和发展方向，引导合理的城市空间产业布局，实现城市健康有序发展。不同于计划经济条件下国家计划和国民经济计划延续和具体化的城市规划，市场经济条件的城市规划是国家对城市发展进行宏观调控的重要手段之一[31-32]，是通过社会理性和市场理性的相互制约，实现社会资源的优化配置，是城市管理的重要组成部分。

城市规划对文化产业的空间布局具有一定的指导作用，主要表现在以下方面：按照西安市城市总体规划（1995~2010年），西安市城市发展方向主要向南，未来西安中心城市发展模式为"九宫格局，棋盘路网，轴线突出，一城六心"，其中尤以西南、东北和渭河以北为主要发展方向，总体规划中又将雁塔区作为西安新区发展方向[33]。对旧城区的保护及规划中确定的主要向南的发展方向，促使西安市服务业主要分布在东西大街轴线及以南区域，产业分布重心偏南；这里的"西南"指的是高新区，对高新区的发展规划使得此区成为西安市经济发展最为迅速的区域，促进了文化产业在此集中。其中根据调查显示2010年高新区集聚了78家广告企业，占到整个西安市广告企业的30%。

（3）城市交通设施发展

城市交通和产业区的发展是相互促进、相互制约的关系，《西安城市总体规划》（2008~2020）提出了西安市未来的空间布局模式为"九宫格局，棋盘路网，轴线突出，一城六心"，其未来的发展方向是大都市型城市。规划中，布局的放射型路网以东、南五路和南北大街为主，太乙路，太白路等8条为辅，环型路网则是一环、二环及规划中的三环。

城市交通的发展对城市产业布局有着重要的影响，一般情况下城市产业空间分布沿着主要交通干线、交通节点和轨道交通的主要站点扩散发展。同时，各个产业会沿着城市发展的方向向外扩张。西安市处于内陆平原，地势平坦开阔，铁路、公路等陆路交通对城市对外扩张产生了重要影响。城市交通的变化对产业空间演化有着重大的影响。随着科技迅猛发展，出现了越来越多的交通方式，高速公路、高铁、轨道交通、铁路、航空等。交通枢纽的建设和交通布局规划对于产业的空间布局影响重大。这点在西安市广告业空间布局演化中特别明显。

西安市城市交通发展的引导体现在广告业空间布局沿主要道路交通节点和轨道交通的主要站点扩散发展，具有明显的交通区位指向性，主要表现为西安市广告业在城市交通站点分布集中，如南二环与含光路相交处、小寨东路与翠华路相交处、唐延路与科技路交汇处；西安市广告业受交通主干线的影响，在圈层式扩散的同时，在交通主干线的两侧逐渐形成集聚区，如长安路、南二环南段、高新路、东大街等。

（4）竞合力

所谓"竞合"，是指厂商在商业运作中，要使竞争与合作有机结合起来，共同实现经营目标的商业行为。或者说"竞争性合作"（Competitive Cooperation）及"合作性竞争"（Cooperative Competition）[34]。竞合是一种新的竞争理念和范式，这里的竞合是指获得竞争优势的合作方式、秩序及过程，而不是传统意义的纯粹竞争，其目的仍是为了获得竞争优势。

没有竞合力就没有竞争力，这是事物发展的一般规律。竞争和合作是保证市场又好又快发展的途径，这两条合而为一，竞合更是一条发展规律。但是，竞争力要小于竞合力。竞争是伴随着产业的集聚而出现的，同时，合作是商家在激烈的竞争中追求经济最大化而出现的一种策略，在现代企业发展中，竞争和合作是共生的关系，如果竞争和合作能够良性和谐的发展，就会变成产业集聚的一种动力、一种拉力，促使产业集聚发展。竞争和合作在人类发展过程中都起着同等重要的作用，没有好与坏的区别，两者都是推动社会进步的标志，在城市发展、产业集聚发展过程中，竞争和合作起着重要的作用，对于整个区域的产业发展来说，其作用显著[28]。

竞争与合作的方式主要通过四个方面来实现：①技术合作，通过企业之间技术合作提升各自的竞争力。②人才交流，集群内的企业可以通过人才的交流提升人员的素质，从而提升竞争力。③产业关联，所谓产业关联是指集群内的企业以供应链为基础、以"双赢"为目标，通过前向、后向的垂直联系而建立一种长期、稳定、良好的合作关系。随着经济全球一体化的到来，产品的竞争力已经不仅仅决定于某个企业的竞争实力，而且也决定于整个供应链的竞争实力。④信息共享，可以通过网络化的途径建立信息共享平台，从而满足不同规模企业对信息的需求[35]。

研究表明，西安市广告业主要集中在高新技术产业开发区和市中心老商业区，而这两个地区也是西安市服务业产业布局最为密集的两个区域。在这两个集聚区内部企业之间的合作将加速企业之间的创新，率先创新成功的企业打破原有市场布局，改变原有技术、生产和管理方式，获得高额利润，因此企业之间会加强交流，并且带动其他企业持续创新，落后企业为了重新获得市场，也会加速对集群内资源的利用。而竞争性则增强了企业创新愿望，加强了企业之间的合作。所以，竞合力是产业集群培育壮大的重要内驱力。集聚区内的企业大多属于中小企业，在当前社会市场竞争中，由于自身规模限制，所以一般很难与大企业相抗衡。所以这些企业和其他企业加强联系、加强合作，提高自身的竞争力，才能在激烈的市场中处于优势地位。

（5）社会文化

除上述影响因子以外，历史惯性、社会心理、行为决策等一些非经济性的因素也会对广告业的空间布局产生一定的影响[36]。一般情况下，经营单位的布局选择受到主体参与者性质的影响，目前随着经济的发展，经济全球化，除了区位选择的外部条件以外，企业主个人的内在因素，以及每个城市固有的历史惯性在企业区位选择中所占的比重越来越大。

a. 广告主主体行为

在产业区位的选择过程中，行为因子也是主要的影响因素，不确定性大，在区位选择的过程中，决策者、生产者和消费者个人因素会使得区位选择发生偏离，因此，在世界不同的国家，产业区位选择往往不是区位最优的地区，这种偏离主要是受到决策者的影响所产生，决策者的判断在区位的选择中起着重大的作用，其行为因素方面包括个人喜好、兴趣、个人判断等。

西安市广告业的布局未必会完全分布在区位最优的地区，它会在历史政治、制度因素的基础上受到个人主观方面的影响，如偏好、主观判断因素的影响，从而在选择区位方面出现不同的情况。如在2010年西安市形成两个广告业集聚中心区，但同时在没有区位优势的张家堡和红庙坡也有广告业的分布。

b. 社会历史因素

社会历史因素对产业空间布局会产生重要的影响，社会历史因素主要包括社会基础、管理体制、国家宏观调控法律政策、国内外政治条件、国防、文化等因素。这些因素都是非经济性质的，也是非自然地理环境因素[37]。

从社会历史因素考虑，产业空间布局的形成是一个漫长的过程，目前西安市产业布局结构是在历史过程中不断演化积累的结果，这种分布结构是受到城市文化、环境、政策的影响而产生。西关街区属于西安市老商业区，是西安市广告业集聚的初始地区，广告业最早是在老商业街区发展起来的，如端履门街、东大街等；另外，受历史惯性的影响，在城市产业布局的影响下，文艺路街区也是广告业密集的地区，所以西关街区形成市中心区第一个广告业集聚地。

2. 西安市广告业时空演化机制分析

从西安市广告业时空演化的驱动因子来看（图 12 – 9），主要是在市场、政府、交通、经济的综合力量驱动下形成，其中市场是影响或操纵产业布局活动的"看不见的手"，市场需求是广告业发展的内部动力，是西安市广告业快速发展的基本条件，政府则通过产业政策和产业规划作为广告业宏观布局的主要调控手段，是西安市广告业布局发展中不可或缺的一环；西安市广告业的空间演化是在各种内部因子和外部环境相互综合作用下形成的。

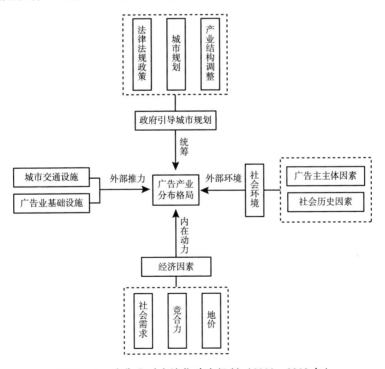

图 12 – 9　广告业时空演化动力机制（2000～2010 年）

二 广告业发展对策

西安市广告业在近十年有了一定程度的发展，取得了一定的成绩，但是广告业在发展同时也面临着许多现实的困境。如，文化项目以国资为主，缺少多元化的投资和经营管理项目，国际化程度和国际交流不够；投资项目发展较快，但缺少走向全国和世界市场的文化产品；空间集聚度不够、集聚效应不明显等。广告业是现代服务业的重要组成部分，是创意经济中的重要产业，具有知识密集、技术密集、人才密集等特征，在服务生产、引导消费、推动经济增长和社会文化发展等方面，发挥着十分重要的作用，其发展水平直接反映一个国家或地区的市场经济发育程度、科技进步水平、综合经济实力和社会文化质量。因此把握广告业发展脉搏，认识广告业发展瓶颈，找出促进广告业持续快速发展的路子，一直是大家关注的问题。为确保西安市广告业快速发展，切实成为促进国民经济的增长点和城市空间结构重塑的重要力量，应从以下方面做出努力。

1. 调整城市空间结构，做好广告业功能分区

"城市空间结构"是各功能单元在城市内的空间分布状态，是具有一定功能的空间地域系统和空间组织形式。城市产业结构调整与城市空间结构演化之间具有密切的内在联系。产业结构调整，会进一步提高产业效率和经济竞争力，改善产业布局，同时必然会对城市空间组成要素的布局带来影响，空间结构的优化也会显著地提高城市的运转效率，改善发展环境[37]。

近几年来，西安市在不断优化区域发展布局，形成了"六区两基地"的开发新区格局，成为西安科技成果转化的中心基地、对外开放的窗口和促进经济发展新的增长点[38]。在此基础上西安市应该以城市为中心在一定区域内建立"广告文化产业园"或"广告创意产业园"，因为产业园区在地缘上更为集中，更易于形成完整的产业链和良性的竞争市场，对专业人才更为依赖，也便于形成渠道通畅的交易平台和共享客户资源，在城市空间规划的基础上，在广告业发展的优势地区，形成自己的集群区，进一步提高广告业的效率和经济竞争力。

2. 营造广告业发展环境

（1）管理环境

文化产业的管理环境由五个要素组成：管理机构、管理制度，管理方式或手段、管理对象和管理效果。西安市政府针对文化产业的发展出台了政策，但是从整体来看文化产业政策体系还不够完善，管理水平低。在管理中面临很多的难题，主要包括：文化产业历史性的官办合一体制，使得文化产业政策法律化缺失；由于传统观念的影响，文化产业的经营单位主要依靠国家财政投入或者个人投资发展，已经难以适应文化产业快速大规模发展的要求，导致在文化产业投融资渠道政策方面缺失。

为了更好地发展广告业，共同营造公平竞争的市场环境，从而优化产业结构、合理配置资源、提高产业效率和效益[39]，为了达到文化产业的公开、公平、公正，应该做到：在投资核准上摒弃所有制歧视；政府在对文化产业金融服务方面，如融资、汇总、转账、结算、资本运营等，其政策应和公有制企业同等。

（2）市场环境

西安市广告业的市场环境不够健全。应该建立完善的、规范的投融资系统、运营系统、评估系统、检测系统等，规范市场竞争秩序，健全产权激励机制，保证科技创新者的权利；有市场存在就会存在竞争，不公平的竞争更是可怕的。所以政府应该为这些企业建立一个机会均等、公平及公正的市场环境，这对于文化产业的健康、和谐和可持续发展至关重要。同时坚持对外开放，依法管理和公平执法将是市场公平的保障。

一个可持续发展产业需要创造良好的创新环境，大的企业一般创新条件较好，中小企业创新艰难，所以政府需要建立一个共同的、公共的创新体系，供那些有创意、无资金的个人或创意小组低价使用。

（3）社会环境

任何一个产业的发展都离不开社会环境，文化产业的发展更离不开社会这个大的环境，它既是社会环境的一部分，又与社会环境中每一个要素相互联系、相互制约、相互依存。这些社会环境主要包括政府、教育机构、非营利组织、社区及其社区组织、金融机构等等，这些组织都与广告业之间形成一定的联系，既接受广告业的辐射，也可以成为广告业的分销网络。因此，应该充分重视和发挥不同社会组织在广告业发展中的作用。

3. 拉动市场需求，促进内外贸易

西安市文化产业发展在全国较为落后，这与西安市的经济发展有一定的关系。下一步的重点应放在培育广告消费市场上，政府应通过建立文化市场，做好广告宣传，如报纸、电视、户外路牌等，以及互联网、移动数字电视、网络报纸、手机电视、博客等新型广告媒介，刺激更多消费，提高城市居民的文化消费水平，培育文化消费市场。重点打造广告名牌产品，做大做强，面向外省市和国际发展西安的广告业。

4. 以创意为核心，进一步引进和培育人才，实现西安市广告业的优化升级

广告业是创意产业，创意可以表现在广告文化产业的很多环节上，除最直观的广告作品创意外，线下宣传、媒介开发和使用、促销、直效营销，乃至广告公司形态、运作方式、发展路径等领域的创意都无所不在。要实现以创意为核心的升级，就得依赖专业的创意人才和创新性人才。这就需要将大量的专业化技术人员、管理人员引入广告业，同时加强自身人员的培训。

西安市广告业是新兴产业，发展广告业需要懂得文化经营的管理人才，也需要素质高的技术性专业人才。根据对西安市两百多家公司进行实际调查发现，西安市从事广告业的人员整体文化素质不高，高技术高素质人才所占比例极低，对于创意性的产业来说，专业技术人才是非常欠缺的。因此，应加大专业技术人才队伍的建设。包括广告业的经营人才、科技人才、管理人才等，使他们成为西安市广告业发展的主力军。西安市广告业亟待完成以创意为核心、依赖专业人才的产业升级，以打破广告劳动密集型的"服务业"现状，扭转产业核心竞争力不足的劣势，真正成为依靠文化取胜和高附加值的文化创意产业。

本章小结

本章从分析西安市广告业的发展现状及其存在的问题入手，首先从宏观、中观、微观三个层面对西安市广告业时空集散特征进行了研究，宏观层面上将西安市划分为中心区和郊区两个圈层结构，总体呈现城市中心区集聚并向郊区扩散的趋势。中观层面上以区县为主要的研究单元，表明雁塔区成为西安市广告业另一个明显的产业集聚区，其中高新技术产业开发区是广告业密度最大的地区。微观层面上，以街道办事处为基本研究单元，表明广告业呈现由分散向集中发展的趋势，产业集中分布的特征较为明显；城市中心西关街区的地位有所下降；整体上，西安市广告业在西关街、电子城、小寨、丈八沟街区集中分布，其他街区呈点状分布。然后对广告业空间分布模式研究表明广告业分布呈现单核心向双核心的发展模式和以集聚区为中心的星状放射状分布模式，未来的发展趋势将是多心组合发展模式。最后从市场需求、政府政策、城市建设、社会文化、竞合力等方面探讨其驱动因子及其形成机制，并提出广告业结构调整与城市空间结构调整相结合，做好功能分区；营造良好的产业发展环境；拉动市场需求，促进内外贸易；进一步引进和培育人才，实现西安市广告业的优化升级等发展对策。

参考文献

［1］卢山冰：《中国广告产业的发展研究——一个关于广告的经济分析框架》，西北大学博士学位论文，2005。

［2］张纪康：《广告经济学实用教程》，上海远东出版社，1998。

［3］李君华、彭玉兰：《产业布局与集聚理论述评》，《经济评论》2007年第2期。

［4］王亮：《陕西广告产业发展研究——基于SCP范式的实证分析》，西北大学硕士学位论文，2008。

［5］许箫迪、王子龙、谭清美：《高技术产业演化的时空分异测度研究》，《科学学研究》2007年第25（6）期。

［6］孙海刚：《我国广告业的产业组织分析》，《产业观察》2004年第33期。

［7］高丽华：《北京广告业与经济发展的关联性研究》，《商业时代》2007年第36期。

［8］牛玖荣：《河南广告现状及发展研究》，《艺术设计》2007年第5期。

［9］李蕾蕾：《城市广告集群分布模式——以深圳为例》，《地理学报》2005年第60（2）期。

［10］邓敏：《我国广告产业集群现状分析》，《广告与传播》2008年第1期。

［11］李芳莹：《用产业聚集的原理论证海南广告业的发展》，《现代业》2008年

第 1 期。

[12] 黄孟芳：《陕西广告产业市场发展研究》，《新闻界》2009 年第 3 期。

[13] 黄振家：《广告产业的未来》，《广告大观》（理论版）2008 年第 3 期。

[14] 张金海：《广告产业发展模式的创新和发展路径的选择》，《广告大观》（综合版）2008 年第 3 期。

[15] 刘传红：《广告产业的内涵及研究意义》，《商业研究》2008 年第 4 期。

[16] 李新立、葛岩、何建平：《深圳市广告产业竞争力分析》，《科技创业月刊》2004 年第 3 期。

[17] 廖秉宜：《中国广告产业的战略转型与产业核心竞争力的提升》，《广告大观》（理论版）2009 年第 2 期。

[18] 徐景范：《刍议增长 1% 绝对值的计算方法》，《商业经济》2006 年第 7 期。

[19] Coffey W. J., Drolet R., Polèse M., The intrametropolitan location of high order services: Patterns, factors and mobility in Montreal, Papers in *Regional Science*, 1996, 75 (6).

[20] Fujii T., Hartshorn R. P., The changing metropolitan structure of Atlanta, GA: Locations of functions and regional structure in a multinucleated urban area. *Urban Geography*, 1995, 16 (1).

[21] 王子龙、许萧迪、谭清美：《装备产业演化的时空分异测度研究》，《数理统计与管理》2009 年第 28 (4) 期。

[22] 刘斌：《产业集聚竞争优势的经济分析》，中国发展出版社，2004。

[23] 许萧迪、王子龙、谭清美：《高技术产业演化的时空分异测度研究》，《科学学研究》2007 年第 25 (6) 期。

[24] 赵群毅：《北京生产者服务业空间变动的特征与模式——基于单位普查数据的分析》，《城市研究与发展》2007 年第 14 (4) 期。

[25] 冯健、周一星：《北京都市区社会空间结构及其演化（1982~2000）》，《地理研究》2003 年第 8 期。

[26] 胡蔚：《文化产业集群的形成机理研究》，暨南大学博士学位论文，2007。

[27] 胡广阔、史安玲：《产业集群发展的驱动力模型探讨》，《产业观察》2010 年第 32 (12) 期。

[28] 胡丽华：《产业集群动力要素及培养路径》，《宏观经济》2006 年第 9 期。

[29] 李小建：《经济地理学》，高等教育出版社，1999。

[30] 宁越敏：《上海市区生产服务业及办公楼区位研究》，《城市规划》2000 年第 24 (8) 期。

[31] 土良健、刘伟、包浩生：《梧州市土地利用变化的驱动力研究》，《经济地理》1999 年第 19 (4) 期。

[32] 马蓓蓓：《西安市城镇居民点的空间组织结构与空间组织研究》，陕西师范大学硕士学位论文，2007。

［33］吴培培、朱小川：《基于城市空间布局的交通发展战略研究——以西安市为例》，《经济论坛》2009 年第 20 期。

［34］吴宣恭：《企业集群的优势及其形成机理》，《经济纵横》2002 年第 11 期。

［35］徐康宁：《开放经济中的产业集群与竞争力》，《中国工业经济》2001 年第 11 期。

［36］夏丽丽：《文化因素对区域经济发展影响初探》，《人文地理》2000 年第 15（4）期。

［37］刘艳军、李诚固：《长春市城市空间结构演化机制及调控路径》，《现代城市研究》2008 年第 6 期。

［38］钟德友：《重庆市文化创意产业园区发展的制约因素与解决对策探讨》，《探索》2010 年第 2 期。

第十三章
西安市文化产业发展的对策与建议

新世纪以来，文化产业在我国获得较快发展，在许多城市和地区形成了文化产业门类，甚至文化产业聚集区。文化产业发展规模和水平，已经成为衡量一个国家和地区竞争力的重要标志。文化产业作为西安市五大主导产业（高新技术产业、装备制造业、旅游业、现代服务业和文化产业）之一，近几年来的发展势头强劲，其对全市经济增长的贡献也在逐步加大，但文化产业增加值占同期地区 GDP 的比重偏低。通过切实可行的对策措施，加快文化产业的升级，对实现文化产业的高速发展，推动西安市经济社会发展具有重要的作用。

第一节　西安市文化产业发展的对策

一　驱动产业关联，协调集聚与扩散双趋势

1. 驱动产业关联

随着社会分工的发展，大多数经济活动都会受到其相关产业的影响，而作为朝阳产业的文化产业，它对国民经济的推动作用正是通过与其他产业之间的关联作用实现的。关联产业的集聚通过外部溢出效应和规模收益效应不断增加由此而产生的经济效益。文化产业通过内部关联产业的集聚和外部关联产业的联动，可以极大地促进创意的流通，节约文化生产时间，缩短文化生产流程，加快创意进入文化市场并快速延伸产业链。

目前，西安市文化产业与其他关联产业的互动性不强，各自为政，不能有效发挥产业关联效应，难以形成规模化、集团化经营，规模以上的文化产业集

团屈指可数。要实现西安市文化产业的突破性发展必须协调内部关联产业与外部关联产业的关系，驱动产业关联效应，增加文化产业类型，延长文化产业链。进一步整合特色资源，优化产业结构，扩大企业规模，重点培育和发展一批实力雄厚、具有较强竞争力的大中型文化企业和文化集团，实现产业的优势互补，提高广告业的竞争力。

2. 协调集聚与扩散双趋势

集聚是文化产业发展的普遍趋势。区域内产业集聚是各企业在相互合作、依赖以及信任的基础上建立的相互关系，通过企业间信息、技术、思想的传播与共享，能够使企业从技术溢出中受益，形成资本与技术的高度集中，提高专业化水平，实现企业的创新。但过度的产业集聚不仅不能使产业获得经济效益，甚至会丧失集聚所带来的集聚效应。从居民的角度来评价，文化产业的集聚在产生明显的社会文化正效应的同时存在着不容忽视的负面效应，所以应协调好文化产业的集聚与扩散双趋势。

从实证研究中发现，西安市文化企业的分布平均中心集聚于西安市中心的南部，南北城分化现象较为明显，虽然在时间和空间上也表现出一定的扩散趋势，但整体的圈层分异特征并不是很明显，主要集中在距离市中心 3.5 公里以内的范围，由市中心向外围企业密度降低较为剧烈。甚至在远离市中心的近郊区或郊区的个别街道，出现文化产业分布的空白区。

空间分布上，城墙区、碑林区以及雁塔区的文化企业较多，文化产业相对比较集聚。所以在今后的发展中，这三个区域应在保持规模的同时，不断地提高单位经济效益。其他区域也应充分利用西安市政府北迁以及西面高新产业技术区、北部经济技术开发区、东部浐灞生态区、曲江文化产业示范区的发展机遇，努力使文化产业分布的主要区域向外围拓展，扩展文化产业的分布半径，形成集聚与扩散的双重趋势，增强产业关联效应和规模收益效应，进而增强集聚经济效应，共同推动文化产业发展。

二 处理好经济效益与社会效益的关系，实现文化产业的双赢

企业是以盈利为目的的经济组织。经济效益是文化企业追逐的目的，是其发展的动力，同时也是其文化建设的物质基础。但文化产业又别于一般的行

业，其产品作为一种精神文化产品，能够满足人们的精神文化需求，充实人们内心的精神世界，影响人们的人生观、世界观、价值观。所以在追求经济利益的同时还要注重公益性，重视文化产业的社会效益。

文化产品的生产必须把经济效益和社会效益有机地结合起来，在取得良好的经济效益的同时，注重创造社会效益，实现经济效益与社会效益的统一。当一种文化产品产生了良好的社会效益时，对其本身也是一种无形的宣传和推荐，从而引起更多的人去接受和消费该产品，使得市场份额进一步扩大，获得更多的经济效益。

2009 年西安市文化产业增加值达到 151.02 亿元，比上年增长 18.5%；2011 年实现增加值 250.70 亿元，比上年增长 31.4%；2012 年，文化产业实现增加值 334.68 亿元，较上年增长 33.5%。文化产业的经济效益不断增高，但对社会效益的关注却微乎其微。文化产业的经济效益和社会效益是相互依赖、相互作用的，处理好经济效益和社会效益的关系，对西安市文化产业的建设有着极其重要的作用。在实地调查中发现，西安市民对于文化产业的发展一定程度上存在忧虑心理，认为文化产业的发展会对文物古迹造成破坏，尤其是文化旅游业和文化娱乐业。西安市文化产业要进一步加强其产生的正面效应，同时充分认识到负面效应的存在，尽可能地减少或控制负面效应的进一步扩大，使文化产业的发展不仅带来可观的经济社会效益，还能满足居民社会文化需求，同时要重视有形、无形文化资源的保护，避免文化过于商业化、庸俗化现象的出现，重视社会公平，尽可能满足不同阶层的文化消费，缩小居民生活品质的差距。在追求文化产业的经济效益的同时注重文化产业的社会效益，协调文化产业的经济效益与社会效益，实现文化产业的双赢。

三 尊重文化产业规律，挖掘文化资源，拓宽文化消费市场

1. 尊重文化规律和文化产业规律

规律是不以人的意志为转移而客观存在的。无论是文化还是文化产业都有其自身发展的客观特点规律，这种规律是普遍的、客观存在的一种内在联系。文化和文化产业现象都是一定地理环境和历史条件下的产物，有什么样的环境和历史，就会产生与之相应的文化现象，这种文化现象和文化产业现象并不是

偶然的，它们是有其自身发展的内在规律性。

大城市在发展与其经济相匹配的都市型文化产业的过程中，不但要尊重文化发展的规律，而且也要尊重文化产业发展的规律，尊重文化规律是文化产业发展的基础，尊重文化经济规律是文化产业发展的保证。由于历史、地理、环境、文化、生活方式和生产方式的区域性，文化也表现出浓厚的区域特色。西安市作为历史底蕴极其深厚的文化古都，其文化发展有着自身的独特规律。

在整个研究期，西安市文化产业的空间快速扩散方向为 NWW 和 SW 两个方位，文化产业在时空序列上扩散能力在逐渐增强，说明西安市文化产业的发展仍处在上升阶段，整体的产业生命周期与区位生命周期进入产业发展的成长期。政府应充分尊重这种产业发展规律，积极发挥政策引导和宏观调控的作用，在保持城南集聚中心的单位经济效益的同时积极完善城北的文化基础设施，引导文化产业企业向城北迁移和布局，形成文化产业发展的均衡局面。

文化企业也应看到西安市文化产业的时空集聚与扩散特征，积极探究形成这种特征的影响因素和动力机制，明确西安市文化产业生命周期所处的阶段，着力打造一批文化品位高、地域特色浓、附加值高、参与性强的文化娱乐休闲产品，以西安市独特的高校人才资源为主体，高新技术产业区、经济技术开发区、文化示范区为基地，丰富的历史文化资源为依托，创造一批具有自主知识产权、高附加值的文化创意产品、动漫游戏产品和休闲旅游产品，打造一批有较高知名度和较强市场竞争力的文化产业品牌，彰显古都特色，提升西安文化产业的竞争力。

2. 挖掘文化资源，拓宽文化消费市场

文化产业的灵魂是文化，区域文化产业的形成与发展不仅受经济因素、自然因素、历史因素的影响，更受到文化因素的影响。文化资源是文化产业发展的核心，每一个区域文化产业的发展都是建立在充分挖掘和利用当地文化资源的基础上，文化资源的丰富程度直接关系到文化产业发展的程度和深度，没有文化资源就没有文化产业。同时，在最低成本原则影响下，文化产业的生产环节会优先选择具有优势文化资源分布的区域，这样一来可以靠近原料产地，二来减少宣传与运输费用，直接促进文化产业的顺利发展。作为文化产业发展的四大环节之一的消费环节同样对文化产业的发展至关重要，深入拓宽文化消费市场是今后培育西安市文化产业增长点的重要举措。

西安市有着悠久的历史沉淀，发展文化产业有其独特的文化资源优势，要不断发掘文化资源的内涵并加以利用和创新，但也要加强文化的保护，尤其是对无形的传统文化的保护，使文化成为城市永恒的财富，如果一味地追求产业化，而淡化文化的内涵和本质，那将失去文化产业的核心竞争力。

从西安市文化需求的大环境来看，近年来西安市的经济社会一直保持良好的发展势头。整体收入水平不断提高，生活水平的提高使人们对于文化的需求日益增加，城市居民家庭人均用于教育文化娱乐服务的支出仅次于食品支出。此外，西安市人口结构具有多元化、富裕化的特点，人口的多元化使得西安市存在巨大的文化消费潜力，这给西安市文化产业带来了巨大的机遇。所以，文化产业的发展应不断挖掘和拓宽这些潜在的文化消费市场，发展经济，增加居民的收入，提高其文化消费的能力，增强文化产品的创新性，改变人们的消费方式，引导健康消费、文化消费。

四　创新人才培养和人才激励机制，构筑文化人才高地

文化产业能否有大的发展、能否优化升级、能否提供高水准的文化产品和文化服务，关键在于能否拥有一支高素质的人才队伍。文化产业本身的性质是以创造性为主体的知识密集型产业，它是一个文化和经济高层次、高难度合作的行业，它所涉及的领域需要大量知识、智能、信息资源，因此，在文化产业的产业链中，需要具有较高技术素质和人文素养的智力资源作为支撑，人才资源对其集聚发展尤为重要。一个成功的企业必须建立和完善自身独立的人才培养和激励管理机制，提炼企业文化，给人才提供一个发挥创造力的环境，给企业发展营造良好的氛围。

西安市的教育资源极为丰富，市内高等院校和科研机构集中，是全国高校密度和受高等教育人数最多的城市。但文化企业大多缺乏自身的人才培养和人才激励机制，只是单纯地依靠市场引进人才，由于高等院校和科研院所的地理分布不均，人才资源也表现为向某些区域的空间集聚（西安市文化产业主要是集聚在城市中心以及向南的区域，就是因为西安市众多的高等院校以及科研

院所也相对集中在这些区域，这里有很多高素质的人才集聚）。所以，有些文化企业难以引进人才，即使引进了也难以真正留住人才，这对于扩大企业规模，提高企业经济效益是致命的弱点。为了适应文化的快速发展，培养兼具文化艺术修养和文化产业经营管理能力的复合型高素质人才，应依托这些高等院校和科研院所，积极开设文化产业相关专业，创立文化创意产业研究中心、文化产业发展研究会，并使这些研究机构直接参与到西安市文化产业的开发和建设中，不断创新人才培养和人才激励机制，提炼企业文化，为西安市的文化产业提供动力支持和智力保障。

五 注重政府引导和宏观调控，完善产业政策制度

文化产业的发展离不开自身的历史积淀和文化潜质，离不开人才资源、市场需求、交通等因素，除此之外还有制度因素的制约。制度的健全对于文化产业筹集资金、组织生产、抵押贷款，对于人们的文化产品信用消费，对于生产的各个环节的协调推进都具有其他因素不可替代的功效。

从研究中发现，西安市文化产业发展中产业政策制度上存在很大的漏洞，虽然国务院相关部门已对文化产业进行了分类，但是目前在实际统计过程当中，对文化产业所含行业尚无统一的界定，产业发展的方向指向政策痕迹明显。如曲江新区的建设，西面高新产业技术区，北面经开区、浐灞区的发展都和政府的政策指导密切相关。

在今后的发展中，政府应积极发挥政策引导和宏观调控的作用，确定西安文化产业发展的方向、思路和重点突破领域，明确西安市文化产业、文化产品的分类，确立各类文化企业的组织体系，协助制定文化建设和产业发展的方针、政策和法规，积极培育和完善文化市场体系，引导西安市文化产业的发展。充分利用财政、税收、信贷和价格等经济杠杆，在资金投向、产业结构和整体布局、文化产品和文化市场管理方面，体现政策导向。通过法律和政策手段，制定相关的法律法规，建立健全文化产业发展的法制体系，完善相关政策、规章制度，整治文化产业发展的市场环境，营造良好的发展氛围。利用西安市政府北迁和开发区（高新区、经济开发区、西咸新区、曲江区、浐灞区等）建设的发展机遇，积极培育新的文化产业发展方向，借助西安市人才资

源优势，完善各区的基础服务设施，大力引进高新技术人才，使西安市文化产业的发展更加均衡、更加高效、更具竞争力。

六　其他

西安市文化产业的发展除了重视上述方面外，还应不断地完善道路交通体系，拓宽融资渠道。

通过实证研究发现，文化产业的企业多是沿着道路分布的，而且是向着道路的方向聚集，因此交通因素对西安市文化产业的发展并集聚有一定影响。所以，政府应加大对交通基础设施的投入，完善各区的道路设施，尤其是近郊区和远郊区的交通设施，提高这些区域的交通通达度，延长交通服务半径，吸引客流。

西安市文化企业总体规模都偏小且力量比较分散，文化产业融资渠道单一，融资难度大，融资体系不健全，这大大制约了文化产业的发展。因此，必须加快建立健全文化产业的投融资体系，拓宽融资渠道。政府应该鼓励各种社会资金投入文化产业，取消对非公有制经济成分投资文化产业领域的限制，可安排一定的政策性贷款，对重点文化产业项目予以扶持。文化企业应创新企业经营管理模式、企业投融资模式，借助各种社会资本（包括外资），吸纳多元社会资金，壮大企业经济实力，优化企业内部结构，扩大企业经营规模，提升企业社会竞争力，从而高效、快速地促进西安市文化产业的发展。

第二节　西安市不同类型业态文化产业的发展措施

一　新闻出版业

西安市新闻出版业作为文化产业的重点行业在核心层的比重达到了30%，是西安市文化产业增长的龙头产业。但总体上，西安市新闻出版业的经济效益并不高，除了城墙区由于地处西安市中心区，作为主要的商业中心，人流量较大，拥有稳定的消费市场，经济效益较高、生命周期长外，其他区域由于新闻出版业分布零散，没有形成一定规模的企业，难以产生规模效益或是集聚效益，单位经济效益都较低。

所以，新闻出版业在今后的发展中要善于发现新技术与新闻出版产业的结合点，用新技术改造企业传统模式，突破传统出版样式，实现出版物从传统纸质介质出版物向多元介质形态出版物转型。创造新的产业门类，打造新的产业平台，多元吸纳社会资金，扩大企业规模，增强企业竞争力，形成规模化、集团化经营，促进中小企业向大中型企业的转型。

利用政策、地理区位和人才资源优势，稳固城墙区与碑林区文化产业的集聚效应，继续拓宽文化消费市场；借助高新区高层次人才和高新技术汇聚的机遇，把高新区打造成以动漫、游戏、数字出版为主的现代出版业集聚区；经开区应利用西安印刷包装产业基地这一独特优势，积极开发商务印刷，对出版物印刷进行调整，努力开发新型印刷领域。

二　广播影视业

由于广播影视业主要构成为影视制作与发行、广播站和电视台等，这些企业类型中除电影院和放映厅外均属于大投入大规模的制作单位，因此在西安市的分布数量较少且主要集聚在距离市中心2公里的范围内，整体发展程度不高，潜在经济效益较小。

广播影视业应积极组织开发、引进和推广国内外先进技术、设备、材料和工艺，促进广告设计、制作、发布水平的提高，加快投融资步伐，扩大文化影视业的企业规模，建立区域示范性影视基地或者广播电视平台，从企业内部增加区域整体经济效益。影视制作方面以重大历史事件、重要历史人物、重要历史线索为主题，深入挖掘西安历史文化内涵。

利用城墙区内的消费市场和影院设施，引进专业人才，创新影视制作，拉动影视需求；高新区继续利用动漫影视基地，坚持以动漫产业为主；曲江新区应依靠西部电影集团的辐射带动，形成曲江影视产业集聚区，汇聚影片制作、影片处理、影视传播、影院等一系列影视相关产业，发展成一定规模的影视产业网络。

三　文化表演业

文化表演业这一行业类型依托人口集中区域发展，这些企业布局一般考虑交通和历史依附性，多以街道办为中心进行布局，未来文化表演业的发展由于产业转型，将更多地集中在居住区和商业区周围。

文化表演业应大力发掘乡土民间特色艺术，开发历史艺术遗产，规模化、特色化经营，以现代多媒体技术向外传播。文化表演业可以吸收其他地区，甚至是外国的优秀艺术成果来提高艺术业的水平，实现文化艺术品的多样化。比如，陕西的戏剧——秦腔是中国现存最古老的剧种之一，由于对流行音乐钟情，人们渐渐淡忘了它，作为一大艺术瑰宝，可以用唱片、光盘将它复制，利用多媒体声光技术对产品进行包装，唤起人们对它的记忆。完善以老牌戏剧院、歌剧院等为主的艺术表演场馆的基础设施，创新文艺表演方式，营造出浓厚的艺术氛围，深入居住区，把文化带入市民中，拉动市民的文化消费，促进文化表演业的发展。

综合历史、市场和交通优势，继续保持和建设城墙区这一文化表演业的主要发展区域。

四 文物及文化保护业

文物及文化保护业是西安市文化产业发展的独特优势行业，西安市作为十三朝古都、历史文化名城，文化遗址遗迹和出土文物的数量在全国城市中居于前列。

文物及文化保护业应以弘扬西安历史文化名城特色为核心，以建设国际旅游名城为目标，建立起一个集文物保护、开发、研究、销售为一体的产业链，依托西安市众多科研机构以及现代科技手段，与旅游业紧密结合，打造国际历史旅游名城，不断拓宽产业发展路径，延长产业链。在产业布局上，文物保管所和文物商店等保护与销售型机构应依赖于遗址遗迹的空间而分布，博物馆、图书馆、档案馆等展示型机构应依赖于区域政策而布局。

文物及文化保护业应在保持核心区（城墙区）优势竞争力的基础上，适度调整近核心区（碑林区、雁塔区、未央区）产业结构，增加文化产业的相关企业数量，不断增加企业规模，扩大单个企业的经济效益，不断创新外围区产品。

五 文化娱乐业

文化娱乐业是向消费者提供精神娱乐产品或者服务的行业，西安市文化娱乐业经过多年的发展形成了区域特色的文化休闲娱乐类型区。文化娱乐业的空间分布在近年来的圈层变化最为显著，表现出市中心区企业增长最快，外围区域增长幅度相对较小，在远离市中心的近郊区发展极为缓慢。

文化娱乐业的集聚以商业中心趋向集聚和特色街区集聚为主。应在商业活动密集、人流大、消费人群集聚的地区建立文化娱乐业的集聚地，以特色街区的集中分布营造特殊的文化氛围吸引顾客。在布局上，要结合商业区与生活区、城区与郊区的不同实际情况，合理确定不同地带文化娱乐场所的种类，解决布局上存在的区域性失衡问题。

今后的发展中，城墙区要通过产业结构调整扩大区域文化娱乐业的企业数量；碑林区和莲湖区要在保持现有企业数量增长的基础上扩大企业规模，增加单个企业的经济效益；雁塔区和新城区要创新文化娱乐业的经营模式，依靠区域的资源优势，发展以现代类型的咖啡厅、游艺厅和茶话吧等为主要形式的文化娱乐业；未央区和灞桥区由于人口集中程度不高且距离市中心较远，今后应在基础设施和人才引进上继续加大投资以吸引文化娱乐业布局。

六　文化旅游业

西安市作为文明古都，文化资源丰富，文化产业多依托文化资源实现空间上的集聚。整体来看，文化旅游业在距离市中心 3 公里的范围内发展最为迅速，集聚态势更加明显，但同时文化旅游业向外围区域的扩散趋势逐年增强。

文化旅游业应依托西安市丰富的历史古迹及宗教文化建筑和习俗，充分发挥古城盛唐文化的历史文化资源，开发文化旅游项目，实现文化旅游集聚，形成文化旅游集聚区，增加文化旅游业的集聚效益。

城墙区作为旅游资源富集区，应不断协调旅行社等旅游服务业的发展与旅游业自身速度的关系，要在保持现有经济效益的基础上通过产业结构调整增加企业数量，延长产业生命周期；未央区和莲湖区应深入挖掘自身的旅游资源，创新文化旅游产品，克服旅游资源开发不足的劣势；雁塔区文化旅游业的发展应该调整产业布局，增加文化旅游业企业数量，突出历史文化的内涵。

七　广告业

广告产业作为文化产业的一部分，大多高度集中在城市中心区域。其在空间集聚主要是追求企业间的交流与合作的便利性和互补性，并获取高度熟练的劳动市场。

由于广告业需要接近客户，所以广告企业的分布与其他行业具有较强的关联性，空间分布上表现出向产业密集的区域集聚的特征，同时服务对象也可以是个人，故广告业会选择方便与顾客面对面交流的区域分布，一定程度上减弱了广告业的集聚度。根据不同的广告业务和针对不同的需求，广告业形成了不同类型的集聚区，但是集聚规模都很小。

针对西安市广告公司虽然快速发展，但整体上规模都不大且力量比较分散，在空间上呈现出一定的扩散趋势的现象，政府应采取措施，积极引导广告产业的发展，进一步整合资源，优化结构，扩大规模，重点培育和发展一批实力雄厚、具有较强竞争力的大中型文化企业和文化集团。调整城市空间结构，做好广告产业功能分区，在城市空间规划的基础上，在广告产业发展的优势地区，形成自己的集群区，建立广告文化产业园或广告创意产业园，进一步提高广告产业的效率和经济竞争力。营造广告产业发展的管理、市场、社会环境，拉动市场需求，促进内外贸易，以创意为核心，进一步引进和培育人才，实现西安市广告产业的优化升级。

城墙区应利用其商业中心区从事各行各业的商家密集的优势，大力拓展广告牌制作、广告装饰市场；高新区应以高新技术产业为主，集中发展广告设计、策划，满足文化传播的需求，使其成为以创意为主的现代广告业集聚地。

参考文献

［1］陆祖鹤：《文化产业的发展战略》，社会科学文献出版社，2006。
［2］韩骏伟、姜东旭：《区域文化产业》，中山大学出版社，2011。
［3］王尊：《西安文化产业发展研究》，南昌大学硕士学位论文，2007。

图书在版编目（CIP）数据

文化产业的时空集散：西安的案例/薛东前等著.—北京：社会
科学文献出版社，2015.2

ISBN 978 - 7 - 5097 - 7011 - 5

Ⅰ.①文…　Ⅱ.①薛…　Ⅲ.①文化产业 - 产业发展 - 研究 -
西安市　Ⅳ.①G127.411

中国版本图书馆 CIP 数据核字（2015）第 003609 号

文化产业的时空集散：西安的案例

著　　者／薛东前　马蓓蓓　等

出 版 人／谢寿光
项目统筹／周映希
责任编辑／周映希

出　　版／社会科学文献出版社·皮书出版分社（010）59367127
　　　　　　地址：北京市北三环中路甲 29 号院华龙大厦　邮编：100029
　　　　　　网址：www.ssap.com.cn
发　　行／市场营销中心（010）59367081　59367090
　　　　　　读者服务中心（010）59367028
印　　装／三河市尚艺印装有限公司

规　　格／开　本：787mm × 1092mm　1/16
　　　　　　印　张：28.25　字　数：459 千字
版　　次／2015 年 2 月第 1 版　2015 年 2 月第 1 次印刷
书　　号／ISBN 978 - 7 - 5097 - 7011 - 5
定　　价／89.00 元